面向“十三五”高职高专项目导向式教改教材·财经系列

企业资金筹措与运用

(第2版)

刘翠玲 主 编

王虹英 梁 红 副主编

清华大学出版社

北 京

内容简介

本书是在“岗位导向、能力递进”的教学模式下，根据资金管理岗位职责与职业能力的要求而编写的。全书以正确的资金管理目标为方向，以资金管理的价值观念为指导，完成“筹措资金—运用资金—预算控制”的工作过程。本书包括资金管理基本理论认知、资金管理价值观念的确立、资金筹措分析、项目投资分析、证券投资分析、营运资金决策分析、股利分配政策分析和全面预算控制 8 个项目，每个项目均根据职业需要提出技能目标和知识目标。

本书既可作为高职高专院校会计及相关专业的教材，也可作为会计相关从业人员的参考用书。

图书在版编目(CIP)数据

企业资金筹措与运用/刘翠玲主编. —2 版. —北京：清华大学出版社，2018（2021.12 重印）
(面向“十三五”高职高专项目导向式教改教材・财经系列)
ISBN 978-7-302-49195-8

Ⅰ. ①企… Ⅱ. ①刘… Ⅲ. ①企业管理—资金管理—高等职业教育—教材 Ⅳ. ①F275.1

中国版本图书馆 CIP 数据核字(2017)第 330871 号

责任编辑：梁媛媛
封面设计：刘孝琼
责任校对：周剑云
责任印制：杨　艳
出版发行：清华大学出版社
网　　址：http://www.tup.com.cn, http://www.wqbook.com
地　　址：北京清华大学学研大厦 A 座　　邮　　编：100084
社 总 机：010-62770175　　邮　　购：010-62786544
投稿与读者服务：010-62776969, c-service@tup.tsinghua.edu.cn
质量反馈：010-62772015, zhiliang@tup.tsinghua.edu.cn
课件下载：http://www.tup.com.cn, 010-62791865
印 装 者：三河市龙大印装有限公司
经　　销：全国新华书店
开　　本：185mm×260mm　　印　张：21　　字　数：508 千字
版　　次：2013 年 8 月第 1 版　2018 年 2 月第 2 版　　印　次：2021 年 12 月第 3 次印刷
定　　价：48.00 元

产品编号：077789-01

前　　言

“企业资金筹措与运用”是国家高职骨干院校重点专业建设课程之一，而课程建设又需要从教材开发入手。于是在“岗位导向、能力递进”的教学模式下，按照会计专业新课程体系的要求，通过广泛调研，分析企业财务岗位的典型工作任务，根据中小企业资金管理岗位职责及其职业能力的需要，按照工作过程编写了本书。本书主要有以下几个特点。

1. 根据岗位职责与职业能力设计学习项目和任务

全书分为 8 个项目和 24 个任务，每个项目根据职业需要提出技能目标和知识目标，并通过引入案例将项目内容展示出来，使学生在开始学习之前对项目内容就有感性认识。

2. 体现任务驱动的职教理念

每个任务按照“任务要求—任务描述—理论认知—任务解析—理论延伸—任务基础训练”的思路设计，先布置任务，再讲解知识以及完成任务的方法，最后完成任务，充分体现任务驱动的课程理念。

3. 按照“教、学、做”一体化组织

本书在保证教的前提下，给学生更多的学和做的内容。“任务基础训练”是考核学生对任务基本原理和基本知识的掌握程度。“项目综合实训”是将本项目的内容与其他项目的内容结合起来，使学生通过综合实训做到对知识的融会贯通和综合运用。“案例分析”的目的是培养学生运用基本原理分析问题、解决问题的能力。“相关链接”有助于扩大学生视野。

4. 内容丰富

每个项目的内容包括“引入案例—学习导航—项目综合实训(除项目外)—案例分析—相关链接”，且在项目及分任务下都安排有训练题，能够满足教师教学和学生学习、训练的需要。

本书由刘翠玲担任主编，王虹英、梁红担任副主编，烟台新潮实业股份有限公司总审计师邢建敏担任主审。本书的具体编写分工是：梁红负责项目二和项目四的编写；刘翠玲负责项目六和项目八的编写；蒋洪霞负责项目五的编写；周媛负责项目七的编写；王虹英负责项目一和项目三的编写，并承担全书的统稿工作。

本书是在第 1 版的基础上进行修订的，增加了一些新的案例。由于编者水平有限，书中难免有不足之处，恳请广大读者提出宝贵意见。

编　者

目　录

项目一 资金管理基本理论认知

【技能目标】

- 能够根据资金运动规律，合理组织企业的资金管理活动。
- 能够依据企业实际情况，确立企业的资金管理目标。
- 能够分析企业资金管理活动环境，并根据环境的变化调整企业的资金管理活动。

【知识目标】

- 掌握资金运动的规律和企业资金管理的内容。
- 掌握企业资金管理活动的目标。
- 理解企业资金管理活动的环境。

引入案例

苹果公司深陷形象危机　消费者请愿要“良心牌苹果”

近几年，一个被咬掉一口的苹果标志被世人所熟知，这就是美国苹果股份有限公司的商标。苹果公司不断推出具有革命性的产品。美国媒体报道，苹果公司已选择在2012年3月举行其每年标志性的产品发布活动，发布新一代平板电脑iPad3。受此消息推动，苹果股价再创新高。截至2012年2月9日早上，微软市值约为2 567亿美元，谷歌市值约为1 989亿美元。由于苹果股价在大盘上涨3%以上，逼近500美元大关，其市值已经超过微软和谷歌的市值之和。

正当苹果产品大受热捧，公司市值不断攀升时，苹果公司的社会责任危机也愈演愈烈。由于海外媒体的持续报道，苹果公司的全球产业链被越来越多的国外大众所了解。“血汗工厂”似乎成了苹果供应商和代工厂的代名词，引来不少国内外社会团体的抗议。

美国纽约当地时间2012年2月9日，美国多家社会团体的抗议者来到位于纽约中央车站旁最大的苹果专卖店，递交超过20万人签名的请愿书，呼吁苹果公司改善海外代工厂，尤其是中国代工厂的工作环境。

国外监督机构SumOfUs之前提交在线请愿书，要求苹果公司“保证生产的iPhone5是一款良心产品”，并在发布下一款智能手机之前“彻底清查其供应商对待工人的方式”。

标题为“消费者需要良心牌iPhone5”的请愿书给人们展示了一幅生动的画面：每天有几千万人会滑动苹果手机的屏幕来解锁手机；而在世界的另一端，一个年轻的女孩也擦拭着这些屏幕。事实上，在她每周6天、每天超过12小时的工作时间里，她重复擦拭着成千上万的苹果手机屏幕。她在这些时间里呼吸着正己烷——一种用来擦苹果手机玻璃的、对神经颇为有害的气体。在生产线上仅仅工作几年后，受正己烷的毒害和重复性劳动的影响，一旦手腕和手所受的损害不能满足工作要求的操作后，她就会被解雇。

请愿书指出，发行iPhone5将是苹果公司新CEO蒂姆·库克上任后的第一款新产品，他们不能允许任何环节出错——包括围绕苹果供应商如何对待工人的消极的公共舆论。所以在此期间发起一个活动来促使苹果公司在推出iPhone5之前彻底清查其供应商对待工人的方式。如果苹果公司对抗议者的请愿置若罔闻，那么有可能引起更大规模的抵制和示威活动。美国的社会团体相信，苹果公司作为全球利润最高的公司之一，完全有能力改变目前众多海外代工厂环境恶劣的现状。

在中国，苹果公司的消费者也同样致信苹果公司：我是你的消费者，我喜欢你的品牌，但不能接受你的产品是在对环境有污染和对工人有毒害的环境中生产出来的，不能接受你拒绝回应的态度。

通过沟通，苹果公司承认其在环境方面比劳工方面更加薄弱。现在苹果公司对环保组织提出的问题进行了深入的了解，对公众环境研究中心提到的14家问题供应商进行了审核，并发现了问题，现在正在推动每家问题供应商解决问题，有些已经暂停了采购。

从相关反馈来看，整改有一定力度，投入的资金和整改规模都比较大。

这种大规模的整改，是否最终会将环保压力传导给本已利润微薄的代工厂？将环保压力传导给代工厂不是问题，问题的本质在于，在实际产业链供应商的管理上，苹果公司实质性地看中对质量和价格的控制，而忽略对环保和劳工标准的管理。这样“一手硬一手软”，最终造成的结果就是，供应商降低环保和劳工标准，以便于用降低成本来赢得苹果公司的订单。这些节省出的成本的最大受益者是苹果公司，而不是供应商企业。苹果公司的采购标准需要加以调整和改变，应该把严格的环保要求纳入其采购标准中。从目前苹果公司公开的供应商名单来看，对供应商在选择、考核上已经开始有所动作。如果苹果公司严格要求，并且有制度保障，那么可以预见，代工厂最终会把这些环保代价内化到产品的成本之中，即苹果公司应为环保成本埋单。

苹果公司和代工厂谁来为环保成本埋单？苹果公司表示：如果代工厂真的花费代价去解决环保问题，它最终会把账算给我们，因为大家都是企业，谁也不会亏本去做这件事情。

苹果公司能做到吗？苹果公司是世界上最有钱的公司，2011 年第四季度的利润率达42.4%，其在银行里有 1 000 亿美元的存款。因此，苹果公司有能力在外界压力下采取措施，彻查供应商的行为。

政府要加强对苹果公司供应商的执法和管理，也需要社会各界的监督和推动。苹果公司需要“在阳光下生长”。

(资料来源：马燕．苹果公司深陷形象危机　消费者请愿要“良心牌苹果”[N]．证券日报，2012-02-06.)

思考问题：

1. 根据上述资料，分析苹果公司的资金的管理目标是什么？该公司为什么会陷入形象危机？
2. 资金管理目标与社会责任之间的关系应如何处理？
3. 苹果公司给我们的教训是什么？如何改善企业的资金管理目标？
4. 试述法律环境对公司资金管理活动的影响。

学习导航

任务一　认知资金运动过程

任务要求

本任务要解决三个问题：一是认知企业资金运动的规律；二是明确企业资金管理的内容；三是确立企业资金管理活动的目标。

任务描述

1984 年，凭借 1 000 美元的创业资本，迈克尔·戴尔——一个 19 岁的德克萨斯大学学生在美国登记了戴尔电脑公司。尽管那时戴尔还毫不起眼，但他却借助直销模式与当时的IBM、康柏等巨头竞争。1988 年戴尔正式上市，首次公开发行 350 万只新股，每股作价 8.5 美元。

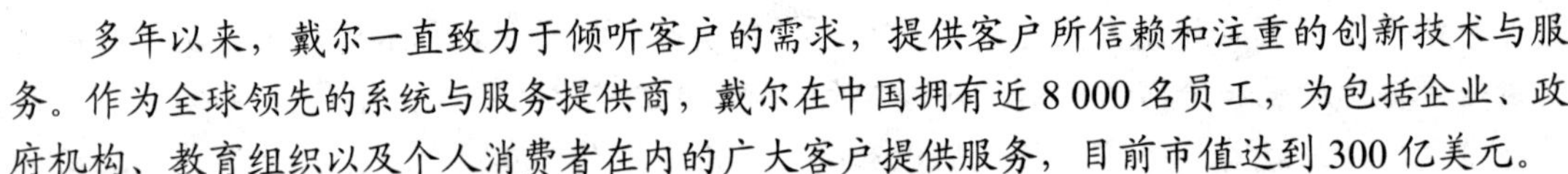

多年以来，戴尔一直致力于倾听客户的需求，提供客户所信赖和注重的创新技术与服务。作为全球领先的系统与服务提供商，戴尔在中国拥有近 8 000 名员工，为包括企业、政府机构、教育组织以及个人消费者在内的广大客户提供服务，目前市值达到 300 亿美元。

然而，2006 年戴尔负面新闻不断，发生了“换芯门”“报价门”“电池门”等事件，严重失信于消费者，侵害了消费者的利益。受负面新闻拖累，公司形象大受损害，经济利益也遭遇巨大损失，戴尔首次丧失了全球 PC 王座的地位，连续 4 个季度的收入低于预期，其股价也创下了 5 年来的新低。2006 年 8 月 17 日财务报告显示，戴尔第二季度销售收入仅比上年提高了 5%，而利润则大幅度缩水 50%。根据全球 IT 专业调研机构 Gartner 发布的报告，惠普第三季销售收入增长了 15%，而戴尔的增长幅度只有 3.6%，从出货量来看，惠普比戴尔多销售 11 万台。惠普和戴尔的全球份额分别为 16.3%和 16.1%。

戴尔不仅失信于消费者，而且内部的企业文化也严重缺失，其文化的建立和实施缺乏人性化。戴尔从全球下发到中国地区的业绩目标，一级一级地传达下来就变成了数字，很多员工为了完成这些数字不再考虑其他因素，而且若想在戴尔生存下去，必须对其目标有一种偏执的跟从。戴尔在中国的唯一目标是获利、获利、再获利，这使戴尔员工所接受的企业理念就是一切以利润为中心。在这种缺少人性化的企业文化环境下，戴尔发生侵害消费者利益的事情就不可避免了。

戴尔在全球失去冠军宝座后，开始实施变革，全力打造一个更具有吸引力的品牌，一流的价值、品质，按需定制。由于戴尔 80%以上的销售来自于企业客户，其在消费者群体里的影响力比较低，所以构建一个既让商业客户认同，又让消费者认同的品牌是戴尔品牌的战略核心。戴尔产品稳重、低调，非常商务化，不是现在和未来客户想要的东西。消费者希望有非常个性化的产品，商业客户也希望产品在商务的基础上有所变化。于是戴尔从产品设计入手，根据消费者个性化要求设计产品，同时还提高了服务质量。

戴尔对在可持续发展方面取得的成绩非常自豪，并当选为《新闻周刊》“2010 年美国最绿色公司”。从设计、开发、运输，一直到使用及回收计算机设备，戴尔的目标是在尽量降低对环境影响的情况下，提供质量最好、能效最高的产品。最近一个财年，戴尔公司的笔记本电脑和台式机的能耗比 2008 年降低了 25%。公司还提升了服务器每瓦特的性能，从而为消费者降低数据中心的能耗。此外，戴尔还把台式机和笔记本电脑的出货包装尺寸降低了 11%。

戴尔 2011 年第四季度财报显示：净利润为 9.27 亿美元，同比增长 177%；营业收入为 156.92 亿美元，同比增长 5%。

（资料来源：根据戴尔公司真实案例修改整理。）

阅读上述资料，分析讨论以下问题：

1. 用什么理论解释戴尔由创业时的 1 000 美元发展到后来的 300 亿美元？

2. 戴尔的发展过程中，在处理与客户、消费者之间关系方面有什么变化？企业在经营过程中还会存在哪些关系？这些关系在资金管理中表现为什么关系？

3. 戴尔发展过程中的起伏与其资金管理目标有没有关系？分析其发展过程中的资金管理目标。

理论认知

一、资金运动规律

资金运动指的是资金的形态变化或位移。在市场经济条件下，资金只有在不断的运动中才能实现增值的目的。

企业要进行生产经营活动，就必须具备生产经营要素。企业生产经营要素的合理配置与有机结合的过程就是企业的生产经营过程。在企业的生产经营过程中，一方面表现为各生产要素实物形态的运动；另一方面表现为生产要素价值形态的运动。随着生产要素实物形态的运动，生产要素的价值形态也在不停地运动，并不断有序地改变各种价值形态，形成有规律的循环与周转。

企业为了进行生产经营活动，必须拥有一定(包括货币本身)的资金。例如，在设立过程中，需要投入货币资金兴建厂房、购置机器设备等，企业的资金由货币形态转化为固定资金形态；在营运过程中，资金运动形成了企业的供应、生产、销售三个过程。

在供应过程中，企业以货币资金购买生产所需的各种材料。企业既要与供应单位办理结算，以银行存款或现金支付各种材料款和材料运输、装卸等费用，又要取得适用的材料，为进行生产而储备必要的物资。通过供应过程，流动资金从货币资金形态转化为储备资金形态。

生产过程是工业企业经营活动的中心环节，是从材料投入生产开始到产品制成为止的产品制造过程。经过这一过程，企业的资金由原来的储备资金转化为在产品形式的生产资金。同时，一部分货币资金由于支付职工的工资和其他生产费用而转化为在产品，成为生产资金。在生产过程中，厂房、机器设备等固定资产在使用时会磨损，这部分磨损的价值即折旧，要转移到在产品的价值中，也构成生产资金的一部分。生产过程结束时，在产品制成为产成品，生产资金转变为成品资金。

在销售过程中，企业将产品销售出去，完成其价值的实现。在此过程中，企业要出售所生产的产品，取得销售收入。在销售过程中也会发生包装、运输、推销等销售费用。以货币资金形态收回的销售收入可以补偿产品在生产和销售过程中的耗费，以及为组织和管理企业生产经营活动而发生的管理费用及筹措资金而发生的财务费用。通过销售过程，成品资金转化为货币资金。

企业的资金通过购买阶段、生产阶段和销售阶段，从货币资金形态顺次经过储备资金形态、生产资金形态、成品资金形态，最终又回到货币资金形态，这一过程称为资金循环。由于再生产过程不断进行而引起的连续不断的资金循环，称为资金周转。在循环周转过程中，资金不仅要保持原有的价值，还要实现价值的增值。因此，在资金运动过程中，终点的货币与起点的货币在价值上是不同的，终点的货币比起点的货币大。也就是说，投入的资金经过生产活动和销售活动产出了增大的货币，而这个增大的货币就是企业进行资金管理活动的目的。

企业资金运动循环如图 1-1 所示。

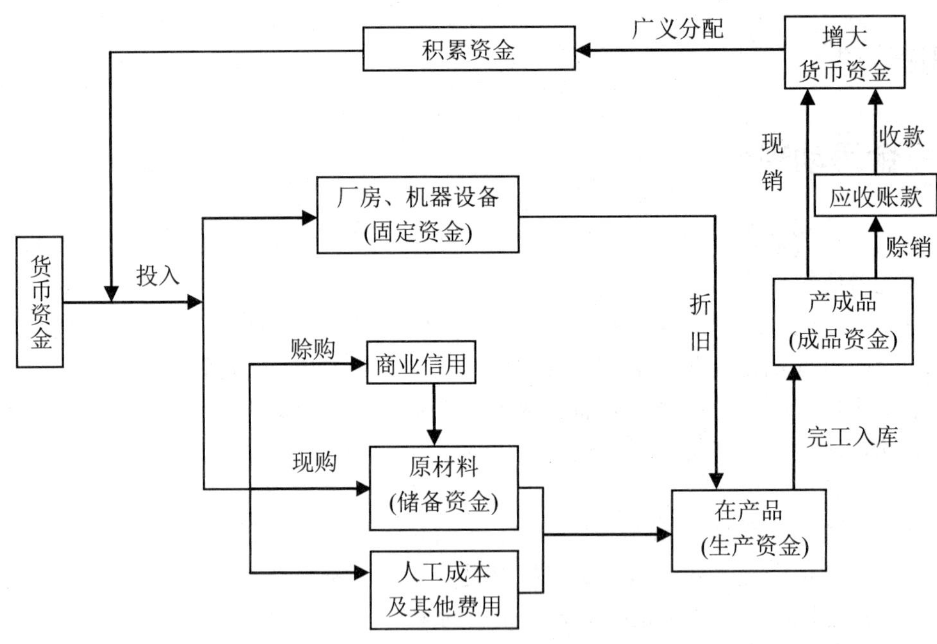

图 1-1 企业资金运动循环

二、资金运动活动的内容

企业生产要素价值形态的运动过程就是资金运动过程。资金的运动过程包括资金的筹集、资金的运用和资金的分配。

(一)资金的筹集

资金的筹集是企业资金运动的前提和条件。作为独立从事经营活动的经济实体，企业首先必须采取灵活有效的方式，从一定的资金来源渠道筹集其经营所必需的资金量，使其进入循环和周转。

企业的经营活动必然产生大量的现金支付需求。如果这些现金支付需求得不到满足，企业就会发生财务危机，甚至导致破产。资金管理的首要任务就是满足这些基本的资金需求。为此，必须对生产经营所需资金作出及时、准确的估量，包括预测筹集资金的时间、数量和筹资成本，并选择合适的筹资渠道和筹资方式，以降低筹资成本，控制筹资风险。企业因为筹集资金而产生的资金收支，便是由企业筹资而引起的活动。

(二)资金的运用

资金的运用是企业为了实现盈利或规避风险，通过各种途径进行资金投入和提高资金利用效率的管理。资金的运用实际上就是广义的投资，企业在生产经营过程中，要发生各种各样的投资活动：扩大经营规模需要投资，进行技术改造需要投资，为了使闲置的货币资金保值、增值也需要投资。总之，一切能合法取得投资收益的各种领域，都会成为企业投资选择的对象。

企业投资可按不同的标准分类，按照投资范围来划分，可分为直接经营投资和对外投资。直接经营投资是指企业为形成营运能力，购置固定资产、无形资产、流动资产等所进行的各种投资。对外投资是指企业为了实现对其他企业的控股权、参股权，或者为了使资金保值、增值，或者为了减少投资风险等目的，对企业外部进行的各种投资等。企业投资按照投资对象来划分，可分为项目投资、证券投资和营运投资。

企业投资后形成各种资产，其中流动资产在企业生产经营过程中随着经营活动的进行不断变换其形态，其周转速度和使用效率直接影响企业的经营收益。在经营过程中，企业必须千方百计地加速资金的周转，实现收入的持续增长和成本的不断降低。

企业投资应充分考虑投资成本和投资收益之间的关系，充分考虑投资的风险等因素，合理地确定投资规模、投资方向、投资方式和投资结构等。

(三)资金的分配

企业将资金投放和使用后，必然会取得一定的成果。这种成果首先表现为生产经营收入，在补偿成本费用后，最终以利润的形式体现出来。狭义的分配是指对企业净利润的分配，而广义的分配包括支付给职工的薪酬、支付给债权人的利息、缴纳给政府的各种税金、弥补企业以前年度的亏损、提取的公积金和向投资者分配的利润等。企业应依据一定的分配原则，充分考虑各相关利益主体的要求，合理确定分配规模和分配方式，力争使企业取得最大的长期利益。企业因为分配而产生的资金收支，便是由企业分配而引起的财务活动。

上述三个方面相互联系、相互依存，构成了企业资金运动的完整过程，同时也成为资金管理的基本内容。

三、资金运动过程中的财务关系

资金运动是财务活动，所体现的经济利益关系是财务关系。财务关系体现了企业与各有关方面的经济利益关系，它主要可以概括为以下几个方面。

(一)企业与投资者之间的财务关系

投资者是企业的所有者。投资者向企业投入资金，企业向投资者支付投资报酬。投资者通过投资协议、公司章程的约定履行出资义务，或者通过购买股份向企业投资，形成企业的资本金。投资者有权行使参与企业的重大决策和利润分配的权利。企业利用投资者投入的资本金进行经营，对投资者的财产负有保全和增值责任。企业实现利润后，应按投资比例或协议、章程的规定，向投资者分配利润。企业与投资者之间的财务关系，体现的是所有权的性质以及与此相关的经济利益关系。

(二)企业与受资者之间的财务关系

企业与受资者之间的财务关系主要是指企业以购买股票或直接投资的形式向其他企业投资所形成的经济关系。随着企业经营规模和经营范围的不断扩大，这种关系将会越来越广泛。企业向其他单位投资，应按约定履行出资义务，并依据其出资的份额参与受资者的

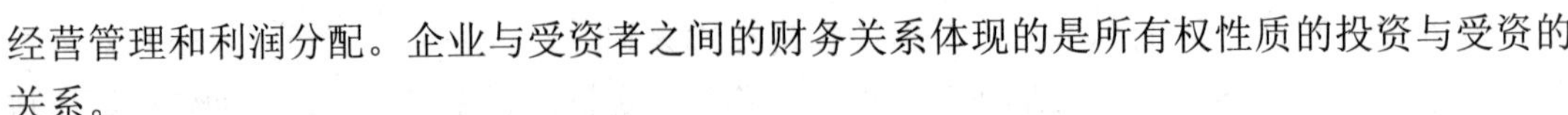

经营管理和利润分配。企业与受资者之间的财务关系体现的是所有权性质的投资与受资的关系。

(三)企业与债权人之间的财务关系

企业与债权人之间的财务关系主要是指企业与银行及其他金融机构、客户之间的借贷和结算关系。企业为了满足经营的需要，可向银行和非银行金融机构取得借款，按规定还本付息，并接受金融机构的监督；企业还可以委托金融机构发行企业债券，向社会筹集资金；企业在经营过程中，还可能因为购销活动而发生拖欠，这些都构成企业的负债。

(四)企业与债务人之间的财务关系

企业与债务人之间的财务关系主要是指企业将其资金以购买债券、提供借款或商业信用等形式出借给其他单位形成的经济关系。企业将其资金借出后，有权要求其债务人按约定的条件支付利息和归还本金。企业与债务人之间的关系体现的是债权与债务关系。

(五)企业与政府部门之间的财务关系

各级政府作为社会的组织者和管理者，行使政府行政职能。政府依据这一身份，无偿参与企业利润的分配和资金的调拨。企业必须依法缴纳各种税款和接受政府的资金监督，这就与财政和税收机关发生必要的财务关系，体现的是强制的税务缴收关系。

(六)企业内部各单位之间的财务关系

企业内部各单位之间的财务关系主要是指企业内部各单位之间在生产经营各环节中相互提供产品或劳务所形成的经济关系。企业在实行内部经济核算制的条件下，供、产、销各部门以及各生产单位之间相互提供产品和劳务，并要进行计价结算。这种在企业内部形成的资金结算关系，体现了企业内部各单位之间的利益关系。

(七)企业与供货商、企业与客户、企业与消费者之间的财务关系

企业与供货商、企业与客户、企业与消费者之间的财务关系主要是指企业购买供货商的商品或接受服务，以及企业向客户、消费者销售商品或提供服务过程中形成的经济关系，体现了合作服务的关系。

(八)企业与职工之间的财务关系

企业与职工之间的财务关系主要是指企业向职工支付劳动报酬的过程中所形成的经济关系。企业要用自身的产品销售收入，向职工支付工资、津贴、奖金等，其企业是按照职工提供的劳动数量和质量支付职工的劳动报酬。这种企业与职工之间的财务关系，体现了职工和企业在劳动成果上的分配关系。

四、资金运动过程中的财务目标

企业资金运动过程中的财务目标是指企业资金管理活动所要达到的根本目的。在理论

上，各利益主体的个人目标可折中为企业的“长期稳定发展”，参与企业活动的各利益主体都可借此实现其个人目标。资金运动过程中的财务目标包括利润最大化、每股收益最大化、企业价值最大化、相关者利益最大化等。

(一)利润最大化

在经济中，往往是以利润最大化概念来分析、评判企业业绩的，因此利润最大化就被设定为企业资金管理目标。其理由有三个：一是人类从事生产经营活动，都是为了创造剩余产品，而剩余产品的多少，可以用利润的多少来衡量；二是在自由竞争的资本市场上，资本将流向能实现最大增值的企业，而会计对增值的计量指标就是利润；三是只有每个企业都最大限度地获得利润，整个社会的财富才会实现最大化。因此，以利润最大化作为资金管理目标，有其合理的一面，但同时也存在以下缺点。

(1) 利润最大化没有反映投入产出的关系。利润最大化中的利润是一个绝对数，不能反映利润额与投入资本额的比率关系，不能科学地说明企业经济效益水平的高低，也不能在不同规模的企业之间进行对比。

(2) 利润最大化目标没有考虑资金时间价值。例如，在投资决策中，对未来年度的收益仅以利润来衡量，而忽视现金流入的时间，会导致错误的选择。

(3) 利润最大化没有考虑风险。在市场经济条件下，利润一般与风险并存，高收益一般会与高风险相伴。如果盲目追求利润最大化，忽视风险因素，可能导致企业陷入严重危机。

(4) 利润最大化容易导致企业的短期行为。在会计上，利润是某一会计期间计算的收入与费用的差额，如果企业只顾实现当前的最大利润，而忽视企业的长期战略发展，那么可能使企业作出错误的决策。

利润最大化不符合企业的最终目标。企业在追求利润的同时，还要讲求企业的社会责任等。企业的目标，是多方面目标的一个均衡体现，不是单独一个利润可以涵盖的，片面地追求企业利润最大化不利于企业的长期稳定和发展。

(二)每股收益最大化

每股收益最大化(资本利润率最大化)观点认为：应该把企业的利润和企业投入的资本联系起来，用每股收益(或资本利润率)作为资金管理的目标。每股收益是指归属于普通股东的净利润与发行在外的普通股股数的比值，其大小反映了投资者投入资本获得回报的能力。这种观点比第一种观点稍有改进，但也存在缺陷。

每股收益最大化的目标能够说明企业的盈利水平，可以在不同规模的企业之间进行对比，也可以在同一个企业的不同期间进行对比，以便揭示盈利水平的差别。但是，该指标仍然没有考虑资金时间价值和风险价值，也不可避免地引起企业短期行为，可能会导致与企业的发展战略目标相违背。

(三)企业价值最大化

企业价值最大化观点认为：企业所有者创办企业的目的是扩大其财富，而财富的最大化取决于企业价值的最大化。所谓企业价值，是指企业能给投资者带来财富，既包括从企业获得正常利润，也包括出售股权获取资本利得。就股份有限公司而言，企业价值最大化最终体现在其股票的市场价格上。因为股票的市场价格体现了投资公众对公司价值的客观评价。公司股票价格的高低，不但反映了公司目前和未来的获利能力、预期收益，同时也体现了资金的时间价值和风险等因素。因此，可以说企业价值就是企业的市场价值，是企业所能创造的预期未来的现金流量的现值，反映了企业潜在的获利能力和成长能力。未来现金流量现值这个概念，包括资金时间价值和风险价值两个方面的因素。

以企业价值最大化作为资金管理目标有如下优点。

(1) 该目标考虑了资金的时间价值和风险价值，有利于统筹安排长期和短期的规划，有利于合理地制订投资方案、有效地筹措资金和制定股利政策。

(2) 该目标反映了企业资产保值、增值的需要。

(3) 该目标的实现有利于克服企业的短期行为和片面追求利润的行为。

(4) 该目标的实现有利于社会资源的合理配置。因为社会资源通常流向企业价值最大化的公司或行业，有利于实现社会效益最大化。

以企业价值最大化作为资金管理目标存在如下问题。

(1) 对于股票上市企业，虽然可以通过股票价格的变动揭示企业价值，但是股价受多种因素的影响，特别在即期市场上的股价不一定能够直接揭示企业的获利能力，只有长期趋势才能做到这一点。

(2) 为了控股和稳定购销关系，不少现代企业采用环形持股的方式，相互持股。法人股东对股票市价的敏感程度远不及个人股东，对股票最大化的目标没有足够兴趣。

(3) 对于非股票上市企业，只有对企业进行专门的评估才能真正确定其价值。

本书采用企业价值最大化作为企业资金管理目标。

(四)相关者利益最大化

在现代企业是多边契约关系的总和的前提下，要确立科学的资金管理目标，首先要考虑哪些利益关系会对企业发展产生影响。在市场经济中，企业的资金管理主体更加细化、多元化。股东作为企业所有者，在企业中承担着最大的权利、义务、风险和报酬，但是债权人、员工、企业经营者、客户、供应商和政府也为企业承担着风险。与企业形成财务关系的各方，成为企业的利益相关者，包括股东、债权人、企业经营者、客户、供应商、员工、政府等。在确定企业资金管理目标时，不能忽视这些相关利益群体的利益。

相关者利益最大化目标的具体内容包括以下几个方面。

(1) 强调风险与报酬的均衡，将风险限制在企业可以承受的范围内。

(2) 强调股东的首要地位，并强调企业与股东之间的协调关系。

(3) 强调对代理人(企业经营者)的监督和控制，建立有效的激励机制，以便企业战略目标的顺利实施。

(4) 关心本企业一般职工的利益，创造良好和谐的工作环境和合理恰当的福利待遇，使职工长期、努力地为企业工作。

(5) 不断加强与债权人的关系，培养可靠的资金供应者。

(6) 关心客户的长期利益，以便保持销售收入的长期稳定增长。

(7) 加强与供应商的协作，共同面对市场竞争，并注重企业形象的宣传，遵诺守信。

(8) 保持与政府部门的良好关系。

以相关者利益最大化作为企业资金管理目标有如下优点。

(1) 有利于企业长期稳定发展。

(2) 体现了多赢的价值理念，有利于实现企业经济效益和社会效益的统一。

(3) 相关者利益最大化本身是一个多元化、多层次的目标体系，较好地兼顾了各利益主体的利益。

(4) 体现了前瞻性和可操作性的统一。

任务解析

1. 解释戴尔由创业时的 1 000 美元发展到后来的 300 亿美元

戴尔公司由创业时的 1 000 美元发展到后来的 300 亿美元是资金运动的结果。在市场经济条件下，资金只有通过不断运动才能实现资金增值的目的。戴尔要想使企业得以生存和不断发展就要盈利。

2. 戴尔与客户、消费者之间关系的变化及企业在经营过程中的其他关系

在企业发展初期，戴尔公司一直致力于关心客户的利益，表现在：倾听客户的需求，提供客户所信赖和注重的创新技术，为不同的客户群体提供服务等。而后，“换芯门”“报价门”等事件的出现，戴尔公司失信于消费者，严重损坏了消费者的利益，使公司形象大为受损。在企业实施变革后，戴尔公司调整了与客户及消费者的关系，着手创建既让商业客户认同又让消费者认同、根据消费者个性要求设计的品牌，同时改进服务，提高服务质量。这体现了戴尔公司在处理与客户、消费者之间经济利益关系方面的变化，也说明了只有处理好企业资金运动过程中的利益关系，企业才能正常发展。

企业在经营活动中的财务关系还包括企业与投资者、企业与受资者、企业与债权人、企业与债务人、企业与政府部门、企业内部各单位、企业与职工之间的财务关系，这些关系在资金管理中表现为经济利益关系。

3. 戴尔发展过程中的资金管理目标

戴尔公司发展过程中的起伏与其资金管理目标有着密切的关系。企业的由衰转盛，也可以说是企业资金管理目标由“利润最大化”转变为“企业价值最大化”的结果。

在企业追求“利润最大化”的时期，戴尔公司的员工所接受的企业理念就是一切以利润为中心，从而为了追求短期的利润目标而损害消费者的利益，是典型的短期经营行为，不利于企业的长足发展，企业的利润也因此受损。当公司把资金管理目标转向追求“企业价值最大化”后，戴尔公司便致力于打造一个更具有吸引力的品牌，在以顾客和消费者为本的同时，兼顾其他利益相关者，并履行其社会责任，在降低对环境影响的情况下，提供质量最好、能效最高的产品。因此，其利润增长迅猛，在可持续发展方面取得了骄人成绩。

理论延伸

协调相关利益群体的利益冲突，要把握的原则是：力求企业相关利益者的利益分配均衡，也就是减少各相关利益群体之间的利益冲突所导致的企业总体收益和价值的下降，使利益分配在数量上和时间上达到动态的协调平衡。而在所有的利益冲突协调中，所有者与经营者、所有者与债权人的利益冲突协调至关重要。

一、所有者与经营者的矛盾与协调

在现代企业中，所有者一般比较分散，经营者一般不拥有占支配权地位的股权，他们只是所有者的代理人，所有者期望经营者代表他们的利益工作，实现所有者财富最大化；而对于经营者来说，他们所得到的利益来自于所有者。西方将这种所有者支付给经营者的利益称为享受成本。但是，问题的关键不是享受成本的多少，而是增加享受成本的同时，是否更多地提高了企业的价值。因此，经营者和所有者的主要矛盾是经营者希望在创造财富的同时，能更多地增加享受成本；而所有者和股东则希望以较小的享受成本支出来实现财富。为解决这一矛盾，应采取让经营者的报酬与绩效相联系的办法，并辅之以一定的监督措施。

(一)解聘

解聘是一种通过所有者约束经营者的办法。所有者对经营者予以监督，如果经营者绩效不佳，就解聘经营者，经营者害怕被解聘而被迫实现资金管理目标。

(二)接收

接收是一种通过市场约束经营者的办法。如果经营者经营决策失误、经营不力、绩效不佳，那么该公司就可能被其他公司强行接收或吞并，相应地，经营者也会被解聘。为此，经营者必须采取一切措施，努力实现资金管理目标。

(三)激励

激励是将经营者的报酬与其绩效挂钩，以使经营者自觉采取能提高股东财富和企业价值的措施。激励通常有两种基本方式。

1. “股票期权”方式

这种方式是指允许经营者以固定的价格购买一定数量的公司股票，当股票的市场价格高于固定价格时，经营者所得的报酬就会较多。经营者为了获得更大的股票涨价益处，就必然主动采取能够提高股价的行动。

2. “绩效股”方式

这种方式是指公司运用每股收益、资产收益率等指标来评价经营者的业绩，根据业绩大小给予经营者数量不等的股票作为报酬。如果公司的经营者未能达到规定目标，也将部分丧失原先持有的绩效股。这种方式使经营者不仅为了多得“绩效股”而不断采取措施提高公司的经营业绩，而且为了使每股市价最大化，也采取各种措施使股票市价稳定上升，从而增加所有者财富。即使由于客观原因股价并未提高，经营者也会因为获取绩效股而获利。

二、所有者与债权人的矛盾与协调

所有者的财务目标可能与债权人期望实现的目标发生矛盾。首先，所有者可能要求经营者改变举债资金的原定用途，将其用于风险更高的项目，这会增大偿债的风险，债权人的负债价值也必然会实际降低。若高风险的项目一旦成功，额外的利润就会被所有者独享；若失败，债权人却要与所有者共同负担由此造成的损失。这对债权人来说风险与收益是不对称的。其次，所有者或股东可能未征得现有债权人同意，而要求经营者发行新债券或举借新债，致使旧债券或老债券的价值降低(因为相应的偿债风险增加)。

为协调所有者与债权人的上述矛盾，通常可采取以下措施。

(1) 限制性借款，即在借款合同中加入某些限制性条款，如规定借款的用途、担保条款和信用条件等。

(2) 收回借款或停止借款，即当债权人发现公司有侵蚀其债权价值的意图时，采取收回债权和不给予公司增加放款的措施，从而保护自身的权益。

任务基础训练

一、单项选择题

1. 在下列经济活动中，能够体现企业与投资者之间财务关系的是(　　)。

A. 企业向国有资产投资公司交付利润　　B. 企业向国家税务机关缴纳税款

C. 企业向其他企业支付货款　　D. 企业向职工交付工资

2. 企业价值最大化这一资金管理目标直接反映了(　　)。

A. 企业所有者的利益　　B. 企业经营者的利益

C. 企业所有者和债权人的利益　　D. 企业所有者和经营者的利益

3. 甲、乙两个企业均投入1 000万元的资本，本年获利均为60万元，但甲企业的获利已全部转化为现金，而乙企业全部是应收账款。如果在分析时得出两个企业收益水平相同的结论，得出此结论的原因是(　　)。

A. 没有考虑利润的获得时间　　B. 没有考虑利润获得所承担风险的大小

C. 没有考虑所获利润和投入资本的关系　　D. 没有考虑剩余产品的创造能力

4. 企业与政府之间的财务关系主要通过(　　)来体现。

A. 税收　　B. 利润　　C. 缴费　　D. 借款

5. 在资本市场上向投资者出售金融资产如发行股票、债券等，从而取得资金的活动是(　　)。

A. 筹资活动　B. 投资活动　C. 收益分配活动　D. 资金营运活动

6. 某公司董事会召开公司战略发展讨论会，拟将企业价值最大化作为资金管理目标，下列理由中难以成立的是(　　)。

A. 有利于规避企业短期行为　B. 有利于量化考核和评价
C. 有利于持续提升企业获利能力　D. 有利于均衡风险和报酬的关系

二、多项选择题

1. 企业资金管理过程中的财务关系包括(　　)。
A. 企业与政府之间的财务关系　B. 企业与投资者之间的财务关系
C. 企业与债权人之间的财务关系　D. 企业与职工之间的财务关系

2. 下列各项中，属于企业资金营运活动的有(　　)。
A. 采购原材料　B. 销售商品　C. 购买国库券　D. 支付利息

3. 下列各项中，属于协调所有者与经营者之间矛盾的有效措施有(　　)。
A. 收回借款　B. 解聘职位　C. 支付股票股利　D. 股票期权

4. 下列各资金管理目标中，能够克服短期行为的有(　　)。
A. 利润最大化　B. 每股收益最大化
C. 企业价值最大化　D. 相关者利益最大化

三、判断题

1. 以企业价值最大化作为资金管理目标有利于社会资源的合理配置。(　　)

2. 企业的资金运动表现为钱和物的增减变动，不能揭示人与人之间的经济利益关系。(　　)

3. 企业的生产经营过程不仅表现为实物商品的运动，而且还表现为资金的运动。(　　)

4. 由于利润最大化目标存在易导致企业短期行为的缺陷，因此该目标没有合理性。(　　)

5. 在协调所有者与经营者利益冲突的方法中，接收是一种通过所有者来约束经营者的方法。(　　)

6. 在资金运动过程中，终点的货币与起点的货币在价值上是不同的，终点的货币比起点的货币大。也就是说，投入的资金经过生产活动和销售活动产出了增大的货币，这个增大的货币就是企业进行资金管理活动的目的。(　　)

任务二　分析资金管理活动环境

任务要求

本任务要解决三个问题：一是掌握企业资金管理面临的环境；二是掌握资金管理要遵循的原则；三是明确企业资金管理的组织机构。

任务描述

从2016年9月以来，原纸价格一路飙涨，2016年年底拉升之前，白卡纸价格徘徊于5 600元/吨上下，截至2017年7月中旬，已涨到6 900元/吨上方，涨幅超过20%。加之环保的风暴又刮个不停，造纸和包装印刷行业面临着前所未有的考验。

一、拉动纸价上涨的原因分析

拉动纸价飙涨的力量有三个。

(一)原材料价格上涨的连锁效应

原材料价格上涨是纸价冲高的推手，其中废纸价格上升是主谋。中国大约65%的纸张原料来自废纸，进口废纸占比在一半以上。2016年年初，进口废纸价格逐步走高，以从美国进口的废纸为例，3号废纸从2016年2月的107.5美元/吨，上涨到2017年2月的198.5美元/吨，11号废纸价格基本在同一轨迹，上涨幅度已超过80%，日本、欧洲等地的进口废纸价格涨幅也不小。

虽然2017年2月之后，进口废纸价格逐步稳定，但又适逢春节需求旺季，纸张价格继续大步向前，并带动国内废纸收购价上涨，仅7月29日—8月1日三天时间，就有近百家造纸企业上调了废纸收购价。以进口废纸价格上涨为起点，国内废纸和纸价向上一路狂奔。

(二)去产能、环境成本共同收紧供给侧

近年来，“三去一降一补”的供给侧改革和加快推进环保建设是两条重要政策思路。去产能让一部分效率较低的造纸厂被淘汰，环保政策剑指造纸为主的“十小”企业，纸张供给侧加速收紧。2015年4月，国务院印发了《国务院关于印发水污染防治行动计划的通知》，其中强调对造纸等“十小”企业排污的整治，对造纸等十个行业制定专项治理方案，2017年年底前，造纸行业力争完成纸浆无元素氯漂白改造或采取其他低污染制浆技术。2016年年底，环保部等11个部门又联合印发了相应的考核文件，各省都有不少造纸厂被取缔。政策面持续收紧供应推动行业机构调整，新的供需格局是纸价上涨的重要推手。

(二)印刷包装等下游企业需求旺季带动

春节前后是纸张需求旺季，也是包装纸、文化纸起步走高的时间段。当前，包装纸已经有所回调，但学生秋季教材备货期2017年3月已启动，需求带动文化纸上行。其中，主要用以图书印刷的胶版纸，价格在3月之前基本维持在6 000元/吨下方，进入教材备货期后，价格一路走高，到7月初已经上涨到6 600元/t。

二、纸张涨价引发蝴蝶效应，产业链小风暴在酝酿

纸张价格飞涨不仅给造纸行业带来了更大的监管压力，更可能带来下游企业的结构调整小风暴。

部分企业借涨价之机通过垄断谋求暴利。2017年7月10日，国家发改委指导浙江省物价局对杭州市富阳区造纸协会，组织17家造纸企业达成并实施卷筒白板纸价格垄断协议一案作出处理决定，开出778万元的罚单。可见包装纸价格一路狂飙已诱发部分行业“踩线”，并引来监管部门的关注。

同时，纸价飞涨对下游企业的冲击不可避免。以印刷业为例，我国印刷小企业众多，原材料纸张上涨带来的成本压力可能大浪淘沙，逼退一部分效益差的小企业，也将激化印刷企业恶性竞争，并极度压缩利润。行业企业面临成本压力和恶性竞争的双重挤压，最终会影响企业的经济效益。

到 2016 年 11 月，原纸涨幅近 950 元/吨，但湖南一造纸厂的计算结果显示并没有利润。

(1) 废纸。从 9 月 1 日的 950 元/吨，到 11 月 10 日已经涨至 1 400 元/吨，每吨成品纸需要 1.25 吨废纸，废纸涨至 562.5(1.25 × 450)元。

(2) 蒸汽。煤以前 480 元/吨，每吨成品纸需要 200 元的蒸汽费用，现在煤 950 元/吨以上，每吨蒸汽成本增加了差不多 200 元。

(3) 运费。9 月 21 日实行运输新政策，运费涨幅 30%，造纸厂进出都是重载，按平均每吨运费 100 元计算，运费增长 60 元。

只计算以上三项的直接成本，每吨原纸就增加了 822 元。还有环保运行成本的增加，涨价以后税费的增加、施胶淀粉费用的增加、化工辅料涨价的因素等其他费用都未计算。

包装印刷企业中，山鹰和裕同算是两家硕果仅存的财报亮丽的企业。山鹰 2016 年年报显示，实现销售收入 121.35 亿元，同比大增 23.39%，实现归属净利润 3.53 亿元，同比大增 68.76%。作为行业龙头的裕同 2016 年实现营收 55.4 亿元，净利润 8.74 亿元，进一步巩固了其行业龙头的地位。

而拥有强大议价能力的合兴、华力、界龙、劲嘉，这样的包装业头牌企业，业绩仍然受到很大影响。

合兴包装发布业绩快报显示，公司 2016 年 1—12 月实现营业收入 35.42 亿元，同比增长 24.19%，包装印刷行业平均营业收入增长率为 8.01%；归属于上市公司股东的净利润为 1.03 亿元，同比下降 10.29%。

华侨城亚洲集团 2016 年年报显示，旗下纸包装业务(即华力包装系列)实现营收 7.61 亿元，同比下降约 9.4%，亏损约 1 388 万元，同比下降 176.5%。

界龙实业公司的业绩预亏公告中表明，预计 2016 年年度经营业绩将出现亏损，实现归属于上市公司股东的净利润为-1 000 万元到-1 300 万元。

中国烟包包装龙头劲嘉集团公司 2016 年年报显示，公司营业总收入 27.8 亿元，比上年同期微增 2%，净利润 5.7 亿元，比上年同期减少 20.81%。

(资料来源：根据搜狐财经相关资料修改整理。)

阅读上述资料，分析讨论以下问题：

1. 分析影响造纸企业涨价的环境因素有哪些。
2. 行业涨价潮的肆虐对哪些企业是机遇，对哪些企业是灾难？

理论认知

一、企业资金管理环境

企业资金规划与管理的环境又称资金管理环境，是指对企业资金活动和资金管理产生影响作用的企业内外各种条件的统称。

企业资金活动在相当大的程度上受资金管理环境的制约，如生产、技术、供销、市场、物价、金融、税收等因素，对企业资金活动都有较大的影响。企业只有在资金管理环境的各种因素作用下实现资金活动的协调平衡，才能生存和发展。研究资金管理环境，有助于正确地制定资金管理策略。影响企业资金活动的环境涉及范围很广，其中最重要的包括技术环境、经济环境、法律环境和金融环境。

(一)技术环境

技术环境是指资金管理活动得以实现的技术手段和技术条件，决定着资金活动的效率和效果。目前，我国进行资金管理所依据的会计信息是通过会计系统提供的，占企业经济信息总量的 60%～70%。在企业内部，会计信息主要是提供给管理层使用的；而在企业外部，会计信息主要是为企业的投资者、债权人等提供服务的。

我国现正全面推进会计信息化工作，力争通过 5～10 年的努力，建立健全会计信息化法规体系和会计信息化标准体系[包括可扩展商业报告语言(eXtensible Business Reporting Language，XBRL)分类标准]，全力打造会计信息化人才队伍，基本实现大型企事业单位会计信息化与经营管理信息化的融合，进一步提升企事业单位的管理水平和风险防范能力，做到数出一门、资源共享，便于不同信息使用者获取、分析和利用，并进行投资和相关决策。通过全面推进会计信息化工作，使我国的会计信息化达到或接近世界先进水平。我国企业会计信息化的全面推进，必将促使企业资金管理技术环境进一步完善和优化。

(二)经济环境

影响资金管理的经济环境因素主要有经济周期、经济发展水平、宏观经济政策、通货膨胀等。

1. 经济周期

市场经济条件下，经济发展与运行带有一定的波动性，大体上要经历复苏、繁荣、衰退和萧条几个阶段的循环，这种循环称为经济周期。在不同的经济周期，企业应相应地采用不同的资金管理策略。西方财务学者曾探讨了经济周期的经营资金管理策略，现择其要点归纳，如表 1-1 所示。

表 1-1　经济周期的经营资金管理策略

复　苏	繁　荣	衰　退	萧　条
1. 增加厂房设备	1. 扩充厂房设备	1. 停止扩张	1. 建立投资标准
2. 实行长期租赁	2. 继续建立存货	2. 出售多余设备	2. 保持市场份额
3. 建立存货	3. 提高产品价格	3. 停产不利产品	3. 压缩管理费用
4. 开发新产品	4. 开展营销规划	4. 停止长期采购	4. 放弃次要利益
5. 增加劳动力	5. 增加劳动力	5. 削减存货	5. 削减存货
—	—	6. 停止扩招雇员	6. 裁减雇员

我国的经济发展与运行也呈现其特有的周期特性，带有一定的经济波动。企业的筹资、投资和资产运营等资金活动都要受这种经济波动的影响。此外，由于国际经济交流与合作

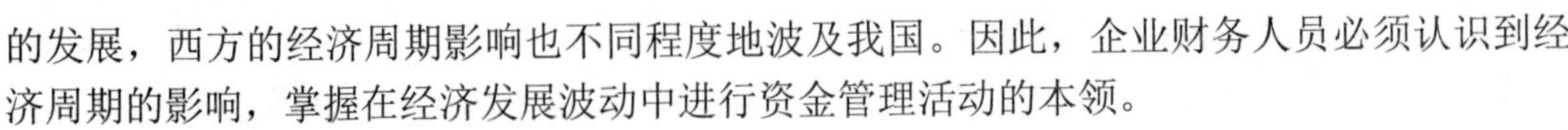

的发展，西方的经济周期影响也不同程度地波及我国。因此，企业财务人员必须认识到经济周期的影响，掌握在经济发展波动中进行资金管理活动的本领。

2．经济发展水平

近年来，我国国民经济保持持续、高速增长。这不仅给企业扩大规模、调整方向、打开市场以及拓宽财务活动的领域带来了机遇，同时，由于高速发展中的资金短缺将长期存在，又给企业资金管理带来了严峻的挑战。企业资金管理工作者需要探索与经济发展水平相适应的资金管理模式。

3．宏观经济政策

我国经济体制改革的目标是建立社会主义市场经济体制，以进一步解放和发展生产力。在这个总目标的指导下，我国已经并正在进行金融体制、财税体制、外汇体制、价格体制、社会保障制度、会计准则体系等各项改革。所有这些改革措施，深刻地影响着我国的经济生活，也深刻地影响着我国企业的发展和财务活动的运行。例如，金融政策中货币的发行量、信贷规模都能影响企业投资的资金来源和投资的预期收益；财税政策会影响企业的资金结构和投资项目的选择等；价格政策能影响资金的投向和投资的回收期及预期收益；会计准则的改革会影响会计要素的确认和计量，进而对企业资金管理活动的事前预测、决策以及事后评价产生影响；等等。可见，经济政策对企业资金管理活动的影响非常大，这就要求企业财务人员必须把握经济政策，更好地为企业的资金活动服务。

4. 通货膨胀

通货膨胀是制约经济发展的重要因素，不但对消费者不利，也会给企业的资金管理活动带来一定压力。在通货膨胀严重的情况下，企业的营运成本会大幅度提高，债务的利息负担也会加重，企业营运资金会显得严重不足。这时，管理的重点是加强收入和成本的管理，加速资金周转，使企业资产最大程度的增值。

(三)法律环境

法律和政府法规为企业经营活动规定了活动空间，也为企业在相应空间内自由经营提供了法律上和制度上的保护。资金管理的法律环境主要包括企业组织形式和公司治理、财务监控、税法等方面的相关法律法规。公司又分为有限责任公司和股份有限公司，公司的组织形式不同，其资金管理活动也有所不同。

1．企业组织形式

企业是市场经济的主体，不同类型的企业在所适用的法律方面有所不同。了解企业的组织形式，有助于企业资金管理活动的开展。按其组织形式的不同，可将企业分为独资企业、合伙企业和公司。

2．相关法律法规

企业的资金管理活动应遵守有关法律法规和规章制度。公司法、证券法、金融法、证券交易法、合同法等法规从不同方面规范或制约企业的筹资活动；证券交易法、公司法、企业财务通则等法规从不同角度规范企业的投资活动；税法、公司法、企业财务通则等法规从不同方面对企业收益分配进行了规范。

(四)金融环境

企业总是需要资金从事投资和经营活动，而资金的取得除了自有资金外，主要是从金融机构和金融市场获得的。金融政策的变化必然影响企业的筹资、投资和资金运营活动。因此，金融环境是企业最为主要的环境因素之一。金融环境的主要内容包括金融机构、金融工具、金融市场和利率等。

1．金融机构

社会资金从资金供应者手中转移到资金需求者手中，大多要通过金融机构。金融机构包括银行业金融机构和其他金融机构。

(1) 银行业金融机构。我国银行主要包括各种商业银行和政策性银行。

(2) 其他金融机构。其他金融机构包括金融资产管理公司、证券公司、保险公司、信托投资公司、财务公司和金融租赁公司等。

2．金融工具

金融工具是能够证明债权债务关系或所有权关系并据以进行货币资金交易的合法凭证，它对于交易双方所应承担的义务与享有的权利均具有法律效力。金融工具一般具有期限性、流动性、风险性和收益性四个基本特征。

金融工具按期限不同，可分为货币市场工具和资本市场工具，前者主要有商业票据、国库券(国债)、可转让大额定期存单、回购协议等；后者主要是股票和债券等。

3．金融市场

金融市场是指资金供应者和资金需求者双方通过金融工具进行交易的场所。金融市场可以是有形的市场，如银行、证券交易所等；也可以是无形的市场，如利用电脑、电传等设施通过经纪人进行资金融通活动。金融市场根据不同的标准，可以划分为不同的种类。

(1) 以期限为标准，可划分为货币市场和资本市场。货币市场又称短期金融市场，是指以期限在 1 年以内的金融工具为媒介，进行短期资金融通的市场，包括同业拆借市场、票据市场、大额定期存单市场和短期债券市场。其主要特点是：①融资期限短，一般为 3～6 个月，最长不超过 1 年；②交易目的是解决短期资金周转，资金来源主要是资金所有者暂时闲置的资金，融通资金的用途一般是弥补短期资金的不足；③金融工具具有较强的“货币性”，具有流动性强、价格平稳、风险较小等特性。

资本市场又称长期金融市场，是指以期限在 1 年以上的金融工具为媒介，进行长期资金交易活动的市场，包括股票市场、债券市场和融资租赁市场等。其主要特点是：①融资期限长，至少 1 年以上，最长可达 10 年甚至 10 年以上；②融资目的是解决长期投资性资本的需要，扩大生产能力；③资本借贷量大；④收益较高，但风险也较大。

(2) 以交易的方式与次数为标准，可划分为发行市场和流通市场。发行市场又称一级市场，主要处理金融工具的发行与最初购买者之间的交易。流通市场又称二级市场，主要处理现有金融工具转让和变现的交易。

(3) 以金融工具的属性为标准，可划分为基础性金融市场和金融衍生品市场。基础性金融市场是指以基础性金融产品为交易对象的金融市场，如商业票据、企业债券、企业股票的交易市场。金融衍生品市场是指以金融衍生产品为交易对象的金融市场。所谓金融衍生产品，是一种金融合约，其价值取决于一种或多种基础资产或指数。

(4) 以融资对象为标准，可划分为资本市场、外汇市场和黄金市场。资本市场以货币和资本为交易对象。外汇市场以各种外汇金融工具为交易对象。黄金市场是集中进行黄金买卖和金币兑换的交易市场。

4. 利率

利率也称利息率，是利息占本金的百分比指标。从资金的借贷关系来看，利率是一定时期内运用资金资源的交易价格。资金作为一种特殊商品，以利率为价格标准的融通，实质上是资源通过利率实行的再分配。因此，利率在资金分配及企业财务决策中起着重要作用。

正如任何商品的价格均由供给和需求两方面决定一样，资金这种特殊商品的价格——利率，主要也是由供给与需求来决定的。但是，除了这两个因素以外，经济周期、通货膨胀、国家货币政策和财政政策、国际经济政治关系、国家利率管制程度等，对利率的变动均有不同程度的影响。因此，资金的利率通常由三部分组成：①纯利率；②通货膨胀补偿率；③风险收益率。利率的一般计算公式可表示如下。

利率=纯利率+通货膨胀补偿率+风险收益率

纯利率是指没有风险和通货膨胀情况下的社会平均资金利润率。通货膨胀补偿率是指由于持续的通货膨胀会不断降低货币的实际购买力，为补偿其购买力损失而要求提高的利率。风险收益率包括违约风险收益率、流动性风险收益率和期限风险收益率。其中，违约风险收益率是指为了弥补因债务人无法按时还本付息而带来的风险，由债权人要求提高的利率。流动性风险收益率是指为了弥补因债务人资产流动性不好而带来的风险，由债权人要求提高的利率。期限风险收益率是指为了弥补因偿债期长而带来的风险，由债权人要求提高的利率。

二、资金管理的原则

资金管理的原则是企业组织资金管理活动、处理资金管理关系的准则。它是从资金管理的实践中概括出来的，体现资金管理活动规律性的行为规范，是对资金管理的基本要求。企业资金管理应遵守以下几项原则。

(一)资金合理配置原则

资金投放和使用的结果形成各种各样的经济资源。经济资源的分布总是要适应企业经营管理的需要，保持合理的比例关系。所谓资金的合理配置，就是通过资金活动的组织和调节来保证各项经济资源具有最优化的结构比例关系。

从资金使用方面来看，资金的合理配置有对外投资和对内投资的构成比例；有固定资产和流动资产的构成比例；有有形资产和无形资产的构成比例；有货币性资金和非货币性资金的构成比例，等等。从资金来源方面来看，资金的合理配置有负债资金和主权资金的构成比例；有长期负债和短期负债的构成比例，等等。如果企业资金配置合理，就能保证经营活动运行顺畅，并由此取得最佳经济效益。因此，资金合理配置是企业持续、高效经营必不可少的条件。

(二)收支积极平衡原则

在资金管理中，不仅要保持各种资金存量的协调平衡，而且也要关注资金流量的协调平衡。资金的收支是资金周转的纽带，要保证资金周转的顺利进行，就要求资金收支不仅要在一定期间总量上求得平衡，而且要在每一时点上协调平衡。如果收不抵支，不但会导致资金周转的中断或停滞，也会使正常业务的支付发生困难。资金收支在每一时点上的平衡性，是资金循环过程得以实现的条件。

资金收支的积极平衡，就是要用积极的方法，解决收支中存在的矛盾。一方面要开源节流；另一方面还要充分利用金融市场，通过短期筹资和投资来调节资金的余缺。

(三)成本效益原则

企业资金的增量即资金的增加额，主要是由营业利润或投资收益形成的。因此，对于形成资金增量的成本与收益两个因素，必须进行认真权衡。成本效益原则就是对经营活动中的所费与所得进行分析，对经济行为的得失进行衡量，使成本与收益得到最优的结合。

实行成本效益原则，是由企业的资金管理目标决定的。在筹资活动中，有资本成本率和息税前资金利润率的对比分析问题；在投资决策中，有投资额与各期投资收益额的对比分析问题；在日常经营活动中，有营业成本与营业收入的对比分析问题，等等。总之，企业的一切成本、费用最终都是为了取得收益，都需要联系相应的收益进行比较。

(四)收益风险均衡原则

资金管理活动中的风险，是指获得预期财务成果的不确定性。企业要想获得收益，就不可能不考虑风险问题。在资金管理活动中，低风险只能获得低收益，高风险则往往得到高收益，这是融资活动讨价还价的必然结果。无论是对投资者还是对筹资者，都要求收益与风险相适应，风险越大，要求的收益也越高。不管利益主体对风险的态度如何，都应当对决策项目的风险和收益作出全面的分析和衡量，趋利避害，以便选择最有利的方案，尽可能减少或回避风险，提高经济效益。

(五)利益关系协调原则

在资金管理活动中，企业要与各方面发生各种财务联系。这种联系的本质是经济利益关系。所谓利益关系协调原则，就是通过财务活动来调整企业内部和外部的经济利益关系，维护有关各方的合法权益，处理好企业内部各部门、各单位之间的利益关系。

任务解析

1．分析影响造纸企业涨价的环境因素

(1) 国际市场供给影响。中国大约65%的纸张原料来自废纸，而进口废纸占比在一半以上，国际废纸涨价推动国内纸价上涨。

(2) 国家环保政策影响。环境保护税法、战略性新兴产业规划、水污染防治法修正案、“十三五”生态环保规划等与环保相关的法规政策密集出台，多部门联合执法取缔非法小造纸厂、限制新项目的上马，助推造纸企业限产，供给收缩明显。

(3) 经济增长影响。经济触底回暖，PPI指数连续3个月在50以上，终端用户采购力增强。

(4) 行业道德。全国范围内大规模淘汰落后产能，仅东莞市1年内就减少了500多吨原纸的供应，沿海地区的小造纸厂也普遍面临被关闭的命运，龙头造纸厂重拾议价权，抱团涨价。

2．行业涨价潮的肆虐对企业的机遇和威胁

当环境发生变化时，机遇和威胁总是并存的。给以下三类企业提供了机遇。

(1) 根据“十三五”生态纲要目标，绿色低碳的包装设计、包装材料将会受到政府的大力支持。

(2) 对管理做得好，产能充足，产品优良，客户稳定的纸箱厂来说，往往是机遇。

(3) 对大型一级厂，或者有渠道、有规模化效应，能拿到低价原纸的纸箱厂来说，也是非常大的机遇。

同时，环境变化给以下三类企业造成了威胁。

(1) 属于“十小”、环保不达标的企业，可能面临被关闭的风险。

(2) 资金紧缺的企业。在这场“涨价潮”里由于资金受限买不到纸，无法开机生产，被活活拖死。

(3) 刚刚进入市场不久的企业。刚刚进入市场或投产不久的企业，由于各方面都不太成熟，相比同行，如果价格不具备优势，往往抢不到优质客户，被同行挤死。

理论延伸

企业资金管理工作的组织主要涉及两个问题：一是企业资金管理主体；二是企业内部的资金管理机构。

一、企业资金管理主体

企业资金管理主体是指对企业有重大影响的财务决策权由谁掌握和承担。这是组织企业资金管理活动必须明确的问题。

任何组织形式的企业，都应具有两种基本的经济权力，即所有权和经营权。这是企业经营运作和财务运作的基础。当企业采取独资和合伙的组织形式时，所有权和经营权往往是合二为一的，因而内含于其中的资金管理权也是不可分的，所有者构成资金管理主体。

企业如果采取公司制的组织形式，所有权和经营权将发生分离。在公司组织下，两权分离进而引起所有权主体和经营权主体的分离，使公司的资金管理主体也相应分离。也就是说，企业的资金管理主体被分属于所有者和经营者。就整体而言，所有者一般不直接对企业的生产经营活动进行决策或参与决策，只是参与和作出有关所有者权益或资本权益变动的财务决策，日常的生产经营活动和财务活动则由经营者进行决策。这样，公司资金管理决策权在客观上被所有权主体和经营权主体所分担，从而形成了资金管理主体的双重化。

二、企业内部的资金管理机构

资金管理机构是从事资金管理活动的组织机构。目前企业内部的资金管理机构与企业经营性质密切联系，可分为以下三种类型。

(一)以会计为轴心的资金管理机构

这种机构的特点是会计核算职能与资金管理职能不进行分工，该机构同时具有两种职能，并且该机构内部以会计核算职能为轴心来划分内部职责；也有的在内部单设资金管理岗位。这种资金管理机构一般适合于中、小型企业。

(二)与会计机构并列的资金管理机构

这是一种独立于会计核算职能以外，具有专门筹资、投资和资金分配职能的资金管理机构。该机构内部以资金管理职能为轴心来划分内部职责。典型的做法是设立规划部、经营部和信贷部三个内部职能部门。其中，规划部主要是进行资金预测和计划；经营部主要是实际组织资金的筹措和供应，进行金融投资和资金分配；信贷部主要是对赊销对象或提供商业信用的对象进行信用调查和信用追踪，对拖欠者进行债务催收和清理。一般而言，这种资金管理机构主要适合于大型企业。

(三)公司型资金管理机构

这种机构的特点是，它本身就是一个独立的公司法人，独立对外从事各种财务活动，是具有法人资格的财务公司。公司型资金管理机构一般设立于集团公司或跨国公司内部，主要负责集团公司或跨国公司的整体资金管理和各成员企业间的财务协调。其主要业务包括：①负责整个集团公司或跨国公司的资金筹集；②运用整个集团公司的盈余资金或其他资金进行金融市场投资、信用放款等；③负责公司成员企业的资金融通、结算等，充当集团公司的内部“银行”角色。

任务基础训练

一、单项选择题

1. 2010 年 10 月 19 日，我国发布了《XBRL(可扩展商业报告语言)技术规范系列国家标准和通用分类标准》。下列资金管理环境中，随之得到改善的是(　　)。

A. 经济环境　B. 技术环境　C. 金融环境　D. 法律环境

2. 在没有通货膨胀的条件下，纯利率是指(　　)。

A. 投资期望报酬率　B. 银行贷款基准利率

C. 社会平均收益率　D. 没有风险的社会平均收益率

3. 基础性金融市场和金融衍生品市场是将金融市场按(　　)标准进行的分类。

A. 期限　B. 交割的方式

C. 金融工具的属性　D. 证券交易的方式与次数

4. 下列各项中，属于企业资金管理的法律环境内容的是(　　)。

A. 金融市场　B. 国家经济政策　C. 金融工具　D. 税收法规

二、多项选择题

1. 下列各项中，属于资金管理环境构成要素的有(　　)。

A. 经济周期　B. 通货膨胀水平　C. 宏观经济政策　D. 公司治理结构

2. 在通货膨胀时期，实行固定利率对债权人和债务人的影响表述准确的有(　　)。

A. 对债务人有利　B. 对债权人不利

C. 对债务人不利　D. 对债权人有利

3. 下列属于资本市场特点的有(　　)。

A. 融资期限长　B. 融资目的是解决长期投资性资本的需要

C. 资本借贷量大　D. 流动性强、价格平稳、风险较小

4. 金融工具的基本特征有(　　)。

A. 期限性　B. 流动性　C. 风险性　D. 收益性

5. 下列各项中，属于资金管理原则的有(　　)。

A. 利益关系协调原则　B. 收益风险均衡原则

C. 成本效益原则　D. 收支平衡原则

6. 下列各项中，属于基础性金融工具的有(　　)。

A. 股票　B. 互换　C. 远期合同　D. 债券

三、判断题

1. 在经济衰退初期，公司一般应当出售多余设备，停止长期采购。　(　　)

2. 金融工具是指在信用活动中产生的、能够证明债权债务关系并据以进行货币资金交易的合法凭证。　(　　)

3. 期限风险报酬率是指为了弥补因偿债期限长而带来的风险，由债务人要求提高的利率。　(　　)

4. 利率的大小主要由经济周期、通货膨胀、国家货币政策和财政政策、国际经济政治关系、国家利率管制程度等决定。　(　　)

5. 金融租赁公司介于金融机构与企业之间，它也属于金融机构。　(　　)

案例分析

Google 的行为准则——Don't be evil(不作恶)

Google 早期有一条不成文的行为准则——Don't be evil(不作恶)，这一原则一直贯穿于 Google 的发展之中。

埃里克(注：Google 执行董事长埃里克·施密特)来到 Google 大约 6 个月后，深深地参透了“不作恶”的意义。这句话是 Google 工程师保罗·布赫海特和阿米特·帕泰尔在公司成立不久的一次会议上提出的。可是，埃里克完全没有料到，这句简短的口号会如此彻底地渗透到企业文化的方方面面。一次会议上，大家讨论到对广告体制做出一项改变可能带来的好处。虽然这一改变有可能为公司带来丰厚的利润，但一位工程负责人却拍桌反驳道：“这是在作恶，这事我们不能做！”屋里顿时鸦雀无声，让人不禁想起老西部片里打扑克的场景：一名玩家指责另一名玩家做了手脚，所有人从桌旁退开，等着看谁会先掏枪。埃里克暗自思忖：没想到，Google 的这句话真不是开玩笑的。沉默过后，是一场相持不下的讨论，最终，做出改变的提案被否决。

1. Google 的广告服务

Google 通过以下两种方式来获取收入：向其他公司提供搜索技术；向广告客户提供在 Google 和其他网站上投放广告的服务。然而，用户可能从未在 Google 上看到过广告。这是因为，除非广告与所显示的搜索结果页内容相关，否则 Google 不允许广告显示在搜索结果页上。因此，只有某些搜索才会在搜索结果的上方或右侧显示赞助商链接。Google 坚信，只有当广告与用户要查找的内容相关时，才会为用户提供有用的信息。

Google 同样也证明了广告不必过分渲染也能够切实有效。Google 不接受弹出式广告，因为这会干扰用户查看所请求的内容。我们发现，文字广告(AdWords)的内容如果与用户阅读的内容相关，那么所带来的点击率要比随机显示的广告高得多。Google 的优化小组会与广告客户合作提高广告系列在有效期内的点击率。因为点击率越高，表明广告与用户感兴趣内容的相关性越高。广告客户可以通过 Google 的自助式广告服务计划，在数分钟内在线投放广告，也可以在 Google 广告服务代表的帮助下发布广告。但无论是哪种广告投放方式，任何规模的广告客户都可以充分发挥这一针对性强的媒介优势。

在 Google 上刊登的广告总是明确地标记为“赞助商链接”。不破坏搜索结果的完整性是 Google 的核心价值观。Google 绝对不会操纵排名位置来将其合作伙伴放在搜索结果中排名靠前的位置。没人可以购买更高的 PageRank(网页评级)。用户信任 Google 的客观公正性，任何短期利益都不能够成为破坏这种信任的理由。

成千上万的广告客户使用 Google AdWords 计划来推广其产品，他们相信 AdWords 是同类计划中规模最大的一个。此外，数千名网站管理人员使用 Google AdSense 计划投放与网站内容相关的广告，借此增加收入和改善用户的体验。

2. Google 的竞争理念

在 Google 和微软的 IE 浏览器竞争到白热化的阶段时，Google 有高管提议买下当时另一家提供搜索技术的公司 Inktomi，然后关闭其服务，这样 Google 就可以轻而易举地垄断整个搜索市场，而 Google 的创始人佩林否决了这一提议。

吴军在《浪潮之巅》一书中记载了佩林对这一事件的回应：我们身在硅谷，深知硅谷公司深受垄断导致的恶意竞争之苦，他们对谷歌的发展寄予厚望，希望通过和我们合作来反抗垄断，如果我们用这种虽然合法，但却是恶意收购的手段来清除对手，将令整个硅谷失望。

Google 宁可让雅虎将 Inktomi 买走，成为自己在搜索领域的对手，也没有做损人利己的事。而 Google 的君子之风，也得到了巨大的回报，当它推出了自己的软件下载包时，包括 Adobe 和赛门铁克等多家知名软件公司都非常配合。

Google 有全世界最好的工程师，可是如果它没有商业伙伴，在微软既成的垄断优势下，也很难用如此快的速度打下自己的一片江山。

注：2015 年 Google 发布了新行为准则，将“不作恶”改为“做正确的事”。

(资料来源：根据 Google 相关资料修改整理。)

要求：分析并评价 Google 公司的资金管理目标。

相关链接

“长江经济”带新政策落地，对中小造纸及纸制品企业是风暴也是机遇

环保风暴再起，环保部发布的“长江经济带”相关政策陆续落地，上海、江苏、浙江、安徽、江西、湖北、湖南、重庆、四川、贵州、云南十一个省及直辖市的纸及纸制品业或将受其影响，理文、晨鸣等巨头首当其冲，晨鸣坐拥优势地理位置，发展势头正好，中小纸企环保巨压之下仍有无限生机。

1. “长江经济带”政策落地前期影响：叫停或暂缓

环保部发布的“长江经济带”相关政策包括《关于加强长江经济带工业绿色发展的指导意见》与《长江经济带生态环境保护规划》两大文件和相关通知。在正式文件未出台前，由于政策还未正式定下来，长江沿岸的造纸项目受影响非常大，就算是已经批准开工的项目，都一度被叫停或暂缓，即使是理文、晨鸣、山鹰、金凤凰等大企业都难以幸免(见表 1-2)。

表 1-2 叫停或暂缓的项目

序号	企业	项目	状态
1	乐山玖龙	65 万吨牛卡(进口纸机)	前期筹划
2	犍为凤生纸业	12 万吨生活用纸	设备选型
3	宜宾纸业	10 万吨生活用纸(5 台亚赛利纸机)	预计年内开工
4	重庆玖龙	40 万吨高瓦(维美德纸机)	预计年内开工
5	重庆泰盛	12 万吨生活用纸	环评
6	重庆理文	12 万吨生活用纸(2 台维美德)	预计年内开工
7	荆州山鹰	200 万吨包装纸(2 台福伊特、2 台维美德)	在建
8	孝感金凤凰	50 万吨包装纸(2 台轻良纸机)	在建

续表

序　号	企　业	项　目	状　态
9	黄冈晨鸣	30 万吨溶解浆(安德里茨、维美德设备)	在建
10	赤壁中能	300 万吨包装纸	筹划
11	九江理文	90 万吨生活用纸(18 台进口纸机)	环评
12	抚州金安	40 万吨包装纸	筹划
13	合肥泽业	50 万吨包装纸	环评
14	宿州鑫光	60 万吨包装纸	环评
15	马鞍山山鹰	80 万吨生活用纸(2 台进口纸机)	设备选型
16	宿州林平	30 万吨包装纸(华东纸机)	设备选型

2. “长江经济带”政策落地出台后：限制和机遇并存

《长江经济带生态环境保护规划》里关于造纸行业提到了四点要求。

(1) 强化工业节水。

(2) 严格控制高耗水行业发展。化解过剩产能，限制杭州、成都、南昌等地造纸行业规模。

(3) 到 2017 年年底前，造纸行业企业应完成《水污染防治行动计划》规定的清洁化改造任务。

(4) 进一步优化沿江取水口和排污口布局。强化对水源周边可能影响水源安全的造纸重点行业企业的执法监管。

这其中，对杭州的影响最大，因为杭州尤其是富阳一直是我国重要的造纸生产基地。

《关于加强长江经济带工业绿色发展的指导意见》(以下简称《意见》)也对“长江经济带”上现有的造纸等污染较重的企业提出了明确要求。

(1) 推动沿江城市建成区内现有造纸等污染较重的企业有序搬迁改造或依法关闭。

(2) 对造纸等产业的跨区域转移进行严格监督，严禁国家明令淘汰的落后生产能力和不符合国家产业政策的项目向长江中上游转移。

在《意见》里面，对于造纸及纸制品企业最重要的一点就是没有实行“一刀切”的管理，老项目可以进行关停或者搬迁，留下了缓和的余地。但是对于新项目来说，将来的一个走向肯定是，在长江下游，江浙沪地区新的项目将被严格控制；只能向中上游发展。

新政策的落地也并不是毫无好处，它在一定程度上刺激了纸的需求，在两大文件下的通知后面，还发布了《长江经济带产业转移指南》，里面提出了要建设五大城市群产业发展圈和五大世界级产业集群。这就意味着随着五大城市群高端制造业、现代服务业的高速发展，传统产业升级的步伐将不断加快，另外，五大世界级产业集群中家电产业集群和纺织服装产业集群又对造纸行业的带动作用明显。这些都势必会为包装纸、生活用纸等带来巨大的需求，潜藏着无限的机遇。

3. 未来造纸及纸制品业大趋势

一方面，随着环保督察持续加码以及专项资金设备补贴等利好政策落地，传统制造业绿色化改造升级步伐将加快。与此同时，智能制造在提升绿色制造水平中发挥的作用日渐凸显，“绿色+智能”双翼齐振正成为新风口。

另一方面，利好政策加快落地，也在提高地方和企业开展绿色制造的积极性。《中国制造 2025》部署实施的智能制造工程、绿色制造工程等五大工程目前已经全面启动。最近工信部指导成立了首个国家级绿色制造联盟——中国绿色制造联盟，提供了一批绿色制造专项资金，每年大概在 10 亿～20 亿元的规模。对于那些上了环保项目的企业来说，如果通过工信部的相关认可，符合绿色制造的标准，将获得一定的设备补贴。

造纸及纸制品业向绿色化、智能化转型的大趋势已经明确，高强环保压力下对企业而言是风暴，也是机遇。

(资料来源：搜狐财经，http://www.sohu.com/a/165376903_199708.)

要求：以“如何利用环境的变化进行合理的资金管理活动”为主题，写一篇 1 500 字左右的小文章。

项目二 资金管理价值观念的确立

【技能目标】

- 能够运用资金时间价值的原理计算资金的现值与终值。
- 能够运用标准离差及标准离差率对风险进行衡量。

【知识目标】

- 理解资金时间价值的实质。
- 掌握资金时间价值的基本计算方法及其应用。
- 掌握标准离差及标准离差率的计算方法，并对风险进行衡量。

引入案例

24 美元能再次买下纽约曼哈顿吗？

纽约是美国最大的工商业城市，有美国经济首都的称号。但是，在 1626 年 9 月 11 日，荷兰人彼得·米纽伊特(Peter Minuit)从印第安人那里只花了 24 美元就买下了曼哈顿岛。据说这是美国有史以来最合算的投资，超低风险超高回报，且所有的红利全部免税。彼得·米纽伊特简直可以做华尔街的教父，就连以经商著称于世的犹太人也非常敬佩他。

但是，如果当时的 24 美元没有用来购买曼哈顿，而是用来投资呢？我们假设以每年 8%的投资收益，不考虑中间的各种战争、灾难、经济萧条等因素，这 24 美元到 2017 年会是多少呢？说出来会吓你一跳：约 116 万亿美元，仍然能够买下曼哈顿。这是一个可怕的数字。据中国国家统计局数据显示，2016 年我国 GDP 增速为 6.7%，全年国内生产总值为 74.41 万亿元人民币，按照 1 美元≈6.8 元人民币的汇率大约折算成 10.94 万亿美元。中国已是全球第二大经济体，经济总量为美国的 60%以上。这个数字之所以能够产生，主要是复利的魔力。

从这个案例中，我们认识到，原来钱随着时间的不同，价值是不断变化的。更确切地说，是购买力在不断变化。这就是我们即将学习的一个基本观念——资金时间价值。

(资料来源：24 美元能再次买下纽约曼哈顿吗？[EB/OL]. 百度文库，http://wenku.baidu.com/view/c7dd56d67eeaeaad1f33020.html.)

思考问题：

1. 什么是复利？与单利相比，复利的魔力体现在哪里？
2. 24 美元代表什么？116 万亿美元又代表什么？
3. 24 美元怎么能够变为 116 万亿美元呢？

学习导航

任务一　确立资金时间价值观念

任务要求

本任务主要解决两个问题：一是计算复利计息条件下单项资金终值与现值；二是计算复利计息条件下多项资金终值与现值。同时还能够运用计算结果分析企业的资金管理活动。

任务描述

刘女士看到邻近的城市中，某种品牌的中国式快餐生意很火爆，她也想在自己所在的城市开一个这样的中国式快餐店，于是找到业内人士进行咨询。通过了解得知，要想加入这家中国式快餐的经营队伍，必须一次性支付 60 万元的加盟费，并按照中国式快餐品牌的经营模式和经营范围营业。刘女士现在没有足够的现金一次性支付，如果分次支付，必须从开业当年起，每年年初支付23万元，连付3年。3年中如果有一年没有按期支付，总部将停止专营权的授予。假设刘女士现在身无分文，需要到银行贷款开业，而按刘女士所在城市的有关扶持下岗职工创业计划，她可以享受年利率为5%的贷款扶持。请大家为刘女士加盟费的支付进行筹划。

阅读上述资料，分析讨论以下问题：

1. 如果刘女士需要对支付方式进行选择，则比较时点应如何选择？
2. 请分别计算单利计息、复利计息条件下的比较数值，并选择合适的支付方式。
3. 假设刘女士分期支付，还有一种选择，即从开业当年起，每年年末支付23万元，连付3年，则刘女士应选择哪种年金的支付方式？
4. 假设刘女士从开业的第二年年末开始，连续两年支付35万元，则在复利计息的条件下，其终值与现值应如何计算？

理论认知

一、认知资金时间价值

如果以银行按揭贷款这种方式买房或购车，那么在整个还款期内所支付的货币资金之和将远大于当初从银行取得的贷款，多支付的这部分资金叫作利息，而利息其实是从一个方面反映了资金时间价值。

所谓资金时间价值，是指在资金周转使用中，由于时间因素而形成的差额价值。这种差额价值包括两个部分：一是由于时间延长从而周转次数增加带来的差额价值；二是由于上一次周转带来的增值又被重新投入周转而带来的差额价值。为什么资金在周转使用过程中会产生时间价值呢？这是因为资金使用者把资金作为资本投入生产经营以后，劳动者借以生产新的产品，创造新的价值，带来利润并实现价值。周转使用的时间越长，所获的利润越多，实现的价值越大。因此，资金时间价值的实质是资金周转使用后的增值额。如果资金是资金使用者从资金所有者那里借来的，则资金所有者要分享一部分资金的增值额。

资金时间价值可以用绝对数表示，也可以用相对数表示。在资金管理中，通常利用利息率计量。这里的利息率实际是指社会平均资金利润率，它与各种形式的利息率(贷款利率、债券利率、股利率)并不一样。各种形式的利息率除了包括时间价值因素外，还包括风险价值和通货膨胀因素。在实际工作中，只有在购买国库券等政府债券时几乎没有风险，如果通货膨胀率很低的话，可以用政府债券利率来表现时间价值。作为资金时间价值表现形态的利息率，是没有风险和通货膨胀因素影响的社会平均资金利润率。

资金时间价值作为一个客观存在的经济范畴，是资金管理中必须考虑的重要因素。在实务中，它可以作为企业资金利润率的最低界限，也可以作为评价经济效益的考核指标，能揭示不同时点资金量的换算关系，还可以作为筹资、投资决策的基础。

二、资金时间价值的计算

为了有效地做好资金管理工作，必须弄清楚不同时间收到或付出的资金之间的数量关

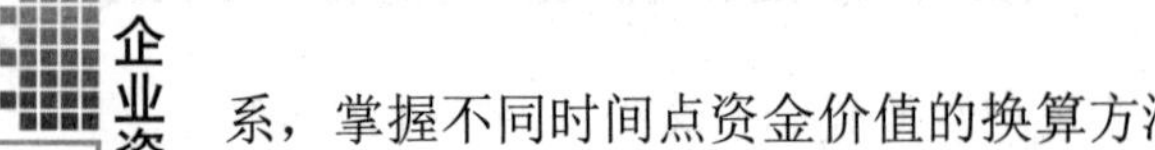

系，掌握不同时间点资金价值的换算方法。

(一)终值与现值

(1) 终值也叫将来值(记为F)，是指现在一定量的资金在未来某一时点上的价值，包括本金和时间价值，即本利和。如图2-1所示，F即为第n期期末的价值。

(2) 现值也叫本金(记为P)，是指未来某一时点上的一定量的资金相当于现在时点的价值，即未来值扣除时间价值后所剩的本金。如图2-1所示，P即为第一期期初的价值。

终值和现值之间存在着一定的函数关系，即它们之间互为逆运算。

计算资金时间价值经常使用的符号有：P为现值(本金)，F为终值(本利和)，i为利率，I为利息，n为计息期数。

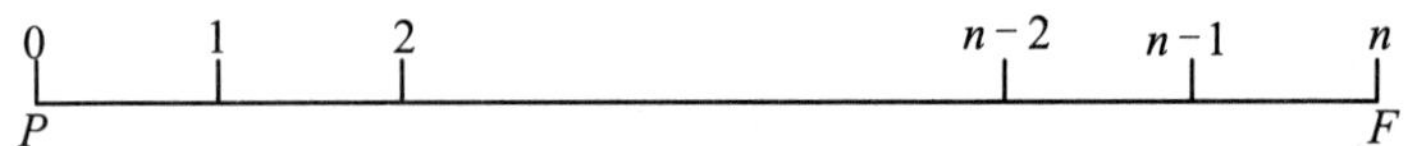

图2-1　终值与现值

(二)单利终值和单利现值的计算

为便于同复利计算方式相比较，这里先介绍单利的有关计算。单利是计算利息的一种方法，在计算每期的利息时，只以本金计算利息，所生利息不再计息。

1. 单利终值的计算(已知现值P，计算终值F)

单利终值是指一定量的货币在若干期之后按单利计算的本利和。其计算公式如下。

$$F = P + P \times i \ (n=1)$$

$$F = P + P \times i \times 2 \ (n=2)$$

$$\vdots$$

$$F = P + I = P \times (1 + i \times n) \ (\text{通用公式})$$

【例2-1】景北公司将500万元存入银行，假设年利率为6%，单利计息，则3年后的本利和为多少？

3年后的本利和$F=500\times(1+6\%\times3)=590$(万元)

2. 单利现值的计算(已知终值F，计算现值P)

单利现值是指在单利计息条件下未来发生的款项相当于现在的价值，即F点的价值相当于P点的价值是多少。显然，单利现值是单利终值的逆运算。将单利终值计算公式变形即可得到如下的单利现值的计算公式。

$$P = \frac{F}{1 + i \times n}$$

【例2-2】张昭打算在3年后得到50 000元，银行年利率为6%，单利计息，则其现在应存入银行的资金为多少？

现在应存入银行的资金$P = \dfrac{50\,000}{1 + 6\% \times 3} \approx 42\,372.9$(元)

(三)复利终值和复利现值的计算

复利是指本金生息且利息也生息的计息方式，俗称“利滚利”。在资本不断资本化的条件下，现代资金管理中一般用复利方式计算终值与现值。

1．复利终值的计算(已知现值 P，求终值 F)

复利终值是指一定量的货币在若干期之后按复利计算的本利和。其计算公式如下。

$$F = P \times (1+i)^n$$

式中，$(1+i)^n$ 为复利终值系数或 1 元的复利终值，通常记为 $(F/P,i,n)$，可通过本书附录中的“复利终值系数表”查找相应值。

【例 2-3】王新现将 20 万元存入银行，存期 3 年，已知 3 年期存款年利率为 4%，则到期可以取出的现金为多少？

$F = 20 \times (1+4\%)^3 = 20 \times (F/P,4\%,3) = 20 \times 1.124\,9 = 22.498$(万元)

2．复利现值的计算(已知终值 F，求现值 P)

复利现值相当于原始本金，是指今后某一特定时间收到或付出的一笔款项，按折现率(i)所计算的现在时点价值。复利现值是复利终值的逆运算。其计算公式如下。

$$P = F \times (1+i)^{-n} = F \times (P/F,i,n)$$

式中，$(1+i)^{-n}$ 为复利现值系数或 1 元的复利现值，通常记为 $(P/F,i,n)$，可通过本书附录中的“复利现值系数表”查找相应值。

【例 2-4】王华的一项理财投资预计 6 年后可获得收益 40 000 元，年收益率(折现率)为 12%，则这笔收益的现值为多少？

$P = F \times (1+i)^{-n} = F \times (P/F,i,n)$

$= 40\,000 \times (P/F,12\%,6) = 40\,000 \times 0.506\,6 = 20\,264$(元)

(四)年金的计算

以上介绍的均是一次性收付款项的计算，在现实生活中，还可能在一定时期内发生多次收付款项，即系列收付款项。年金就是系列收付款项的特殊形式，它是指某一特定时期内，每间隔相等的时间收付相等金额的款项，如租金、优先股股利、直线法计提的折旧、保险费、零存整取、整存零取、等额分期收(付)款等。年金按其每次收付发生的时点不同，可以分为普通年金、即付年金、递延年金、永续年金等。

1．普通年金

普通年金又称后付年金，是指一定时期内每期期末等额发生的系列收付款项。

(1) 普通年金终值的计算(已知年金 A，求年金终值 F)。

由图 2-2 可以看出：

$$F = A(1+i)^0 + A(1+i)^1 + \cdots + A(1+i)^{n-2} + A(1+i)^{n-1} = A \times \frac{(1+i)^n - 1}{i}$$

式中，$\frac{(1+i)^n-1}{i}$ 称为年金终值系数，通常表示为$(F/A,i,n)$，可通过本书附录中的“年金终值系数表”直接查找有关数据。

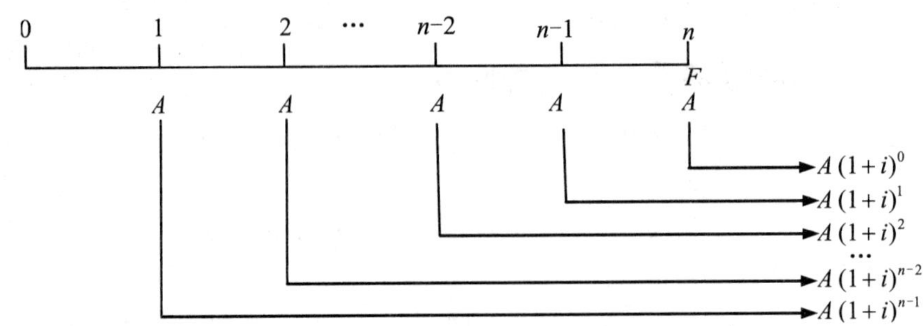

图 2-2　普通年金终值

【例 2-5】周玉山定期在每年年末存入银行 1 000 元，假设银行年利率 6%，则 10 年后可以一次性从银行取出多少款项？

这是一个普通年金终值的计算问题。该题中 A=1 000，i=6%，n=10，查“年金终值系数表”，得知年金终值系数(F/A,6%,10)=13.180 8，则 10 年后能一次性取出款项为

F=1 000×(F/A,6%,10)=1 000×13.180 8=13 180.8(元)

(2) 偿债基金的计算(已知年金终值 F，求年金 A)。

偿债基金是指为了偿付未来某一时点的一定金额的债务或积聚一定数额的资金而分次等额形成的存款准备金。由于每年存入等额款项属于年金形式，将来某一时点需要偿还的债务也就是普通年金终值，所以偿债基金的计算实际上是普通年金终值的逆运算。其计算公式如下。

$$A=F\times\frac{i}{(1+i)^n-1}$$

式中，$\frac{i}{(1+i)^n-1}$ 称为偿债基金系数，记为$(A/F,i,n)$，它是年金终值系数的倒数。

【例 2-6】长生公司为了在 5 年后偿还 1 000 万元的贷款，拟每年年末等额存入一笔款项，若年利率为 4%，则该公司每年年末应存入款项的数额为多少？

$$A=1\,000\times(A/F,4\%,5)=1\,000\times\frac{1}{(F/A,4\%,5)}=1\,000\times\frac{1}{5.416\,3}\approx 184.32(\text{万元})$$

即该公司每年年末应存入 184.32 万元。

(3) 普通年金现值的计算(已知年金 A，求年金现值 P)。

由图 2-3 可以看出：

$$P=A(1+i)^{-1}+A(1+i)^{-2}+\cdots A(1+i)^{-(n-1)}+A(1+i)^{-n}=A\times\frac{1-(1+i)^{-n}}{i}$$

式中，$\frac{1-(1+i)^{-n}}{i}$ 称为年金现值系数，通常表示为$(P/A,i,n)$。可通过本书附录中的“年金现值系数表”直接查找有关数据。上式也可表述为 $P=A\times(P/A,i,n)$。

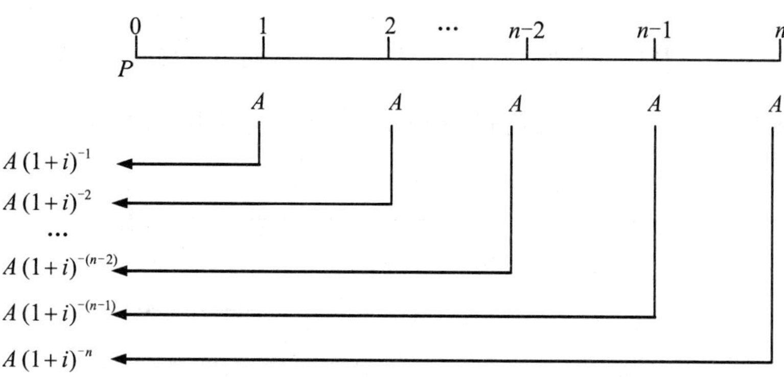

图 2-3　普通年金现值

【例 2-7】郑浩在今后的 20 年内，每年年末需要支付保险费 710 元，银行年利率为 4%，则他现在应一次性存入银行的现金为多少？

$$P = A\times(P/A,i,n) = 710\times(P/A,4\%,20) = 710\times13.590\,3 \approx 9\,649.11(\text{元})$$

即郑浩现在应一次性存入银行的现金为 9 649.11 元。

(4) 投资回收额的计算(已知年金现值 P，求年金 A)。

投资回收额是指在未来一定时期内等额回收初始投入的资本。这里的等额回收是年金形式，初始投入的资本是普通年金现值。显然，投资回收额的计算是普通年金现值计算的逆运算。其计算公式如下。

$$A = P\times\frac{i}{1-(1+i)^{-n}} = P\times\frac{1}{(P/A,i,n)}$$

式中，$\frac{i}{1-(1+i)^{-n}}$ 称为资本回收系数，也可表示为$(A/P,i,n)$。显然，资本回收系数与年金现值系数互为倒数。上式也可表示为 $A = P\times(A/P,i,n)$。

【例 2-8】北河企业借得 2 000 万元的贷款，在今后 5 年内每年年末等额支付本息，年利率为 9%，则该企业每年应支付的款项为多少？

$$A = 2\,000\times\frac{1}{(P/A,9\%,5)} = 2\,000\times\frac{1}{3.889\,7} \approx 514.18(\text{万元})$$

即该企业每年应支付的款项为 514.18 万元。

2．即付年金

即付年金也叫预付年金或先付年金，是指在一定时期内每期期初等额收付的系列款。

(1) 即付年金终值的计算(已知即付年金 A，求年金终值 F)。

由图 2-4 可以看出：

$$F = A(1+i)^1 + A(1+i)^2 + \cdots + A(1+i)^{n-1} + A(1+i)^n = A\times\frac{(1+i)^n-1}{i}(1+i)$$

$$= A\times\left[\frac{(1+i)^{n+1}-1}{i}-1\right]$$

式中，$\left[\dfrac{(1+i)^{n+1}-1}{i}-1\right]$称为即付年金终值系数，是在普通年金终值系数的基础上，期数加1、系数减1所得的结果。因此，即付年金终值系数也可记为$\left[(F/A,i,n+1)-1\right]$。

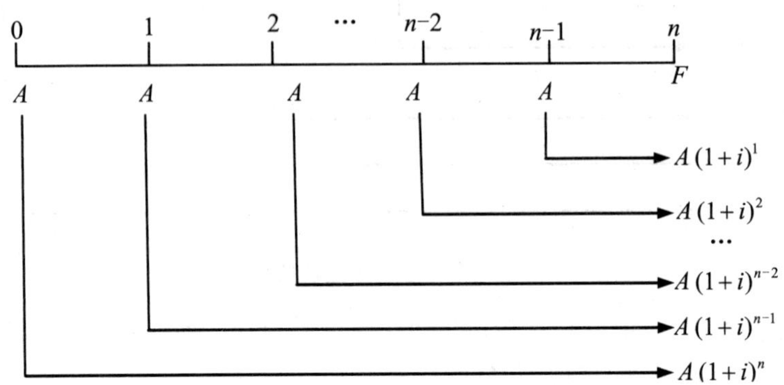

图 2-4　即付年金终值

【例 2-9】李莉每年年初投资一 P2P 项目 2000 元，年收益率为 8%，则第 10 年年末的本利和为多少？

$F=2\,000\times\left[(F/A,8\%,10+1)-1\right]$=2 000×(16.645 5−1)=31 291(元)

即第 10 年年末的本利和为 31 291 元。

(2) 即付年金现值的计算(已知即付年金 A，求年金现值 P)。

由图 2-5 可以看出：

$$P=A(1+i)^{0}+A(1+i)^{-1}+\cdots+A(1+i)^{-(n-2)}+A(1+i)^{-(n-1)}=A\times\frac{1-(1+i)^{-n}}{i}(1+i)$$

$$=A\times\left[\frac{1-(1+i)^{-(n-1)}}{i}+1\right]$$

式中，$\left[\dfrac{1-(1+i)^{-(n-1)}}{i}+1\right]$称为即付年金现值系数，是在普通年金现值系数的基础上，期数减1、系数加1所得的结果。因此，即付年金现值系数也可记为$\left[(P/A,i,n-1)+1\right]$。

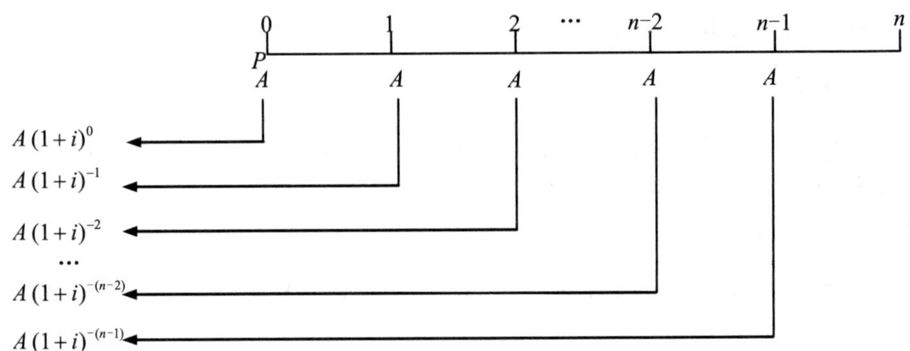

图 2-5　即付年金现值

【例 2-10】小刘 10 年期分期付款购房，每年年初支付 20 000 元，银行年利率为 10%，则该项分期付款相当于一次支付多少现金？

P=20 000×$\left[(P/A,10\%,10-1)+1\right]$=20 000×(5.759+1)=135 180(元)

即该项分期付款相当于一次支付 135 180 元。

3．递延年金

递延年金是指第一次收付发生在若干期(假设为 s 期，$s\geqslant1$)以后，即从 s+1 期开始每期末收付的等额款项，它是普通年金的特殊形式。凡是不从第一期开始的普通年金都是递延年金，s 称为递延期，如图 2-6 所示。

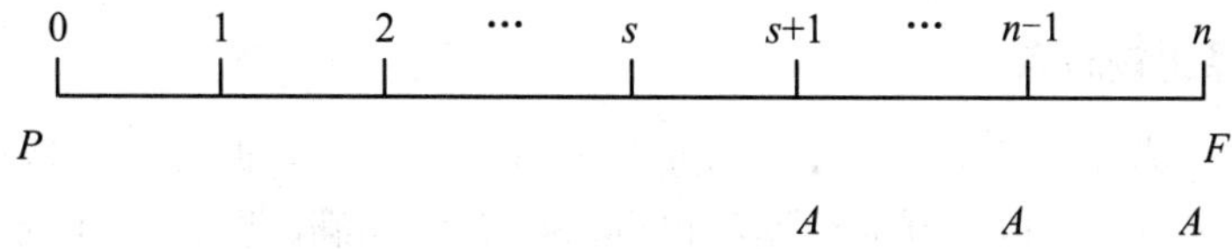

图 2-6　递延年金

(1) 递延年金终值的计算。

递延年金终值的计算与递延期 s 无关，其计算方法与普通年金终值相同，即

$$F=A\times(F/A,i,n-s)$$

【例 2-11】若张女士从第 3 年年末开始存钱，每年存 5 000 元，年利率为 6%，则 10 年后能一次性从银行取出的款项为多少？

10 年后的终值 F=5 000×(F/A,6%,8)=5 000×9.897 5=49 487.5(元)

(2) 递延年金现值的计算。

方法一：先计算出 n 期的普通年金现值，然后减去前 s 期的普通年金现值就是递延年金现值，即

$$P=A\times[(P/A,i,n)-(P/A,i,s)]$$

方法二：先将递延年金视为($n-s$)期普通年金，求出在第 s 期的现值，然后折算为第一期期初的现值，即

$$P=A\times\frac{1-(1+i)^{-(n-s)}}{i}\times(1+i)^{-s}=A(P/A,i,n-s)\times(P/F,i,s)$$

【例 2-12】天宇公司融资租赁一台设备，协议中约定从第 5 年年初开始，连续 6 年每年年初支付租金 5 000 元，若年利率为 10%，则相当于现在一次性支付多少金额？

$P=A\times[(P/A,10\%,9)-(P/A,10\%,3)]$=5 000×(5.759−2.486 9)=16 360.5(元)

或　P=5 000×$(P/A,10\%,6)\times(P/F,10\%,3)$=5000×4.355 3×0.751 3≈ 16 360.68(元)

4．永续年金

永续年金是指无限期的等额定期收付的年金，也可视为普通年金的特殊形式，即期限趋于无穷大的普通年金。

在实际工作中，如优先股股利、奖学金等均可看作永续年金。由于永续年金的期限 n 趋于无穷大，因此它只能计算现值，不能计算终值。

根据普通年金现值公式 $P=A\times\dfrac{1-(1+i)^{-n}}{i}$，当期限 n 趋于无穷大时，求其极限得：

$$P = A \times \frac{1}{i}$$

【例 2-13】大华学校拟建立一项奖学金，每年计划颁发 10 000 元奖学金，假设资金年收益率为 10%，则现在应存入多少钱？

该学校现在应存入的钱数 $P = \frac{10\,000}{10\%} = 100\,000$(元)

任务解析

1．分析选择比较时点

款项支付方式选择的基本原则是比较值的时间点在同一个时点上。例如，刘女士支付方式选择的比较时点，可以在开业初期，也可以在 3 年期满，即第 3 年的年末。如果刘女士一次性支付，则相当于付现值 60 万元；若分次支付，则相当于一个 3 年的即付年金。刘女士可以将这个即付年金折算为现值，再与 60 万元比较，选择一个付款少的方案；也可以把这个即付年金折算为 3 年后的终值，再与 60 万元的 3 年终值进行比较，以得出哪个方案更有利。在现实业务中，人们更倾向于通过比较现值进行方案的选择。

2．即付年金支付方式的选择

(1) 单利计息。

① 如果分次付款，则其 3 年的终值 F=23×(1+5%×3)+23×(1+5%×2)+23×(1+5%×1)=75.9(万元)。

如果一次性付款，则其 3 年的终值 F=60×(1+5%×3)=69(万元)。

② 如果分次付款，则其现值 P=23+23÷(1+5%×1)+23÷(1+5%×2)=65.81(万元)。

(2) 复利计息。

① 如果分次付款，则其 3 年的终值 F=23×[(F/A,5%,4)−1]=23×(4.310 1−1)=76.13(万元)。

如果一次性付款，则其 3 年的终值 $F=60\times(1+5\%)^3$=60×1.157 6=69.46(万元)。

② 如果分次付款，则其现值 P=23×[(P/A,5%,2)+1]=23×(1.859 4+1)=65.77(万元)。

无论单利计息还是复利计息，相比之下一次性支付更好。

3．普通年金、即付年金支付方式的选择

(1) 如果分次付款，每年年末支付 23 万元，则其现值 P=23×(P/A,5%,3)=23×2.723 2=62.63(万元)，低于每年年初支付 23 万元的现值 65.77 万元，相比之下每年年末支付 23 万元合算。

(2) 如果分次付款，每年年末支付 23 万元，则其 3 年的终值 F=23×(F/A,5%,3)=23×3.1512= 72.48(万元)，低于每年年初支付 23 万元的终值 76.13 万元，相比之下每年年末支付 23 万元合算。

4．递延年金支付方式终值与现值的计算

按递延年金支付方式计算时，其现值 P=35×(P/A,5%,3)−35×(P/A,5%,1)=35×2.723 2−35×0.952 4=61.98(万元)，其终值 F=35+35×(1+5%)=71.75(万元)。

理论延伸

在实际业务中存在着名义利率和实际利率。一次性支付款项的情况下，复利的计息期间不一定是一年。例如，某些债券半年计息一次；有的抵押贷款每月计息一次；股利有时每季支付一次；银行之间拆借资金均每日计息一次等。因此，名义利率是指约定的年利率，而当计息期短于一年，即一年复利多次时就产生了实际利率，即投资者实际获得的报酬率。

当利率在一年内复利多次时，每年计息多次的终值会大于每年计息一次的终值，实际利率也一定会大于名义利率。

名义利率换算成实际利率的公式如下。

$$i=\left(1+\frac{r}{m}\right)^m-1$$

式中，i 为实际利率，r 为名义利率，m 为每年复利的次数。

实际工作中，如果遇到一年内多次复利的情况，时间价值的有关计算可采用两种方法进行。

【例 2-14】房山公司取得银行贷款 200 000 元，年利率为 8%，若每季计息一次，则 3 年后应归还的本利和为多少？

方法一：先将名义利率换算成实际利率，然后按实际利率计算时间价值。

$$i=\left(1+\frac{r}{m}\right)^m-1=\left(1+\frac{8\%}{4}\right)^4-1\approx 8.24\%$$

$$F=200\,000\times(1+8.24\%)^3=253\,625.76(\text{元})$$

方法二：不计算实际利率，而是调整相关指标，利率为每期利率，即 r/m，期数相应变为 $m\times n$，直接计算出时间价值。

$$F=200\,000\times\left(1+\frac{8\%}{4}\right)^{4\times3}=200\,000\times(F/P,2\%,12)=200\,000\times1.268\,2=253\,640(\text{元})$$

任务基础训练

一、单项选择题

1. 为在第 5 年年末获得本利和 10 000 元，求每年年末应存款多少时应用(　　)。

A. 年金现值系数　　B. 年金终值系数
C. 复利现值系数　　D. 复利终值系数

2. 下列各项中，无法计算出确切结果的是(　　)。

A. 后付年金终值　B. 即付年金终值　C. 递延年金终值　D. 永续年金终值

3. 若希望 3 年后取得 500 元，利率为 10%，则在单利情况下现应存入银行(　　)元。

A. 384.6　B. 650　C. 375.6　D. 665.5

4. 已知(F/A,10%,9)=13.579，(F/A,10%,11)=18.531，则 10 年期、10%的即付年金终值系数为(　　)。

A. 17.531　　B. 15.937　　C. 14.579　　D. 12.579

5. 企业年初借得50 000元贷款，10年期，年利率为12%，每年年末等额偿还，则每年年末应付金额为(　　)元。[注：(P/A,12%,10)=5.650 2]

A. 8 849　　B. 5 000　　C. 6 000　　D. 4 532

6. 某人年初存入银行1000元，假设银行按每年10%的复利计息，每年年末取出200元，则最后一次能够足额提款的时间是(　　)。

A. 第5年年末　　B. 第8年年末　　C. 第7年年末　　D. 第9年年末

7. 在普通年金终值系数的基础上，期数加1、系数减1所得的结果，数值上等于(　　)。

A. 普通年金现值系数　　B. 即付年金现值系数

C. 普通年金终值系数　　D. 即付年金终值系数

二、多项选择题

1. 下列(　　)可视为永续年金的例子。

A. 零存整取　　B. 存本取息

C. 固定不变且长期持有的普通股股利　　D. 整存整取

2. 实际工作中，以年金形式出现的有(　　)。

A. 租金　　B. 奖金

C. 特定资产的年保险费　　D. 采用加速折旧法计提年折旧费

3. 某公司从银行借款12 000元，借款期为3年，每年的还本付息额为4600元，则借款利率为(　　)。

A. 小于6%　　B. 大于8%　　C. 大于7%　　D. 小于8%

4. 下列各项中，可以直接或间接利用普通年金终值系数计算的项目有(　　)。

A. 偿债基金　　B. 先付年金终值　　C. 永续年金终值　　D. 永续年金现值

5. 递延年金的特点有(　　)。

A. 最初若干期没有收付款项　　B. 后面若干期等额收付款项

C. 其终值计算与普通年金相同　　D. 其现值计算与普通年金相同

三、判断题

1. 在现值和计息期数一定的情况下，利率越高，复利终值越小。　　(　　)

2. 在年利率同为10%的情况下，第10年年末1元的复利现值系数大于第8年年末1元的复利现值系数。　　(　　)

3. 一般说来，资金时间价值是指没有通货膨胀条件下的投资报酬率。　　(　　)

4. 复利终值与现值成正比，与计息期数和利率成反比。　　(　　)

5. 递延年金现值的大小与递延期限无关，所以递延年金现值的计算方法与普通年金现值的计算方法一样。　　(　　)

四、计算分析题

1. 训练资料

(1) 光华公司准备购买一台设备，设备价款为12 000元，使用期限为6年，估计该设备每年可为企业带来4 000元的收益，假设年利率为15%。

(2) 南湖公司拟购置一处房产，房主提出两种付款方案：①从现在起，每年年初支付 10 万元，连续支付 10 年；②从第 5 年开始，每年年初支付 12.5 万元，连续支付 10 年。假设该企业的资金成本率(最低报酬率)为 10%。

(3) 张林在 2016 年 1 月 1 日存入银行 10 000 元，年利率为 4%。

(4) 吴芳从银行贷款 10 000 元，必须在未来 3 年内每年年末偿还相等的金额，而银行按贷款余额的 5%收取利息。

(5) 林先生欲在一条街道的市场里开办一个餐馆，于是找到市场管理处，提出要求承租该市场的一个档口 3 年。市场管理处也愿意将档口出租给林先生，但要求林先生一次性支付租金 30 000 元。林先生觉得一次性拿出 30 000 元比较困难，因此提出能否每年年初付 11 000 元。假设银行贷款年利率为 6%。

(6) 郑鑫准备购买一套公寓，总价为 425 000 元，首付 85 000 元，其余部分从银行借款，期限 30 年，贷款年利率为 6%，采用年等额本息方式偿还贷款。郑鑫购买该公寓用于出租，月租金预计 2 000 元。

(7) 李锋于 2017 年年初存入银行一笔现金，准备用于支付孩子的大学费用支出。假如从 2020 年年末起每年取出 5 000 元，连取 4 年，若年利率为 5%。

(8) 人到中年的林小萌准备开始储蓄一笔钱用于养老，有两个方案可供选择：①从现在起，每年年初存 1 万元；②从第 5 年开始，每年年初存 2 万元。若年利率为 5%。

(9) 周洲拟于 2017 年年初借款 50 000 元，准备至 2021 年年末一次归还 75 000 元。若融资年利率为 8%，复利计息。

(10) 高奇是一位会计从业者，在公司上升空间通畅，预计 5 年后年薪会达到 8 万元。若市场年利率为 10%。

2. 训练要求

(1) 根据训练资料(1)计算分析该设备是否应该购买。

(2) 根据训练资料(2)分析该企业应选择哪种付款方案。

(3) 根据训练资料(3)计算：①每年复利一次，2019 年 1 月 1 日存款账户余额；②每季复利一次，2019 年 1 月 1 日存款账户余额；③若这 10 000 元分别在 2016 年、2017 年、2018 年和 2019 年 1 月 1 日存入 2 500 元，仍按 4%的年利率，一年复利一次，计算 2019 年 1 月 1 日存款账户余额。

(4) 根据训练资料(4)编制如表 2-1 所示的还本付息表(保留两位小数)。

表 2-1　还本付息表

年　度	支 付 额	利　息	本金偿还额	贷款余额
1				
2				
3				
合计				

(5) 根据训练资料(5)完成下列任务：①以现值点作为比较时点，判断哪一种租金支付方式对林先生有利；②以终值点作为比较时点，判断哪一种租金支付方式对林先生有利。

(6) 根据训练资料(6)判断租金是否能够支付还本付息额。

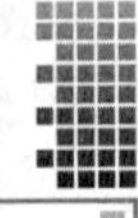

(7) 根据训练资料(7)计算李锋2017年年初应存入银行多少钱。

(8) 根据训练资料(8)计算比较，到第10年年末哪个方案对林小萌有利。

(9) 根据训练资料(9)判断周洲能否借到款项。

(10) 根据训练资料(10)计算在复利计息条件下，高奇5年后的年薪相当于现在多少钱。

任务二　确立风险价值观念

任务要求

本任务要解决两个问题：一是计算衡量风险的各项指标和风险收益率；二是运用风险衡量指标衡量企业经营过程中面临的风险并作出投资方案选择。

任务描述

南方公司近年来由于竞争加剧、产品销售不畅等原因，使原有柠檬饮料开始滞销，企业陷入经营困难。为改变产品结构，开拓新的市场领域，该公司拟开发一种无糖茶饮料或果奶。新产品投入市场后预计收益情况和市场销量有关。预计的有关资料如表2-2所示。

表2-2　市场预测和预期收益概率分析

市场情况	无糖茶饮料		果　奶	
	年收益(x_i)/万元	概率(P_i)	年收益(x_i)/万元	概率(P_i)
销量很好	5	0.1	7	0.1
销量较好	4	0.2	5	0.3
销量一般	3	0.4	4	0.3
销量较差	2	0.2	2	0.2
销量很差	1	0.1	1	0.1

现要求财务部门对新产品的风险进行衡量。假设市场无风险报酬率为3%，饮料行业的风险报酬系数为0.5。

阅读上述资料，分析讨论以下问题：

1. 该类决策属于什么决策类型？
2. 根据风险衡量指标判断研发两种新产品的风险程度。
3. 分别计算两种新产品的预期投资报酬率。

理论认知

一、风险与财务决策

风险一般是指某一事件的结果的不确定性。在谈到货币的时间价值时，都是假定没有风险和通货膨胀因素。但是，风险是客观存在的，企业资金活动几乎都是在一定风险或不确定条件下进行的。离开风险因素，就无法正确评价企业的资金活动。

从资金管理角度分析风险主要是指预期收益结果的不确定性，或由于各种难以预料和无法控制的因素作用，使企业的实际收益与预期收益发生背离。风险不仅能带来超出预期的损失，呈现其不利的一面，而且还可能带来超出预期的收益，呈现其有利的一面。

(一)风险的类别

1. 按风险能否分散分为不可分散风险和可分散风险

不可分散风险是指那些影响所有企业的风险，也称市场风险或系统风险，如战争、自然灾害、通货膨胀、利率调整等。因为这些因素影响所有投资，所以不可能通过多角化投资分散风险。

可分散风险也称公司特有风险或非系统风险，是指发生于个别公司的特有事件给企业造成的风险，如企业职工罢工、新产品开发失败等。这类事件是随机发生的，仅影响与之相关的公司，可以通过多角化投资分散风险。

2. 按风险形成的原因分为经营风险与财务风险

经营风险是指企业因经营上的原因导致利润变动的不确定性，如原材料价格、市场销售因素、生产成本因素等变动，使得企业的收益变得不确定。经营风险是不可避免的。

财务风险也叫筹资风险，是指因借款或发行优先股而增加的风险，是筹资决策带来的风险。因为借款的利息和优先股股利固定，当企业经营状况不佳时，将导致企业所有者收益下降甚至无法按期支付利息或优先股股利，影响偿债能力。财务风险是可以避免的，如果企业不举债也不发行优先股，则企业就没有财务风险。

(二)财务决策的类型

企业的财务决策按风险性质分类，可分为确定性决策、风险性决策和不确定性决策。

1. 确定性决策

决策者对未来的情况和结果能够完全确定的决策称为确定性决策。例如，某企业将 10 万元投资于 4%利率的 3 年期国债。这样的投资决策，就可以认为是确定性决策。因为国家的财力是雄厚的，企业 3 年后得到 1.2 万元利息几乎是可以肯定的。

2. 风险性决策

决策者对未来的情况和结果不能完全确定，但它们出现的可能性(概率)是已知的或是可以估计的，这种情况下的决策称为风险性决策。例如，把 50 万元投资于某种股票，这种股票在较好的情况下可获得 25%的收益；在一般的情况下可获得 15%的收益；在较差的情况下可获得 5%的收益。根据资料分析，明年情况较好的可能性为 40%，一般的可能性为 50%，较差的可能性为 10%。这种投资决策就是风险性决策。因为这种决策虽然其后果并不十分肯定，但其后果风险的大小及作用范围至少是可以估计的，而且企业对其有一定的控制力。

3. 不确定性决策

决策者对未来的情况不仅不能完全确定，而且就其可能性也不清楚或无法估计，这种

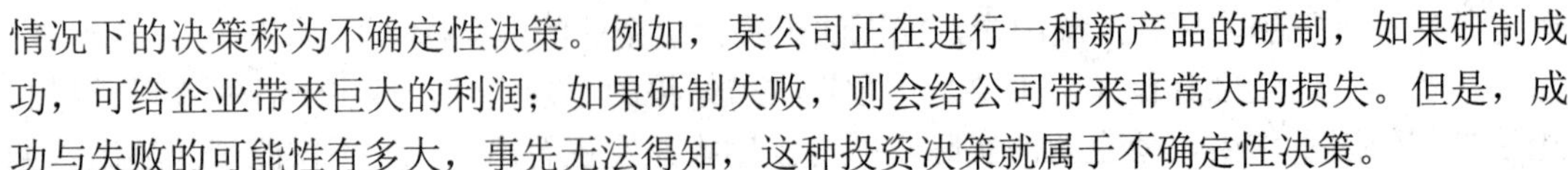

情况下的决策称为不确定性决策。例如，某公司正在进行一种新产品的研制，如果研制成功，可给企业带来巨大的利润；如果研制失败，则会给公司带来非常大的损失。但是，成功与失败的可能性有多大，事先无法得知，这种投资决策就属于不确定性决策。

企业的财务决策几乎都是在风险或不确定性情况下作出的。在实务中，一般不把风险和不确定性加以区别。

二、风险衡量指标

风险是客观存在的，广泛影响着企业的资金管理活动，因此正视风险并将风险程度予以量化，就成为企业资金管理中的一项重要工作。衡量风险大小需要使用概率和统计方法，下面分别进行介绍。

(一)概率分布

概率是用百分数或小数来表示随机事件发生可能性的大小，或出现某种结果可能性大小的数值。一般用 P_i 表示，它是介于 0～1 之间的一个数，且 $\sum P_i = 1$。

【例 2-15】某投资项目收益的概率分析如表 2-3 所示。

表 2-3　投资收益概率分析

可能出现的情况	投资收益率(x_i)	概率(P_i)
投资情况好	25%	0.30
投资情况一般	20%	0.50
投资情况差	15%	0.20

(二)期望值

期望值是一个概率分布中的所有可能结果以其概率为权数进行加权平均的加权平均数，反映事件的集中趋势。其计算公式如下。

$$\overline{x} = \sum_{i=1}^{n} P_i x_i$$

式中，x_i 为第 i 种结果出现的预期收益(或预期收益率)，P_i 为第 i 种结果出现的概率，n 为所有可能结果的数目。

根据表 2-3 的资料，计算该投资的期望收益率如下。

$\overline{x} = P_1x_1 + P_2x_2 + P_3x_3$=0.30×25%+0.50×20%+0.20×15%=20.5%

(三)标准离差

上面计算的期望收益率是一种估计平均数，它并不是实际投资收益水平。两者的差异体现在实际投资收益水平相对于期望收益率的不确定性，即投资的风险。因此，要想测定投资的风险程度，必须测定实际投资收益水平对期望收益率可能发生的偏离程度。这种偏离程度通常用标准离差来反映，用以作为衡量风险大小的尺度。其计算公式如下。

$$标准离差\ \sigma = \sqrt{\sum_{i=1}^{n}(x_i - \overline{x})^2 P_i}$$

在期望值相等的情况下，标准离差越大，意味着风险越大。

以例 2-15 的资料为基础，计算的投资风险程度如下。

$$\sigma = \sqrt{(25\% - 20.5\%)^2 \times 0.3 + (20\% - 20.5\%)^2 \times 0.5 + (15\% - 20.5\%)^2 \times 0.2} = 3.5\%$$

(四)标准离差率

标准离差率是标准离差同期望值的比值。其计算公式如下。

$$q = \frac{\sigma}{\overline{x}} \times 100\%$$

标准离差率越大，风险程度就越大。在期望值不相等的情况下，应用标准离差率比较风险大小。

根据例 2-15 的资料，其标准离差率计算如下。

$$q = \frac{3.5\%}{20.5\%} \times 100\% \approx 17.07\%$$

通过上述方法将决策方案的风险加以量化后，决策者便可据此作出决策。对于单个方案，决策者可根据其标准离差(率)的大小，将其同设定的可接受的此项指标最高限值加以比较，看前者是否低于后者，然后作出取舍。对于多方案择优，决策者的行动准则应是选择低风险高收益的方案，即选择标准离差最低、期望收益最高的方案。然而高收益往往对应高风险，低收益一般对应低风险，究竟如何决策，就要权衡期望收益与风险，而且还取决于决策者对风险的态度。

三、风险报酬的计算

风险报酬是指投资者由于冒风险进行投资而获得的超过资金时间价值的额外收益，又称为投资风险收益或投资风险价值，可以用风险报酬额或风险报酬率来反映。风险报酬额与投资额的比率即风险报酬率。

风险与报酬的关系是风险越大，要求的报酬率越高。其计算公式如下。

$$\begin{aligned} K &= R_F + bq \\ &= 无风险报酬率 + 风险报酬系数 \times 标准离差率 \\ &= 无风险报酬率 + 风险报酬率 \end{aligned}$$

式中，K 为期望投资报酬率，R_F 为无风险报酬率，b 为风险报酬系数，q 为标准离差率。

在资金管理实务中，一般把短期政府债券(如短期国债)的收益率作为无风险报酬率 R_F。风险报酬的计算关键是风险报酬系数 b 的确定。风险报酬系数 b 的数学意义是指该项投资的风险收益率占该项投资标准离差率的比率，它是个经验数据，可以根据对历史资料的分析、统计回归、专家评议获得，或者由政府等专门机构公布。

【例 2-16】承例 2-15，假设无风险报酬率为 5%，股票投资的风险报酬系数为 0.2，则该投资项目的风险报酬率和期望投资报酬率分别为多少？

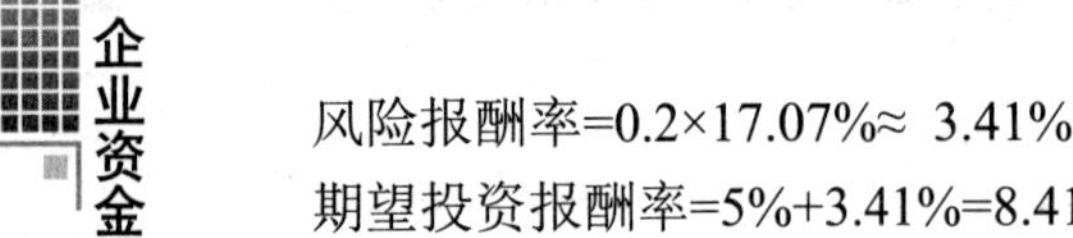

风险报酬率=0.2×17.07%≈ 3.41%

期望投资报酬率=5%+3.41%=8.41%

任务解析

1．决策类型分析

决策者对研发两种新产品未来的情况和结果不能完全确定，但它们出现的可能性(概率)能够估计，这种决策属于理论上的风险性决策。虽然这种决策的后果并不十分肯定，但其后果风险的大小及作用范围至少是可以估计的，而且企业对其有一定的控制力。

2．判断研发两种新产品的风险程度

(1) 无糖茶饮料的风险衡量指标。

① 无糖茶饮料投产后预计收益的期望值，即期望收益如下。

$$\bar{x}=5\times0.1+4\times0.2+3\times0.4+2\times0.2+1\times0.1=3(\text{元})$$

② 无糖茶饮料投产后预计年收益与期望收益的标准离差如下。

$$\sigma=\sqrt{(5-3)^2\times0.1+(4-3)^2\times0.2+(3-3)^2\times0.4+(2-3)^2\times0.2+(1-3)^2\times0.1}$$

$$=\sqrt{0.4+0.2+0+0.2+0.4}\approx1.095\,(\text{万元})$$

③ 无糖茶饮料预计年收益的标准离差率如下。

$$q=\frac{\sigma}{\bar{x}}\times100\%=\frac{1.095}{3}\times100\%=36.5\%$$

(2) 果奶的风险衡量指标。

① 果奶投产后预计收益的期望值，即期望收益如下。

$$\bar{x}=7\times0.1+5\times0.3+4\times0.3+2\times0.2+1\times0.1=3.9(\text{万元})$$

② 果奶投产后预计年收益与期望收益的标准离差如下。

$$\sigma=\sqrt{(7-3.9)^2\times0.1+(5-3.9)^2\times0.3+(4-3.9)^2\times0.3+(2-3.9)^2\times0.2+(1-3.9)^2\times0.1}$$

$$=\sqrt{0.961+0.363+0.003+0.722+0.841}\approx1.70(\text{万元})$$

③ 果奶预计年收益的标准离差率如下。

$$q=\frac{\sigma}{\bar{x}}\times100\%=\frac{1.70}{3.9}\times100\%\approx43.59\%$$

由于两种产品的收益期望值不相等，所以需要计算标准离差率，从标准离差率指标来看，果奶的风险要大于无糖茶饮料的风险。如果从谨慎的角度分析，研发方案应该选择风险低的无糖茶饮料。但是，如果企业的经营管理者属于冒险型的，也可以选择研发果奶。

3．计算两种新产品的预期投资报酬率

无糖茶饮料预期投资报酬率=3%+0.5×36.5%=21.25%

果奶预期投资报酬率=3%+0.5×43.59%=24.80%

任务基础训练

一、单项选择题

1. 为比较期望报酬率不同的两个或两个以上方案的风险程度，应采用的标准是(　　)。

A. 标准离差　　B. 标准离差率　　C. 概率　　D. 风险报酬率

2. 某种股票的标准离差率为 40%，风险报酬系数为 0.3，假设无风险报酬率为 8%，则该股票的期望投资报酬率为(　　)。

A. 40%　　B. 12%　　C. 20%　　D. 3%

3. 因经营方面的原因给企业盈利带来的不确定性为(　　)。

A. 财务风险　　B. 经营风险　　C. 生产风险　　D. 盈利风险

4. 在期望值相同的情况下，标准离差越大的方案，其风险(　　)。

A. 越大　　B. 越小　　C. 二者无关　　D. 无法判断

5. 已知短期国库券利率为 4%，纯利率为 2.5%，市场利率为 7%，则风险收益率和通货膨胀补偿率分别为(　　)。

A. 3%和 1.5%　　B. 1.5%和 4.5%　　C. −1%和 6.5%　　D. 4%和 1.5%

6. 若甲的期望值高于乙的期望值，且甲的标准离差小于乙的标准离差，则下列表述正确的是(　　)。

A. 甲的风险小，应选择甲方案

B. 乙的风险小，应选择甲方案

C. 甲的风险与乙的风险相同

D. 难以确定，因期望值不同，故应进一步计算标准离差率

二、多项选择题

1. 企业的财务风险有(　　)。

A. 因销售量变化带来的风险　　B. 因借款带来的风险

C. 筹资决策带来的风险　　D. 外部环境带来的风险

2. 下列几种情况下，会给企业带来经营风险的有(　　)。

A. 企业举债过度　　B. 原材料价格发生变动

C. 企业产品更新换代周期过长　　D. 企业产品的生产质量不稳定

3. 在不考虑通货膨胀的情况下，投资报酬率包括(　　)。

A. 通货膨胀补偿率　　B. 无风险收益率

C. 资本成本率　　D. 风险收益率

4. 某企业拟进行一项存在一定风险的完整工业项目投资，有甲、乙两个方案可供选择：甲方案净现值的期望值为 1 000 万元，标准离差为 300 万元；乙方案净现值的期望值为 1 200 万元，标准离差为 330 万元。则下列结论中不正确的有(　　)。

A. 从稳健的角度分析，甲方案优于乙方案　　B. 甲方案的风险大于乙方案

C. 甲方案的风险小于乙方案　　D. 无法评价甲、乙两种方案的风险大小

三、判断题

1. 在投资项目期望值相同的情况下，标准离差越大，风险越小。 (   )
2. 由于举债而给企业财务成果带来的不确定性称为财务风险。 (   )
3. 风险本身可能带来超出预期的损失，也可能带来超出预期的收益。 (   )
4. 收益的标准离差率不等于投资报酬率，因此二者不存在任何联系。 (   )
5. 一般说来，资金时间价值是指没有通货膨胀条件下的投资报酬率。 (   )
6. 根据风险与收益对等的原理，高风险的投资项目必然会获得高收益。 (   )

四、计算分析题

1. 训练资料

(1) 祥和企业为生产甲产品准备新上一条生产线，甲产品投产后预计收益情况和市场销售量有关，其收益和概率分布情况如表2-4所示。

表2-4 甲产品的收益和概率分布

市场情况	事件发生的概率(P_i)	年收益(X_i)/万元
销量较好	0.3	600
销量一般	0.5	400
销量较差	0.2	300

假设市场无风险报酬率为6%，风险报酬系数为0.3。

(2) 申夏公司进行一项投资，根据不同的情况准备了A、B两种方案。有关资料如表2-5所示。

表2-5 投资方案相关资料

可能出现的情况	A方案		B方案	
	投资报酬率	概　率	投资报酬率	概　率
投资环境好	40%	0.1	35%	0.3
投资环境一般	30%	0.8	30%	0.5
投资环境差	20%	0.1	15%	0.2

2. 训练要求

(1) 根据训练资料(1)，计算甲产品的预期投资报酬率。

(2) 根据训练资料(2)，比较A方案与B方案的风险大小。

项目综合实训

综合实训一

1. 实训资料

如果你突然收到一张事先不知道的1 260亿美元的账单，肯定会大吃一惊。这样的事件却发生在瑞士的田纳西镇的居民身上。纽约布鲁克林法院判决田纳西镇应向美国投资者支付这笔钱。最初，田纳西镇的居民以为这是一件小事，但当他们收到账单时，便被这张巨额账单惊呆了。他们的律师指出，若高级法院支持这一判决，为偿还债务，所有田纳西镇的居民在其余生中不得不靠吃麦当劳等廉价快餐度日。

田纳西镇的问题源于 1966 年的一笔存款。斯兰黑不动产公司在内部交换银行(田纳西镇的一个银行)存入一笔 6 亿美元的存款。存款协议要求银行按每周 1%的利率(复利)付息(难怪该银行第二年破产了)。1994 年，纽约布鲁克林法院作出判决：从存款日到田纳西镇对该银行进行清算的 7 年中，这笔存款应按每周 1%的复利计息，而在银行清算后的 21 年中，每年按 8.54%的复利计息。

2. 实训要求

(1) 请用所学知识说明 1 260 亿美元是如何计算出来的。

(2) 若利率为每周 1%，按复利计算，6 亿美元增加到 12 亿美元需要多长时间？增加到 1 000 亿美元需要多少时间？

(3) 本案例对你有何启示？

综合实训二

1. 实训资料

古门公司是一家大型挖掘机生产企业，2016 年年末公司结余大笔现金流，为了减少资金占用成本，增加盈余，经公司董事会同意，决定将 2 000 万元交予公司投资部进行股票投资。投资部的张部长与同事们对沪市、深市的多只股票进行分析，最终选定 A、B 两只股票，计划投资额均为 1 000 万元，假设其收益和概率分布如表 2-6 所示。

表 2-6　收益和概率分布　　单位：万元

市场状况	概　率	A 股票收益	B 股票收益
好	0.2	200	300
一般	0.6	100	100
差	0.2	50	−50

2. 实训要求

(1) 分别计算 A、B 两只股票收益的期望值。

(2) 分别计算 A、B 两只股票收益的标准差。

(3) 当风险价值系数为 8%时，分别计算 A、B 两只股票收益的风险收益率。

(4) 若当前短期国债的利息率为 3%，分别计算 A、B 两只股票投资的必要收益率。

(5) 判断 A、B 两只股票投资的优劣。

案例分析

1989 年，罗莎琳德·珊琪菲尔德赢得了一项总价值超过 130 万美元的大奖。这样，在以后的 20 年中，每年她都会收到 65 276.79 美元的分期付款。6 年后的 1995 年，她接到了佛罗里达州西部棕榈市的西格资产资金管理公司一位销售人员打来的电话，称该公司愿立即付给她 140 000 美元以获得今后 9 年其博彩奖支票的一半款项[即现在的 140 000 美元换算以后，9 年共 293 745.51(32 638.39 × 9)美元的分期付款]。

西格资产资金管理公司是一个奖金经纪公司，职员的主要工作是跟踪类似珊琪菲尔德女士这样的博彩大奖获得者。公司知道有许多人会急于将他们获得奖项的部分马上变现成一笔大钱。西格资产资金管理公司是年营业收入高达 7 亿美元的奖金经纪行业中的一员，它和伍德步里奇·斯特林公司目前占据了行业中 80%的业务。西格资产资金管理公司将它们收购的这种获得未来现金流的权利再转售给一些机构投资者，诸如美国太阳公司或是约翰·汉考克共同生命保险公司。

本案例中，购买这项权利的是金融升级服务集团(简称 EFSG 公司)，它是一家从事纽约州的市政债券的再保险公司。西格资产资金管理公司已谈好将它领取珊琪菲尔德一半奖金的权利以 196 000 美元的价格卖给 EFSG 公司，如果珊琪菲尔德答应公司的报价，公司马上就能赚取 56 000 美元。最终珊琪菲尔德接受报价，交易达成。

(资料来源：西格公司案例，http://wenku.baidu.com/view/461d386148d7clc708a14585.html.)

要求：运用时间和风险价值观念分析，为何西格资产资金管理公司能够促使这笔交易成功并立即获得 56 000 美元的利润？珊琪菲尔德和 EFSG 公司在这笔交易中各获得了什么利益？

相关链接

基金定投即定期定额投资基金，在一定投资期间内，以固定时间、固定金额申购某只开放式基金。现在各银行基本都已开通该业务，特别适合“月光族”的年轻人、筹备教育经费和养老经费的父母以及风险承担能力较弱的工薪阶层。每次定投所需的最低金额较少，一般 100～300 元即可。例如，工商银行每月最低申购金额为 200 元，而招商银行为 300 元。

定期定额有两大好处：一是不用费心选择进场时机，自动达到涨时少买跌时多买，使平均成本降低。海外实证研究显示，每次都在市场最高点买进与每次都在最低点买进，长期下来，两者的报酬率相差不到 10%。二是有时间复利的魔法，持之以恒的利滚利将有意想不到的效果，爱因斯坦也曾将复利称为世界第八大奇迹。

香港 JF 东方基金在 1996 年至今的二十多年间，先后经历了亚洲金融危机、科技股泡沫等大的市场波动，基金净值因此受到一定的影响而上下波动。虽然曾有过大幅缩水的记录，但是对于采取定期定额方式的投资者而言，根据有关数据统计，这二十多年间坚持缴款的投资人仍在该基金上获得 7%左右的年复利回报，这一回报率足以帮助投资人轻松实现退休养老、子女教育等长期资金管理目标。假如你距离退休还有 20 年，从现在起每月投资 1 000 元直到退休，以年 7%的复利计算，退休前每月投入的 1 000 元能令你在退休后每月支取 2 000 元(连续支取 20 年)。这是一个定期定额抗拒市场风险的好例子。

表 2-7 所示为一组月定投开放式基金 300 元的收益情况数据。

表 2-7　基金定投收益情况　　单位：元

当前年龄	25	35	45	55	60
距离退休年限	40	30	20	10	5
收益率 2%	217 447	146 045	87 470	39 418	18 734
收益率 6%	557 143	284 609	132 428	47 451	20 934
收益率 10%	1 593 333	592 178	206 190	57 374	21 978
收益率 15%	6 404 725	1 565 082	368 797	73 105	24 272

(资料来源：基金定投知识大全整理[EB/OL]. 百度文库，http://wenku.com/view/9369646365ce0508763273l.html.)

要求：若你从 30 岁开始每月投资 500 元于某只开放式基金，预计收益率为 3%，连续投 20 年，计算到 50 岁时可获取的收益，并分析判断收益实现的可能性。

项目三 资金筹措分析

【技能目标】

- 能够运用所学的方法预测企业筹资规模。
- 能够定性、定量分析每种筹资方式，以选择合理的筹资方式。
- 能够运用三大杠杆原理，对企业的筹资风险、经营风险作出分析。
- 能够运用适当方法，遵从收益和风险均衡的原则，选择企业最佳资金结构。

【知识目标】

- 掌握筹资原则和预测筹资规模的方法。
- 掌握企业常用的筹资方式并计算资金成本。
- 掌握经营杠杆、财务杠杆和复合杠杆原理。
- 掌握最佳资金结构以及选择资金结构的方法。

包头富豪金利斌生死迷局

2011年4月13日，身家高达40亿元的包头惠龙集团董事长金利斌自焚身亡，留下了高达12.37亿元的债务，在其遗物中发现的15张银行卡里，总共只有3 700元。

金利斌生前曾是包头市政协委员、人大代表等，获得过“2007共和国经济建设功勋人物”等多项荣誉。惠龙集团也摘得过“2007内蒙古自治区百强企业”称号。

金利斌创业时期很苦，从代理销售湖北的瓜子挖到第一桶金。后来注册了包头市惠龙公司，代理伊利酸奶、蓝带啤酒等名牌食品，获得了丰厚收益。为迅速扩大企业，他投资了不熟悉但认为挣钱快的洗浴行业，并以月利息三四分钱，甚至一角钱非法集资，结果洗浴城惨淡经营。但金利斌认为是洗浴城不够豪华，再次非法集资搞了第二家洗浴城，之后又办休闲会馆、KTV歌厅及大理石、萤石矿等。数年间，高利贷越滚越大。

从2008年起，金利斌为了弥补资金缺口，黑钱、白钱都敢高息吸纳，非法集资规模高达12.37亿元。高利息大大超出了企业的承受能力，最终资金链断裂。

2008年年初，被高利贷逼入绝境的金利斌找“高人”指点。这位“高人”在北京经营一家小型豆制品企业。他说：“豆类产品是国家扶持的农业项目，如果做成行业龙头即可上市。”至此，一个上市圈钱甩掉高利贷包袱的梦想迅速形成。金利斌以高利贷买下这家豆业公司，还投资4亿元建设“中国福禾豆业生产基地”。福禾豆业于2010年3月投产，上了豆腐、豆浆、豆芽、豆渣4条生产线，当年亏损1 000多万元。即使这样，福禾豆业还是在香港进行了上市登记，以在美国纳斯达克上市。但这事不能光凭想象，最终福禾豆业的土地、厂房以4 000万元抵押给了一家典当行。

据《中国人民银行关于取缔地下钱庄及打击高利贷行为的通知》规定：民间个人借贷利率由借贷双方协商确定，但双方协商的利率不得超过中国人民银行公布的金融机构同期、同档次贷款利率(不含浮动)的4倍。否则界定为高利借贷。按当前6个月至1年的短期贷款年利率5.81%计算，个人民间贷款年利率上限应为23.24%，折算成按月复利(利滚利)的利率就是常说的1分7。

金利斌支付的利息：借贷10万元以下的债权人每月2分利，借贷10万元以上的债权人每月3分利，显然比存在银行里的利息高出数倍。

为了企业发展，适当的高息贷款并非不可以，但一定要注意借贷资金与企业利润的比例。一般企业一年的利润率在10%左右，一个年收入在1亿元的企业，其年利润为1 000万元，如此估算，每年最多融1 000万元高息贷款。按每月3分利计，一年360万元的利息，企业还能有资金周转。

惠龙集团一年的收入大约2亿元，每年可借差不多2 000万元，但惠龙集团几年来实际上平均每年高息融资都在两三个亿，再加上利滚利，其每天需要支付的利息就是500万元。

金利斌的疯狂借贷带动了一大批借贷人的疯狂，不少人用自己的房产、汽车作抵押，从银行贷款，再借贷给金利斌。有银行职员借职务之便，高息吸储再转手借贷给金利斌。

一位债权人为了抱团应对此次债务风险，发起了一个与 200 多名债权人的联名登记，资金总额达 1.2 亿元。其中，某农村信用社一位职员名下有 28 份不同金额总计约 500 万元的债权合同，其以每月 1 分 2 的利息吸纳了近千万元存款，再以 3 分利贷给金利斌。

（资料来源：根据惠龙集团真实案例整理。）

思考问题：

1. 金利斌筹资违背了什么筹资原则？
2. 企业选择筹资方式是否需要考虑筹资成本？
3. 企业如何控制筹资风险？
4. 企业筹资要解决的基本问题有哪些？

学习导航

任务一　确定企业筹资规模

任务要求

本任务要解决两个问题：一是如何确定筹资规模，包括筹资规模确定的依据和确定筹资规模的方法；二是明确资金来源于哪里。

任务描述

(1) 红太阳公司是一家生产机器设备的国有企业，2016 年完成销售收入 750 万元，实现净利润 27 万元，向投资者分配利润 13.5 万元。2016 年 12 月 31 日简要资产负债表如表 3-1 所示。

表 3-1　红太阳公司简要资产负债表

2016 年 12 月 31 日　　　　单位：元

资　产	金　额	负债及所有者权益	金　额
货币资金	37 500	应付账款	1 320 000
应收账款	1 200 000	应付费用	52 500
存货	1 305 000	长期负债	27 7500
待摊费用	5 000	实收资本	125 000
固定资产净值	142 500	留存收益	915 000
资产合计	2 690 000	负债及所有者权益合计	2 690 000

年初拟进行 2017 年财务预测，公司组织各生产部门、供销部门、财务部门主管召开了 2017 年生产、销售、资金计划会。会上，大家根据所掌握的情况，并结合本公司实际分别作了发言。

销售部主管认为，企业产品市场需求较好，本年度可适当增加销售量，如果企业生产

能力允许的话，可比上年增长20%，销售价格不会有什么变化。

生产部主管认为，企业还有剩余的生产能力，完成增长20%的生产任务没有问题。

财务部主管分析了上年的资金使用情况，认为2016年年末应收账款占用较多，2017年占销售收入的比例应该在上年基础上下降两个百分点。其他方面的资金使用没什么问题。

会议责成财务部主管根据各部门提出的有关数据资料或建议，预测2017年需要从外界融入多少资金，以便公司作进一步筹资安排。

会后，财务部门立即着手进行资金需要量的预测。根据历史资料考察，公司流动资产、应付账款和应付费用都与销售收入成正比；非流动资产项目、应付票据、长期负债和所有者权益与销售无关；2017年如果较好地压缩费用支出，预计销售净利率将比上年增长10%，股利支付率与上年相同，留存收益增加可以满足企业部分资金的需求。

(2) 红太阳公司历史上资金占用与销售收入之间的关系如表3-2所示。

表3-2　红太阳资金与销售收入变化情况　　单位：万元

年　度	销售收入(x_i)	资金占用(y_i)
2012	700	160
2013	900	180
2014	1 100	200
2015	1 300	220
2016	1 500	234

阅读上述资料，分析讨论以下问题：

如果要求红太阳公司财务部门分别根据资料(1)和资料(2)对2017年的资金需要量进行预测，则财务部门应如何预测？

理论认知

在企业经营中，由于各种原因会产生对资金的需求，而为满足企业的资金需求只依靠企业自身经营产生的资金是不够的，因此采取各种外部融资方式是非常必要的。企业在融资之前，必须先了解自己，根据自身的经营情况明确企业能提供多少自有资金，并运用一定的方法了解企业的资金需要总额和需要从企业外部融得多少资金来满足企业的发展，再确定所需采取的融资方式。

一、筹资规模定量预测法

定量预测法以资金需要量与有关因素的关系为依据，在掌握大量历史资料的基础上，选用一定的数学方法加以计算，并将计算结果作为预测数的方法。定量预测法很多，以下主要介绍销售百分比法和资金习性法。

(一)销售百分比法

销售百分比法是根据销售与资产负债表和利润表项目之间的比例关系，预测各项目短期资金需要量的方法。

1. 销售百分比法的基本依据

销售百分比法是从销售的角度来预测企业未来融资需求，以确定融资计划，改善投资环境，增强应变能力的一种常用的方法。运用销售百分比法，一般借助于基期资产负债表和基期的销售资料，结合预计的销售收入和企业留存利润比例来预测企业资金需要增加的总额和外部筹资额。

2. 销售百分比法的步骤

(1) 分析基期资产负债表各项目与销售收入之间的依存关系。

① 资产类项目。货币资金、应收账款、存货等项目，与销售收入的关系较为密切，一般会随销售额的增长而相应增加，称为敏感性资产项目。短期投资、其他应收款、长期投资、无形资产及递延资产等项目，其增减变动一般与销售收入无必然联系。固定资产项目是否要增加，应视基期的固定资产利用情况而定。如果基期对固定资产的利用已达饱和状态，那么，增加销售必然要求扩充固定资产；反之，如果企业设备大量闲置或未得到充分利用，则要通过提高固定资产利用率来扩大销售，无须随销售的增长而相应增加固定资产。

② 负债及股东权益项目。应付账款、应付税金等项目，一般应随销售的增长而成正比例增加，称为敏感性负债项目。长期负债、股本、资本公积等项目，则不随销售的增长而增加。盈余公积和未分配利润项目，可以作为计划期追加资金的内部来源，因而可视为不随销售增长而增加。

(2) 计算基期资产负债表各敏感项目占销售收入的百分比。

各项销售百分比=基期资产(负债)÷基期销售收入

【例 3-1】鸿宇公司 2016 年销售收入为 1 500 万元，2016 年 12 月 31 日简要资产负债表如表 3-3 所示。

表 3-3　鸿宇公司简要资产负债表

2016 年 12 月 31 日　　　　单位：元

资　产	金　额	负债及所有者权益	金　额
货币资金	75 000	应付账款	2 640 000
应收账款	2 400 000	应付费用	105 000
存　　货	2 610 000	长期负债	555 000
待摊费用	10 000	实收资本	250 000
固定资产净值	285 000	留存收益	1 830 000
资产合计	5 380 000	负债及所有者权益合计	5 380 000

公司不需要增加固定资产，各敏感项目占销售收入的百分比如表 3-4 所示。

资产、负债项目销售收入的百分比，也可以根据以前若干年度的平均数确定。

表 3-4　鸿宇公司敏感项目占销售收入百分比

资　产	占销售收入/%	负债及所有者权益	占销售收入/%
货币资金	0.5	应付账款	17.6
应收账款	16.0	应付费用	0.7
存　货	17.4	长期负债	—
待摊费用	—	实收资本	—
固定资产净值	—	留存收益	—
资产合计	33.9	负债及所有者权益合计	18.3

(3) 预测计划期销售量或销售收入。

企业资金需求是随着生产经营规模的扩大而增长的，对资金需求量影响程度最大的就是计划期的预计销售量。因此，科学而准确的销售量预测是资金需求量预测的主要依据。销售量的预测既取决于产品的生产量，又取决于产品的市场需求量。对市场需求量的预测可通过综合分析市场容量和市场占有率两个因素来预测。

例 3-1 通过对市场需求的预测，预计 2017 年公司的销售收入为 1 800 万元。

(4) 根据基期资产负债表各项目占销售额的百分比和预测计划期销售，计算计划期需求增加的资金总量。

计划期需求增加资金总量=(敏感资产百分比−敏感负债百分比) × 计划期销售增加额

例 3-1 中该公司 2017 年需求增加的资金总量=(33.9%−18.3%) × (1 800−1 500)=46.8(万元)。

(5) 计算计划期需求增加的外部筹资额。

外部筹资增加额=需增加的筹资总额−内部筹资额

其中　内部筹资额=预计的净利润 × 留存比例

例 3-1 中预计 2017 年销售净利润率仍为 1.8%，其中 50%支付现金股利，则 2017 年该企业内部留存的利润=1 800×1.8% × (1−50%)=16.2(万元)，外部筹资额=46.8−16.2=30.6(万元)。

需要的外部筹资额可以通过增加借款或增发股本筹集，涉及资本结构管理问题。通常，在目标资本结构允许时企业会优先使用借款筹资。如果已经不宜再增加借款，则需要增发股本。

需要说明的是，使用销售百分比法是假定预测年度非敏感项目、敏感项目及其与销售的百分比均与基年保持不变为条件的。实践中，非敏感项目、敏感项目及其与销售的百分比有可能发生变动，这些变动对预测资金需要总量和追加外部筹资额都会产生一定的影响，需要进行相应的调整。

(二)资金习性法

所谓资金习性，即资金数额与业务量之间的依存关系。资金按其习性可分为不变资金、变动资金和半变动资金三部分。

不变资金是指在一定的业务量范围内，不受业务量变动的影响而保持固定不变的那部分资金。例如，为维护经营而占用的最低数额的现金，原材料的保险储备，必要的产成品储备，厂房、机器设备等固定资产占用的资金。

变动资金是指随业务量变动成正比例变动的那一部分资金。例如，直接构成产品实体的原材料、外构件等占用的资金及最低储备以外的现金、存货、应收账款等。

半变动资金是指虽随业务量变动而变动，但不成正比例变动的资金。例如，一些辅助材料占用的资金。

进行资金习性分析，最终把资金分解为不变资金和变动资金两大类，资金总额可表示如下。

$$y=a+bx$$

式中，y 为资金总额，a 为不变资金，b 为单位业务量所需变动资金，x 为业务量。

所谓资金习性法，就是依靠历史资料，根据资金变动与产销量变动之间的依存关系，确定资金的具体表达式，然后用所确定的具体方法和预测期业务量，确定预测资金需要量的方法。资金习性法必须有真实的历史资料，而且能正确地区分不变资金和变动资金，通常有回归分析法和高低点法。

1. 回归分析法

回归分析法是根据若干期业务量和资金占用的历史资料，运用最小二乘法原理，用回归直线方程求得 a、b，然后预测资金需要量。其计算公式如下。

$$b=\frac{n\sum xy-\sum x\sum y}{n\sum x^2-(\sum x)^2} \qquad a=\frac{\sum y-b\sum x}{n}$$

【例 3-2】大海公司产销量和资金需要量的资料如表 3-5 所示。计划 2017 年度年预计产销量 78 000 件，请预测计划年度资金需要量。

表 3-5　大海公司产销量和资金需要量

年　度	产销量(x)/万件	资金需要量(y)/万元
2012	6.0	500
2013	5.5	475
2014	5.0	450
2015	6.5	520
2016	7.0	550

某企业的资金需要量的预测过程如下。

① 根据表 3-5 的资料，计算整理出如表 3-6 所示的数据。

表 3-6　大海公司资金需要量预测

年　度	产销量(x)/万件	资金需要量(y)/万元	xy	x^2
2012	6.0	500	3 000	36
2013	5.5	475	2 612.5	30.25
2014	5.0	450	2 250	25
2015	6.5	520	3 380	42.25
2016	7.0	550	3 850	49
n=5	$\sum x=30$	$\sum y=2\,495$	$\sum xy=15\,092.5$	$\sum x^2=182.5$

② 将表 3-6 中的 n、$\sum x$，$\sum y$，$\sum xy$，$\sum x^2$ 分别代入下列方程式。

$$b=\frac{n\sum xy-\sum x\sum y}{n\sum x^2-(\sum x)^2}=\frac{5\times 15\,092.5-30\times 2\,495}{5\times 182.5-30^2}=49$$

$$a=\frac{\sum y-b\sum x}{n}=\frac{2\,495-49\times 30}{5}=205$$

③ 将 b=49、a=205 代入 $y=a+bx$ 式中，得 $y=205+49x$。

④ 将计划年度预计的产销量 78 000 件代入 $y=205+49x$，测得资金需要量=205+49×7.8=587.2(万元)

从理论上讲，回归分析法是一种计算结果较为精确的方法。

2. 高低点法

高低点法是指根据企业一定期间内资金占用的历史资料，按照资金习性原理和 $y=a+bx$ 直线方程式，选用最高业务量和最低业务量的资金占用量之差，同这两个业务量之差进行对比，先求 b 的值，然后代入原直线方程，求出 a 的值，从而预测资金需要量。其计算公式如下。

$$b=\frac{\text{最高业务量资金占用量}-\text{最低业务量资金占用量}}{\text{最高业务量}-\text{最低业务量}}$$

$$a=\text{最高业务量资金占用量}-b\times\text{最高业务量}$$

或

$$a=\text{最低业务量资金占用量}-b\times\text{最低业务量}$$

【例 3-3】某企业历史上资金占用与销售收入之间的关系如表 3-7 所示。

表 3-7　资金占用与销售收入之间的变化情况　　单位：元

年　度	销售收入(x_i)	资金占用(y_i)
2012	2 000 000	110 000
2013	2 400 000	130 000
2014	2 600 000	140 000
2015	2 800 000	150 000
2016	3 000 000	160 000

根据以上资料采用高低点法计算如下。

每元销售收入占用变动资金=$\frac{160\,000-110\,000}{3\,000\,000-2\,000\,000}$=0.05

销售收入占用不变资金总额=16 000−0.05×3 000 000=10 000(元)

或 销售收入占用不变资金总额=110 000−0.05×2 000 000=10 000(元)

资金需要量预测模型为：y=10 000+0.05x

假设 2017 年的预计销售收入为 4 000 000 元，则

2017 年的资金需要量=10 000+4 000 000×0.05=210 000(元)

高低点法简便易行，在企业资金变动趋势比较稳定的情况下，较为适宜。

二、筹资规模定性预测法

定性预测法是指利用直观的资料，依靠预测个人的经验、业务知识和主观分析、判断能力，预测未来资金需求量的方法。这种方法通常在企业缺乏完备、准确的历史资料的情况下采用。其预测过程是：首先由熟悉财务情况和生产经营情况的专家，根据过去所积累的经验进行分析判断，并提出预测的初步意见；然后通过召开座谈会或发出各种表格等的形式，对上述预测的初步意见进行修正补充。这样经过一次或几次以后，即可得出预测的最终结果。定性预测法又称主观预测法，它简单明了，不需用数学公式，其依据来源于各种不同的主观意见。值得注意的是，定性预测法一定要与定量预测法配合使用。

定性预测法十分有用，但它不能揭示资金需要量与有关因素之间的数量关系。

任务解析

1．根据任务描述中的资料(1)确定红太阳公司的资金需要量

(1) 计算与销售收入成正比例关系项目的百分比，确定本年度百分比，结果如表3-8所示。

表3-8　红太阳公司敏感项目占销售收入百分比

资　产	上年占销售收入/%	本年占销售收入/%	负债及所有者权益	上年占销售收入/%	本年占销售收入/%
货币资金	0.5	0.5	应付账款	17.6	17.6
应收账款	16.0	14.0	应付费用	0.7	0.7
存　货	17.4	17.4	长期负债	—	—
待摊费用	—	—	实收资本	—	—
固定资产净值	—	—	留存收益	—	—
资产合计	33.9	31.9	负债及所有者权益合计	18.3	18.3

(2) 2017年公司需要增加的资金总额=(31.9%−18.3%) × 750 × 20%=20.4(万元)。

(3) 2017 年公司的留存收益=750 × (1+20%) × (27 ÷ 750 × 100%) × (1+10%) × (1−50%)=17.82(万元)。

(4) 2017年公司需要从外部筹集的资金额=20.4−17.82=2.58(万元)。

2．根据任务描述中的资料(2)确定红太阳的资金需要量

1) 回归直线法

(1) 根据表3-2的资料，计算整理出如表3-9所示的数据。

(2) 根据表3-9中的数据可以求得a和b。

$$b=\frac{5\times1131\,000-5\,500\times994}{5\times6\,450\,000-5\,500^2}=0.094$$

$$a=\frac{994-0.094\times5\,500}{5}=95.4$$

面向"十三五"高职高专项目导向式教改教材·财经系列

表 3-9　资金需要量预测计算

单位：万元

年　度	销售收入(x_i)	资金占用(y_i)	xy	x^2
2012	700	160	112 000	490 000
2013	900	180	162 000	810 000
2014	1 100	200	220 000	1 210 000
2015	1 300	220	286 000	1 690 000
2016	1 500	234	351 000	2 250 000
n=5	$\sum x=5500$	$\sum y=994$	$\sum xy=1131000$	$\sum x^2=6\,450\,000$

(3) 将 b=0.094、a=95.4 代入 $y=a+bx$ 中，得

y=95.4+0.094 x

(4) 将计划年度预计的销售收入 1 800 万元代入 y=95.4+0.094x 中，测得资金需要量为

$y=a+bx$=95.4+0.094x=95.4+0.094×1 800=264.6(万元)

2) 高低点法

(1) 将有关数据代入公式求得 a 和 b。

$$b=\frac{234-160}{1\,500-700}=0.092\,5$$

a=234−0.092 5×1 500=92.25

或　a=160−0.092 5×700=92.25

(2) 将 b=0.092 5、a=95.25 代入 $y=a+bx$ 中，得

y=95.25+0.092 5x

(3) 将计划年度预计的销售收入 1 800 万元代入 y=95.25+0.092 5x 中，测得资金需要量为

$y=a+bx$=95.25+0.092 5x=261.75(万元)

理论延伸

一、企业筹资的目的、渠道及方式

(一)企业筹资的目的

企业筹资是指企业根据其生产经营、对外投资以及调整资本结构的需要，通过资金市场和一定的筹资渠道，运用合理的筹资方式，经济有效地筹集企业所需资(本)金的财务行为。

企业筹资的基本目的是满足自身的正常生产经营与发展，具体可概括为以下两大类。

1. 满足生产经营运转和投资发展的需要

企业筹资能够为企业生产经营的正常开展提供财务保障。筹集资金是企业资金周转运动的起点，决定着企业资金运动的规模和生产经营发展的程度。任何一个企业，为保证日常生产经营的正常进行，都必须持有一定量的资金；企业由于扩大生产经营规模或对外投资，也需要筹集资金。因此，筹集资金既是生产经营活动正常进行的前提和保证，也为投

资活动提供了基础。这是企业筹资的首要目的。

2. 满足资金结构调整的需要

不同的资金结构，企业的财务风险及资金成本大小是不同的。财务人员在筹资决策时，必须认真分析这个重要因素，以寻求最佳资金结构。当原有的资金结构不合理时，可以通过筹资加以改变，使之逐渐达到最佳资金结构，以便降低风险和成本，增加收益。

(二)企业筹资的渠道及方式

任何企业的设立和发展都需要资金。在规划企业筹资时，应当考虑有哪些资金来源的渠道，可以采用什么方式去筹集到所需要的资金等问题。企业的筹资活动需要通过一定的渠道并采用一定的方式来完成。

1. 筹资渠道

筹资渠道是指企业取得资金的来源和途径，体现着资金的源泉与流量。我国企业目前的筹资渠道主要包括以下几种。

(1) 国家财政资金。国家财政资金是代表国家投资的政府部门或机构以国有资金投入企业的资金，形成国家资本金。国家财政资金是国有企业的主要资金来源，现有国有企业的资金大部分是过去由国家以财政拨款方式投资形成的。由于国有经济在我国国民经济中占有重要地位，因此今后国家财政资金仍然是国有独资企业和国有控股企业的重要资金来源。

(2) 银行信贷资金。银行信贷资金是企业的主要资金来源之一。我国银行主要分为商业性银行和政策性银行。商业性银行为各类企业提供商业性贷款，政策性银行主要为特定企业提供贷款。

(3) 其他金融机构资金。其他金融机构主要包括信托投资公司、保险公司、租赁公司、证券公司、企业集团的财务公司等。其可对企业提供各种金融服务，既包括信贷资金的投放、物资的融通，也包括为企业承销证券等金融服务，也是企业的资金来源渠道之一。

(4) 其他企业资金。其他企业资金是指其他企业以其可以支配的资金在企业之间相互融通形成的资金。企业在经营过程中，往往有部分暂时闲置的资金可以在企业之间相互调剂余缺，这种资金可以以短期的、临时的资金融通，也可以以相互投资形成长期稳定的经济联合。随着横向经济联合的发展，这种资金来源渠道将得到越来越广泛的利用。

(5) 民间资金。企业职工和城乡居民手中有暂时不用的结余资金，企业可以通过发行股票、债券等方式，将这些闲散的资金积聚起来形成企业的资金，以充分利用这一大有潜力的资金来源。

(6) 企业内部形成资金。企业内部形成资金主要是提取盈余公积金和未分配利润而形成的资金，也包括一些经常性的延期支付款项，如应缴税费、应付股利等负债而形成的资金来源。

2. 筹资方式

筹资方式是指可供企业在筹措资金时选用的具体筹资形式。我国企业目前的筹资方式主要有以下几种。

(1) 吸收直接投资。吸收直接投资是企业以协议等形式吸收国家、企业、个人等直接投入资金，形成企业资本金的一种筹资方式。吸收直接投资是非股份制企业筹集权益资金的一种基本方式。

(2) 发行股票。股票是股份有限公司为筹集权益资金而发行的有价证券，是持有人在公司投资股份数额的凭证，它代表持股人在公司拥有的所有权。发行股票是股份有限公司筹措权益资金的一种主要方式。

(3) 借款。借款是指企业根据借款合同从银行或其他金融机构借入的、按规定期限还本付息的款项。借款是企业筹集长、短期借入资金的主要方式。

(4) 发行债券。发行债券是企业为筹措资金，依照法定程序发行、约定在一定期限内还本付息的有价证券。发行债券是企业负债筹资的一种重要形式。

(5) 融资租赁。融资租赁是以出租人收取租金为条件，在契约或合同规定的期限内，将资产租借给承租人使用的一种信用业务。融资租赁是企业筹集资金的一种特殊方式。

(6) 商业信用。商业信用是企业在商品或服务交易中，与其他企业单位之间由于延期付款或预收货款形成的借贷关系，是企业之间的直接信用行为。商业信用是企业之间融通短期资金的一种主要方式。

(7) 利用留存收益。利用留存收益筹资是指企业将留存收益转化为投资的过程，手续简便易行，既有利于满足扩大经营规模的需要，又能减少企业的财务风险，是企业长期采用的筹资方式。

3. 筹资渠道与筹资方式的对应关系

筹资渠道解决的是资金来源问题，筹资方式则解决通过何种方式取得资金的问题，它们之间存在一定的对应关系。一定的筹资方式可能只适用于某一特定的筹资渠道，但是同一渠道的资金往往可采用不同的方式取得，同一筹资方式又往往适用于不同的筹资渠道。因此，企业在筹资时应实现两者的合理配合。两者的关系如表 3-10 所示。

表 3-10　筹资渠道和筹资方式的对应关系

筹资方式 筹资渠道	吸收 直接投资	发行 股票	借款	发行 债券	融资 租赁	商业 信用	利用 留存收益
国家财政资金	√	√					
银行信贷资金			√				
其他金融机构资金		√	√	√	√		
其他企业资金	√	√		√	√	√	
民间资金	√	√		√			
企业内部形成资金							√

(三)企业筹资的分类

1. 按资金来源渠道的不同分类

按资金来源渠道的不同，可将筹资分为权益筹资和负债筹资。

权益筹资是企业股东提供的资金，主要包括实收资本、资本公积、盈余公积及未分配利润等。通过发行股票、吸收直接投资、内部资本积累等方式筹集的，可供企业长期拥有、自主支配使用，一般不需还本的资金称为主权资金或自有资金。对企业来说，筹集的权益资金是一项高成本、低风险资金。高成本是指筹资成本较高，也就是要支付给投资者所期望的较高的投资报酬。低风险是指可以长期使用，无须还本付息，没有偿还压力。

负债筹资是企业通过资金市场以还本付息为条件筹集资金的活动，这部分资金主要通过发行债券、银行借款、商业信用、融资租赁等方式筹集，到期需要还本付息，又称为借入资金。负债筹资可以在一定时期内有偿使用，到期必须还本付息，这对企业而言就形成了到期还本付息的压力，但由于借款利率的固定性，也使筹资成本相对权益筹资而言较低。

2．按所筹资金使用期限长短的不同分类

按所筹资金使用期限长短的不同，可将筹资分为长期筹资和短期筹资。

长期筹资是通过长期筹资方式筹集资金的活动，这部分资金的使用期限在一年以上。拥有一定数量的长期资金是企业长期、持续、稳定地进行生产经营的前提和保证。长期资金通常表现为各种固定资产、长期投资等资产形式。企业的长期资金主要通过吸收股东直接投资、发行股票、发行长期债券、从银行等金融机构贷取长期借款、融资租赁和内部积累等方式来筹集。

短期筹资是通过短期筹资方式筹集资金的活动，这部分资金的使用期限在一年以内。企业在生产经营中运用一定数量的短期资金多是由于短期性的资金周转需要而形成的，通常表现为各种存货、应收账款等资产形式。企业的短期资金主要通过从银行贷取短期借款、在交易过程中获得商业信用等方式筹集。

3．按资金取得方式的不同分类

按资金取得方式的不同，可将筹资分为内部筹资和外部筹资。

内部筹资是指企业的筹资活动在其内部进行。企业在经营过程中发生的非现金费用和获取的经营成果为企业在其内部筹集资金提供了可能。内部筹资主要表现为将一些与非现金费用对应的现金和与一些税后积累对应的现金用于企业的生产经营。由于资金来源于企业内部，不需要发生融资费用，但数额有限，因此仅仅依靠内部筹资难以满足企业的筹资需求。

外部筹资是指企业从外部资本市场或金融市场取得的资金，其主要表现为企业发行股票、吸收直接投资、发行债券、融资租赁、商业信用、从银行或其他金融机构借取款项等。相对于内部筹资而言，外部筹资有选择渠道多、筹资方式灵活、资金供应量大、筹资时间好安排等优势。

4．按是否通过金融机构分类

按是否通过金融机构，可将筹资分为直接筹资和间接筹资。

直接筹资是指企业不通过银行或其他金融机构，直接从资金供应方筹集所需资金的筹资方式。直接筹资方式有吸收直接投资，向社会公众发行股票、发行债券，取得商业信用等。

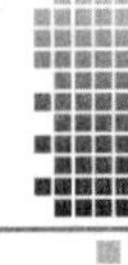

间接筹资是指企业通过银行或其他金融机构进行资金筹集的活动。间接筹资目前仍是企业资金筹集的主要方式，具体表现为从银行或其他非银行金融机构借款、融资租赁等。

二、企业筹资应遵循的原则

企业筹资应在严格遵守国家法律法规的基础上，分析影响筹资的各种因素，权衡资金的性质、数量、成本和风险，合理选择筹资方式，提高筹资效果。

(一)合法筹措资金

不论企业是直接筹资还是间接筹资，最终都通过筹资行为向社会获取资金。企业的筹资活动不仅为自身的生产提供资金来源，而且也会影响投资者的经济利益，影响社会经济秩序。企业的筹资行为和筹资活动必须遵循国家相关的法律法规，依法履行法律法规和投资合同约定的责任，合法合规筹资，依法披露信息，维护各方的合法权益。

(二)合理确定筹资规模

合理确定筹资规模就是依据用资规模确定筹资规模。企业筹措资金是为了满足企业日常经营和扩大投资的需要，因此必须以企业用资的需要确定筹资规模，使筹资规模与资金需要量相匹配，既避免因筹资不足影响经营与发展投资的正常进行，又可防止筹资过多，造成资金闲置、浪费，增加资金成本。

(三)量力确定负债规模

虽然负债筹资可以降低筹资成本，但同时也会增加财务风险，因此企业筹集资金时要全面衡量收益状况和偿债能力，把负债率和还债率控制在企业能够承受的范围内，做到量力而行，避免负债率过高，增加财务风险；还债率过低，降低企业信誉，增加利息负担。

在筹资过程中合理选择和优化筹资结构，做到长期资本和短期资本、债务资本和自有资本的有机结合，有效地规避和降低筹资中各种不确定性因素给企业带来损失的可能性。

(四)把握筹资时机

企业的筹资时机是指有利于企业筹资的一系列因素所构成的筹资环境和筹资机会。筹资时机是客观存在的，企业只能认识它并适应它。要想把握有利的筹资机会，必须对各种信息，尤其是金融市场的信息有充分的了解，发挥企业的主观能动性。

能否把握筹资时机，不仅影响到筹资的效益，而且还关系到筹资的风险、投资的风险。企业选择筹资时机时要考虑以下几点：①要与企业经济活动的周期和财务状况相匹配；②要与资本市场行情相匹配；③要与企业未来的现金流相匹配。同时，还要根据国家经济政策和法律程序，来确定和选择有利的筹资机会；根据资金投放和使用的时间，合理安排资金的筹集时间。

任务基础训练

一、单项选择题

1. 某企业流动资产和流动负债占销售收入百分比分别为 66%和 6%，计划销售净利率为 5%，股利支付率为 40%。如果预计该企业的外界融资额为 0，则该企业的销售增长率为(　　)。

A. 5.26%　　B. 6.34%

C. 4.78%　　D. 9.09%

2. 用资金习性法预测筹资需要量的理论依据是(　　)。

A. 筹资规模与业务量之间的关系　　B. 筹资规模与投资额之间的时间关系

C. 长、短期资金之间的比例关系　　D. 筹资规模与筹资方式之间的对应关系

3. 通常情况下，不随销售变动而变动的资金项目是(　　)。

A. 存货　　B. 应收账款

C. 短期借款　　D. 应付账款

4. 按(　　)，可以将筹资分为直接筹资和间接筹资。

A. 企业所取得资金的权益特性的不同　　B. 筹集资金的使用期限的不同

C. 是否以金融机构为媒介　　D. 资金的来源范围的不同

二、多项选择题

1. 下列属于来源于国家财政资金渠道的资金有(　　)。

A. 国家政策性银行提供的政策性贷款形成的资金

B. 国家财政直接拨款形成的资金

C. 国家对企业减免各种税款形成的资金

D. 国有独资企业通过融资租赁取得的资金

2. 下列属于长期筹资方式的有(　　)。

A. 发行普通股　　B. 发行公司债券

C. 长期银行借款　　D. 商业信用

3. 下列属于筹资方式的有(　　)。

A. 国家财政资金　　B. 发行股票

C. 其他企业资金　　D. 银行借款

4. 下列各项中，属于敏感资产项目的有(　　)。

A. 货币资金　　B. 应付账款

C. 存货　　D. 应收账款

三、判断题

1. 将筹资方式分为权益筹资方式和负债筹资方式所依据的分类标准是资金来源渠道。(　　)

2. 外部筹资和内部筹资相比较而言，有选择渠道多、筹资方式灵活、资金供应量大、

筹资时间好安排等优势。　　(　　)

3. 一般来说，企业的产销量增加，会引起资金需求增加；反之，则会使资金需求减少。　　(　　)

4. 企业需要根据国家经济政策来确定和选择有利的筹资机会，不需要考虑法律程序，因为法律程序不影响企业的筹资时机。　　(　　)

5. 民间资金可以通过吸收直接投资、发行股票、发行债券的方式来筹集，因此筹资渠道和筹资方式之间没有对应关系。　　(　　)

四、计算分析题

1. 训练资料

(1) 向球公司2016年销售收入为20 000万元，销售净利率为12%，净利润的60%分配给投资者。2016年12月31日的资产负债表如表3-11所示。

表3-11　资产负债表

2016年12月31日　　　　单位：万元

资　产	余　额	负债及所有者权益	余　额
货币资金	1 000	应付费用	1 000
应收账款	3 000	应付账款	2 000
存货	6 000	长期借款	9 000
固定资产	7 000	实收资本	4 000
无形资产	1 000	留存收益	2 000
资产合计	18 000	负债及所有者权益合计	18 000

假设该公司计划年度销售收入比上年增长30%，无须增加固定资产。计划年度的销售净利率和利润分配政策保持不变。

(2) 向阳公司产销量和资金占用情况如表3-12所示。2017年预计销量为1 600件。

表3-12　产销量和资金占用情况

年　度	产销量/件	资金占用/万元
2011	1 000	900
2012	1 200	1 000
2013	1 100	950
2014	1 200	1 000
2015	1 300	1 100
2016	1 400	1 050

2. 训练要求

(1) 选择适当的方法预测向球公司2017年度需要增加的资金总额和需要从外部筹集资金的数额。

(2) 选择适当的方法预测向阳公司2017年度的资金需要量(用两种方法分别预测)。

任务二　分析权益资金筹措方式

任务要求

本任务要解决两个问题：一是明确权益筹资方式的相关法律规定；二是掌握每种权益筹资方式的优势与不足。

任务描述

华为公司在国际、国内都是声名显赫的公司。在短短二十几年的时间里，华为从一家默默无闻的小企业，逐渐壮大成为通信设备行业中的翘楚；从一开始只能在农村和县城里开拓市场的公司，变成了横跨亚洲、非洲、欧洲等地的跨国公司；从一个当初以 2 万元资本起家的小公司，变成了年营业额约为 5 000 亿元的超级公司。但是华为不是上市公司，至今也坚持不上市。

任正非多次面对媒体表示华为不会上市，2016 年的巴塞罗那世界移动通信大会(MWC，又称巴展)上，面对记者的追问，任正非回答说“五六十年内也许不会上市吧。”

任正非说“从某种程度上来说，不上市成就了华为的成功。”华为 2016 年财报显示，华为运营商、企业、终端三大业务，在 2015 年的基础上实现稳健增长，实现全球销售收入 5 216 亿元人民币，同比增长 32%。净利润 371 亿元人民币，同比增长 0.4%。过去十年，华为累计研发投入 3 130 亿元人民币，仅 2016 年一年，华为投入研发的费用就达 764 亿元人民币，占销售收入的 14.6%。而同年，中国市值最大的互联网公司阿里巴巴的年收入不过 1 011 亿元人民币。在资金筹措上，华为有三种独特的融资方式。

1. 依靠技术和专利融资

华为充分利用中国的研发低成本，大量招聘研发人员，先利用主业务的研发和营销平台去培育新产品。当新产品(非电信网络核心产品)做大后，再将其出售：一是起到融资的作用，二是将融资来的钱投入核心产品的研发和市场。截至 2016 年 12 月 31 日，华为累计获得专利授权 62 519 件；累计申请中国专利 57 632 件，累计申请外国专利 39 613 件，其中 90%以上为发明专利。

摩托罗拉最早发现自己研发还不如购买华为的产品，所以从 2001 年就开始购买华为无线产品，先是 GSM 核心网，然后是 3G 的核心网、基站。摩托罗拉总共花费了超过 8.78 亿美元从华为采购了设备。2001 年，华为以 7.8 亿美元出售电源和机房监控业务给爱默生；2005 年，华为以 8 亿美元出售 H3C 企业网和数据通信业务给 3COM。2015 年，华为向苹果公司许可专利 769 件，苹果公司向华为许可专利 98 件。苹果向华为支付了数亿美元购买专利。依靠专利和技术换资本已经成为华为不可或缺的融资手段。

2. 全民持股

从法律上说，华为公司的股东有两个：一个是华为公司工会，代表 65 596 名员工持股 98.93%；另一个是任正非，持股 1.07%。这些持有股份的员工不同于公司法上的股东，因为从2001年起，他们持有公司的股份就改为虚拟受限股。简单地说，员工并不是公司直接的股东，但享有分红权和股份增值权。全体在职持股员工选举产生持股员工代表，并通过持股员工代表行使有关权利。员工持股计划将公司的长远发展和员工的个人贡献有机地结合在一起，形成了长远的共同奋斗、分享机制。

大规模员工持股是华为成功的一种公司治理模式，除了员工激励，这也是华为的内部融资行为。

3. 应收账款转让

应收账款转让是指银行为解决客户因应收账款增加而造成的现金流量不足，而及时向客户提供的应收账款转让的融资便利。在受让期间，银行委托转让人(销售商)负责向购货商催收已转让的应收账款，如在规定期限内银行未能足额收回应收账款，则由转让人无条件地回购未收回的部分。

据了解，近年来，华为一直在开展应收账款转让业务，将巨额应收账款转让给银行等金融机构，从而达到曲线融资的目的。公开资料显示，2004年，华为与国家开发银行曾签订过一项协议，根据这项协议，国开行在未来5年，向华为提供合计100亿美元的融资额度。将应收账款提前转变成企业真正的现金流，解决企业的资金问题也是华为很重要的一项融资手段。

(资料来源：根据华为公司相关资料修改整理。)

阅读上述资料，分析讨论以下问题：

1. 如何理解“从某种程度上来说，不上市成就了华为的成功”？
2. 分析华为不上市的原因。
3. 华为上市是不是更有利于其价值的体现？

理论认知

一、发行普通股

股票是股份有限公司为筹集资金而发行的有价证券，是公司签发的证明股东所持股份的凭证，它代表了股东对股份有限公司的所有权。股票只能由股份有限公司发行。

(一)股票的分类

1. 按股东权利的不同分类

按股东权利的不同分类，股票可分为普通股票和优先股票。

普通股票简称普通股，是股份公司依法发行的具有平等权利、义务、股利不固定的股票。普通股票具备股票的最一般特征，是股份公司资本的最基本部分。

优先股票简称优先股，是股份公司发行的、相对于普通股具有一定优先权的股票。这种优先权主要体现在股利分配和分取剩余财产的权利上。

2. 按票面有无记名分类

按票面有无记名分类，股票可分为记名股票和无记名股票。

记名股票是股票上载有股东姓名或名称，并将其记入公司股东名册的一种股票。其他人不得行使其股权，且股份转让有严格的法律程序与手续，需办理过户。《中华人民共和国公司法》(以下简称《公司法》)规定：向发行人、国家授权投资的机构、法人发行的股票，应当为记名股票；向社会公众发行的股票，可以为记名股票，也可以为无记名股票。

无记名股票是股票上不记载股东的姓名或名称的股票。这类股票的转让比较自由、方便，无须办理过户手续。

3. 按票面是否标明金额分类

按票面是否标明金额分类，股票可分为面值股票和无面值股票。

面值股票是指在股票的票面上载有每股金额的股票。面值股票的主要功能是确定每股股票在公司所占有的份额。

无面值股票是指股票票面上不记载每股金额的股票。无面值股票仅表示每一股在公司全部股票中所占有的比例。也就是说，这种股票只在票面上注明每股占公司全部净资产的比例，其价值随公司财产价值的增减而增减。目前，《公司法》不承认无面值股票，并规定股票上应记载股票的面额，且其发行价格不得低于其面额。

4. 按发行对象和上市地区的不同分类

按发行对象和上市地区的不同分类，股票可分为 A 股、B 股、H 股、N 股和 S 股。

由我国境内公司发行、境内上市交易的股票主要有 A 股和 B 股。A 股是以人民币标定面值并以人民币认购和交易的股票。B 股是以人民币标明票面金额，以外币认购和交易的股票。H 股是注册地在内地、上市在香港的股票，N 股是在纽约上市的股票，S 股是在新加坡上市的股票。

5. 按发行时间先后的不同分类

按发行时间先后的不同分类，股票可分为始发股和增发股。

始发股是公司首次发行的股票。增发股是公司增资时发行的股票。始发股和增发股的发行条件、发行目的、发行价格都不尽相同，但股东的权利和义务是一样的。

(二)普通股股东的权利

普通股股东最基本的权利是按投入公司的股份额，依法享有公司收益获取权、公司重大决策参与权和选择公司管理者的权利，并以其所持有的股份为限对公司承担责任。

(1) 公司管理权。股东对公司的管理权主要体现在重大决策参与权、经营者选择权、财务监控权、公司经营的建议和质询权、股东大会召集权等。

(2) 收益分享权。股东有权通过股利方式获取公司的税后利润，利润分配方案由董事会提出并经股东大会批准。

(3) 股份转让权。股东有权将其所持有的股票出售或转让。

(4) 优先认股权。原有股东拥有优先认购本公司增发股票的权利。

(5) 剩余财产要求权。当公司破产、清算时，股东拥有对清偿债务、清偿优先股股东以后的剩余财产索取的权利。

(三)股份有限公司的设立

设立股份有限公司，应当有2人(含2人)以上200人以下(含200人)的发起人，其中需有半数以上的发起人在中国境内有住所。

《公司法》第七十八条规定：股份有限公司的设立，可以采取发起设立或者募集设立的方式。

(1) 发起设立是指由发起人认购公司发行的全部股份而设立公司。在发起设立股份有限公司的方式中，发起人必须认足公司发行的全部股份，社会公众不参加股份认购，公司全体发起人的首次出资额不得低于注册资本的20%，其余部分由发起人自公司成立之日起2年内缴足(投资公司可以在5年内缴足)。

(2) 募集设立是指由发起人认购公司应发行股份的一部分，其余股份向社会公开募集和向特定对象募集而设立公司。发起人认购的股份不得少于公司股份总额的35%；法律、行政另有规定的，从其规定。

(四)普通股首次发行

设立股份有限公司公开发行股票，应当符合《公司法》规定的条件和经国务院批准的国务院证券监督管理机构规定的其他条件。设立股份有限公司公开发行新股，应当符合下列条件。

(1) 具备健全且运行良好的组织机构。

(2) 具有持续盈利能力，财务状况良好。

(3) 最近3年财务会计文件无虚假记载，无其他重大违法行为。

(4) 经国务院批准的国务院证券监督管理机构规定的其他条件。

(五)股票上市交易

1. 股票上市的目的

股份有限公司申请股票上市，一般都是出于以下目的。

(1) 便于筹措新资金，改善财务状况。公司公开发行股票可以筹得权益资本，能迅速改善公司的财务状况，还可以通过配股、发行可转换债券等方式进行再融资。

(2) 促进股权的流通和转让。股票上市后，便于投资者认购和交易，提高了股票的流动性和变现力。

(3) 促进公司股权的社会化、分散化。上市公司拥有众多股东，加上股票上市的流通性强，能够避免公司的股权集中，分散公司的控制权，有利于公司治理结构的完善。

(4) 便于确定公司价值。公司股票上市后，公司股价就有市价可循，便于确定公司价值，对于上市公司来说，即时的股票交易行情，就是对公司价值的市场评价。

(5) 提高公司知名度。公司能上市，表明投资者对公司经营管理、发展前景等给予了积极的评价。同时，公司证券的交易等信息通过中介、报纸、电视台等各种媒介不断向社会发布，扩大了公司的知名度，提高了公司的市场地位和影响力，有助于树立产品品牌形象，扩大市场销售量，提高公司的业务扩张能力。

但是，股票上市也有对公司不利的一面，主要表现在：上市成本较高，手续复杂严格；公司负担较高的信息披露成本；信息公开可能会暴露公司的商业秘密；股价有时会歪曲公司的实际状况，丑化公司声誉；可能会分散公司的控制权，造成管理上的困难。

2. 股票上市的条件

《公司法》规定，股份有限公司申请股票上市必须符合下列条件。

(1) 股票经国务院证券监督管理机构核准已公开发行。

(2) 公司股本总额不少于人民币 5 000 万元。

(3) 开业时间在 3 年以上，最近 3 年连续盈利。

(4) 公开发行的股份达到公司股份总数的 25%以上，但公司股本总额超过人民币 4 亿元的，公开发行股份的比例为 10%以上。

(5) 公司最近 3 年无重大违法行为，财务会计报告无虚假记载。

(6) 国务院规定的其他条件。

(六)上市公司的股票发行

上市的股份有限公司在证券市场发行股票，包括公开发行和非公开发行两种类型。公开发行股票又分为首次公开发行股票和上市公开发行股票。

1. 首次公开发行股票并上市

首次公开发行股票并上市(Initial Public Offering，IPO)，是指股份有限公司首次向社会公开发行股票，并上市流通和交易。实施 IPO 的公司，应当符合中国证券会颁布的《首次公开发行股票并上市管理办法》规定的相关条件，并经中国证监会核准。

《首次公开发行股票并上市管理办法》规定，发行人应当符合下列条件。

(1) 首次公开发行的发行人应当是依法设立并合法存续的股份有限公司。

(2) 持续经营时间应当在 3 年以上。

(3) 注册资本已足额缴纳，发行人的主要资产不存在重大权属纠纷。

(4) 最近 3 年内主营业务、高级管理人员、实际控制人没有重大变化。

(5) 发行人的股权清晰，控股股东和受控股股东、实际控制人支配的股东持有的发行人股份不存在重大权属纠纷。

发行人财务指标应满足以下要求。

(1) 最近 3 个会计年度净利润均为正数且累计超过人民币 3 000 万元，净利润以扣除非经常性损益后较低者为计算依据。

(2) 最近 3 个会计年度经营活动产生的现金流量净额累计超过人民币 5 000 万元；或者最近 3 个会计年度营业收入累计超过人民币 3 亿元。

(3) 发行前股票数量不少于 3 000 万股，股本总额不少于人民币 5 000 万元。

(4) 最近一期末无形资产(扣除土地使用权、水面养殖权和采矿权等后)占净资产的比例不高于 20%。

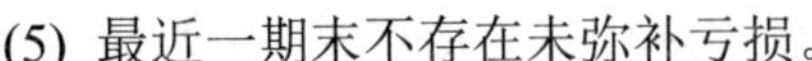
(5) 最近一期末不存在未弥补亏损。

2．上市公司股票发行方式

(1) 上市公开发行股票。上市公开发行股票是指股份有限公司已经上市后，通过证券交易所在证券市场对社会公开发行股票，包括增发和配股两种方式。增发即增资发行，是上市公司向社会公众发售股票的再融资方式。配股是上市公司向原有股东配售发行股票的再融资方式。增发和配股也应符合证监会规定的条件，并经过国家证监会核准。

(2) 非公开发行股票。上市公司非公开发行股票是上市公司采用非公开的方式，向特定对象发行股票的行为，也叫定向募集增发。其目的往往是引入该机构的特定能力，如管理、渠道等。定向增发的对象可以是老股东，也可以是新投资者。增发完成后，公司的股权结构会发生较大变化，甚至发生控股权变更的情况。非公开发行股票的特点主要有：①发行对象是特定的，即其发售的对象主要是拥有资金、技术、人才等方面优势的机构投资者及其他专业投资者，他们具有较强的自我保护能力，能够作出独立判断和投资决策；②发售方式是有限制的，即一般不能公开地向不特定的一般投资者进行劝募，从而限制了即使出现违规行为时其对公众利益造成影响的程度和范围。

(七)普通股发行定价

《公司法》规定，公司发行股票可以等价发行，也可以溢价发行，但不准折价发行，即不准以低于股票面额的价格发行。

根据《证券法》的规定，股票发行采取溢价发行的，其发行价格由发行人与承销证券公司协商确定。发行人通常会参考公司经营业绩、净资产、发展潜力、发行数量、行业特点、股市状态等，确定发行价格。在实际工作中，股票发行价格的确定方法主要有以下三种。

1．市盈率法

市盈率是指公司股票市场价格与公司盈利的比率。其计算公式如下。

市盈率=每股市价÷每股净收益

市盈率法是以公司股票的市盈率为依据确定发行价格的一种方法，即

股票发行价格=每股净收益×发行市盈率

2．净资产倍率法

净资产倍率法又称资产净值法，是指通过资产评估和相关会计手段，确定发行公司拟募股资产的每股净资产值，然后根据证券市场的状况将每股净资产值乘以一定的倍率，并以此确定股票发行价格的方法。净资产倍率法在国外常用于房地产公司或资产现值要重于商业利益的公司的股票发行，但在国内一直未采用。以此种方式确定每股发行价格不仅应考虑公平市值，还需考虑市场所能接受的溢价倍数。以净资产倍率法确定发行股票价格的计算公式如下。

发行价格=每股净资产值×溢价倍数

3．现金流量折现法

现金流量折现法是指通过预测公司未来的盈利能力，据以计算出公司净现值，并按一定的折扣率折算，从而确定股票发行价格的方法。其基本要点是：首先按照市场接受的会计手段预测公司每个项目未来的净现金流量，然后再按照市场公允的折现率，分别计算出每个项目未来净现金流量的净现值。公司的净现值除以公司的股份数，即为每股净现值。

(八)普通股筹资的优缺点

1．普通股筹资的优点

(1) 有利于增强公司信誉。发行普通股筹集的资本是公司最基本的资金来源，它反映了公司的实力。有了较多的自由资金，就可以为债权人提供较大的损失保障，因而普通股筹资既可以提高公司的信用价值，同时也为使用更多的债务资金提供了强有力的支持。

(2) 有利于降低财务风险。这主要表现为：一是发行普通股筹措资本具有永久性，无到期日，不需归还，这对保证公司对资本的最低需要、维持公司长期稳定发展极为有益；二是发行普通股筹资没有固定的股利负担，股利的支付与否和支付多少，视公司有无盈利和经营需要而定，经营波动给公司带来的财务负担相对较小。

(3) 由于普通股的预期收益较高，并且可以在一定程度上抵消通货膨胀的影响(通常在通货膨胀期间，不动产升值时普通股也随之升值)，因此普通股筹资容易吸收资金。

(4) 筹资限制少，筹资数额大。相对于优先股筹资和公司债券筹资，股票筹资限制较少，筹资数额也较大。

2．普通股筹资的缺点

(1) 普通股的资本成本较高。首先，从投资者的角度讲，投资于普通股的风险较高，因此相应地，也要求有较高的投资报酬率。其次，对于筹资公司来讲，普通股股利从税后利润中支付，不像债券利息那样作为费用从税前支付，因而不具抵税作用。此外，普通股票的发行手续复杂，发行费用一般也高于其他证券。

(2) 以普通股筹资会增加新股东，这可能会分散公司的控制权。新股东分享公司未发行新股前积累的盈余，会降低普通股的每股净收益，从而可能引发股价的下跌。此外，资金成本较高。

二、发行优先股

优先股是股份公司发行的、优于普通股股东分取公司收益和剩余财产的股票，是一种介于股票和债券之间的混合证券。

(一)优先股的性质

优先股是一种特别的股票，它具有普通股的基本特征，但又与债券有许多相似之处。从法律地位上看，优先股是企业自有资金的筹资方式。优先股筹措的资金性质与普通股筹措的资金性质相同；优先股的股利必须从税后利润中支付。但是，优先股又具有债券的特征，优先股有固定的股利；优先股对利润的分配和对剩余财产的求偿具有优先权。

(二)优先股股东的权利

优先股的“优先”是相对普通股而言的。这种优先权主要表现在：一是优先分配股利的权利；二是优先分配剩余财产的权利。在股东大会上，优先股股东对优先股的相关问题有投票权。

(三)优先股筹资的优缺点

1．优先股筹资的优点

(1) 有利于增强公司信誉。从法律上讲，优先股属于权益资金，所以优先股扩大了权益基础，有利于增强公司的信誉，增强公司的筹资能力。

(2) 能保持普通股股东的控制权。优先股股东一般没有投票权，不会使普通股股东的剩余控制权受到威胁。

(3) 优先股的股利通常是固定的，在收益上升时期可为现有普通股股东“保存”大部分利润，具有一定的杠杆作用。

2．优先股筹资的缺点

(1) 筹资成本高。优先股股利在税后支付，与债务资金相比，优先股筹资成本高。

(2) 筹资限制多。发行优先股有许多限制条款，如对普通股股利支付的限制、对公司借债的限制。

(3) 财务负担重。优先股股东需要支付固定的股利，又不能在税前支付，当公司的盈利下降时，优先股股利会成为一项固定的财务负担。

三、吸收直接投资

吸收直接投资是指公司按照“共同投资、共同经营、共担风险、共享利润”的原则直接吸收国家、法人、个人投入资金的一种方式。吸收直接投资的出资者都是公司的所有者，对公司具有经营管理权。公司经营状况好，盈利多，各方按投资协议规定分享利润；公司经营状况差，产生严重亏损，甚至破产，则各方要以其出资额为限额，承担损失。

吸收直接投资是非股份制公司筹集权益资金的基本方式。采用吸收直接投资的公司，资本部分等额股份，无须公开发行股票，其实际投资额的注册资本部分形成实收资本；超过注册资本部分属于资本溢价，形成资本公积。

(一)吸收直接投资的来源

1．国家投资

国家投资是指有权代表国家投资的政府部门或机构，以国有资产投入公司，这种情况下形成的资本叫国有资本。根据《公司国有资本与公司财务暂行办法》的规定，在公司持续经营期间，公司以盈余公积、资本公积转增实收资本的，国有公司和国有独资公司由公司董事会或经理办公会决定，并报主管财政机关备案；股份有限公司和有限责任公司由董事会决定，并经股东大会审议通过。吸收国家投资一般具有以下特点：①产权归属国家；②资金的运用和处置受国家的约束较大；③在国有企业中采用比较广泛。

2．法人投资

吸收法人投资，即法人单位以其依法可以支配的资产投入公司。这种情况下形成的资本叫法人资本。吸收法人投资一般具有以下特点：①发生在法人单位之间；②以参与公司利润分配为目的；③出资方式灵活多样。

3．社会公众投资

社会公众投资是社会个人或本公司职工以个人合法财产投入公司。这种情况下形成的资本叫个人资本。社会公众投资一般具有以下特点：①参与投资的人员较多；②每人投资的数额相对较少；③以参与公司利润分配为目的。

4．外商直接投资

企业可以通过合营或合作经营的方式吸收外商直接投资，即与其他国家的投资者共同投资，创办中外合资经营企业或中外合作经营企业，共同经营、共担风险、共负盈亏、共享盈利。

(二)吸收直接投资的出资形式

《公司法》规定，投资者可以用货币出资，也可以用实物、工业产权、土地使用权等能用货币估价并能依法转让的非货币财产作价出资。但是，法律、行政法规规定不得作为出资的财产除外。对于非货币资产出资需要满足以下三个条件：①可以用货币估价；②可以依法转让；③法律不禁止。吸收直接投资的主要形式有以下几种。

1．货币资产出资

货币资产出资是吸收投资中的一种最重要的形式，有了货币资产，便可以根据公司需要灵活地获取其他物质资源，支付各种费用，满足公司创建时的开支和随后的日常周转需要。因此，公司应尽量动员投资者采用货币资产的方式出资。《公司法》规定，公司全体股东或发起人的货币出资额不得低于注册资本的30%。

2．实物资产出资

实物资产出资是以厂房、建筑物、设备等固定资产和原材料、商品等流动资产所进行的投资。公司吸收实物投资一般应符合以下条件：①确为公司科研、生产、经营所需；②技术性能良好；③作价公平合理。

实物资产出资所涉及的实物作价方法应按国家的有关规定执行。

3．工业产权出资

工业产权出资包括以专有技术、商标权、专利权、非专利技术等工业产权进行投资。工业产权出资应符合以下条件：①有助于公司研究、开发和生产出新的适销对路的高科技产品；②有助于公司改进产品质量、提高生产效率；③有助于公司降低生产消耗、能源消

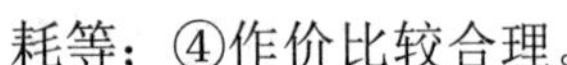

耗等；④作价比较合理。

吸收工业产权等无形资产出资的风险较大，因为以工业产权投资，实际上是把技术转化为资本，是技术的价值固定化，而技术具有强烈的时效性，会引起不断老化落后而导致实际价值不断减少甚至完全丧失。

对无形资产出资方式的限制，《公司法》规定，股东或发起人不得以劳务、信用、自然人姓名、商誉、特许经营权或设定担保的财产等作价出资。

4. 土地使用权出资

投资者可以用土地使用权进行投资。土地使用权必须是按有关法规和合同规定使用的土地权利。公司吸收土地使用权投资应符合以下条件：①适合公司科研、生产、销售活动所需要；②交通、地理条件比较适宜；③作价公平合理。

(三)吸收直接投资的优缺点

1. 吸收直接投资的优点

(1) 有利于增强公司的信誉。吸收直接投资所需要的资金属于公司的自有资金，能增强公司的信誉和借款能力，对于扩大公司的经营规模、壮大公司实力具有重要的作用。

(2) 有利于尽快形成生产能力。吸收直接投资可以直接获得投资者的先进设备和先进技术，有利于尽快形成生产能力，开拓市场。

(3) 有利于降低财务风险。吸收直接投资筹措资本具有永久性，无到期日，不须归还。这对保证公司对资本的最低需要、维持公司长期稳定发展极为有益；吸收直接投资还可以根据企业的经营状况向投资者支付报酬，财务负担相对较小。因为吸收直接投资没有固定的到期还本付息的压力，所以降低了公司的筹资风险。

2. 吸收直接投资的缺点

(1) 资本成本较高。从投资者的角度讲，投资者的投资风险较高，因此相应地也要求有较高的投资报酬率。对于筹资公司来讲，应付利润从税后利润中支付，不像债券利息那样作为费用从税前支付，因而不具有抵税的作用。

(2) 公司控制权集中，不利于公司治理。采用吸收直接投资方式筹资，投资者一般都要求获得与投资额相适应的管理权。如果某个投资者的投资比例较大，则该投资者对公司的经营管理就有相当大的控制权，进而损害其他投资者的利益。

任务解析

1. 理解“从某种程度上来说，不上市成就了华为的成功”

第一，财报发布的本身已经部分解决了华为公司透明度的问题。公司上市变为公众公司的目的之一是使公司对公众更透明，更便于社会监督，所以上市公司都会定期发布财报。尽管华为不上市，但却主动定期公布财报，而华为的高管也越来越多地公开接受媒体采访，在这方面，华为的进步全社会都看得见，华为的公司透明度，不比大多数上市公司差。

第二，从财报披露的收入和增速上看，华为即使没有上市，也获得了不低于大多数上市公司的发展速度。事实上，在全世界范围内不上市的名企比比皆是，有一种很牛的商业模式叫不融资，核心就是不差钱，如全球最大的软件公司之一塞仕(SAS)软件公司、美国的直销巨头安利公司，以及德国顶尖奢侈家电品牌美诺公司，还有我们都熟悉的宜家公司，它们都没有上市，却闷声大发财。

第三，请注意财报中的三个数字：净利润 371 亿元人民币，同比增长 0.4%。2016 年华为研发费用达 764 亿元人民币。任正非说的好，“从某种程度上来说，不上市成就了华为的成功。”资本市场终归是贪婪的，是追求利润的，而华为多年的主张是“厚积薄发”，长期把营收的至少 10%用于研发。在这种情况下，华为一旦上市，就很容易被资本市场左右意志，为了股价而影响到长期发展战略。如任正非说，股东更重视眼前利益，而拥有这家公司的人则不会那么贪婪，“我们之所以能超越同业竞争对手，原因之一就是没有上市”。华为是以至少十年为期规划发展战略，但资本却经常连一年之后的前景都不愿意多想。

第四，尽管没有上市，华为却有一个非常先进的公司治理制度。华为在利益分配上实行了广泛的员工持股，在这一架构下，员工可以享受分红与股票增值的利润，华为每年所赚取的净利绝大部分是分配给员工的。同时，分红权与表决权分离的设计又解决了科技公司稳定发展的问题。

2．分析华为不上市的原因

华为不上市有主观和客观两方面的原因。主观原因可总结为以下三点。

(1) 不上市也能筹集到足够的资金来支持公司的发展和扩张。华为有三种独特的资本运作方式，而这三种融资方式在目前看来是完全能够保证华为的资金链条稳定的。

(2) 华为不愿上市可能也考虑到了其独特的股权结构。华为是一个全员持股的企业，总裁任正非仅占全部股权的 1.07%，上市必然会引起股权结构的巨大变化，任总裁的控制地位很有可能动摇，而由他一手创办的华为没有他的领导会腾飞还是会衰落，无人知晓。

(3) 华为的核心价值观，即以客户为中心，以奋斗者为本，长期坚持艰苦奋斗，上市所产生的后果很可能是与这一核心价值观相冲突的。一方面，如果上市，股东们看着股市那儿可赚几十亿元、几百亿元，逼公司横向发展，可能就攻不进“无人区”了；另一方面，公司过早上市，就会有一批人变成百万富翁、千万富翁，他们的工作激情就会衰退，这对华为不是好事，对员工本人也不见得是好事。

除了主观原因，华为不上市的客观原因也是很显著的，总结为以下两点。

(1) 我国 IPO 的一个重要条件就是不允许内部员工持股。而华为是全员持股，并且持股比例不透明，这种独特的股权结构使得在当前现状下是不符合我国上市条件的。

(2) 应收账款转让是华为一种重要的融资手段，但它属于表外融资，并不反映在企业的财务报表中，所以可能是很多人所不能接受的。

3．华为公司价值体现分析

公司上市的积极意义是肯定的，①可以减少对银行贷款的过度依赖，上市后，公司从资本市场拿到的是资本，资产负债率大大降低；②依靠上市再融资能够获得很多发展机遇；③能够引进科学的公司治理方法，建立一套规范的管理体制和财务体制，对于提升公司的管理水平有一定的促进作用；④上市成为一家公众企业，对于提升公司品牌有一定的作用；⑤上市确实能使公司价值在短时间内放大很多倍，对于华为来说也是这样，并能够在华为内部制造出大批年轻富豪。

但如果上市后发生的事情危及华为的核心价值观，动摇了华为的内部稳定，利害相权之下，不选择上市，也是预料之内。

市场对于上市公司财务信息的披露要求十分严格，一旦上市就意味着要将公司暴露于资本市场之下，并且要受法规制度的限制，对于公司的发展有着一定程度的不利影响。比如华为在巴西拓展初期，连续8年亏损直到第9年才开始大规模盈利。试想如果华为是一家上市公司，亏损第三年时，项目说不定就被迫撤掉了。所以不上市一定程度上也有利于公司长远战略的发展和实施。华为在中国乃至全世界都是一家独特的公司，同时也是一家价值观驱动的公司，任正非直到今天还在思考如何把“物质文明和精神文明融合在一起，共同推动公司发展”，而华为今天的成功也反证了其不上市决策的正确性，期待华为能够走出一条现代公司治理的新路。

任务基础训练

一、单项选择题

1. 相对于负债融资而言，采用吸收直接投资方式筹集资金的优点是(　　)。

A. 有利于降低资金成本　　B. 有利于集中企业控制权

C. 有利于降低财务风险　　D. 有利于发挥财务杠杆作用

2. 下列权利中，不属于普通股股东权利的是(　　)。

A. 公司管理权　　B. 分享盈余权

C. 优先认股权　　D. 优先分配剩余财产权

3. 下列各项中，能够引起企业自有资金增加的筹资方式是(　　)。

A. 吸收直接投资　　B. 发行公司债券

C. 利用商业信用　　D. 留存收益转增资本

4. 光一科技股份有限公司首次公开发行不超过2 167万股人民币普通股(A股)，发行价为18.18元/股，市盈率为30.81倍，则其每股净利润为(　　)元。

A. 0.59　　B. 1.69

C. 0.69　　D. 2.05

二、多项选择题

1. 下列不需要发行证券就可以筹资的筹资方式有(　　)。

A. 吸收直接投资　　B. 发行普通股

C. 发行优先股　　D. 留存收益

2. 普通股筹资成本高，原因在于(　　)。

A. 股利要从税后净利中支付　　B. 发行新股分散公司控制权

C. 发行费用高　　D. 发行新股导致每股收益降低

3. 对公司而言，发行股票筹资的优点有(　　)。

A. 提高公司信用价值　　B. 降低公司财务风险

C. 降低公司资金成本　　D. 使用不受约束

4. 普通股股东拥有的权利有(　　)。

A. 分享盈余权　　B. 优先认股权

C. 转让股份权　　D. 优先分配剩余财产权

5. 按照《公司法》规定，股东或者发起人可以以(　　)出资。

A. 现金　　B. 实物资产

C. 商誉　　D. 特许经营权

6. 下列各项中，属于投入资本筹资与发行普通股筹资方式共有的优点有(　　)。

A. 有利于增加公司信誉　　B. 能尽快形成生产

C. 有利于降低财务风险　　D. 资金成本低

三、判断题

1. 对公司而言，利用普通股筹资要根据公司的生产经营状况支付股利，因而存在不能偿付的风险。(　　)

2. 普通股股东之所以拥有优先认股权，是因为他们拥有公司净资产的所有权。(　　)

3. 投入资本筹资有利于公司尽快形成生产能力，扩大公司经营规模，但有加大公司财务风险的缺点。(　　)

4. 投入资本筹资一般是在公司开办时使用，公司经营过程中不会使用。(　　)

任务三　分析债务资金筹措方式

任务要求

本任务要解决三个问题：一是掌握每种债务筹资方式的优势与不足；二是如何确定债券发行价格和融资租赁租金；三是如何选择银行借款信用条件与商业信用条件。

任务描述

向阳商务印刷技术有限公司(以下简称“向阳公司”)成立于2001年，是一家集印刷、设计、包装为一体，专业从事企业宣传策划与设计印刷的综合性专业公司。公司配备全新德国海德堡CP2000对开四色印刷机、四开四色印刷机、八开四色印刷机、日本三菱四色印刷机等。2016年向阳公司在债务筹资方面发生了以下几项业务。

(1) 2016年5月1日，向阳公司购买了一批纸张，供应商给公司开出的信用条件是“2/10, n/40”。但是，公司的经理张华发现财务部门的付款时间是当月的25日，于是张经理问财务人员为什么不享受现金折扣。财务人员回答：“目前我们公司的资金紧张，如果贷款，贷款的年利率会达到12%，而放弃现金折扣的成本仅为2%。”

(2) 2015年12月底，向阳公司和工商银行签订了2016年的信贷协议，信用额度为1 000

万元，贷款年利率为8%，约定对未使用部分资金按5‰交承诺费用。公司在2016年1月1日从银行贷款500万元，贷款期限为1年；2016年5月1日又从银行贷款300万元；2016年12月1日，向阳公司为购买一台印刷设备，从银行取得1年期借款600万元，约定的贷款年利率为9%，每季等额还款。

(3) 2016年1月1日，向阳公司融资租赁一台瓦楞机，设备价款为280万元，约定首付款为20%，租赁保证金为融资额的10%，租赁期为24个月，租赁年利率为5.841%，手续费为融资额的1%。

阅读上述资料，分析讨论以下问题：

1. 指出向阳公司财务人员在信用条件上所犯的概念上的错误，并计算放弃现金折扣的成本。回答向阳公司是否应该享受现金折扣？如果不享受现金折扣应在什么时点付款？

2. 向阳公司与工商银行签订的是什么信用协议？该协议的法律意义是什么？哪种信用协议不需要交承诺费用？计算向阳公司应支付的承诺费用和贷款利息。

3. 如果向阳公司长期贷款的利息支付方式有收款法、贴现法和加息法(每季等额还款)三种，试根据计算指标为向阳公司选择有利的利息支付方式。

4. 向阳公司融资租赁设备的融资额和首付款总额应该是多少？按照等额本息法，向阳公司每月末和每月初分别应该支付多少租金？

5. 还有其他的债务筹资方式吗？通过这些筹资方式筹集资金，对公司来说，其利弊分别是什么？

理论认知

一、商业信用

商业信用是指在商品交易中由于延期付款或预收货款所形成的企业间的借贷关系。商业信用产生于商品交换之中，也就是所谓的“自然性融资”。它运用广泛，在短期负债筹资中占有相当大的比重。商业信用的具体形式有应付账款、预收账款和应付票据等。

(一)应付账款

应付账款是一种典型的商业信用形式。在这种形式下，购销双方发生商品交易，买方收到商品后不立即支付现金，可延期到一定时期以后付款。对买方来说，延期付款等于从卖方借用资金购进商品，可以满足短期融资的需要；对卖方来说，则可以利用这种形式促销。

应付账款根据付款期、现金折扣等信用条件可以分为免费信用、有代价信用和展期信用。免费信用是指买方企业在规定的折扣期内享受折扣而获得的信用。有代价信用是指买方企业放弃折扣期付出的代价而获得的信用。展期信用是指买方企业超过规定的信用期推迟付款，进而强制获得的信用。

1. 应付账款的成本

(1) 若卖方企业不提供现金折扣，则买方企业(付款方)无信用成本。

(2) 若卖方企业提供现金折扣，而买方企业在折扣期内付款，则不存在信用成本，此时的信用可称为免费信用。

【**例 3-4**】某企业以“2/10, n/30”的信用条件购进一批 100 万元的原材料。如果该企业在 10 天内付款，便享受了 10 天内的免费信用期，并获得折扣 2(100×2%)万元，免费信用额为 98 万元。

(3) 若卖方企业提供现金折扣，而买方企业在折扣期内没有享受现金折扣，而是在信用期内付款，此时买方企业失去了现金折扣，这种信用称为有代价信用。此时要计算失去的收益率，这种失去的收益率是一种机会成本，即信用成本。

仍以例 3-4 说明，假设在 10 天后付款(不超过 30 天)，该企业便要承受因放弃折扣而造成的隐含利息成本。其计算公式如下。

$$信用成本=\frac{现金折扣率}{1-现金折扣率}\times\frac{360}{信用期-折扣期}$$

公式表明，放弃现金折扣的成本与现金折扣百分比的大小、折扣期的长短同方向变化，与信用期的长短反方向变化。

运用上式，计算出该企业放弃现金折扣所负担的成本如下。

$$该企业的信用成本=\frac{2\%}{1-2\%}\times\frac{360}{30-10}=36.7\%$$

(4) 若卖方企业提供现金折扣，买方企业超过信用期付款，这种信用称为展期信用。

仍以例 3-4 说明，假设买方企业在 60 天付款，则

$$该企业的信用成本=\frac{2\%}{1-2\%}\times\frac{360}{60-10}=14.69\%$$

从计算的结果来看，这时的信用成本显然低于在信用期间以内的成本，而且展延付款的天数越多，计算的信用成本越低。但是，应该看到，由于超过信用期付款，还会产生企业信用不良的机会成本，即企业信用地位、信用等级下降带来的损失。

2. 利用现金折扣的决策

(1) 如果买方企业的资金比较紧张，享受现金折扣有困难。若短期借款的利率低于放弃现金折扣的成本，则企业应该在折扣期内借入资金支付货款，获得现金折扣，否则就放弃现金折扣。

(2) 虽然买方企业有条件享受现金折扣，但是有一个短期投资机会，而且短期投资的收益率大于放弃现金折扣的成本(享受现金折扣的收益率)，则买方企业应该放弃现金折扣优惠，否则就应该享受现金折扣。

(3) 如果面对两家以上的卖方企业提供不同的信用条件，应通过衡量放弃现金折扣成本的大小，选择所获利益最大的一方。

(二)预收账款

预收账款是指销货单位按合同或协议规定，在付出商品之前向购货单位预先收取部分或全部货物价款的信用行为。它等于从购买单位先借一笔款，然后用商品归还，也是一种典型的商业信用形式。例如，施工企业向建设单位、房地产开发企业等发包单位收取的预

收备料款和预收工程款等均属于商业信用筹资方式，以缓解资金占用过多的矛盾。预收账款一般适用于生产周期长、资金需要量大、供不应求的货物销售。

(三)应付票据

应付票据是指企业进行延期付款商品交易时开具的反映债权债务关系的票据。根据承兑人的不同，应付票据可以分为商业承兑汇票和银行承兑汇票，支付期最长不超过6个月。应付票据可以带息，也可以不带息，其利率一般比银行借款的利率低，且不用保持相应的补偿性余额和支付协议费，因此应付票据的筹资成本低于银行借款的成本。但是，应付票据到期必须归还，若延期便要缴付罚金，因而风险较大。

(四)商业信用筹资的优缺点

1. 商业信用筹资的优点

(1) 筹资便利、及时。商业信用与商品买卖同时进行，属于一种自然性融资，不需要作正规的安排。

(2) 筹资成本低。如果没有现金折扣或企业不放弃现金折扣，则利用商业信用筹资没有成本。

(3) 限制条件少。对于大多数企业来说，商业信用是一种持续的信贷形式，并且无须正式办理筹资手续。

2. 商业信用筹资的缺点

商业信用的期限一般较短，如果企业要取得现金折扣，时间会更短；如果放弃现金折扣，则信用成本很高。

二、银行借款

银行借款是企业根据借款合同，从银行或其他非银行金融机构借入的、需要还本付息的款项。银行借款包括偿还期限超过1年的长期借款和不足1年的短期借款，主要用于企业购建固定资产和满足流动资金周转的需要。

(一)银行借款的程序

(1) 建立信贷关系。企业申请银行贷款，首先要申请建立信贷关系，需提交“建立信贷关系申请书”一式两份。银行接到企业提交的申请书后，指派信贷员进行调查，并就调查情况写出书面报告，签署是否建立信贷关系的意见，提交上级逐级审查批准。经行长(主任)同意后，银企双方应签订建立信贷关系契约。

(2) 提出贷款申请。已建立信贷关系的企业，可根据其生产经营过程中合理的流动资金所需来申请银行贷款。以工业生产企业为例，申请贷款时必须提交“工业生产企业流动资金借款申请书”。银行依据国家产业政策、信贷政策及有关制度，并结合上级行批准的信贷规模计划和信贷资金来源对企业借款申请进行认真审查。

(3) 贷款审查。贷款审查的主要内容有：贷款的直接用途，企业近期经营状况，企业挖潜计划、流动资金周转加速计划、流动资金补充计划的执行情况，企业发展前景和企业负债能力等。

(4) 签订借款合同。借款申请获批准后，银行与企业进一步协商合同条款，达成协议后，即可签订借款合同。借款合同应具备下列内容：借款种类、用途、金额、利率和借款期限，还款资金来源及还款方式，保证条款和违约责任，当事人双方商定的其他条款。

借款合同必须由当事人双方的代表或凭法定代表授权证明的经办人签章，并加盖公章。

(5) 取得借款。借款合同签订后，企业在核定的贷款指标范围内，根据用款计划和实际需要，一次或分次转入企业的存款结算户，以便使用。

(二)银行借款的保护性条款

由于银行等金融机构提供的长期借款期限长、风险大，因此除借款合同的基本条件外，银行等债权人通常还在借款合同中附加各种保护性条款，以确保企业能按时足额偿还借款。保护性条款一般包括以下几种。

1．例行性保护条款

例行性保护条款作为例行常规，在大多数借款合同中都会出现，主要包括以下内容。

(1) 借款企业定期向银行提交财务报表。其目的在于银行能及时掌握企业的财务情况。

(2) 不准在正常情况下出售较多资产，以保持企业正常的生产经营能力。

(3) 如期清偿应缴纳的税金和其他到期债务，以防因被罚款而造成不必要的现金流失。

(4) 不准以任何资产作为其他承诺的担保和抵押，以避免企业过重的负担。

(5) 不准贴现应收票据或出售应收账款，以避免或有负债。

(6) 限制租赁固定资产规模。其目的不仅在于防止企业负担巨额租金以致削弱其偿债能力，还在于防止企业以租赁资产的办法摆脱对其资本支出和负债的约束。

2．一般性保护条款

一般性保护条款应用于大多数借款合同，主要包括以下内容。

(1) 保持企业资产的流动性。对借款企业流动资金保持量的规定，其目的在于保持借款企业资金的流动性和偿债能力。

(2) 限制企业非经营性支出。对支付现金股利和再购入股票的限制，其目的在于限制现金外流。

(3) 对资本支出规模的限制。其目的在于减少企业日后不得不变卖固定资产以偿还贷款的可能性，仍着眼于保持借款企业资金的流动性。

(4) 限制其他长期债务。其目的在于防止其他债权人取得对企业资产的优先求偿权。

3．特殊性保护条款

特殊性保护条款是针对某些特殊情况而出现在部分借款合同中的，主要包括以下内容。

(1) 要求企业的主要领导人购买人身保险。

(2) 借款的用途不得改变。

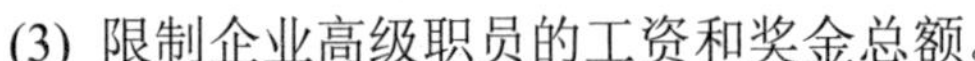

(3) 限制企业高级职员的工资和奖金总额。

(4) 违约惩罚条款。

(三)银行借款的信用条件

银行借款的信用条件多种多样，下面介绍几种常见的信用条件。

1．信用额度

信用额度是借款人与银行在协议中规定的允许借款人无担保借款的最高限额。一般而言，企业在批准的信用额度内可以随时从银行取得借款，如果企业信用恶化，即使银行曾经同意按信用额度提供贷款，也可能得不到借款，即银行并不承担必须提供全部信用限额的法律责任。

2．周转信贷协定

周转信贷协定是银行具有法律义务的承诺，提供不超过某一最高限额的贷款协定。在协定的有效期内，只要企业借款总额未超过规定的最高限额，银行必须满足企业任何时候提出的借款要求。企业享有周转信用协定时，通常要对未使用的部分付给银行一笔承诺费。

【例 3-5】某企业与银行商定的周转信贷协定规定的限额为 5 000 万元，承诺费率为4‰，借款企业年度内使用了 4 500 万元，余额 500 万元。则企业应付给银行的承诺费是多少？

企业应付给银行的承诺费=500×4‰=2(万元)

3．补偿性余额

补偿性余额是银行要求借款人在银行中保持按贷款金额或实际借用额的一定百分比(通常为 10%～20%)计算的最低存款余额，其目的是降低银行提供的贷款风险。

【例 3-6】某企业按年利率 6%从银行借款 100 万元，银行要求 15%的补偿性余额，则企业实际可动用的借款数额是多少？实际借款年利率是多少？

企业实际可动用的借款数额=100×(1−15%)=85(万元)

实际借款年利率=补偿性余额贷款的实际利率=名义利率÷(1−补偿性余额比例)×100%

=6%÷(1−15%)×100%=7.06%

4．借款抵押

银行向财务风险较大、信誉不好的企业发放贷款，往往需要企业有抵押品作担保，以降低自己蒙受损失的风险。借款的抵押通常有企业的应收账款、存货、股票、债券及房屋、设备等。抵押借款的利息一般高于非抵押借款的利息。

5．偿还的条件

贷款都会规定还款的期限，贷款到期后仍无力偿还的视为逾期贷款，银行要照章加收逾期罚息。贷款的偿还主要有到期一次偿还和在贷款期限内等额定期偿还两种。

6．以实际交易为贷款条件

当企业发生经营性临时资金需求，向银行申请贷款时，银行则以企业将要进行的实际交易为贷款基础，单独立项、审批，最后作出决定并确定贷款的相应条件和信用保证。

(四)银行借款利息的支付方式

(1) 利随本清法。利随本清法又称收款法，是在借款到期时向银行支付利息的方法。采用这种方法，借款的名义利率等于实际利率。

(2) 贴现法。贴现法是银行在向企业发放贷款时，先从本金中扣除利息部分，而到期时借款企业再偿还全部本金的一种计息方法。

【例 3-7】某企业从银行取得 1 年期，年利率 10%的借款 100 万元，年利息 10 万元，按贴现法付息，企业实际可利用资金 90 万元。该项借款的实际利率是多少？

贴现贷款的实际利率=利息÷(贷款金额−利息)×100%

=10÷(100−10)×100%≈11.11%

或　贴现贷款的实际利率=名义利率÷(1−名义利率)×100%

=10%÷(1−10%)≈11.11%

(3) 加息法。加息法是分期等额偿还贷款本金时采用的利息收取方法。在分期等额偿还的情况下，银行要求企业在贷款期内分期等额偿还贷款本金，这样，借款企业实际上只平均使用了贷款本金的半数，而支付了全部利息，企业负担的实际利率便高于约定利率的 1 倍。

【例 3-8】某企业借入年利率 6%的 1 年期贷款 150 000 元，按月等额偿还本金，则其实际利率是多少？

实际利率=名义利率×2=6%×2=12%

(五)银行借款的优缺点

1．银行借款的优点

(1) 筹资速度快。利用银行借款筹资和发行股票、债券筹资相比，一般所需的时间短，程序较为简单，可以快速获得现金。

(2) 资金成本低。银行借款的利息在税前列支，可以减少企业实际负担的成本。同时和企业发行债券相比，银行借款的手续费比发行债券的发行费用低。

(3) 借款弹性好。在借款时，企业与银行直接商定贷款的时间、数额和利率等；在用款期间，企业财务状况如果发生某些变化，也可以商定变更借款的数量及还款的期限。

(4) 保障控制权。银行作为债权人无权参与发行公司的经营管理，不会像增发新股那样可能会分散股东对公司的控制权。

(5) 可利用财务杠杆原理获取财务杠杆效益。

2．银行借款的缺点

(1) 财务风险大。银行借款有固定的利息负担和固定的还款日期，必须定期还本付息，在企业经营不利的情况下，可能产生不能偿付的风险，甚至会导致破产。

(2) 限制性条款较多。通过银行借款的保护性条款，对企业的资本支出、再筹资、股利支付等行为有严格的规定，这会影响企业以后的筹资和投资活动。

(3) 筹资数量有限。由于财务风险大，银行机构不愿意出借巨额的长期资金。

三、发行公司债券

公司债券是企业依照法定程序发行的、约定在一定期限还本付息的有价证券。债券是持券人拥有公司债券的书面证明，它代表持券人同发债公司之间的债权债务关系。发行公司债券有利于将社会闲散资金集中起来，转化为长期生产建设资金，因此是一种较好的向社会筹资的形式。

(一)公司债券的基本要素和种类

1．公司债券的基本要素

公司债券的基本要素有四个：票面价值、票面利率、付息日和到期日。

(1) 票面价值。公司债券的票面价值简称面值，是指债券发行时设定的票面金额。不论债券的发行价格是否等于面值，到期时都要按面值偿还本金。

(2) 票面利率。票面利率是指每年支付的利息与债券面值的比例。投资者每年获得的利息就等于债券面值乘以票面利率。

(3) 付息日。付息日是债券发行人支付债券利息的日期。

(4) 到期日。到期日也称为偿还日期，是债券发行人偿还所有本息的日期。

2．公司债券的种类

(1) 按是否记名，可将公司债券分为记名公司债券和不记名公司债券。记名公司债券，即在票面上载明持有人姓名，支取本息要凭印鉴领取，转让时必须背书并到债券发行公司登记的公司债券。不记名公司债券，即票面上不需载明持有人姓名，还本付息及流通转让仅以债券为凭，不须登记。

(2) 按债券能否转换成股权，可将公司债券分为可转换公司债券和不可转换公司债券。可转换公司债券实际上是给债权人一种选择权，在发行时就明确约定，债券持有人可按照发行时约定的价格将债券转换成公司的普通股股票。如果债券持有人不想转换，则可以继续持有债券，直到偿还期满时收取本金和利息，或者在流通市场出售变现。只有上市公司才可以申请发行可转换公司债券。可转换债券利率一般低于普通公司债券利率，企业发行可转换债券可以降低筹资成本。不可转换公司债券是不能转换为公司股份的公司债券，债券持有人只能到期时请求还本付息。但是，由于不可转换公司债券不能转换为公司股份，因此其利率一般高于可转换公司债券。

(3) 按有无抵押、担保，可将公司债券分为信用债券、抵押债券和担保债券三种。信用债券是完全凭发行者的信用作担保而发行的债券。与抵押债券相比，信用债券的持有人承担的风险较大，因而往往要求较高的利率。为了保护投资人的利益，发行这种债券的公司往往受到种种限制，且只有那些信誉卓著的大公司才有资格发行。除此以外，在债券契约中都要加入保护性条款，如不能将企业资产抵押给其他债权人(反抵押条款)，不能兼并其他企业，未经债权人同意不能出售资产，不能发行其他长期债券等。

抵押债券是指以公司的财产作为抵押而发行的债券。当公司无足够的资金偿还债券本息时，债权人可将抵押品拍卖以获取资金。

担保债券是有一定保证人作担保而发行的债券。当其因无足够的资金偿还债券本息时，债权人可以要求保证人偿还。

(二)发行公司债券的条件

公开发行公司债券，应当符合下列条件。

(1) 股份有限公司的净资产不低于人民币 3 000 万元，有限责任公司的净资产不低于人民币 6 000 万元。

(2) 累计债券余额不超过公司净资产的 40%。

(3) 最近 3 年平均可分配利润足以支付公司债券 1 年的利息。

(4) 筹集的资金投向符合国家产业政策。

(5) 债券的利率不超过国务院限定的利率水平。

(6) 国务院规定的其他条件。

公开发行公司债券筹集的资金，必须用于核准的用途，不得用于弥补亏损和非生产性支出。公司申请本公司债券上市交易，应当符合下列条件。

(1) 公司债券的期限为 1 年以上。

(2) 公司债券实际发行额不少于人民币 5 000 万元。

(3) 公司申请债券上市时仍符合法定的公司债券发行条件。

(三)公司债券的发行价格

公司债券有三种发行价格：面值发行、溢价发行和折价发行。

公司债券的发行价格之所以可能与面值不一致，是因为债券的利率是参照资本市场的利率来确定的，企业从经过有关部门审批、印制债券到在市场上发行，往往需要一段较长的时间。债券一经批准发行、印制后，其票面利率是无法改变的，而在此期间，市场利率却常常会发生变化，即发行时的市场利率可能与票面利率不一致。为了协调债券购销双方在债券利息上的利益，就要调整发行价格，即当票面利率高于发行时的市场利率时，溢价发行；当票面利率低于发行时的市场利率时，则折价发行；当票面利率等于发行时的市场利率时，则按面值发行。

债券发行价格的理论公式是从发行日至到期日的整个期限内支付的利息及偿还的本金，按发行时的市场利率、复利计息，折算为发行时的总现值。

(1) 若债券分期付息，到期一次还本，则发行价格的计算公式如下。

$$发行价格=F\times i\times(P/A,r,n)+F\times(P/F,r,n)$$

式中，F 为债券面值，i 为债券票面利率，r 为债券发行时的市场利率，n 为债券计息期数。

【例 3-9】某企业发行面值 100 元 10 年期每年付息一次，到期一次还本的长期债券，票面利率为 10%。计算当发行时的市场利率为 10%、8%、12%的发行价格分别是多少？

① 当市场利率等于票面利率 10%时，则：

发行价格=100×10%×(P/A,10%,10)+100×(P/F,10%,10)

$=10\times6.144\ 6+100\times0.385\ 5=100$(元)

即当票面利率等于市场利率时，债券平价发行。

② 当市场利率为8%时，则：

发行价格$=100\times10\%\times(P/A,8\%,10)+100\times(P/F,8\%,10)$

$=10\times6.710\ 1+100\times0.463\ 2=113.42$(元)

即当票面利率高于市场利率时，应溢价发行。其中的溢价13.42元是企业以后多支付的利息提前收回。

③ 当市场利率为12%时，则：

发行价格$=100\times10\%\times(P/A,12\%,10)+100\times(P/F,12\%,10)$

$=10\times5.650\ 2+100\times0.322\ 0=88.70$(元)

即当票面利率低于市场利率时，应折价发行。其中的折价11.30元是企业为债券购买者以后少得到利息的提前补偿。

(2) 若债券到期一次还本付息，利息则按照单利计算，则发行价格的计算公式如下。

$$发行价格=F\times(1+i\times n)\times(P/F,r,n)$$

【例3-10】某企业发行5年期，票面价值为10 000元的债券，票面利率为10%，到期一次还本付息，利息按照单利计算。假设市场利率为12%，则其发行价格是多少？

发行价格$=10\ 000\times(1+5\times10\%)\times(P/F,12\%,5)=10\ 000\times150\%\times0.567\ 4=8\ 511$(元)

资本市场上的利率是复杂多变的，除了要考虑目前的市场利率外，还要考虑利率的变化趋势。在实际工作中，确定债券的发行价格通常要考虑多种因素。

(四)公司债券的信用等级

公司债券的信用等级是由债券评估机构根据发行者提供的信息资料，通过调查、比较等手段，运用科学的分析方法，对拟发行债券的质量、信用、风险进行公正、客观的定级评价。

公司债券的信用等级对发行公司及购买者都有重要的影响。在评价时需要考虑的重要因素是：①违约的可能性；②债券的性质和有关附属条款；③在破产清算时债权人的相对地位等。国际上流行的债券等级是三等九级：AAA级为最高级，AA级为高级，A级为上中级，BBB级为中级，BB级为中下级，B级为投机级，CCC级为完全投机级，CC级为最大投机级，C级为最低级。总之，前四个级别的债券质量比较高，因大多数投资者可以接受而被称为“投资等级”，后五个级别的质量较低，投资者需承担较大风险，被称为“投机等级”。

(五)公司债券筹资的优缺点

1. 公司债券筹资的优点

(1) 资金成本低。与股票的股利相比较而言，公司债券的利息在所得税前列支，发行公司可以享受避税利益。

(2) 保障控制权。债券持有人无权参与发行公司的经营管理，不会像增发新股那样可能会分散股东对公司的控制权。

(3) 可利用财务杠杆原理获取财务杠杆效益。

2．公司债券筹资的缺点

(1) 财务风险高。公司债券有固定的到期日，并需要定期支付利息，发行公司必须承担按期还本付息的义务。在公司经营不景气时，也需要向债权人还本付息，给公司带来很大的财务困难，有时甚至导致破产。

(2) 限制条件严格。发行债券的限制条件一般要比长期借款、融资租赁筹资的限制条件多，而且严格，从而限制了公司对债券筹资方式的使用。

(3) 筹资数额有限。多数国家对债券筹资的额度都有规定，我国《公司法》规定，发行公司流通在外的债券累计总额不得超过公司净资产的40%。因此，与发行股票筹资相比，公司债券筹资的数额相对较少。

四、融资租赁

融资租赁是指通过签订资产出让合同的方式，使用资产的一方(承租方)通过支付租金，使出让资产的一方(出租方)取得资产使用权的一种契约性信用交易行为。在这项交易中，承租方通过得到所需资产的使用权，完成筹集资金的行为。

(一)融资租赁的特征

(1) 所有权与使用权相分离。租赁资产的所有权与使用权相分离是融资租赁的主要特点之一。银行信用虽然也是所有权与使用权相分离，但载体是货币资金，而融资租赁则是资金与实物相结合的基础上的分离。

(2) 融资与融物相结合。融资租赁是以商品形态和货币形态相结合提供的信用活动，出租方在向企业出租资产的同时解决了企业的资金需求，具有信用和贸易的双重性质。它不同于一般的借钱还钱、借物还物的信用形式，而是借物还钱，并以分期支付租金的方式来体现。融资租赁的这一特点使银行信贷和财产信贷融合在一起，成为企业融资的一种新形式。

(3) 租金的分期回流。在租金的偿还方式上，其租金与银行信用到期还本付息不一样，采取了分期回流的方式，即出租方的资金一次投入、分期收回。对于承租方而言，通过融资租赁可以提前获得资产的使用价值，分期支付租金便于分期规划未来的现金流出量。

(二)融资租赁与经营租赁

1．融资租赁

融资租赁是由租赁公司按承租企业的要求出资购买设备，在较长的合同期内提供给承租企业使用的融资信用业务。它是以融通资金为主要目的的租赁，又称财务租赁、资本租赁，通常是一种长期租赁，可以解决企业对长期资产的需要，是现代租赁的主要形式。其特点主要有以下几个。

(1) 一般由承租企业向出租公司提出正式申请，租赁物一般由承租企业亲自挑选，而后由出租公司融通资金引进设备。

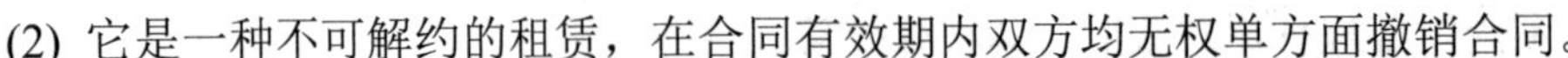

(2) 它是一种不可解约的租赁，在合同有效期内双方均无权单方面撤销合同。

(3) 租期较长，一般为租赁财产寿命期的一半以上。

(4) 租赁物的维修、保养、保险等均由承租人负责。

(5) 租约期满后，可以将设备作价转让给承租企业，也可以由出租公司收回或延长租赁期续租。

2. 经营租赁

经营租赁是租赁公司向承租企业在短期内提供设备，并提供维修、保养、人员培训等的一种服务性业务，又称服务性租赁，通常为短期租赁。其特点主要有以下几个。

(1) 出租的设备一般由出租公司根据市场需要选定，然后寻找承租企业。承租企业可随时向出租公司提出租赁资产的要求。

(2) 租赁期短，不涉及长期而固定的义务。

(3) 租赁合同比较灵活，在合理限制条件范围内可以解除租赁契约。

(4) 租赁期满，租赁资产归还给出租公司。

(5) 出租人提供设备的保养、维修、保险等专门服务。

(三)融资租赁的基本形式

融资租赁的基本形式一般有以下三种。

(1) 直接租赁。直接租赁是指承租方直接向出租方租入所需的资产，并支付租金。其出租方一般是租赁公司或制造厂商。

(2) 售后租回。企业将某资产卖给出租公司，再将其租回使用的租赁即为售后租回。此时，出售资产的企业可以得到相当于售价的一笔资金，同时可继续使用资产，出租公司一般为租赁公司等金融机构。

(3) 杠杆租赁。杠杆租赁要涉及承租人、出租人和资金的出借者三方当事人。在此形式中，出租人在购买价格比较昂贵的设备时，只需自筹设备所需资金的一部分(通常为20%～40%)，其余的资金，通常将该设备作为抵押品向资金出借者贷款，然后购进设备出租给承租人。出租人既是资产的所有者，又是借款人，因此它既收租金又要偿付债务，若它不能按期偿还借款，资产的所有权就要转归资金的出借者。

(四)融资租赁租金的计算

1. 租金的构成

融资租赁每期的租金是多少，取决于以下几个因素。

(1) 设备原价及预计残值(归承租企业所有)。设备原价及预计残值包括设备的买价、运杂费、途中保险费、安装调试费等，以及该设备租赁期满后，出售可得的市价。

(2) 利息。利息是指租赁公司为承租单位购置设备垫付资金所支付的利息。

(3) 租赁手续费。租赁手续费包括租赁公司承担的租赁设备的营业费用和一定的盈利，手续费的高低一般无固定标准，可由承租企业和租赁公司协商确定。

2．租金的支付方式

租金的支付方式一般有以下几类。

(1) 按支付时间的长短不同，分为年付、半年付、季付和月付等。

(2) 按每期支付金额是否相等，分为等额支付和不等额支付。

(3) 按每期租金支付的时点不同，分为先付租金和后付租金。先付租金是在每期期初支付，后付租金是在每期期末支付。

实务中，租赁公司与承租企业商定的租金支付方式大多为后付等额年金。

3．租金的计算

在我国租赁业务中，一般采用等额支付方式，即采用年金法，有先付年金法和后付年金法。等额年金法下，通常要根据利率和租赁手续费率确定一个租费率，作为折现率。

在租赁期满设备无净残值时，租金采用完全支付方式，确定每期租金的根据是：每期租金(年金)A的现值总和(年金现值)等于设备价款P。

先付租金的计算公式如下。

$$A=\frac{P}{(P/A,i,n-1)+1}$$

后付租金的计算公式如下。

$$A=\frac{P}{(P/A,i,n)}$$

【例 3-11】某企业采用融资租赁方式从租赁公司租入一台设备，租期 8 年，设备价款 5 万元，到期后，设备归企业所有。为保证租赁公司完全弥补融资成本、相关手续费并有一定盈利，双方商定采用 14%的折现率，每年采用等额支付方式支付租金。要求计算先付租金及后付租金支付方式下的租金。

先付租金支付方式下：$A=5\div[(P/A,14\%,7)+1]=5\div(4.288\ 2+1)=0.945\ 5$(万元)

后付租金支付方式下：$A=5\div(P/A,14\%,8)=5\div4.638\ 9=1.077\ 8$(万元)

(五)融资租赁筹资的优缺点

1．融资租赁筹资的优点

(1) 在资金缺乏的情况下，能迅速获得所需要的资产。融资租赁集“融资”与“融物”于一身，一般要比先筹措现金再购置设备来得更快。对中小企业、创新企业而言，融资租赁是一条重要的融资途径。

(2) 财务风险小，财务优势明显。融资租赁与购买的一次性支出相比，能够避免一次性支付的负担，而且租金是未来的、分期的，企业无须一次筹集大量的资金偿还。还款时，租金可以通过项目本身产生的效益来支付，是一种基于未来的“借鸡生蛋、卖蛋还钱”的筹资方式。

(3) 筹资限制条件少。相对来说，融资租赁筹资的限制条件比股票、债券、长期借款等筹资方式的限制条件都少。

(4) 设备淘汰的风险小。多数租赁协议规定由出租人承担设备淘汰的风险，因此承租企业可免遭这种风险。

(5) 融资租赁能延长资金融通的期限。通常，为设备而贷款的借款期限比该资产的物理寿命短得多，而融资租赁的融资期限却可接近其全部使用寿命期限，并且其金额随着设备价款金额而定，无融资额度的限制。

2．融资租赁筹资的缺点

融资租赁筹资的资金成本高，其租金通常比银行借款或发行债券所负担的利息高得多，租金总额通常要高于设备价值的 30%。尽管与借款方式比较，融资租赁能够避免到期一次性集中偿还的财务压力，但高额的固定租金在企业财务困难时也会构成一项沉重的负担。

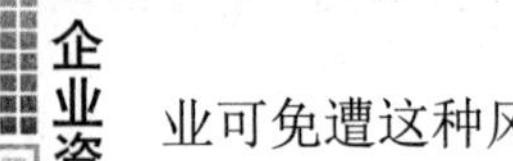

任务解析

1．分析向阳公司的商业信用条件

2%是资金成本，是放弃现金折扣的成本，但只是公司从放弃折扣起(从第 11 天到第 40 天期间)的名义成本，是获得多占用资金 30 天付出的代价，而贷款利率 12%是年利率，二者不能直接比较，若进行比较，必须把 2%换算成年实际成本。

$$放弃现金折扣成本=\frac{2\%}{1-2\%}\times\frac{1}{40-10}\times360\approx24.49\%$$

由于 24.49%大于贷款利率 12%，因此该公司应该享受现金折扣。如果不享受现金折扣，该公司应该在第 40 天付款，这样既不影响公司的信誉，还可以延长占用资金的时间，缓解公司的资金压力。

2．分析向阳公司银行短期贷款的信用条件

向阳公司和工商银行签订了周转信贷协定，是具有法律意义的承诺，该协定一旦签订，在规定的贷款限额内银行必须满足公司任何时候的借款要求，否则就要承担法律责任；如果公司在信用协议期限内没有贷足贷款额度，则公司要对未使用部分资金交一定比例的承诺费用。

信用额度规定了在协议期内的最高贷款额度，但如果公司的信用下降，银行可以停止信用额度贷款，且不承担法律责任；公司对未使用部分资金也不交承诺费用。

向阳公司应支付的承诺费=200×5‰+[(300×5‰)×(4÷12)]=1.5(万元)

向阳公司应支付的利息=500×8%+[(300×8%)×(8÷12)]=56(万元)

3．分析向阳公司银行贷款利息支付方式

如果采用收款法计算利息，则向阳公司应支付的利息为本金 600 万元与约定利率 9%的乘积，这种情况下贷款利率就是 9%。

如果采用贴现法计算利息，则向阳公司在获得本金贷款时就必须同时支付利息，这样就减少了公司实际的贷款额度，会提高向阳公司的实际利率。

$$实际利率=\frac{600\times9\%}{600-600\times9\%}\times100\%=9.89\%$$

如果采用加息法计算利息，每季等额付款，向阳公司在借款期间每期实际使用的资金不同，会随着期限的延伸逐步减少，则向阳公司实际上只平均使用了贷款本金的半数，却支付了全额利息，提高了向阳公司的实际利率。

$$实际利率=\frac{600\times 9\%}{600\div 2}\times 100\%=18\%$$

单纯从利率的高低来看，采用收款法计算利息对公司最有利。

4．计算向阳公司融租设备的有关指标

向阳公司融租设备的融资额=280×(1−20%)=224(万元)

向阳公司首付款总额=首付设备款+租赁保证金+租赁手续费

=280×20%+224×10%+224×1%=80.64(万元)

租赁月利率=5.841%÷12=0.486 75%

如果向阳公司在每月月末支付租金，则每月支付的租金数额如下。

$$A=2\,240\,000\div\frac{1-(1+0.486\,75\%)^{-24}}{0.486\,75\%}=2\,240\,000\div 22.599\,4=99\,\,117.68(元)$$

如果向阳公司在每月月初支付租金，则每月支付的租金数额如下。

$$A=2\,240\,000\div\left[\frac{1-(1+0.486\,75\%)^{-23}}{0.486\,75\%}+1\right]=2\,240\,000\div(21.709\,4+1)=98\,637.57(元)$$

5．向阳公司筹资方式的性质及利弊

向阳公司通过商业信用、银行贷款和融资租赁这几种筹资方式筹集来的资金均是债务资金。筹集债务资金还有一种方式，即发行公司债券。每种筹资方式都有自己的优缺点，具体要点请看理论认知部分。

任务基础训练

一、单项选择题

1. 相对于股票筹资而言，银行借款的缺点是(　　)。

A. 筹资成本高　　B. 筹资速度慢

C. 筹资限制少　　D. 财务风险大

2. 丧失现金折扣机会成本的大小与(　　)。

A. 折扣百分比的大小呈反方向变化

B. 信用期的长短呈同方向变化

C. 折扣百分比的大小、信用期的长短均呈同方向变化

D. 折扣期的长短呈同方向变化

3. 某债券面值为 1 000 元，票面利率为 12%，期限为 6 年，每半年支付一次利息。若市场利率为 12%，则其发行价格将(　　)。

A. 高于 1 000 元　　B. 低于 1 000 元

C. 等于 1 000 元　　D. 无法计算

4. 某企业从银行取得借款 100 万元，按贴现法支付利息，利息率为 5%，借期为 1 年，借款到期时，企业应归还的本金额为(　　)万元。

A. 95　　B. 100

C. 105　　D. 110

5. 某企业以“2/20, n/40”的信用条件购进原材料一批，则企业放弃现金折扣的机会成本为(　　)。

A. 2%　　B. 36.73%

C. 18%　　D. 36%

6. 下列项目中，属于非经营性负债的是(　　)。

A. 应付账款　　B. 应付票据

C. 应付债券　　D. 应付职工薪酬

二、多项选择题

1. 补偿性余额的存在使借款企业所受的影响有(　　)。

A. 增加了应付利息　　B. 减少了可用资金

C. 提高了筹资成本　　D. 减少了应付利息

2. 下列影响债券发行价格的因素有(　　)。

A. 债券面值　　B. 债券票面利率

C. 债券期限　　D. 市场利率

3. 企业从银行借入短期借款，会导致实际利率高于名义利率的利息支付方式有(　　)。

A. 收款法　　B. 贴现法

C. 加息法　　D. 分期等额偿还本利和的方法

4. 商业信用筹资的优点主要表现在(　　)。

A. 筹资风险小　　B. 筹资成本低

C. 限制条件少　　D. 筹资方便

三、判断题

1. 银行在协议中规定了信用额度后，就具有了法律效力，即无论借款人出现什么情况，银行都必须提供贷款，否则银行就应承担法律责任。(　　)

2. 尽管融资租赁比借款购置设备更迅速、更灵活，但租金比借款利息高得多。(　　)

3. 按照国际惯例，大多数长期借款合同中，为了防止借款企业偿债能力下降，都严格限制了借款企业资本性支出的规模，但不限制企业经营性支出的规模。(　　)

4. 在杠杆租赁情况下，如果出租人不能按期偿还借款，则资产的所有权就要转归资金出借者所有。(　　)

5. 2016 年企业与银行签订了周转信贷协定，年最高贷款额度为 2 000 万元，约定未使用费率为 5%，企业在 2016 年 1 月 1 日贷款 1 500 万元，则企业应该向银行缴纳的未使用费是 25 万元。(　　)

6. 公司发展需要用资 200 万元，从烟台工商银行借款，期限 1 年，年利率 5%，银行要求企业保持 15%的补偿性余额，则企业实际利率为 17.65%。(　　)

四、计算分析题

1. 训练资料

(1) 向阳公司拟采购一批原材料，供应商的报价如下。

① 立即付款，价格为 9 630 元；②30 天内付款，价格为 9 750 元；③31 ~ 60 天付款，价格为 9 870 元；④61 ~ 90 天付款，价格为 10 000 元。

(2) 秦阳公司从中国银行借入短期借款 10 000 元，同银行协商后银行提出支付利息的方式的三种方案是：①如果采用收款法付息，利息率为 7%；②如果采用贴现法付息，利息率为 6%；③如果采用加息法付息，利息率为 5%。

(3) 声达公司采用融资租赁方式于 2016 年 1 月 1 日租入一台设备，设备价款为 40 000 元，租期为 6 年，到期后设备归企业所有，折现率为 20%。

(4) 华夏公司发行面值 2 000 元的债券，票面利率为 8%，债券发行期限为 5 年。

(5) 声达公司欲筹资 990 万元，期限 5 年，有以下两个筹资方案可供选择。

① 委托证券公司公开发行债券，面值 1 000 元，承销差价每张票据 51.6 元(给证券公司的发行费用)，票面利率 14%，每年付息一次，到期还本，发行价格按照预期的利率确定。

② 向银行借款，年利率为 10%，银行要求的补偿性余额为 10%，5 年后一次性还本付息。

假定当时预期的市场利率为 10%，不考虑所得税的影响。

2. 训练要求

(1) 根据资料(1)完成下列任务。

① 计算向阳公司放弃现金折扣的成本。

② 假设银行短期贷款年利率为 15%，试确定对该公司最有利的付款日期和价格。

③ 若有一个投资机会，报酬率为 40%，试确定对该公司最有利的付款日期和价格。

(2) 如果你是秦阳公司财务经理，请为该公司选择利息支付方式，并说明理由。

(3) 计算分析声达公司每年年末、年初支付的租金数额。

(4) 分别计算市场利率为 10%时，下列情况下华夏公司债券的发行价格。

① 每年支付一次利息，到期还本并支付最后一次利息。

② 到期一次还本付息。

(5) 根据资料(5)完成下列任务。

① 计算声达公司债券的发行价格和债券的发行数量。

② 确定银行借款总额和银行借款的实际利率。

③ 根据声达公司的筹资资料，不考虑资金时间价值，计算 5 年后哪个方案支付的总值低。

任务四　计算筹资成本

任务要求

本任务要解决四个问题：一是明确资金成本的内容；二是掌握每种筹资方式资金成本的计算；三是掌握综合资金成本和边际资金成本的计算；四是能够运用资金成本原理帮助企业选择合理的资金结构。

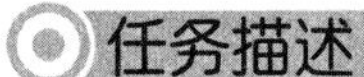

任务描述

昌翔公司是由大量地区性旅客连锁店合并而成的股份有限公司，公司希望能与水平一流的酒店竞争。现在公司总经理、财务经理与投资银行及有关人员正在讨论公司的资本成本问题，以便为筹措资金、确定资本结构提供依据。该公司的资产负债表如表3-13所示。

表3-13　昌翔公司资产负债表

单位：万元

资　产	金　额	负债及股东权益	金　额
现金	1 000	应付账款	1 000
应收账款	2 000	其他应付款	1 000
存货	2 000	短期借款	500
流动资产合计	5 000	流动负债合计	2 500
固定资产净值	5 000	长期债券	3 000
		优先股	500
		普通股	1 000
		留存收益	3 000
资产合计	10 000	负债及股东权益合计	10 000

昌翔公司筹资资料如下。

(1) 短期负债由银行贷款构成，本期资金成本率为10%，按季度支付利息。这些贷款主要用于补偿营业旺季在应收款和存货方面的资金不足，但在淡季无须银行贷款。

(2) 目前，期限6年，并以8%的票面利率每半年付息一次的抵押债券构成公司的长期负债，债券投资者要求的收益率为12%。现拟新发行债券，预计收益率仍为12%，但有5%的发行成本。

(3) 永久性优先股票面额为100元，按季支付股利2元，投资者要求的收益率为11%。若新发行优先股，仍产生同样的收益率，但公司需支付5%的发行成本。

(4) 流通在外的普通股为400股，P_0=20元，D_0=1元，EPS_0=2元；增发新股的价格预计仍为20元。

(5) 由证券分析人员估算的β系数平均为1.5，政府短期公债收益率为5%，由各种经纪服务机构所估算的K_m平均取值为15%，预测的股利期望增长率范围为10%～15%。

(6) 根据最近消息，昌翔公司的财务经理对某些热衷于退休基金投资的管理者进行了一次民意测验。测验结果表明，即使该公司的股本收益率处于最低水平，投资者仍愿意购买昌翔公司的普通股票而不愿意购买收益率为12%的债券。因此，最后的分析建议是，相对昌翔公司债务，其股票风险报酬率范围应为4%～6%。

(7) 新发行的普通股票有10%的发行成本率。

(8) 昌翔公司的所得税税率为25%。

阅读上述资料，分析讨论以下问题：

假设你最近刚刚被招聘为公司副总经理，你的上司要求你根据上述资料估算该公司的加权平均资本成本(注意，在每一个给定条件下你所获得的资金成本数据都应该适于评价与公司资产具有同等风险的项目)，要求在你的分析报告中包括以下内容。

(1) 计算长期负债税后成本 K_b、优先股成本率 K_p。

(2) 分别用资本资产定价模型、股利折现模型、风险溢价法计算普通股成本 K_c。

(3) 计算新发行普通股成本率 K_c。

(4) 计算加权平均资金成本率 K_w。

理论认知

资金成本是企业筹资决策的主要依据，也是投资决策的重要标准。企业在筹资决策和投资决策时，必须正确估算其资金成本。

一、资金成本的内容

从资金需求者的角度来看，资金成本是企业为筹措和使用资金所付出的代价；而从资金的供应者角度来看，资金成本则是让渡了资金的使用权所要求获得的报酬率。

从广义上讲，企业不论筹集和使用短期资金还是长期资金，都要付出代价。狭义的资金成本仅指筹集和使用长期资金的成本，包括自有资金和借入长期资金的成本，有时也称资本成本。

资金成本包括使用资金的费用和筹集资金的费用两部分内容。使用资金的费用即用资费用，是企业在生产经营、投资过程中因使用资金而支付的费用，如向股东支付的股利、向债权人支付的利息等，这是资金成本的主要内容。筹集资金的费用即筹资费用，是企业在筹措资金过程中为获取资金而支付的费用，通常在筹集资金时一次性支出，在用资过程中不再发生，因而可看作筹资总金额的一项扣除。

资金成本既可以用绝对数表示，也可以用相对数表示。但是，为了比较不同融资规模的资金成本，常以相对数表示，即以资金成本率表示。其计算公式如下。

$$K=\frac{D}{P-F}\times 100\%$$

或

$$K=\frac{D}{P(1-f)}\times 100\%$$

式中，K 为资金成本(以百分率表示)，D 为年实际的用资费用，P 为筹资数额，F 为筹资费用，f 为筹资费用率(即筹资费用与筹资数额的比率)。

二、资金成本的计算

(一)个别资金成本的计算

个别资金成本是指使用各种长期资金的成本。个别资金成本分为长期借款成本、长期债券成本、优先股成本、普通股成本和留存收益成本。前两种为债务资金成本，后三种为权益资金成本。

1. 长期借款成本

长期借款成本是指借款利息和筹资费用。根据我国《企业所得税税法》的规定，企业债务的利息允许从税前利润中扣除，从而可以抵免所得税。这样，企业实际上就少缴一部分所得税。企业实际负担的用资成本额=借款利息×(1−所得税税率)。因此，通常所说的借款资金成本是税后的资金成本。企业从银行长期借款要发生一部分筹资费用，筹资费用的发生使企业实际取得的资金少于长期借款总额。企业实际取得的资金=长期借款总额×(1−筹资费用率)。因此，一次还本、分期付息的长期借款成本可用下列公式计算。

$$K_1 = \frac{I_1(1-T)}{L(1-f_1)} \times 100\%$$

式中，K_1 为长期借款的资金成本，I_1 为长期借款的年利息，T 为企业所得税税率，L 为长期借款筹资总额，f_1 为长期借款筹资费率。

上式也可改写为

$$K_1 = \frac{R_1(1-T)}{1-f_1} \times 100\%$$

式中，R_1 为长期借款的利率。

【例 3-12】某公司要从银行取得一笔 3 年期的借款 1 000 万元，手续费率为 0.2%，年利率为 6%，每年结息一次，到期一次还本。公司所得税税率为 25%，则这笔借款的资金成本是多少？

$$K_1 = \frac{1\,000 \times 6\% \times (1-25\%)}{1\,000 \times (1-0.2\%)} \times 100\% \approx 4.51\%$$

或 $$K_1 = \frac{6\% \times (1-25\%)}{1-0.2\%} \times 100\% \approx 4.51\%$$

相对而言，当长期借款的筹资费用(主要是借款的手续费)很少时，可以忽略不计。这时长期借款资金成本可按下式计算。

$$K_1 = R_1(1-T)$$

【例 3-13】承接例 3-12，但不考虑借款手续费，则这笔借款的资金成本是多少？

K_1=6%×(1−25%)=4.50%

在借款合同附加补偿性余额条款的情况下，企业可动用的借款筹资额应扣除补偿性余额，这时借款的实际利率和资金成本将会上升。

【例 3-14】某公司要从银行取得一笔 3 年期的长期借款 1 000 万元，年利率为 6%，每年结息一次，到期一次还本，银行要求补偿性余额为 20%，公司所得税税率为 25%，则这笔借款的资金成本是多少？

$$K_1 = \frac{1\,000 \times 6\% \times (1-25\%)}{1\,000 \times (1-20\%)} \times 100\% \approx 5.63\%$$

2. 长期债券成本

长期债券成本主要是指债券的利息和筹资费用。长期债券利息的处理与长期借款利息的处理相同，以税后的债务成本为计算依据。长期债券的筹资费用比较高，在计算资金成本时不可以省略。债券的筹资费用即是发行费用，包括申请费、注册费、印刷费、上市费以及推销费等，其中有的费用按一定的标准(定额或定率)支付。此外，债券的发行价格有等价、溢价和折价三种。因此，债券资金成本的计算与长期借款成本的计算有所不同。债券的利息按面值和票面利率确定，但债券的筹资额应按具体发行价格来计算。按照一次还本、分期付息的方式。债券资金成本的计算公式如下。

$$K_{\mathrm{b}}=\frac{I_{\mathrm{b}}(1-T)}{B(1-f_{\mathrm{b}})}\times 100\%$$

式中，K_{b}为债券资金成本；I_{b}为债券年利息；T为企业所得税税率；B为债券筹资额，按发行价格确定；f_{b}为债券筹资费用率。

【例 3-15】某公司发行总面额为 5 000 万元的 10 年期债券，票面利率为 10%，发行费用占发行价格的 5%，公司所得税税率为 25%，则该债券的成本是多少？

$$K_{\mathrm{b}}=\frac{5\,000\times 10\%\times(1-25\%)}{5\,000\times(1-5\%)}\times 100\%=7.89\%$$

该公司若溢价发行债券，总发行价格为 6 000 万元，则该债券的成本如下。

$$K_{\mathrm{b}}=\frac{5\,000\times 10\%\times(1-25\%)}{6\,000\times(1-5\%)}\times 100\%=6.58\%$$

该公司若折价发行债券，总发行价格为 4 000 万元，则该债券的成本如下。

$$K_{\mathrm{b}}=\frac{5\,000\times 10\%\times(1-25\%)}{4\,000\times(1-5\%)}\times 100\%=9.86\%$$

在实际工作中，由于债券利率水平通常高于长期借款，同时债券的发行费用较多。因此，长期债券筹资的成本一般高于长期借款筹资的成本。

3．优先股成本

优先股成本包括发行费用和每年支付的优先股股利。优先股股利通常是定额支付的，与债务利息的支付不同。债务利息在税前支付，而优先股股利是以税后净利润支付的，也没有固定的到期日。优先股成本的计算公式如下。

$$K_{\mathrm{p}}=\frac{D_{\mathrm{p}}}{P_{\mathrm{p}}(1-f_{\mathrm{p}})}\times 100\%$$

式中，K_{p}为优先股成本；D_{p}为优先股年股利；P_{p}为优先股筹资额，按优先股发行价格确定；f_{P}为优先股筹资费用率。

【例 3-16】某公司发行一部分优先股股票，股票面值为 130 万元，按溢价计算为 160 万元，筹资费用率为 3%，年股利率为 10%，则优先股的成本是多少？

$$K_{\mathrm{p}}=\frac{130\times 10\%}{160\times(1-3\%)}\times 100\%=8.38\%$$

当企业资不抵债时，优先股股票持有人的求偿权次于债券持有人，因此优先股股票持有人的投资风险比债券持有人的投资风险大，这就使优先股股利率一般都要高于债券利率。发行优先股股票筹资费也较高，而且支付优先股股利是以税后利润支付的，所以优先股成本明显高于债券成本。但是，优先股股票筹集的资金属于企业自有资金，企业可长期占用，因此在一定条件下，企业乐于采用这种能增加企业产权的筹资方式。

4．普通股成本

发行普通股筹资的成本也包括每年支付的股利和筹资时发生的筹资费用。与优先股不同，普通股的股利一般不固定。普通股成本的计算方法有很多种，而主要方法有股利折现模型、资本资产定价模型和风险溢价法。

(1) 股利折现模型。股利折现模型的基本形式如下。

$$P_0=\frac{P_n}{(1+K_c)^n}+\sum_{t=1}^{n}\frac{D_t}{(1+K_c)^t}$$

式中，P_0为普通股现值，即发行价格；D_t为第 t 期支付的股利；P_n为普通股终值；K_c为普通股成本。

由于股票筹资没有到期日，那么，当 $n\rightarrow\infty$时，$\frac{P_n}{(1+K_c)^n}\rightarrow 0$，所以股票现值的计算公式如下。

$$P_0=\sum_{t=1}^{n}\frac{D_t}{(1+K_c)^t}$$

如果公司采用固定股利政策，即每年分派固定的现金股利，则普通股筹资成本的计算公式如下。

$$K_c=\frac{D}{P_c(1-f_c)}\times 100\%$$

式中，D为普通股年股利；P_c为普通股筹资额，按普通股发行价格确定；f_c为普通股筹资费用率。

【例 3-17】公司发行普通股，发行价格为 12 元，每股发行费用为 2 元，预定每年固定分派现金股利为每股 1.2 元，则普通股的成本是多少？

$$K_c=\frac{1.2}{12-2}\times 100\%=12\%$$

如果公司采用固定股利增长率政策，每年股利固定增长率为g，则普通股筹资成本的计算公式如下。

$$K_c=\frac{D_1}{P_c(1-f_c)}\times 100\%+g$$

式中，K_c为普通股成本，D_1为预计第一年发放的每股股利，P_c为普通股每股市价，f_c为普通股筹资费用率，g为股票收益的平均年增长率。

【例 3-18】某公司预计明年新发行普通股 100 万股，每股市价为 25 元，发行费用率为 5%。本年发放股利 1 元，预计年固定增长率为 8%，则普通股的成本是多少？

$$K_c=\frac{1\times(1+8\%)}{25\times(1-5\%)}\times 100\%+8\%=12.55\%$$

(2) 资本资产定价模型。资本资产定价模型的含义可以简单地描述为：普通股投资的必要报酬率等于无风险报酬率加上风险报酬率。用公式表示如下。

$$K_c=R_f+\beta(K_m-R_f)$$

式中，R_f为无风险报酬率，β为某公司股票的贝塔系数，K_m为股票市场平均风险必要报酬率或投资组合的期望收益率。

【例 3-19】某公司普通股股票的β值为 1.5，市场投资组合的期望收益率为 12%，无风险收益率为 8%，则该公司的普通股资金成本是多少？

K_c=8%+1.5×(12%−8%)=14%

(3) 风险溢价法。根据“风险越大要求的报酬率越高”的原理，普通股对企业的投资风险大于债券投资者，因而会在债券投资者要求的收益率上再要求一定的风险溢价。依据这一理论，普通股的成本计算如下。

$$K_c=\text{债券资金成本}+\text{风险溢价}$$

【例 3-20】大乐公司债券的资金成本为 7.28%，根据市场分析，该公司普通股的风险溢价为 6%，则该公司的普通股的资金成本是多少？

K_c=7.28%+6%=13.28%

普通股的股利是以税后利润支付且不固定的，而且企业破产后，股东的求偿权位于最后，与其他投资者相比，普通股股东所承担的风险最大，因此普通股的报酬也应最高。也正因为如此，在各种资金来源中，普通股的成本最高。

5．留存收益成本

留存收益是企业内部形成的资金来源。从表面上看，使用留存收益似乎不花费什么成本，其实企业留存收益等于股东对企业进行追加投资，股东对这部分投资与以前交纳给企业的股本一样，也要求有一定的报酬，所以留存收益也要计算成本。它的计算方法与普通股基本相同，只是在用股利折现模型计算其资金成本时不考虑筹资费用。其计算公式如下。

$$K_e=\frac{D_1}{P_c}\times 100\%+g$$

或

$$K_e=\frac{D}{P_c}\times 100\%$$

【例 3-21】某公司预计留存收益 25 万元，本年发放股利 1 元/股。预计股票的价格为 25 元/股，股利年固定增长率为 8%，则留存收益的成本是多少？

$$K_e=\frac{1\times(1+8\%)}{25}\times 100\%+8\%=12.32\%$$

由于留存收益筹资不需要支付筹资费用，因此其资金成本略低于普通股的成本。

(二)加权平均资金成本的计算

由于受多种因素的制约，企业不可能只使用某种单一的筹资方式，而往往需要通过多种方式筹集所需的资金。为了进行筹资决策，就需要计算确定企业长期资金的总成本，即加权平均资金成本。加权平均资金成本又称综合资金成本，是分别以各种资金成本为基础，以各种资金占全部资金的比重为权数计算出来的资金成本。其计算公式如下。

$$K_w=\sum_{j=1}^{n}W_jK_j$$

式中，K_w为加权平均的资金成本，W_j为第 j 种资金占总资金的比重，K_j为第 j 种资金的成本。

其中

$$\sum_{j=1}^{n} W_j = 1$$

【例 3-22】某公司资金总额为(账面价值)1 500 万元，其中长期借款为 150 万元，长期债券为 285 万元，优先股为 120 万元，普通股为 600 万元，留存收益为 345 万元。各种筹资方式的资金成本分别为 6%、7%、10%、17%、16.5%。计算该公司综合资金成本。

第一步，计算各种资金占全部资金的比重。

W_1=150÷1 500×100%=10%

W_b=285÷1 500×100%=19%

W_p=120÷1 500×100%=8%

W_c=600÷1 500×100%=40%

W_e=345÷1 500×100%=23%

第二步，计算加权平均资金成本。

K_w=10%×6%+19%×7%+8%×10%+40%×17%+23%×16.5%=13.33%

任务解析

1．昌翔公司长期债券与优先股的资金成本

$$长期债券资金成本=\frac{12\%\times(1-25\%)}{1-5\%}\times100\%\approx9.47\%$$

$$优先股资金成本=\frac{11\%}{1-5\%}\times100\%\approx11.58\%$$

2．根据资本资产定价模型计算普通股成本

政府短期公债收益率为 5%，所以无风险收益率为 5%，则按照资本资产定价模型计算昌翔公司股票的资金成本为

K_c=5%+1.5×(15%−5%)=20%

3．根据股利折现模型计算普通股成本

分析人员预测的股利期望增长率范围为 10%～15%，如果根据分析人员预测的增长率取值范围计算，则股利增长率为

g=(10%+15%)÷2=12.5%

则普通股的资金成本为

$$K_c=\frac{1\times(1+12.5\%)}{20\times(1-10\%)}\times100\%+12.5\%=18.75\%$$

4．根据风险溢价法计算普通股成本

昌翔公司的财务经理分析股票风险报酬率的范围应为 4%～6%，因此股票的风险溢价为 5%[(4%+6%)÷2]，则普通股的资金成本为

$$K_c=9.47\%+5\%=14.47\%$$

5．昌翔公司新发行普通股成本

昌翔公司股票的资金成本有三个模型指标，取平均值，则

K_c=(20%+18.75%+14.47%)÷3=17.74%

6．计算昌翔公司的加权平均成本

由于留存收益没有筹资费用，其资金成本可以以资本资产定价模型和债券收益率加风险报酬率模式计算普通股成本为计算基础，则留存收益的资金成本为

K_e=(20%+14.47%)÷2=17.24%

每种筹资方式所筹资金额详见昌翔公司的资产负债表，则昌翔公司筹资的加权平均资本成本率为

$$K_w=\frac{3\,000}{7\,500}\times 9.47\%+\frac{500}{7\,500}\times 11.58\%+\frac{1\,000}{7\,500}\times 17.74\%+\frac{3\,000}{7\,500}\times 17.24\%\approx 13.83\%$$

理论延伸

一、边际资金成本的计算

企业不可能以固定的资金成本筹措无限多的资金，当企业筹集某种资金超过一定额度时，这种资金的成本就会发生变化。这样，企业的加权平均成本也会相应地发生变化。一个企业进行投资，不能只考虑目前所使用的资金成本，还要考虑为投资项目新筹集资金的成本，而这就需要计算边际资金成本。

边际资金成本是指资金每增加一个单位而增加的成本。它也是按加权平均法计算的，是企业追加筹资时所使用的加权平均成本。

【例 3-23】某公司拥有长期资金 400 万元，其中长期借款 100 万元，资金成本为 4%；普通股 300 万元，资金成本为 14%。加权平均资金成本为 11.5%。由于要扩大经营规模，因此拟筹集新资金。那么，就需要预先确定该公司追加筹资的资金成本。其计算步骤如下。

(1) 确定公司最优的资金结构。经过分析，确定该公司目前的资金结构为最佳，筹集新资金后仍保持目前的资金结构，即长期借款占 25%，普通股占 75%。

(2) 确定各种资金的成本。通过对金融市场和公司筹资能力的分析，该公司认为，随着公司筹资规模的扩大，各种资金的成本也会发生变动。经分析测算追加筹资的边际资金成本如表 3-14 所示。

表 3-14　公司筹资资料

资金种类	目标资金结构	新筹资额	资金成本
长期借款	25%	45 000 元以下	4%
		45 000～90 000 元	5%
		90 000 元以上	7%
普通股	75%	300 000 元以下	14%
		300 000～600 000 元	15%
		600 000 元以上	16%

(3) 计算筹资突破点。由表3-14可知，以一定的资金成本只能筹集到一定限额的资金，超过这一限额后，多筹集的资金就要多花费资金成本，从而引起原资金成本的变化。于是就把在现有资金结构且保持某一资金成本条件下可以筹集到的资金总额的最高限额称为筹资突破点。在筹资突破点的范围内筹资，原资金成本不会改变；如果筹资额超过筹资突破点，即使维持现有的资金结构，资金成本也会上升。筹资突破点的计算公式如下。

$$\mathrm{BP}_j = \frac{\mathrm{TF}_j}{W_j}$$

式中，BP_j 为筹资突破点，TF_j 为以某一特定资金成本筹集到的某种资金额，W_j 为该种资金在资金结构中所占的比重。

以长期借款为例，当资金成本为4%时，可取得长期借款的限额为45 000元，因为长期借款在资金结构中占25%，则可筹集的资金总额，即筹资突破点为

BP_j=45 000÷25%=180 000(元)

当资金成本为5%时，取得的长期借款限额为90 000元，其筹资突破点为

BP_j=90 000÷25%=360 000(元)

按照同样的方法，可以计算出该公司股票筹资的突破点，计算结果如表3-15所示。

表3-15 筹资突破点计算结果

资金种类	目标资金结构	新筹资额	资金成本	筹资突破点
长期借款	25%	45 000元以下	4%	小于180 000元
		45 000～90 000元	5%	360 000元
		90 000元以上	7%	大于360 000元
普通股	75%	300 000元以下	14%	小于400 000元
		300 000～600 000元	15%	800 000元
		600 000元以上	16%	大于800 000元

(4) 计算边际资金成本。根据上一步计算出的筹资突破点，可得到下列5组新的筹资范围：①0～180 000元；②180 000～360 000元；③360 000～400 000元；④400 000～800 000元；⑤800 000元以上。对这五组筹资范围分别计算加权平均成本，即可得到筹资范围的边际资金成本，计算结果如表3-16所示。

表3-16 边际资金成本计算结果

筹资范围总额	资金种类	资金结构	资金成本	边际资金成本
0～180 000元	长期借款	25%	4%	25%×4%=1%
	普通股	75%	14%	75%×14%=10.5%
	第一组范围的资金边际成本=1%+10.5%=11.5%			
180 000～360 000元	长期借款	25%	5%	25%×5%=1.25%
	普通股	75%	14%	75%×14%=10.5%
	第二组范围的资金边际成本=1.25%+10.5%=11.75%			
360 000～400 000元	长期借款	25%	7%	25%×7%=1.75%
	普通股	75%	14%	75%×14%=10.5%
	第三组范围的边际资金成本=1.75%+10.5%=12.25%			

续表

筹资范围总额	资金种类	资金结构	资金成本	边际资金成本
400 000～800 000 元	长期借款 普通股	25% 75%	7% 15%	25%×7%=1.75% 75%×15%=11.25%
	第四组范围的边际资金成本=1.75%+11.25%=13%			
800 000 元以上	长期借款 普通股	25% 75%	7% 16%	25%×7%=1.75% 75%×16%=12%
	第五组范围的边际资金成本=1.75%+12%=13.75%			

从表 3-16 中可以看出，在不同的筹资范围内，资金的加权平均成本是不同的，并且随着筹资额的增加而不断地上升。因此，企业在增加投资时，应该将投资的投资报酬率和需要新增筹资的边际资金成本进行比较，如果投资项目的投资报酬率大于新增筹资的边际资金成本，则该投资方案可取；否则，该投资方案不可取。

二、决定资金成本高低的因素

在市场经济环境下，多方面因素的综合作用决定着企业资金成本的高低，主要包括以下几方面。

1．资金时间价值

资金所有者从资金使用者那里所获得的报酬中包含资金时间价值，企业使用资金获得的报酬至少要能补偿这些资金时间价值。因此，资金时间价值是资金成本的一个重要组成部分。一般来说，资金使用的时间越长，时间价值越大，资金成本也越高。

2．风险价值

资金所有者从资金使用者那里所获得的报酬中包含风险价值。资金使用者信用的好坏、运用资金投资风险的大小等直接影响到资金所有者的风险，资金所有者要求的风险报酬的高低直接影响到企业使用资金的成本。因此，风险价值是资金成本的另一个重要组成部分。一般来说，信用等级越高的企业，风险越小，投资者要求的风险报酬就会越少，企业的资金成本也越少。

3．通货膨胀水平

在通货膨胀的条件下，利率会上升，结果会直接影响到企业使用资金成本的高低。通货膨胀率越高，资金成本就越高。

4．融资规模

融资规模是影响企业资金成本的另一个因素。企业的融资规模大，资金成本就会高。例如，企业发行的证券金额很大，筹资费用和用资费用就会上升，而且证券发行规模的增大还会降低其发行价格，由此也会增加企业的资金成本。

5. 所得税税率高低

由于债务的利息在税前支付，有避税的作用，因此所得税税率的高低直接影响着用负债筹资企业的资金成本的高低。所得税税率越高，负债经营的企业负担的资金成本就越低；反之，企业负担的资金成本就越高。

6. 信息是否完全

资金成本中筹资费用和用资费用在个别资金成本中的比例与经济的市场化程度有密切的关系。在市场经济不发达、金融市场发育不成熟时，由于信息的不完全，会导致信息成本和交易成本上升，使资金成本中的筹资费用偏高；反之，资金成本中的筹资费用就会有所下降。

三、资金成本的作用

资金成本的应用范围非常广泛，但其作用主要体现在筹资决策和投资决策中。

(1) 在筹资决策中，资金成本是选择筹资方式、进行资金结构决策和选择追加筹资方案的依据。

① 个别资金成本是企业选择筹资方式的依据。有多种筹资方式可供企业选择，每种筹资方式的个别资金成本高低不同，因此个别资金成本可作为比较选择筹资方式的一个依据。

② 综合资金成本是企业进行资金结构决策的依据。企业资金筹集的方案可由多个筹资方式组合而成，也有多个组合方案可供选择，而每个组合方案的综合资金成本的高低又不同，一般应选择综合资金成本低的组合方案。

③ 边际资金成本是比较、选择追加筹资方案的依据。企业为了扩大生产经营规模，需要追加筹资。不同追加筹资方案的边际资金成本不同，而边际资金成本可以作为比较、选择追加筹资方案的一个依据。

(2) 在投资决策中，资金成本是评价投资项目、比较投资方案和进行投资决策的客观标准。企业在进行投资决策时，要从众多可行方案中，选出最经济、最有效的投资方案，从而合理地分配资金。由于资金成本是某投资项目必须获得的最低报酬，只有其投资报酬率高于其资金成本，经济上才是合算的。因而，资金成本就成为衡量投资方案取舍的客观标准。

任务基础训练

一、单项选择题

1. 某公司负债和权益资金的比例为1∶3，综合资金成本为12%。若个别资金成本和资金结构不变，当公司筹集25万元长期债务时，总筹资规模的突破点是(　　)万元。

A. 75　　B. 100　　C. 50　　D. 125

2. 丙企业发行面值为1 000万元的优先股，筹资费用率为5%，每年支付20%的股利，则优先股的成本为(　　)。

A. 25%　　B. 10%　　C. 20%　　D. 21.05%

3. 公司增发的普通股市价为 12 元/股，筹资费用率为市价的 6%，本年发放股利每股 0.6 元。已知同类股票预计收益率为 11%，则维持此股价需要的年增长率为(　　)。

A. 5%　　B. 5.68%　　C. 5.39%　　D. 10.34%

4. 在不考虑筹资限制的条件下，下列筹资方式中，个别资金成本最高的是(　　)。

A. 发行普通股　　B. 留存收益筹资　　C. 长期借款筹资　　D. 发行公司债券

5. 筹资决策时，需要考虑的首要问题是(　　)。

A. 资金成本　　B. 筹资期限　　C. 筹资方式　　D. 偿还能力

二、多项选择题

1. 下列项目中，属于用资费用的有(　　)。

A. 借款手续费　　B. 借款利息　　C. 普通股股利　　D. 优先股股利

2. 留存收益是归属于普通股股东的税后未分配的股利，可以将其看作股东对企业的再投资，其资金成本的特点有(　　)。

A. 是一种机会成本　　B. 不必考虑筹资费用

C. 无须考虑其成本　　D. 通常高于普通股的资金成本

3. 在计算个别资金成本时，不需要考虑所得税影响的有(　　)。

A. 债券资金成本　　B. 长期借款资金成本

C. 普通股资金成本　　D. 吸收直接投资资金成本

4. 下列各项费用中，属于筹资费用的有(　　)。

A. 支付的借款手续费　　B. 向股东支付股利

C. 支付的股票发行费用　　D. 支付借款利息

三、判断题

1. 当企业筹资数额很大，资金的边际成本超过企业的承受能力时，企业便不能再增加筹资数额。(　　)

2. 由于留存收益是企业利润所形成的，不是外部筹资所取得的，所以留存收益没有成本。(　　)

3. 资金成本包括筹资费用和用资费用两部分，其中筹资费用是资金成本的主要内容。(　　)

4. 资金成本是投资者对投入资金所要求的最低收益率，也是判断投资项目是否可行的依据。(　　)

5. 超过筹资突破点时再继续筹集资金，只要维持现有的资金结构，其资金成本就不会增加。(　　)

6. 如果债券利息率、筹资费用率和所得税税率均已确定，则企业的债券资金成本与发行债券价格无关。(　　)

四、计算分析题

1. 训练资料

(1) 昌民公司可以通过下列方式取得资金。

① 从银行取得借款200万元，年利率为10%，每年结息一次，所得税税率为25%。

② 发行普通股股票100万股，票面总金额为100万元，按市价计算为200万元，筹资费用率为3%，预计第一年股利每股0.24元，以后每年增长6%。

③ 发行一部分优先股股票，票面总金额为100万元，按市价计算为120万元，筹资费用率为3%，年股息率为11.6%。

④ 发行面值100万元的债券，发行价格为120万元，筹资费率为4%，票面利率为10%，所得税税率为25%。

⑤ 未分配利润60万元，按普通股股利计算。

(2) 长鸣公司的财务资料具体如下。

① 公司长期借款的利息率为9%，预计明年借款的利息率为8.93%。

② 公司发行面值1元的债券，票面利率为8%，期限为10年，每年付息一次，债券当前的市价为0.85元。明年按照当前市价发行新债券，发行成本为市价的4%。

③ 公司普通股的面值为1元，市价为5.5元，本年派发的股利为0.35元/股，明年增发股票，条件不变，预计股利增长率维持在7%。

④ 预计明年普通股的β=1.1，短期国债收益率为5.5%，市场投资组合的平均收益率为13.5%。

⑤ 当前的资本结构：长期借款150万元，长期债券650万元，普通股400万元，留存收益800万元，长鸣公司的所得税税率为25%。

(3) 盛大公司长期资金总额为5 000万元，长期借款和普通股股票之比为1∶4。公司通过市场分析获得如表3-17所示的筹资资料。

表3-17 筹资资料

筹资方式	筹资范围	资金成本
长期借款	500万元及以下	5%
	500万元以上	10%
普通股	1 000万元及以下	10%
	1 000万元以上	12%

2. 训练要求

(1) 根据昌民公司的资料计算其各项资金来源的资金成本和该公司的综合资金成本。

(2) 根据长鸣公司的资料完成下列任务。

① 计算长期借款和长期债券的资金成本。

② 分别用资本资产定价模型和股利增长模型求股票的资金成本，并以二者的平均数作为股票成本。

③ 明年，在不改变资金结构(留存收益的资金成本按照股利增长模型计算)的情况下，计算长鸣公司的综合资金成本。

(3) 根据盛大公司的资料完成下列任务。

① 计算盛大公司新筹资的边际资金成本，并确定3 000万元新筹资的资金成本。

② 如果投资收益率为12%，3 000万元的筹资方案可行吗？

任务五　分析与衡量筹资风险

任务要求

本任务要解决三个问题：一是掌握杠杆效应的基本原理；二是掌握杠杆效应的衡量指标；三是掌握影响杠杆效应大小的因素，且能够运用杠杆原理分析衡量企业风险，为企业筹资提供参考。

任务描述

通用汽车于当地时间2009年6月1日早上8点正式申请了破产保护。通用汽车曾雄踞全球最大车厂地位长达77年，被视为“美国象征”。截至2009年3月31日，该公司的总资产为822.9亿美元，而总负债却高达1 728.1亿美元。

超过百年历史的通用汽车由杜兰特创建于1908年9月16日。从一开始，通用汽车就通过联合兼并等现代工业发展的基本模式奠定了汽车产业的经济规模。1931年，通用汽车的销量一举超过福特而成为全球产销量最大的汽车公司。1955年，通用汽车的全球产销量超过500万辆，并于当年取得超过10亿美元的净利润，这也是世界上第一家年盈利超过10亿美元的企业。1967年，通用汽车的累计销量超过了1亿辆。70多年全球销量第一的桂冠无可争议地成就了通用汽车帝国的历史地位，直至2008年该地位被丰田汽车夺走。

通用汽车没落的原因包括：对日韩汽车厂商的轻敌心态，忽视主营业务的冒进，侧重于大型车、SUV产品，忽视小型车的发展，重视营销而不重视产品本身，激进的全球兼并重组，毫无竞争力的成本劣势等。但是，居高不下的劳工成本和激进的全球扩张战略，成为其不得不申请破产保护的深层次诸多原因中的主要两个。

(1) 居高不下的劳工成本。美国汽车在几十年的发展中，UAW(全美汽车联合会)通过不懈的罢工斗争，将汽车工人可享受到的报酬和福利待遇提升到了美国国民的中上等水平。就通用汽车而言，每年向每个UAW“蓝领”成员支付的年薪，平均达到了10万美元以上，这还不包括医疗及其他保险和他项福利。1990年10月，迫于工会罢工，被迫与UAW签署承诺给予解雇员工3年工资的协议。由于UAW的存在，通用汽车熟练工人每小时工资达到73美元，而竞争对手丰田汽车美国公司工人的时薪则只有49美元；平均每辆通用汽车包含的员工医疗保险成本为1 500美元，而丰田汽车美国公司则只有100多美元。

通用汽车破产重组之前，有10万个本土工人享受着高达70美元的时薪，平均年薪大概15万美元，近50万个退休员工及其家属享受着终身退休金和医疗保险。通用汽车的“岗位银行”(Jobs Bank)项目供养着8 000多个全薪下岗工人，每天坐在被称为“橡皮屋”的空仓库里看报聊天，却和其他工人一样拿着15万美元的年薪。另一个死穴是医疗保险成本和养老金负担——企业必须承担公司员工及家属、退休人员的全部健康、保险费用，这使通用欠下了500多亿美元的医保费用。由于这些高成本，通用汽车的价格根本无法降下来。

(2) 激进的全球扩张战略。1990年，通用汽车收购瑞典汽车公司萨博50%的股权，并于2000年将对萨博的持股提升至100%，但自2000年以来也仅有一年产生盈利。2000年，通用汽车耗资24亿美元收购菲亚特20%的股份而与之结盟，但最终为与菲亚特分手而付出近20亿美元的代价。2002年，通用汽车花费约3亿美元收购韩国大宇。繁荣时期，通用汽车除了旗下别克、凯迪拉克、雪佛兰、GMC、霍顿、悍马、奥兹莫尔比、欧宝、庞蒂亚克、Saab、土星和沃克斯豪尔之外，全球战略合作伙伴还包括菲亚特、富士重工、五十铃、铃木。这些扩张导致资金分流和管理层精力的分散，进而影响通用北美产品的战略转型和作为通用欧洲业务核心的欧宝的产品换代。

2003年，通用汽车在北美销售了560万辆汽车，2004年下降为470万辆，2005年下降为450万辆，2006年到2008年的销量分别为412万辆、387万辆和360万辆。显然，通用汽车北美市场的销量呈现持续下降的趋势，导致通用汽车北美业务持续多年处于亏损状态。

通用汽车北美市场销售资料如表3-18所示。

表3-18　通用汽车北美市场销售资料　　单位：亿元

项　目	2005年	2006年
销量/万辆	450	412
营业收入	13 500	12 360
变动成本总额	10 530	9 640.8
固定成本总额	2 500	2 500
利息费用	104.08	104.08

(资料来源：根据通用汽车真实案例整理。)

阅读上述资料，分析讨论以下问题：

1. 分析通用汽车面临的不利环境和导致通用汽车销量下降的原因。
2. 分析影响通用汽车走向破产重组的财务因素。
3. 用杠杆原理分析通用汽车走向破产重组的原因。

理论认知

自然界中的杠杆效应，是指人们通过利用杠杆，可以用较小的力移动较重物体的现象。企业资金管理中也有杠杆效应。资金管理中的杠杆效应表现为：由于特定费用(如固定生产经营成本或固定的财务费用)的存在而导致的，当某一财务变量以较小的幅度变动时，另一相关变量会以较大的幅度变动。合理运用杠杆原理，有助于企业合理规避风险，以确定使企业价值最大的目标资金结构。

资金管理中的杠杆效应有三种形式，即经营杠杆、财务杠杆和复合杠杆。要说明这些杠杆原理，需要先了解成本习性、边际贡献和息税前利润等相关概念。

一、成本习性、边际贡献和息税前利润

(一)成本习性

成本习性又称成本性态，是指成本总额与业务量之间在数量上的依存关系。成本按其

习性可分为以下三类。

1. 固定成本

固定成本是指成本总额在一定时期和一定业务量的范围内不受业务量增减变动影响的成本，如按直线法计提的固定资产折旧、管理人员工资、房屋租赁费等。只要业务量在一定的范围内，这些成本的数额就保持不变，为一常数。正是由于这些成本是固定不变的，因此随着业务量的增加，意味着它将分配给更多数量的产品。也就是说，单位固定成本将随业务量的增加而逐渐变小。

固定成本还可以进一步区分为约束性固定成本和酌量性固定成本。

(1) 约束性固定成本是指企业为维持一定的业务量所必须负担的最低成本，如厂房、机器设备折旧等。企业的经营能力一经形成，在短期内很难有重大改变，因而这部分成本具有很大的约束性，管理当局的决策行动不能轻易改变其数额。要想降低约束性固定成本，只有从合理利用经营能力入手。

(2) 酌量性固定成本是指企业根据经营方针确定的一定时期(通常为一年)的成本，如广告费、研究与开发费、职工培训费等。这部分成本的发生，可以随着企业经营方针和财务状况的变化，斟酌确定其开支情况。因此，要降低酌量性固定成本，需要在预算时精打细算，合理确定这部分成本的数额。

2. 变动成本

变动成本是指成本总额随着业务量的增减变动呈正比例变动的成本，如直接材料、直接人工等。但是，从单位成本来看，则恰恰相反，产品单位成本中的直接材料、直接人工将保持不变。所以它具有下列特点：①成本总额随业务量呈正比例变动；②单位变动成本保持不变。

3. 混合成本

混合成本介于固定成本和变动成本之间，虽然也随业务量的变动而变动，但不呈同比例变动，不能简单地归入变动成本或固定成本，因此称为混合成本。混合成本按其与业务量的关系又可分为半变动成本和半固定成本。其中，半变动成本通常有一个初始量，类似于固定成本，在这个初始量的基础上随业务量的增长而增长，如企业的电话费用。半固定成本随业务量的变化呈阶梯形增长，业务量在一定限度内，这种成本不变；当业务量增长到一定限度后，这种成本就跳跃到一个新的水平。混合成本可以通过一定的方法分解为固定成本和变动成本。

总之，全部成本可以分解为固定成本和变动成本两部分，这样总成本习性模型可用下式表示。

$$y=a+bx$$

式中，y 为总成本，a 为固定成本，b 为单位变动成本，x 为业务量。

显然，在相关范围内(相关时期以及相关业务量)，a 与 b 均为常数。如果能求出公式中 a 和 b 的值，就可以利用这个模型进行成本预测、成本决策和其他的短期决策。

(二)边际贡献

边际贡献是营业收入减去变动成本以后的差额。其计算公式如下。

$$边际贡献=营业收入-变动成本$$

或 $$M=px-bx=(p-b)x=mx$$

式中，M 为边际贡献，p 为销售单价，m 为单位边际贡献。

(三)息税前利润

息税前利润是指企业支付利息和缴纳所得税之前的利润。其计算公式如下。

$$息税前利润=营业收入-变动成本-固定成本=边际贡献-固定成本$$

或 $$\text{EBIT}=px-(a+bx)=(p-b)x-a=M-a$$

式中，EBIT 为息税前利润。

显然，不论利息费用的习性如何，上式的固定成本和变动成本中不应该包括利息费用因素。息税前利润也可以用利润总额加上利息费用求得。

二、经营杠杆

(一)经营杠杆原理

经营杠杆也称营业杠杆，是由于企业固定生产经营成本的存在而导致的，当业务量以较小的幅度变动时，息税前利润则会以较大的幅度变动。由于固定成本在一定的业务量范围内，不随业务量的变动而发生变动，在扩大业务量的条件下，单位业务量的固定成本会下降，从而提高单位的息税前利润，使息税前利润的增长幅度大于业务量的增长幅度，从而给企业带来额外的收益；反之，在减少业务量的条件下，单位业务量的固定成本就会上升，从而降低单位的息税前利润，使息税前利润的下降幅度大于业务量的下降幅度，从而给企业带来风险。可见，企业利用经营杠杆，有时可以获得一定的经营杠杆利益，但有时也承受着相应的损失。因此说，经营杠杆是一把“双刃剑”。

(二)经营杠杆的计量

只要企业存在固定成本，就存在经营杠杆效应的作用。为了反映经营杠杆作用的程度，需要对经营杠杆进行计量。对经营杠杆进行计量的常用指标是经营杠杆系数。所谓经营杠杆系数，是指息税前利润变动率相当于产销业务量变动率的倍数。经营杠杆系数可以衡量经营杠杆利益的大小，评价经营风险的高低。其计算公式如下。

$$经营杠杆系数=\frac{息税前利润变动率}{产销业务量变动率}$$

或 $$\text{DOL}=\frac{\Delta\text{EBIT}/\text{EBIT}}{\Delta X/X}=\frac{\Delta\text{EBIT}/\text{EBIT}}{\Delta\text{XP}/\text{XP}}$$

式中，DOL 为经营杠杆系数，EBIT 为变动前的息税前利润，ΔEBIT 为息税前利润的变动额，X 为变动前的产量或销量，ΔX 为产量或销量的变动额，XP 为变动前的营业收入，ΔXP 为营业收入的变动额。

【例 3-24】某公司有关资料如表 3-19 所示，计算该公司 2016 年的经营杠杆系数。

表 3-19　计算经营杠杆系数的相关资料　　单位：元

项　目	2015 年	2016 年	变动额	变动率
营业收入	10 000	15 000	5 000	50%
变动成本	6 000	9 000	3 000	50%
边际贡献	4 000	6 000	2 000	50%
固定成本	2 000	2 000	0	0%
息税前利润	2 000	4 000	2 000	100%

根据上述公式可以求得

$$\mathrm{DOL}=\frac{2\,000/2\,000}{5\,000/10\,000}=\frac{100\%}{50\%}=2$$

该计算结果说明，当营业收入增长时，息税前利润以营业收入增长率的 2 倍增长；反之，当营业收入下降时，息税前利润以营业收入下降率的 2 倍下降。

上述公式是计算经营杠杆系数的理论公式，必须已知变动前后的相关资料，比较麻烦，而且也无法预知下一年度的经营杠杆系数。经营杠杆系数可以按下列简化公式计算。

$$报告期经营杠杆系数=\frac{基期边际贡献}{基期息税前利润}$$

或

$$\mathrm{DOL}=\frac{M}{\mathrm{EBIT}}$$

根据表 3-19 中 2015 年的资料可以求得公司 2016 年的经营杠杆系数如下。

$$\mathrm{DOL}=\frac{4\,000}{2\,000}=2$$

同样，可根据 2016 年的资料计算出公司 2017 年的经营杠杆系数如下。

$$\mathrm{DOL}=\frac{6\,000}{4\,000}=1.5$$

(三)经营杠杆与经营风险的关系

经营风险是指企业因经营上的原因而导致息税前利润变动的风险。影响经营风险的因素有很多，但主要有市场对产品的需求、产品售价、产品成本、企业调整价格的能力和固定成本的比重等。经营杠杆本身并不是利润不稳定的根源。但是，当产销业务量增加时，息税前利润会以 DOL 倍数的幅度增加；而产销业务量减少时，息税前利润又将以 DOL 倍数的幅度减少。可见，经营杠杆扩大了市场和生产不确定因素对利润变动的影响，而且经营杠杆系数越高，利润变动越激烈，企业的经营风险也就越大。因此，企业经营风险的大小与经营杠杆有重要的关系。一般来说，在其他因素不变的情况下，固定成本越高，经营杠杆系数就越大，经营风险也就越大。这一点可由经营杠杆系数的计算公式得知。

$$\mathrm{DOL}=\frac{M}{\mathrm{EBIT}}=\frac{M}{M-a}$$

该式表明 DOL 随着 a 的变化呈同方向变化，即固定成本越高，经营杠杆系数越大，企业的经营风险也就越大；如果固定成本为 0，DOL 就等于 1。

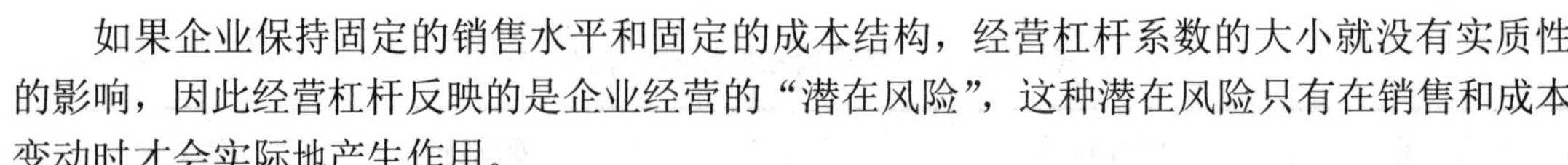

如果企业保持固定的销售水平和固定的成本结构，经营杠杆系数的大小就没有实质性的影响，因此经营杠杆反映的是企业经营的“潜在风险”，这种潜在风险只有在销售和成本变动时才会实际地产生作用。

三、财务杠杆

(一)财务杠杆原理

财务杠杆又称筹资杠杆，是企业在筹资活动中固定财务费用对每股利润的影响。在企业资金结构一定的情况下，当息税前利润增大时，企业固定的财务负担就会相对减轻，从而给普通股股东带来更多的收益；反之，当息税前利润减少时，企业固定的财务费用负担就会相对加重，从而会大幅度地减少普通股股东的收益。财务杠杆就是由于企业固定财务费用的存在，而导致普通股股东收益变动的幅度大于息税前利润变动幅度的现象。企业利用财务杠杆，有时可能给普通股股东带来额外的收益，即财务杠杆利益，但有时也可能造成一定的损失，即遭受财务风险。现用表 3-20 所示的数据加以说明。

表 3-20　计算财务杠杆系数的相关资料　　单位：元

年　度	项　目	A 公司	B 公司	备　注
2015	普通股发行在外股数	200 000	150 000	(1)已知
	普通股股本(每股面值 10 元)	2 000 000	1 500 000	(2)已知
	债务(年利息率 8%)	0	500 000	(3)已知
	资金总额	2 000 000	2 000 000	(4)=(1)+(3)
	息税前利润(息税前利润率 15%)	300 000	300 000	(5)已知
	债务利息	0	40 000	(6)=(3)×8%
	税前利润	300 000	260 000	(7)=(5)−(6)
	所得税(税率 25%)	75 000	65 000	(8)=(7)×25%
	净利润	225 000	195 000	(9)=(7)−(8)
	每股利润	1.125	1.30	(10)=(9)÷(1)
2016	息税前利润增长率	100%	100%	(11)已知
	增长后的息税前利润	600 000	600 000	(12)=(5)×[1+(11)]
	债务利息	0	40 000	(13)=(6)
	税前利润	600 000	560 000	(14)=(12)−(13)
	所得税(税率 25%)	150 000	140 000	(15)=(14)×25%
	净利润	450 000	420 000	(16)=(14)−(15)
	每股利润	2.25	2.80	(17)=(16)÷(1)
	每股利润增加额	1.125	1.50	(18)=(17)−(10)
	普通股每股利润增长率	100%	115.38%	(19)=(18)÷(10)

在表 3-20 中，A、B 两个公司的资金总额相等，息税前利润也相等，息税前利润的增长率也相等，不同的是两个公司的资金结构。A 公司没有债务资金，B 公司有 25%的债务资金。2015 年，B 公司的每股利润大于 A 公司的每股利润；2016 年，在两个公司的息税前利润均增长 100%的情况下，A 公司每股利润增长了 100%，而 B 公司增长了 115.38%，这

就是财务杠杆效应。反之，如果息税前利润下降，B 公司每股利润的下降幅度也要大于 A 公司每股利润的下降幅度。

因此，当息税前利润率大于债务的利息率，也就是息税前利润比较大时，适当地利用负债资金，可发挥财务杠杆的作用，增加每股利润，使股票价格上涨，增加企业的价值；反之，当息税前利润率低于债务的利息率时，负债越多，每股利润越低，企业的财务风险也就越大。

(二)财务杠杆的计量

在企业的筹资方式中，只要有固定财务费用支出，就存在财务杠杆效应的作用。为了反映财务杠杆作用的程度，需要对财务杠杆进行计量。对财务杠杆进行计量的常用指标是财务杠杆系数。所谓财务杠杆系数，是指普通股每股利润变动率相当于息税前利润变动率的倍数。财务杠杆系数可以衡量财务杠杆利益的大小，评价财务风险的高低。其计算公式如下。

$$\text{财务杠杆系数}=\frac{\text{普通股每股利润变动率}}{\text{息税前利润变动率}}$$

或

$$\text{DFL}=\frac{\Delta\text{EPS/EPS}}{\Delta\text{EBIT/EBIT}}$$

式中，DFL 为财务杠杆系数，EPS 为普通股每股利润，ΔEPS 为普通股每股利润变动额。

根据表 3-20 中的有关资料，计算 A、B 两个公司 2016 年的财务杠杆系数如下。

$$\text{DFL}_\text{A}=\frac{1.125/1.125}{300\,000/300\,000}=\frac{100\%}{100\%}=1$$

$$\text{DFL}_\text{B}=\frac{1.50/1.30}{300\,000/300\,000}=\frac{115.38\%}{100\%}=1.15$$

B 公司的计算结果说明，当息税前利润增长时，每股利润以息税前利润增长率的 1.15 倍增长；反之，当息税前利润下降时，每股利润以息税前利润下降率的 1.15 倍下降。

上述公式是计算财务杠杆系数的理论公式，必须已知变动前后的相关资料，比较麻烦，而且也无法预知下一年度的财务杠杆系数。财务杠杆系数可以按下列简化公式计算。

$$\text{报告期财务杠杆系数}=\frac{\text{基期息税前利润}}{\text{基期息税前利润}-\text{利息}}$$

或

$$\text{DFL}=\frac{\text{EBIT}}{\text{EBIT}-I}$$

根据表 3-20 中 2015 年的资料可以求得 A、B 两个公司 2016 年的财务杠杆系数如下。

$$\text{DFL}_\text{A}=\frac{300\,000}{300\,000-0}=1$$

$$\text{DFL}_\text{B}=\frac{300\,000}{300\,000-40\,000}\approx 1.15$$

同样，可根据 2016 年的资料计算出 A、B 两个公司 2017 年的财务杠杆系数如下。

$$DFL_A=\frac{600\,000}{600\,000-0}=1$$

$$DFL_B=\frac{600\,000}{600\,000-40\,000}\approx 1.07$$

由于优先股的股利是固定支付的，因此优先股股利也是企业的一项固定财务负担。对于既发行优先股又从银行借款的企业来说，可按以下简化公式计算财务杠杆系数。

$$报告期财务杠杆系数=\frac{基期息税前利润}{基期息税前利润-利息-\dfrac{优先股股利}{1-所得税税率}}$$

或

$$DFL=\frac{EBIT}{EBIT-I-\dfrac{D}{1-T}}$$

(三)财务杠杆与财务风险的关系

财务风险是指企业负债筹资带来的风险，包括企业可能丧失的偿债能力和每股收益不确定性的增加。财务风险的大小可以用财务杠杆系数加以计量。由公式 $DFL=\dfrac{EBIT}{EBIT-I-\dfrac{D}{1-T}}$ 可以看出，I、D 越大，财务杠杆系数越大，财务风险也就越大。当息税前利润增长时，每股利润增长得更快；当息税前利润下降时，每股利润下降得也更快，从而给企业带来收益变动甚至导致企业破产的风险。

影响财务风险的因素有资金的供求情况、企业的获利能力、市场利率水平、资金结构的变化等。财务杠杆对财务风险的影响最为综合。企业要取得财务杠杆利益，就必须承担由此带来的财务风险。因此，企业必须在财务杠杆利益和财务风险之间作出合理的选择。

四、复合杠杆

(一)复合杠杆的概念

经营杠杆是通过扩大业务量影响息税前利润的，而财务杠杆是通过扩大息税前利润影响普通股每股利润的。业务量和息税前利润最终都会影响到普通股每股利润，如果两种杠杆共同起作用，对普通股每股利润的影响就会更大，同时总风险也就会越高。复合杠杆就是由经营杠杆和财务杠杆共同作用形成的总杠杆。具体来说，由于固定的生产经营成本和固定的财务费用的共同存在而导致的每股利润变动幅度大于业务量变动幅度的杠杆效应，称为复合杠杆。

(二)复合杠杆的计量

只要企业同时存在固定的生产经营成本和固定的财务费用支出，就存在复合杠杆效应的作用。为了反映复合杠杆作用的程度，需要对复合杠杆进行计量。对复合杠杆进行计量的常用指标是复合杠杆系数。所谓复合杠杆系数，是指普通股每股利润变动率相当于业务量变动率的倍数。复合杠杆系数可以衡量复合杠杆利益的大小，评价复合风险的高低。其计算公式如下。

$$复合杠杆系数=\frac{普通股每股利润变动率}{业务量变动率}$$

或
$$DCL=\frac{\Delta EPS/EPS}{\Delta PX/PX}=\frac{\Delta EPS/EPS}{\Delta X/X}$$

式中，DCL 为复合杠杆系数。

【例 3-25】某公司的资料如表 3-21 所示，计算该公司的复合杠杆系数。

根据表 3-21 中的有关资料可求出该公司 2016 年的复合杠杆系数如下。

$$DCL=\frac{166.7\%}{50\%}\approx 3.33$$

计算结果说明，当该公司的营业收入增长时，每股利润以营业收入增长率的 3.33 倍增长；反之，当营业收入下降时，每股利润也会以营业收入下降率的 3.33 倍下降。

上述公式是计算复合杠杆系数的理论公式，必须已知变动前后的相关资料，比较麻烦，而且也无法预知下一年度的复合杠杆系数。复合杠杆系数可以按下列简化公式计算。

$$报告期复合杠杆系数=\frac{基期边际贡献}{基期息税前利润-利息}$$

或
$$DCL=\frac{M}{EBIT-I}$$

表 3-21　计算复合杠杆系数相关资料　　单位：元

项　目	2015 年	2016 年	变动额	变动率
营业收入	10 000	15 000	5 000	50%
变动成本	6 000	9 000	3 000	50%
边际贡献	4 000	6 000	2 000	50%
固定成本	2 000	2 000	0	0
息税前利润	2 000	4 000	2 000	100%
利　　息	800	800	0	0
税前利润	1 200	3 200	2 000	166.7%
所得税(税率 25%)	300	800	500	166.7%
净 利 润	900	2 400	1 500	166.7%
普通股发行股数	1000	1 000	0	0
每股利润	0.90	2.40	1.5	166.7%

根据表 3-21 中 2015 年的资料可以求得该公司 2016 年的复合杠杆系数如下。

$$DCL=\frac{4\,000}{2\,000-800}\approx 3.33$$

同样，可根据 2016 年的资料计算出该公司 2017 年的复合杠杆系数如下。

$$DCL=\frac{6\,000}{4\,000-800}\approx 1.88$$

对于既发行优先股又从银行借款的企业来说，可按以下简化公式计算复合杠杆系数。

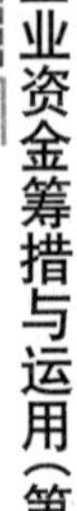

$$报告期复合杠杆系数=\frac{基期边际贡献}{基期息税前利润-利息-\dfrac{优先股股利}{1-所得税税率}}$$

或

$$DCL=\frac{M}{EBIT-I-\dfrac{D}{1-T}}$$

复合杠杆系数与经营杠杆系数、财务杠杆系数之间的关系可用下式表示。

$$DCL=DOL\times DFL$$

根据表3-21中的资料可以计算出该公司2016年的经营杠杆系数如下。

$$DOL=\frac{4\,000}{2\,000}=2$$

同理，也可计算出该公司2016年的财务杠杆系数如下。

$$DFL=\frac{2\,000}{2\,000-800}\approx 1.67$$

则公司2016年的复合杠杆系数计算如下。

$DCL=2\times 1.67=3.34$

(三)复合杠杆与企业总风险的关系

企业总风险即复合风险，是指企业未来每股利润的不确定性。它是经营风险和财务风险之和。复合杠杆系数反映了企业每股利润变动率为业务量变动率的倍数，这种放大的作用是经营杠杆和复合杠杆共同作用的结果，它体现了复合风险的大小，复合杠杆系数越大，复合风险就越大。复合杠杆的大小可以通过经营杠杆和财务杠杆多种方式的组合来获得。经营杠杆和财务杠杆多种方式的组合可以达到一个理想的总杠杆系数和总风险水平。很高的经营风险可以被较低的财务风险抵消，或者很高的财务风险可以被很低的经营风险抵消。合适的企业总风险水平需要在企业总风险和期望收益之间进行权衡。

任务解析

1．通用汽车面临的不利环境和销量下降的原因

通用汽车面临的不利环境包括企业外部环境和企业内部环境。就企业外部环境而言，一是石油价格的持续走高，2007年以来，随着伊朗核局势的不确定性，国际原油价格持续冲高，从而提高了汽车的使用成本；二是美国次贷危机蔓延为金融危机，导致全球经济不景气。就企业内部环境而言，居高不下的劳工成本和全球扩张战略，导致其债务增多，使其不得不申请破产保护。

通用汽车销售量下降的原因可以归纳为以下三个。

(1) 生产成本高。高昂的生产成本导致其汽车价格相对较高，从而影响其销售量。导致通用汽车生产成本高的因素包括：一是汽车大而重的特点，侧重于大型车、SUV产品，忽

视小型车的发展，轻视燃油经济性而自掘坟墓；二是工人人工成本高，通用汽车熟练工人每小时工资达到 73 美元，而竞争对手丰田汽车美国公司工人的时薪则只有 49 美元；三是高额的福利，平均每辆通用汽车包含的员工医疗保险成本为 1 500 美元，而丰田汽车美国公司则只有 100 多美元。

(2) 多品牌战略。在繁荣时期，通用汽车除了旗下别克、凯迪拉克、雪佛兰等十多个品牌之外，还是大宇科技的最大股东。多品牌战略能够满足消费者的不同需求，但却会分流资金，分散管理层的精力，增加经营成本，并无法集中力量开发能够真正拉动销量的全球战略车型，甚至作为通用欧洲业务核心的欧宝的产品换代，都受到了影响。

(3) 宏观环境不利。油价持续上涨和金融危机的爆发，成为通用汽车破产重组的导火索。

2. 通用汽车走向破产重组的财务因素

通用汽车走向破产重组的财务因素可以归纳为以下三个。

(1) 销售规模小。销售规模直接影响企业的盈利。由于通用汽车注重规模扩张，使公司增加了许多低效或无效的资产项目，即使资产规模扩大了，但是销售量却没有同比例增加；加上高昂的生产成本使其汽车价格相对较高，在油价持续上涨和金融危机的不利环境下，北美市场的销量呈现持续下降的趋势，导致通用北美业务多年处于亏损状态。

(2) 固定经营成本高。通用汽车高昂的经营成本，特别是固定成本使其在汽车销量下降的情况下加剧了亏损状况。固定成本在一定范围内不随销售量的变动而变动，当销售量下降时，单位产品承担的固定成本会增加，从而降低单位产品的盈利水平，导致企业的利润下降甚至亏损。通用汽车的固定经营成本很高，包括并购扩张中的无效项目和并购成本、多品牌的维持与研发费用、大规模资产的折旧摊销费用、固定的工资和福利(管理人员工资，岗位银行工资，解雇员工工资，UAW 的年薪、退休金、医疗保险)等。

(3) 高负债。由于资产规模不断扩大，销售量却持续下降，没有足够销量实现利润偿还债务，至 2009 年 3 月 31 日，公司的总资产为 822.9 亿美元，但总负债却高达 1 728.1 亿美元。

3. 用杠杆原理分析通用汽车走向破产重组的原因

(1) 根据通用汽车北美市场销售资料，用经营杠杆分析销量对盈利的影响，如表 3-22 所示。

表 3-22　通用汽车北美市场销售经营杠杆计算资料　　单位：亿元

项　目	2005 年	2006 年	变动情况	变 动 率
销量/万辆	450	412	−38	−8.44%
营业收入	13 500	12 360	−1 140	−8.44%
变动成本总额	10 530	9 640.8	−760	−8.44%
固定成本总额	2 500	2 500	0	0%
息税前利润	470	219.2	−250.8	−53.36%

从表 3-22 中可以看出，由于销售量下降，导致通用汽车的息税前利润大幅度地下降，

经营杠杆发挥了副作用。

$$2006年经营杠杆系数=\frac{息税前利润变动率}{业务量变动率}=\frac{-53.36\%}{-8.44\%}\approx 6.32$$

或 $$2006年经营杠杆系数=\frac{13\,500-10\,530}{13\,500-10\,530-2\,500}\approx 6.32$$

计算结果表明，2006 年息税前利润的下降幅度是销售量下降幅度的 6.32 倍。

$$2007年经营杠杆系数=\frac{12\,360-9\,640.8}{12\,360-9\,640.8-2\,500}\approx 12.41$$

2007 年的经营杠杆系数提高到 12.41，表明通用汽车的经营风险加大，现实资料也显示通用汽车自 2004 年开始销量持续下降。

(2) 根据通用汽车北美市场销售资料，用财务杠杆分析销量对盈利的影响，如表 3-23 所示。

表 3-23　通用汽车北美市场销售财务杠杆计算资料　　单位：亿元

项　目	2005 年	2006 年	变动情况	变动率
销量/万辆	450	412	-38	-8.44%
营业收入	13 500	12 360	-1140	-8.44%
变动成本总额	10 530	9 640.8	-760	-8.44%
固定成本总额	2 500	2 500	0	0%
息税前利润	470	219.2	-250.8	53.36%
利息费用	104.08	104.08	0	0%
税后利润(25%)	274.44	84.09	-190.35	-69.36%
每股利润(320 亿股)	0.86	0.27	-0.59	-68.60%

从表 3-23 中可以看出，由于息税前利润下降，导致通用汽车的每股利润大幅度地下降，财务杠杆发挥了副作用。

$$2006年财务杠杆系数=\frac{每股利润变动率}{息税前利润变动率}=\frac{-68.60\%}{-53.36\%}\approx 1.29$$

或 $$2006年财务杠杆系数=\frac{470}{470-104.08}\approx 1.28$$

计算结果表明，2006 年每股利润的下降幅度是息税前利润下降幅度的约 1.29 倍。

$$2007年财务杠杆系数=\frac{219.2}{219.2-104.08}\approx 1.90$$

2007 年的财务杠杆系数提高到 1.90，表明通用汽车的财务风险加大。

(3) 根据通用汽车北美市场销售资料，用复合杠杆分析销量对盈利的影响。

由于经营杠杆和财务杠杆均发挥了负效应，所以销量下降对每股利润的负影响更大，从表 3-23 中的计算结果可以看出，销售量下降了 8.44%，导致每股利润下降了 68.60%。

$$2006年复合杠杆系数=\frac{每股利润变动率}{业务量变动率}=\frac{-68.60\%}{-8.44\%}\approx 8.13$$

或　2006 年复合杠杆系数=经营杠杆系数×财务杠杆系数=6.32×1.29≈ 8.15

2007 年复合杠杆系数=12.41×1.90≈ 23.58

计算结果表明，2006 年每股利润的下降幅度是销售量下降幅度的 8.15 倍，2007 年的复合杠杆系数提高到 23.58，表明通用汽车的综合风险加大。

通过杠杆分析发现，通用汽车的杠杆发挥了负效应。通用汽车走向破产重组的原因是销售规模下降且存在高昂的固定经营成本和高额的债务利息，在石油价格持续上涨、金融危机爆发的环境下，杠杆发挥了负效应作用，加大了公司的综合风险，最终导致资不抵债。

通用汽车给我们的启示是：企业要控制成本，特别是固定成本，同时还要合理投资，控制债务规模，而且要实现足够的销售量，没有销量的业务要谨慎投资；还要发挥杠杆正效应，避免负效应的发生，以降低风险。

任务基础训练

一、单项选择题

1. 下列各项中，不影响经营杠杆系数的是(　　)。

A. 产品销售量　　B. 产品销售价格

C. 固定成本　　D. 利息费用

2. 下列筹资活动中，不会加大财务杠杆作用的是(　　)。

A. 增发普通股　　B. 增发优先股

C. 增发公司债权　　D. 增加银行借款

3. 财务杠杆的正面作用在于，增加负债资金可以(　　)。

A. 增加每股利润　　B. 增加利息支出

C. 减少财务风险　　D. 增加财务风险

4. 当经营杠杆系数和财务杠杆系数都是 1.5 时，复合杠杆系数应该是(　　)。

A. 3　　B. 2.25

C. 1.5　　D. 1

5. 既具有抵税效应，又能带来杠杆利益的筹资方式是(　　)。

A. 发行债券　　B. 发行优先股

C. 发行普通股　　D. 使用内部留存收益

6. 某企业借入资金和权益资金的比例为 1∶1，则该企业(　　)。

A. 只有经营风险

B. 只有财务风险

C. 既有经营风险又有财务风险

D. 没有风险，因为经营风险和财务风险可以相互抵消

7. 某企业本年财务杠杆系数为 2，上年息税前利润为 500 万元，则本期利息费用为(　　) 万元。

A. 100　　B. 375　　C. 500　　D. 250

二、多项选择题

1. 下列各项中，影响复合杠杆系数的因素有(　　)。
   A. 固定经营成本　　B. 单位边际贡献
   C. 业务量　　D. 固定利息
2. 在其他因素不变的情况下，下列表述正确的有(　　)。
   A. 复合杠杆系数越大，复合风险越大
   B. 财务杠杆系数越大，财务风险越大
   C. 复合杠杆系数越小，经营风险越小
   D. 经营杠杆系数越大，经营风险越大
3. 资金管理中杠杆原理的存在，主要是由于企业(　　)。
   A. 固定经营成本的存在　　B. 所得税的存在
   C. 债务利息的存在　　D. 优先股股利的存在
4. 企业降低经营风险的途径一般有(　　)。
   A. 增加销售量　　B. 增加自有资金
   C. 降低变动成本　　D. 增加固定成本比例
5. 下列对财务杠杆的论述正确的有(　　)。
   A. 在资金总额及负债比率不变的情况下，财务杠杆系数越高，每股利润增长越快
   B. 财务杠杆利益是指利用债务筹资给企业自有资金带来的额外收益
   C. 与财务风险无关
   D. 财务杠杆系数越大，财务风险越大

三、判断题

1. 由于经营杠杆的作用，当营业收入下降时，息税前利润下降得更快。(　　)

2. 如果企业同时利用经营杠杆和财务杠杆，两者综合作用的结果会使二者对每股收益的影响减少，同时风险也降低。(　　)

3. 如果企业的债务筹资额为0，则财务杠杆系数为1。(　　)

4. 经营风险是指企业未使用债务时经营的内在风险，它是企业投资决策的结果，表现在资产息税前利润率的变动上。(　　)

5. 经营杠杆是通过扩大销售来影响税前利润的，它可以用边际贡献除以税前利润来计算，说明了销售额变动引起税前利润变化的幅度。(　　)

6. 举债经营带来了财务杠杆利益，也产生了财务风险，并由此使整个社会的财富和风险增加。(　　)

四、计算分析题

1. 训练资料

(1) 富民公司生产和销售A产品，其总成本习性模型为 y=20 000+3x。假定该企业2016年的销量为20 000件，单位售价为10元；按市场预测2017年销量增长率为10%。

(2) 柏绮公司2016年销售产品10万件，单价50元，单位变动成本30元，固定成本总额100万元。公司负债60万元，年利率为12%，并需每年支付优先股股利10万元。

(3) 万通公司年销售额为1 000万元，变动成本率为60%，息税前利润为250万元，全

部资金为 500 万元，负债比率为 40%，负债平均年利率为 10%。

(4) 万达公司 2016 年销售产品 15 万件，单价 80 元，单位变动成本 40 元，固定成本总额 150 万元。公司有长期负债 80 万元，平均年利率为 10%；有优先股 200 万元，优先股股利率为 8%；普通股 100 万股(每股面值 1 元)，每股股利固定为 0.5 元。

(5) 华盛公司 2017 年营业收入将在上年基础上增加 40%。其他资料如表 3-24 所示。

表 3-24　华盛公司相关指标

项　　目	2016 年	2017 年
营业收入/万元	800 000	(1)
边际贡献/万元	(2)	(3)
固定成本/万元	480 000	480 000
息税前利润/万元	(4)	(5)
每股利润/元	(6)	3.5
边际贡献率	75%	75%
经营杠杆系数	—	(7)
财务杠杆系数	—	(8)
复合杠杆系数	—	7.5
息税前利润增长率	—	(9)
每股利润增长率	—	(10)

以上所有公司的所得税税率均为 25%。

2. 训练要求

(1) 根据富民公司的资料计算下列指标。

① 计算 2016 年该公司的边际贡献和息税前利润。

② 计算 2017 年该公司的经营杠杆系数和息税前利润增长率。

③ 假定企业 2016 年发生负债利息 10 000 元，且无优先股股利，计算复合杠杆系数。

(2) 根据柏绮公司的资料计算下列指标。

① 计算 2016 年该公司的边际贡献和息税前利润。

② 计算 2017 年该公司的复合杠杆系数。

(3) 根据万通公司的资料计算下列指标。

① 计算该公司的经营杠杆系数、财务杠杆系数和复合杠杆系数。

② 如果预测期万通公司销售额增长 10%，计算息税前利润及每股利润的增长幅度。

(4) 根据万达公司的资料计算下列指标。

① 计算 2016 年该公司的边际贡献和息税前利润。

② 计算 2017 年该公司的复合杠杆系数。

(5) 根据华盛公司的资料完成表 3-24 中未填列项目(1) ~ (10)，并列出计算过程。

任务六　选择资金结构

任务要求

本任务要解决两个问题：一是掌握最佳资金结构应具备的条件；二是掌握选择最佳资金结构的方法，且能够运用资金结构决策方法帮助企业选择最佳资金结构，为企业筹资提供参考。

任务描述

印通印刷制作股份有限公司(以下简称“印通公司”)是一家融策划、文化传媒、摄影、设计、制版、打样、印刷、装订、精品包装为一体的综合性印刷公司，公司适用的所得税税率为25%，2015年年末长期资金总额为1 000万元，资金结构如表3-25所示。

表3-25　印通公司资金结构

资金来源	筹资数额/万元
股本	35(面值1元，发行价格20元)
资本公积金	665
长期债券	300(年利率8%)

2016年印通公司在桓仁新建一分公司，需要资金1 000万元，有以下两个方案可供选择。

甲方案：采用发行股票方式筹集资金，股票面值为1元，按20元价格发行50万股。

乙方案：采用发行债券方式筹集资金，债券票面利率10%，不考虑发行价格。

如果印通公司2017年年初拥有资金2 000万元，其中，长期债券为1 300万元(公司选择了债券筹资方式)；普通股为700万元，上年支付的每股股利为2元，采取的是固定股利政策。印通公司计划2017年增加木头包装项目，需要再增筹资金1 000万元，有以下两种筹资方案可供选择。

甲方案：增加长期借款500万元，借款年利率为12%；增发普通股20万股，每股市价25元，预计股利增长率为5%。

乙方案：增发普通股30万股，每股市价25元，预计股利增长率为5%；增发优先股12.5万股，发行价格为20元，预计股利增长率为9%。

以上印通公司的所有筹资均不考虑筹资费用。

阅读上述资料，分析讨论以下问题：

1. 如果印通公司2016年的预期获利率为10%，那么应选择何种筹资方案？如果印通公司的预期获利率为9%，那么又应选择何种筹资方案？
2. 印通公司2017年应选择何种筹资方案？
3. 印通公司2016年和2017年选择筹资方案时分别采用的方法是什么？印通公司进行筹资方案的选择实质上是解决了什么问题？是否需要从定性的角度予以分析？
4. 确定公司最佳资本结构的意义何在？

理论认知

一、资金结构概述

资金结构是指企业各种资金的构成及其比例关系，是企业筹资决策的核心问题。企业在筹资时应综合考虑影响资金结构的有关因素，采用适当的方法确定最佳资金结构，并在以后追加筹资中继续保持。如果企业现有的资金结构不合理，应通过筹资活动进行调整，使其趋于合理。

资金结构有广义和狭义之分。狭义的资金结构仅仅是指长期资金结构；广义的资金结构是指全部的资金结构，包括长期资金和短期资金的资金结构。本书着重研究狭义的资金结构。

企业资金结构是由企业采用的各种筹资方式筹集资金而形成的，各种筹资方式的不同组合决定着企业的资金结构及其变化。筹资方式虽然较多，但总的来看可把企业筹集来的资金分为负债资金和权益资金两大类，因此资金结构所要解决的问题就是负债资金的比例问题，即负债在企业全部资金中所占的比重。

(一)资金结构中负债的作用

资金结构所要解决的问题就是负债在企业全部资金中所占的比重，因此在资金结构中，合理利用负债资金，科学安排负债资金的比例，对企业具有重要的意义，具体表现如下。

(1) 合理安排负债资金的比例可以降低企业的综合资金成本。一方面，由于负债的利率通常低于股票的股利率；另一方面，债务利息从税前利润中支付，可抵减企业所得税，从而使负债资金的资金成本明显低于权益资金的资金成本。在一定程度内，合理提高负债资金的比例，可以降低企业的综合资金成本；反之，则会提高企业的综合资金成本。

(2) 合理安排负债资金的比例可以获得财务杠杆利益。这一点在财务杠杆原理中已经讲过。在企业息税前利润较多、增长幅度较大时，适当地利用债务资金，可以发挥财务杠杆的作用，给企业带来财务杠杆利益。

(3) 负债资金也会加大企业的财务风险。企业为了取得财务杠杆利益而增加债务，就必然会增加债务利息的负担，而且由于财务杠杆的作用，在息税前利润下降时，普通股每股利润会以更快的速度下降。这些风险都是利用负债资金带来的。

筹资管理的关键是找出最佳的负债点，使负债资金的优点得以发挥，并将风险降到最低。最佳负债点就是最佳资金结构，最佳负债点的选择即是资金结构决策。

(二)最佳资金结构

适当利用负债资金，可以降低企业的资金成本，但当企业负债比率太高时，又会带来较大的财务风险。因此，企业必须权衡资金成本和财务风险的关系，确定最佳资金结构。所谓最佳资金结构，是指在一定条件下，使企业的综合资金成本最低、企业价值最大的资金结构。它是企业的目标资金结构。最佳资金结构应满足以下三个标准。

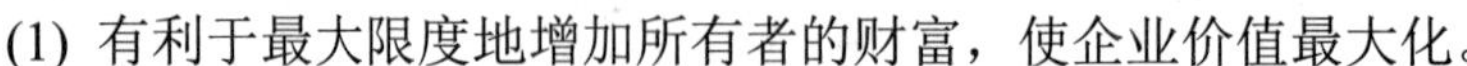
(1) 有利于最大限度地增加所有者的财富，使企业价值最大化。

(2) 能使企业的综合资金成本最低。

(3) 能使资产保持适宜的流动，并使资金结构具有弹性。

二、资金结构的选择方法

(一)比较资金成本法

企业在作出筹资决策之前，先拟订若干个备选方案，分别计算各方案的加权平均资金成本，并根据加权平均资金成本的高低来确定资金结构的方法，即为比较资金成本法。

企业资金结构决策可分为初始筹资资金结构决策和追加筹资资金结构决策两种情况。

1．初始筹资资金结构决策

企业创办时，对拟订的筹资总额，可采用多种筹资方式筹措，每种筹资方式的筹资数额也不同，以形成若干个资金结构方案可供选择。

【例 3-26】某公司初创时，筹资规模确定为 800 万元，有以下三个方案可供选择。

A 方案：长期债券筹资 200 万元，资金成本 10%；普通股筹资 400 万元，资金成本 14%；长期借款筹资 200 万元，资金成本 8%。

B 方案：长期债券筹资 300 万元，资金成本 10%；普通股筹资 400 万元，资金成本 13%；长期借款筹资 100 万元，资金成本 9%。

C 方案：优先股筹资 400 万元，资金成本 13%；普通股筹资 200 万元，资金成本 14%；长期借款筹资 200 万元，资金成本 10%。

各方案的加权资金成本计算如下。

$$K_A=\frac{200}{800}\times10\%+\frac{400}{800}\times14\%+\frac{200}{800}\times8\%=11.5\%$$

$$K_B=\frac{300}{800}\times10\%+\frac{400}{800}\times13\%+\frac{100}{800}\times9\%=11.38\%$$

$$K_C=\frac{400}{800}\times13\%+\frac{200}{800}\times14\%+\frac{200}{800}\times10\%=12.5\%$$

从以上计算可以看出，B 方案的加权资金成本最低，所以应选择 B 方案筹资。

2．追加筹资资金结构决策

企业在持续经营的过程中，由于经营业务的扩大或进行对外投资，对资金的需求会增加，因此需要进行追加筹资。追加资金后，原来的资金结构会发生变化，企业原定的资金结构未必还是最优的，需要进行调整。因此，企业应在有关情况的变化中寻求最优的资金结构。

【例 3-27】某企业拟追加筹资 100 万元，有两个方案可供选择，相关资料如表 3-26 所示。

表 3-26 资金结构和资金成本

筹资方式	原资金结构		追加筹资方案Ⅰ		追加筹资方案Ⅱ	
	筹资额/万元	资金成本/%	筹资额/万元	资金成本/%	筹资额/万元	资金成本/%
发行债券	300	10	—	—	—	—
发行普通股	400	13	40	16	20	16
长期借款	100	9	50	8	60	9
发行优先股	—	—	10	14	20	14
合计	800	11.38	100	—	100	—

各方案的资金成本计算如下。

$$K_{\text{I}}=\frac{300}{900}\times10\%+\frac{400+40}{900}\times16\%+\frac{100}{900}\times9\%+\frac{50}{900}\times8\%+\frac{10}{900}\times14\%\approx12.75\%$$

$$K_{\text{II}}=\frac{300}{900}\times10\%+\frac{400+20}{900}\times16\%+\frac{100+60}{900}\times9\%+\frac{20}{900}\times14\%\approx12.71\%$$

根据同股同利的原则，原普通股应按新普通股的资金成本计算其加权平均成本。

比较两个追加筹资方案可知，方案Ⅱ追加筹资后的综合资金成本低于方案Ⅰ，因此应选择方案Ⅱ。

(二)每股利润无差别点法

普通股每股利润的提高往往是股东所追求的，企业在考虑负债比例时，就可以把能否提高每股利润作为判断企业资金结构是否合理的一个标准。

根据财务杠杆的原理，随着企业息税前利润的增加，高负债资金结构下的每股利润的增长幅度会大于低负债资金结构下每股利润的增长幅度。因此，在某一个息税前利润的水平达到之前，低负债资金结构下的每股利润就会超过高负债资金结构下的每股利润，即存在一个息税前利润水平。在这个水平下，高负债资金结构和低负债资金结构的每股利润相同。这一息税前利润水平就称为每股利润无差别点，所以该法称为每股利润无差别点法。

每股利润的计算公式如下。

$$\text{EPS}=\frac{(\text{EBIT}-I)(1-T)-D}{N}$$

式中，D 为优先股股利，N 为发行在外的普通股股数。

如果用 EPS_1 和 EPS_2 分别表示两个不同筹资方案的每股利润，则在每股利润无差别点上就有 $\text{EPS}_1=\text{EPS}_2$，即

$$\frac{(\overline{\text{EBIT}}-I_1)(1-T)-D_1}{N_1}=\frac{(\overline{\text{EBIT}}-I_2)(1-T)-D_2}{N_2}$$

式中，$\overline{\text{EBIT}}$ 为每股利润无差别点上的息税前利润，D_1、D_2 为两种筹资方式下的优先股股利，N_1、N_2 为两种筹资方式下发行在外的普通股股数。

【例 3-28】某公司原有资金 1 000 万元，其中长期债务 400 万元，年利率为 10%，发行在外的普通股 10 万股，股本总额 600 万元。由于经营上的需要，企业需增加筹资 600 万元，

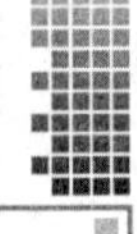

融资后，企业的年息税前利润会达到 150 万元，企业的所得税税率为 25%。企业有以下两个方案可供选择。

方案 A：全部采用发行普通股的方式，增发 10 万股，每股 60 元。

方案 B：全部采用长期债务的方式，年利率为 10%。

将有关资料代入上式，可得

$$\frac{(\overline{\text{EBIT}}-400\times10\%)(1-25\%)}{10+10}=\frac{(\overline{\text{EBIT}}-1\,000\times10\%)(1-25\%)}{10}$$

求得 $\overline{\text{EBIT}}$=160(万元)。此时的 $EPS_1=EPS_2=4.5$(元)。

上述关系可以用图 3-1 表示。

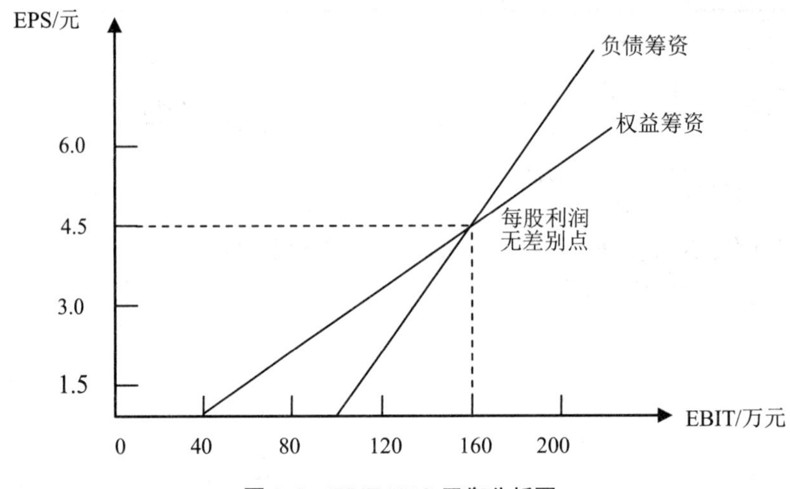

图 3-1　EBIT-EPS 平衡分析图

从图 3-1 中可以看出，当企业的息税前利润高于 160 万元时，利用长期债务筹资能够获得更高的每股利润；而当息税前利润低于 160 万元时，利用权益方式筹资可以获得更高的每股利润。例 3-28 中，企业融资后的息税前利润可达到 150 万元，则各方案的每股利润如下。

$$EPS_A=\frac{(150-400\times10\%)\times(1-25\%)}{10+10}=4.125(\text{元/股})$$

$$EPS_B=\frac{(150-1\,000\times10\%)\times(1-25\%)}{10}=3.75(\text{元/股})$$

由于追加融资后公司的息税前利润为 150 万元，小于每股利润无差别点的息税前利润 160 万元，因此权益融资方案的每股利润大于债务融资方案的每股利润，即方案 A 的每股利润大于方案 B 的每股利润，所以该企业的融资方案应该采用权益融资的方案，即方案 A。

(三)因素分析法

在实际工作中，准确地确定最佳资金结构几乎是不可能的，企业需要在进行定量分析的同时进行定性分析。定性分析要认真考虑影响资金结构的各种因素，并根据这些因素来确定合理的资金结构。影响资金结构的基本因素有企业本身因素和企业外部因素两个方面。

1．企业本身因素

(1) 企业经济增长。经济增长快的企业，对资金的需求就大，而企业总是希望通过扩大筹资来满足对资金的需要。在权益资金一定的情况下，扩大筹资就意味着对外负债。

(2) 企业所有者和管理人员的态度。如果企业的股票被众多投资者所持有，谁也没有绝对的控制权，则该企业可能会更多地采用发行股票的方式筹资，因为企业所有者不用担心控制权的旁落。如果企业的股票被少数人控制着，一般会尽量避免发行普通股筹资，而采用优先股或者负债的方式筹资，以免控制权的旁落。

(3) 企业的财务状况。获利能力强、财务状况好、变现能力强的企业，有能力负担财务上的风险，负债融资就会更有吸引力。当然，有些财务状况不好的企业，由于无法顺利发行股票，也只能以高利率发行债券筹集资金。

(4) 资产结构。拥有大量固定资产的企业主要通过长期负债和发行股票筹资；拥有较多流动资产的企业，更多的是依赖流动负债筹资。资产适用于抵押贷款的企业负债较多，如房地产公司；以技术研究开发为主的企业负债较少。

2．企业外部因素

(1) 金融机构和信用机构的态度。虽然企业对于如何运用财务杠杆都有自己的分析，但是涉及较大规模的债务筹资时，金融机构和信用评级机构的态度往往会成为决定资金结构的关键因素。大部分金融机构一般都不希望企业的负债比例过大，如果企业坚持过多的负债，金融机构就会拒绝贷款。同样，如果企业的负债比例过大，信用评级机构就会降低企业的信用等级，从而影响企业的筹资能力，提高企业的资金成本。

(2) 所得税税率的高低。利息费用在税前列支，有避税的功能，而股利是在税后支付的，没有避税的功能。所得税税率越高，避税功能越大，借款举债的好处就越大。因此，税率的变动对企业资金结构的变动有某种导向的作用。

(3) 利率的变动趋势。利率的变动趋势也是影响资金结构的一个因素。如果企业认为利率暂时比较低，不久的将来可能会上升，企业便会大量发行长期债券，以使企业在未来若干年内保持较低的利率水平，从而降低企业的资金成本。

(4) 行业因素。由于行业经营的特殊性，不同行业有不同的资金结构。企业在资金结构决策时，应以企业所处行业的资金结构的一般水准作为参考，分析本企业与同行业其他企业的差别，确定本企业合理的资金结构。

总之，确定最佳的资金结构并不是一件容易的事情，企业应在定量分析和定性分析相结合的基础上，从动态的角度进行分析和研究。

任务解析

1．印通公司 2016 年的筹资方案选择

$$\frac{(\overline{\text{EBIT}}-300\times 8\%)\times(1-25\%)}{35+50}=\frac{(\overline{\text{EBIT}}-300\times 8\%-1\,000\times 10\%)}{35}$$

解得每股利润无差别点的息税前利润 $\overline{\text{EBIT}}=194$(万元)

$EPS_{甲}=EPS_{乙}=1.5$(元/股)

当企业预期获利率为 10%时，$\overline{EBIT}=2\,000\times10\%=200$(万元)，大于每股利润无差别点 194 万元，故应选择乙方案，即发行 1 000 万元的债券进行筹资。

当企业预期获利率为 9%时，$\overline{EBIT}=2\,000\times9\%=180$(万元)，小于每股利润无差别点 194 万元，故应选择甲方案，即发行 1 000 万元的股票进行筹资。

2. 印通公司 2017 年的筹资方案选择

2017 年年初的资金结构是长期债券 1 300 万元(300 万元的年利率为 8%，1 000 万元的年利率为 10%)，普通股 700 万元，则每种筹资方式的资金成本如下。

长期债券：$K_{b1}=8\%\times(1-25\%)=6\%$，$K_{b2}=10\%\times(1-25\%)=7.5\%$

普通股：$K_c=2\div20\times100\%=10\%$

2017 年增发的 1 000 万元，甲方案的资金结构为：长期借款 500 万元，年利率为 12%；普通股 500 万元，则甲方案每种筹资方式的资金成本如下。

长期借款：$K_l=12\%\times(1-25\%)=9\%$

普通股：$K_c=\dfrac{2\times(1+5\%)}{25}\times100\%+5\%=13.4\%$

甲方案：$K_w=\dfrac{300}{3\,000}\times6\%+\dfrac{1\,000}{3\,000}\times7.5\%+\dfrac{500}{3\,000}\times9\%+\dfrac{500+700}{3\,000}\times13.4\%=9.96\%$

对于 2017 年增发的 1 000 万元，乙方案的资金结构为普通股 750 万元，优先股 250 万元，则乙方案每种筹资方式的资金成本如下。

普通股：$K_c=\dfrac{2\times(1+5\%)}{25}\times100\%+5\%=13.4\%$

优先股：$K_p=9\%$

乙方案：$K_w=\dfrac{300}{3\,000}\times6\%+\dfrac{1\,000}{3\,000}\times7.5\%+\dfrac{750+700}{3\,000}\times13.4\%+\dfrac{250}{3\,000}\times9\%\approx10.33\%$

从计算结果来看，甲方案综合资金成本低于乙方案综合资金成本，因此应选择甲方案筹资。

3. 印通公司的筹资方法

印通公司 2016 年选择筹资方案时采用每股利润无差别点法，2017 年选择筹资方案时则采用了比较资金成本法。

印通公司筹资方案的选择实质上是选择有利于公司的最佳资金结构，即确定负债筹资的比例。每股利润无差别点法和比较资金成本法均是定量分析方法，实际中还应从影响公司资金结构的相关因素入手予以分析，做到定量分析与定性分析相结合，使资金结构确定得更合理。

4. 确定公司最佳资金结构的意义

企业资金结构的核心问题是确定债务资金的比例。在资金总额一定的前提下，债务资金越多，综合资金成本越低，但同时也会加大企业的财务风险，导致企业的财务困境成本与破产成本增加。在正杠杆效应的条件下，增加负债既可以降低综合资金成本，也能够增加企业的价值；在负杠杆效应的条件下，增加负债则能够降低企业的价值。最佳资金结构的确定，在降低综合资金成本的同时还能够控制财务风险，使企业价值最大化。

理论延伸

一、公司价值分析法确定最佳资金结构

公司价值分析法是在充分反映公司财务风险的前提下，以公司价值的大小为标准，经过测算确定公司最佳资金结构的方法。公司价值分析法充分考虑了公司的财务风险和资金成本等因素的影响，进行资金结构的决策以公司价值最大化为标准，符合公司价值最大化的财务目标。但是，其测算原理及测算过程较为复杂，通常用于资本规模较大的上市公司。

(一)公司价值的测算

关于公司价值的内容和测算基础与方法，目前主要有三种认识：①公司价值等于其未来的净收益或现金流量按照一定的折现率折现的价值；②公司价值是其股票的现行市场价值；③公司价值等于长期债务和股票的折现价值之和。相对而言，第三种测算方法比较合理，也比较现实，用公式表示如下。

$$公司价值=公司长期债务的现值+公司股票的现值$$

为简化起见，假定公司的债务全部是平价的长期债务，分期付息，到期还本，不考虑筹资费用，那么，长期债务的账面价值就等于面值；由于负债受外部市场波动的影响较小，因此一般情况下，负债的市场价值就等于其账面价值，即长期债务的现值等于其面值。

公司股票的价值是指公司在未来每年给股东派发的现金股利按照股东所要求的必要报酬率折合成的现值。假设公司在未来的持续经营过程中，每年的净利润相等，未来的留存收益比例等于 0，则股利支付率为 100%，公司每年的净利润就等于公司每年给股东派发的股利。既然假设公司每年的净利润是相等的，那么股利额就相等，公司的股票就是零增长股票(固定股利股票)，未来的现金股利折现就按照永续年金求现值，这个永续年金是股利额，也就是净利润。那么，公司股票现值的计算公式如下。

$$公司股票现值=\frac{(息税前利润-利息)(1-所得税税率)}{普通股资金成本率}$$

其中，普通股资金成本率可用资本资产定价模型计算，即

$$K_c=R_f+\beta(K_m-R_f)$$

式中，R_f 为无风险报酬率，β 为某公司股票的贝他系数，K_m 为股票市场平均风险必要报酬率或投资组合的期望收益率。

(二)公司最佳资金结构的确定

运用上述原理计算公司的总价值和综合资金成本率，并以公司价值最大化为标准确定公司的最佳资金结构。

【例 3-29】强盛公司 2017 年期望的息税前利润为 300 万元，资金全部由普通股资本组成，股票账面价值 700 万元，所得税税率为 25%。公司认为目前的资金结构不合理，准备

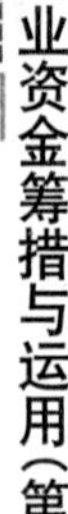

用平价发行债券(不考虑筹资费用)回购部分股票的方式予以调整。公司的税后净利全部用于发放股利，股利增长率为0，为简化起见，假设债券的市场价值与票面价值相等。目前的债券资金成本和普通股资金成本的有关资料如表3-27所示。

表3-27　不同债务水平对资金成本的影响

债券市场价值/万元	税前债务资金成本	股票β系数	无风险报酬率(R_f)/%	股票市场平均必要报酬率(R_m)/%
0	—	1.00	8	15
250	9%	1.06	8	15
500	10%	1.11	8	15
750	11%	1.55	8	15
1 000	15%	1.90	8	15
1 250	19%	2.20	8	15

根据表3-27中的资料，在各种资金结构下，公司的市场价值和资金成本计算如表3-28所示。

表3-28　公司的市场价值和资金成本计算

债券的市场价值/万元	股票的市场价值/万元	公司的市场价值/万元	税后债务资金成本/%	股票资金成本/%	综合资金成本/%	负债比率/%
0	1 500	1 500	—	15.00	15.00	0
250	1 349.71	1 599.71	6.75	15.42	14.06	15.63
500	1 188.97	1 688.97	7.5	15.77	13.32	29.60
750	865.38	1 615.38	8.25	18.85	13.83	46.42
1 000	528.17	1 528.17	11.25	21.30	14.72	65.43
1 250	200.32	1 450.32	14.25	23.40	15.51	86.19

从表3-28中可以看出，当负债比率为29.6%时，公司价值最大，其最大值为1 688.97万元，综合资金成本最低，为13.32%，此时公司的债务资本为500万元，股票市场价值为1 188.97万元，构成公司的最佳资金结构。资金结构与企业价值、资金成本的关系如图3-2、图3-3所示。

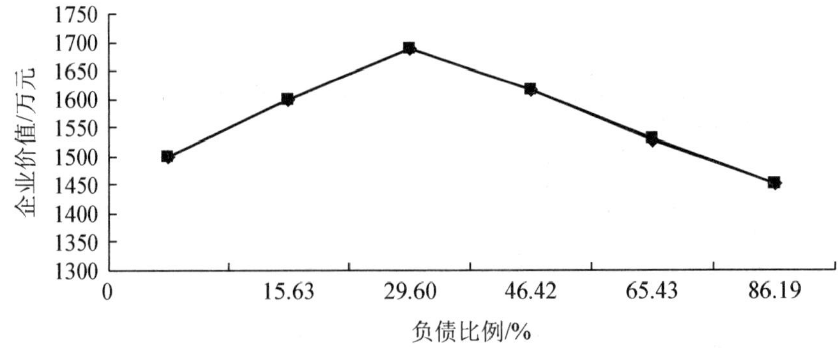

图3-2　资金结构与企业价值的关系

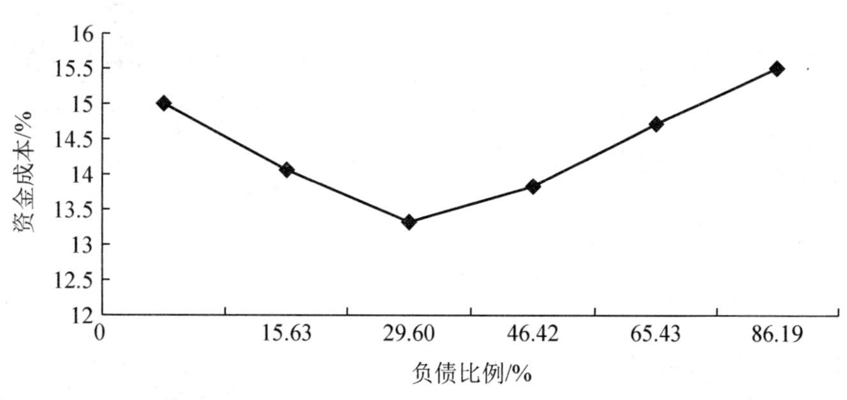

图 3-3　资金结构与资金成本的关系

二、资金结构的调整

(一)资金结构调整的原因

资金结构调整的原因可以归纳为以下几个主要方面。

(1) 资金结构弹性不足。所谓弹性，是指企业在进行资金结构调整时，原来的资金结构具有的灵活性。如果企业的资金结构弹性不足，调整起来也会很困难，但正是由于资金结构的弹性不足才促使企业对原来的资金结构进行调整。弹性的大小是判断资金结构是否合理的重要标志。

(2) 风险过大。虽然负债筹资能给企业带来财务杠杆利益，但风险也大。如果现有的资金结构存在较大的风险，企业无法承担，会导致企业破产，因此当风险过大时，企业就需要对资金结构进行调整。

(3) 资金成本过高。如果现有的资金结构的综合资金成本过高，会影响企业的利润，因此资金成本也是影响资金结构调整的一个原因。

(4) 约束过严。不同的筹资方式，投资者或债权人对资金的使用约束也不同。如果约束过于严格，会影响企业调度和使用资金的灵活性，因此约束是否严格也是影响企业资金结构调整的原因之一。有时企业宁愿负担较高的代价而选择约束较宽的筹资方式，以增加资金结构的灵活性。

(二)资金结构调整的方法

当企业现有的资金结构弹性较好时，或者企业盈利较多时，或者企业增加或减少投资时，或者债务重组时，均可以对资金结构进行调整。具体方法有以下几种。

(1) 存量调整。即在不改变现有资产规模的前提下，根据目标资金结构的要求，对现有资金结构进行调整的方法。如果权益资金过高，可以通过减少权益资金增加负债来调整；如果负债资金过高，可以提前归还长期负债，增加权益资金的筹集额。

(2) 增量调整。即通过追加筹资量、增加总资产的方式对现有资金结构进行调整的方法。如果权益资金过高，可以追加负债筹资，提高负债筹资的比重；如果负债资金过高，就要提高权益资金的筹资比重。

(3) 减量调整。即通过减少总资产规模的方式来调整资金结构。当权益资金过高时，就减少权益资金来降低其比重；当债务资金过高时，可以利用税后留存收益来归还债务，以达到减少资产规模，并相应减少负债的比重。

任务基础训练

一、单项选择题

1. 调整企业资金结构并不能(　　)。

A. 降低财务风险　　B. 降低经营风险
C. 降低资金成本　　D. 增强融资弹性

2. 下列资金结构调整的方法中，属于减量调整的是(　　)。

A. 债转股　　B. 发行新债
C. 提前归还借款　　D. 增发新股偿还债务

3. 利用每股利润无差别点对企业资金结构进行分析，且当预计息税前利润高于无差别点时，应用(　　)筹资更有利。

A. 留存收益　　B. 权益筹资　　C. 负债筹资　　D. 内部筹资

4. 对于固定资产所占比重较大的企业可以多安排(　　)。

A. 债务资本　　B. 股权资本　　C. 债券筹资　　D. 银行存款

二、多项选择题

1. 影响企业资金结构的因素有(　　)。

A. 企业偿债能力　　B. 企业获利能力　　C. 企业增长率　　D. 税收政策

2. 当企业债务资金比例过高时，可采用(　　)方式调整其资金结构。

A. 利用税后留存归还债务以降低债务比重
B. 将债券转换成普通股
C. 提前偿还长期债务，筹集相应的权益资金
D. 以公积金转增资本

3. 确定企业资金结构时(　　)。

A. 如果企业的销售不稳定，则可以较多地筹措负债资金
B. 为了保证原有股东的控制权，一般应尽量避免普通股筹资
C. 若预期市场利率会上升，企业应尽量利用短期筹资
D. 所得税税率越高，举借债务利益越明显

4. 在事先确定企业资金规模的前提下，吸收一定比例的负债资金，可能产生的结果有(　　)。

A. 降低企业资金成本　　B. 降低企业财务风险
C. 加大企业财务风险　　D. 提高企业经营能力

三、判断题

1. 资金成本是影响筹资决策的主要因素，但不影响投资决策。（　）
2. 在确定企业最优资金结构时，需要权衡资金成本和财务风险的关系。（　）
3. 使用每股收益无差别点法进行筹资决策，能够保证企业的加权平均资金成本最低。（　）
4. 进行企业分立属于资金结构的存量调整法。（　）
5. 在应用比较资金成本法进行企业最佳资本结构决策时，如果息税前利润大于每股利润无差别点的息税前利润，企业通过负债筹资比权益资本筹资更为有利，因为这样将使企业资金成本降低。（　）

四、计算分析题

1. 训练资料

(1) 强民公司目前资金总额为 15 000 万元，其中长期债券 2 000 万元，年利率 8%；普通股 9 000 万元(900 万股)；留存收益 4 000 万元。因发展的需要，企业年初准备增加资金 5 000 万元。现在有以下两个供选择的方案。

A 方案：发行普通股，每股市价 10 元。

B 方案：按面值发行债券 5 000 万元，票面利率 10%。

假定股票和债券的发行费用均忽略不计。

(2) 华宏公司现有普通股 200 万股，股本总额为 2 000 万元，公司债券为 1 200 万元，债券年利率为 12%。现公司要扩大筹资规模，有以下两个备选方案。

A 方案：增发普通股 100 万股，每股发行价格 15 元。

B 方案：平价发行公司债券 1 500 万元，债券年利率为 12%。

(3) 华裕公司现有资金 3 200 万元，其中长期债券 1 600 万元，年利率 10%；普通股 1 600 万元(每股面值 2 元，发行价 20 元，共 80 万股)，股票目前价格也是 20 元，今年期望股利为每股 2 元，预计以后每年股利增长率为 5%。各种证券的发行费用都不予考虑。现因经营需要，扩大筹资规模增资 800 万元，有以下三个方案可供选择。

A 方案：增加发行 800 万元债券，年利率增至 12%，预计普通股股利不变，由于风险加大，普通股市价降到 18 元/股。

B 方案：发行债券 400 万元，年利率 10%；发行普通股 20 万股，每股发行价 20 元，预计普通股股利不变。

C 方案：发行普通股股票 72.73 万股，普通股市价降到 11 元/股。

(4) 正大公司年息税前盈余为 1 200 万元，资金全部由普通股资本组成，股票账面价值 2 000 万元。该公司认为目前的资本结构不合理，准备用平价发行债券(不考虑筹资费率)购回部分股票的办法予以调整。经过咨询调查，目前的税前债务资金成本和普通股资金成本的情况如表 3-29 所示。

表 3-29　正大公司税前债务资金成本和普通股资金成本

债券市场价值/万元	税前债务资金成本	股票β值	无风险报酬率(R_f)	平均股票必要报酬率(R_m)
0		1.2	10%	12%
150	6%	1.25	10%	12%
300	6%	1.3	10%	12%
450	7%	1.4	10%	12%
650	8%	1.5	10%	12%
850	9%	1.6	10%	12%

以上所有公司适用的企业所得税税率均为25%。

2. 训练要求

(1) 根据强民公司的资料完成下列任务。

① 计算无差别点的息税前利润和每股利润，以及无差别点时B方案的财务杠杆系数。

② 如果企业的息税前利润为2 400万元，计算两个方案的每股利润并作出筹资决策。

③ 如果企业预计无差别点息税前利润增长10%，计算采用B方案时每股利润的增幅。

(2) 根据华宏公司的资料完成下列任务。

① 计算无差别点的息税前利润和每股利润。

② 如果该公司预期的息税前利润为800万元，对两个筹资方案作出择优选择。

(3) 为华裕公司选择最合理的筹资方案。

(4) 根据正大公司的资料完成下列任务。

① 假定债券的市场价值等于其面值，分别计算各种资金结构时公司的市场价值(精确到整数位)，从而确定最佳资金结构。

② 分别计算各种资金结构时的加权平均资金成本，从而确定最佳资金结构。

项目综合实训

综合实训一

1. 实训资料

资料一：甲企业历史上现金占用与销售收入之间的关系如表3-30所示。

表 3-30　甲企业历史上现金占用与销售收入之间的关系　　单位：万元

年　度	销售收入	现金占用
2011	10 200	680
2012	10 000	700
2013	10 800	690
2014	11 100	710
2015	11 500	730
2016	12 000	750

资料二：乙企业 2016 年 12 月 31 日简易资产负债表如表 3-31 所示。

表 3-31　乙企业 2016 年 12 月 31 日简易资产负债表　　单位：万元

资　产		负债及所有者权益	
现金	750	应付费用	1 500
应收账款	2 250	应付账款	750
存货	4 500	短期借款	2 750
固定资产净值	4 500	公司债券	2 500
		实收资本	3 000
		留存收益	1 500
资产合计	12 000	负债及所有者权益合计	12 000

该企业 2016 年销售收入为 20 000 万元，预计 2017 年销售收入为 25 000 万元，如果企业通过企业内部可以解决 12.5 万元，其余通过发行公司债券筹集，票面利率为 8%，按面值发行，所得税税率为 25%，发行费用为 3%。

资料三：丙企业 2016 年资金与销售收入变化如表 3-32 所示。

表 3-32　丙企业 2016 年资金与销售收入变化

项　目	年度不变资金/万元	每元销售收入所需变动资金/元
现金	1 000	0.05
应收账款	570	0.14
存货	1 500	0.25
固定资产净值	4 500	0
应付费用	300	0.1
应付账款	390	0.03

2. 实训要求

(1) 根据资料一，用高低点法预测甲企业每元销售收入占用的变动现金、销售收入占用的不变现金。

(2) 根据资料二，预计 2017 年企业需要增加的资金总额和外部筹资额，计算债券筹资成本。

(3) 根据资料三，完成如下要求。

① 建立 2017 年资金需求总量预测模型，并预测 2017 年 20 000 万元销售额的资金量。

② 假设 2016 年年末普通股股票数量为 200 万股，如果 2017 年年初从外部筹资 850 万元，有以下两个方案可供选择。

A 方案：发行普通股 100 万股，发行价格为 8.5 元/股，2016 年每股发放股利 0.5 元，预计年增长率 5%。

B 方案：发行债券 850 万元，年利率 10%，所得税税率为 25%。

预计 2017 年息税前利润与销售收入的比率为 12%，计算 A、B 两种筹资方式的资金成本，并用每股利润无差别点法为丙企业作出筹资方案选择。

综合实训二

1. 实训资料

资料一：合桦公司当年的税后利润为360万元，预计下一年财务杠杆系数为2，所得税税率为25%。公司全年固定成本总额为2 400万元，当年年初发行了一种5年期、每年付息、到期还本的债券，发行债券数量为1万张，每张债券发行价格为1 100元，面值为1 000元，债券年利息为当年利息总额的10%，发行费用占发行价格的2%。

资料二：华林公司2016年销售产品500 000件，单价80元/件，单位变动成本60元/件，固定成本和费用6 000 000元(含利息)。该公司负债3 000 000元，年利息率为12%。2017年公司销售量增加100 000件，其余条件不变。

2. 实训要求

(1) 根据资料一，计算下列指标。

① 计算当年的税前利润、利息总额、息税前利润和下一年的经营杠杆系数。

② 计算债券筹资的资金成本。

(2) 根据资料二，完成下列要求。

① 计算公司2016年的边际贡献、利润总额和息税前利润。

② 计算公司2017年的边际贡献、利润总额和息税前利润。

③ 计算公司2017年相对于2016年的销售量变动率和息税前利润变动率。

④ 分别用绝对量、相对量数据计算该公司2017年的经营杠杆系数。

⑤ 根据2017年绝对量数据计算该公司2018年的经营杠杆系数。

⑥ 假定2018年销售量在2017年的基础上增长10%，其余条件均不变，根据已知该年经营杠杆系数计算2018年的息税前利润变动率。

案例分析

华懋科技(603306)非公开发行股票发行结果暨股本变动

本公司董事会及全体董事保证本公告内容不存在任何虚假记载、误导性陈述或者重大遗漏，并对其内容的真实性、准确性和完整性承担个别及连带责任。

一、本次发行概况

本次非公开发行股票的申请已于2016年12月28日获得中国证券监督管理委员会发行审核委员会审核通过，并于2017年6月15日收到中国证券监督管理委员会(以下简称“中国证监会”)《关于核准华懋(厦门)新材料科技股份有限公司非公开发行股票的批复》(证监许可〔2017〕803号)。

(一)本次发行情况

1. 发行股票的种类和面值。本次发行的股票种类为境内上市人民币普通股(A股)，每股面值为人民币 1.00 元。

2. 发行方式。本次发行采用向特定投资者非公开发行的方式。

3. 发行数量。本次非公开发行股票的数量为 22 269 004 股。

4. 发行价格及定价原则。本次非公开发行的定价基准日为本次非公开发行的发行期首日。本次非公开发行股票发行价格不低于定价基准日前 20 个交易日公司股票交易均价的 90%(定价基准日前 20 个交易日股票交易均价=定价基准日前 20 个交易日股票交易总额/定价基准日前 20 个交易日股票交易总量)，即不低于 27.48 元/股。

根据《认购邀请书》规定的“申报价格优先、同价位申报金额优先、同金额申报时间优先”的定价原则，发行人和主承销商确定本次发行价格为 32.23 元/股，相当于本次发行确定的发行底价 27.48 元/股的 117.29%。

5. 限售期。本次发行新增股份为有限售条件的流通股，所有发行对象认购的股份，自本次非公开发行结束之日起，12 个月内不得转让。

6. 募集资金总量及净额。本次非公开发行募集资金总额为 717 729 998.92 元，募集资金净额为 702 281 551.56 元。

7. 发行费用总额。发行费用人民币 15 448 447.36 元，其中包括承销保荐费、律师费、会计师审计及验资费、登记费、印花税等(不含增值税)。

8. 保荐机构及主承销商。本次非公开发行保荐机构及主承销商为国金证券股份有限公司(以下简称“国金证券”)。

(二)募集资金验资和股份登记情况

根据四川华信(集团)会计师事务所(特殊普通合伙)于 2017 年 8 月 11 日出具的“川华信验〔2017〕65 号”验证报告，截至 2017 年 8 月 10 日止，主承销商国金证券指定的收款银行中国建设银行股份有限公司成都市新华支行 51001870836051508511 账户已收到认购款人民币 717 729 998.92 元。

立信会计师事务所(特殊普通合伙)于 2017 年 8 月 14 日出具了“信会师报字〔2017〕第 ZA15821 号”验资报告，截至 2017 年 8 月 11 日本次非公开发行人民币普通股 22 269 004.00 股，每股 32.23 元，公司共募集资金 717 729 998.92 元，减除发行费用人民币 15 448 447.36 元，募集资金净额为 702 281 551.56 元，其中新增注册资本人民币 22 269 004.00 元，资本溢价人民币 680 012 547.56 元，计入资本公积。

本次发行新增股份已于 2017 年 8 月 21 日在中国证券登记结算有限责任公司上海分公司办理完毕登记托管相关事宜。

二、发行结果

本次发行确定的发行对象名单及配售股份数量如表 3-33 所示。

表 3-33　非公开发行对象名单及配售股份数量

序号	机　构	获配股数	获配金额/元	限售期
1	深圳安鹏资本创新有限公司	6 205 398	199 999 977.54	12 个月
2	厦门市集美区产业投资有限公司	2 226 900	71 772 987.00	12 个月
3	西安航天新能源产业基金投资有限公司	4 453 800	143 545 974.00	12 个月

续表

序号	机构	获配股数	获配金额/元	限售期
4	兴证证券资产管理有限公司	4 964 318	159 999 969.14	12 个月
5	深圳远致富海七号投资企业(有限合伙)	4 964 318	159 999 969.14	12 个月
6	芜湖弘唯基石创业投资合伙企业(有限合伙)	2 191 688	70 638 104.24	12 个月
合计		22 269 004	717 729 998.92	

三、本次发行前后公司前 10 名股东变化(略)

本次发行前，公司总股本为 213 900 000 股；本次发行完成后，公司总股本为 236 169 004 股。本次发行完成后，KINGSWAY INTERNATIONAL LIMITED(金威国际有限公司)持有的本公司股份占公司总股本的比例为 53.69%。因此，本次发行完成后，公司的控股股东及实际控制人未发生变更，本次非公开发行不会导致公司的控制权发生变化。

四、管理层讨论与分析

(一)对公司资产结构影响

本次发行后，公司净资产将大幅度增加，资产负债率相应下降，公司资产质量将得到进一步提升，偿债能力得到明显改善，融资能力得以提高，资产结构较为合理。

(二)对每股净资产和每股收益的影响

本次非公开发行完成后，按发行后总股本全面摊薄计算的最近一年及一期归属于上市公司股东的每股净资产及每股收益，与发行前的对比情况如表 3-34 所示。

表 3-34　非公开发行后每股净资产和每股收益的变化

项　目	发行前		发行后	
每股净资产	2017 年 3 月 31 日	2016 年 12 月 31 日	2017 年 3 月 31 日	2016 年 12 月 31 日
(元/股)	6.42	6.08	8.79	8.48
每股收益	2017 年 1—3 月	2016 年度	2017 年 1—3 月	2016 年度
(元/股)	0.34	1.25	1.25	1.11

注：本次发行前每股净资产及每股收益按股本 213 900 000 股计算；本次发行后每股收益分别按照 2016 年度和 2017 年 1—3 月归属于上市公司股东的净利润除以发行前股本与本次非公开发行的股份数之和计算；本次发行后每股净资产分别以 2016 年 12 月 31 日和 2017 年 3 月 31 日的所有者权益加上本次募集资金净额除以发行前股本与本次非公开发行的股份数之和计算

(三)对公司业务结构的影响

本次非公开发行所募集的资金将用于汽车被动安全系统部件扩建项目，该项目是对公司现有产品的扩产，以增强公司主营业务的盈利能力；通过本次非公开发行，有助于增强公司盈利能力，进一步推动公司快速发展，为全体股东创造更多回报。

(四)对公司治理的影响

本次发行完成后，公司的控股股东和实际控制人均未发生变化，对公司治理不会有实质的影响，但机构投资者持有公司股份的比例有所提高，公司股权结构更加合理，这将有利于公司治理结构的进一步完善及公司业务的健康、稳定发展。

(五)对公司高管人员结构的影响

本次发行不会对公司的高级管理人员结构造成影响，公司董事、监事、高级管理人员没有因本次发行而发生重大变化。

(六)对公司同业竞争与关联交易的影响

本次认购的投资者与发行人不存在关联方关系，因此不会对公司的关联交易和同业竞争状况产生影响。

(资料来源：根据华懋科技非公开发行股票发行结果暨股本变动公告修改整理。)

要求：分析本次非公开发行股票对华懋科技的影响。

相关链接

2008 年金融危机之源

2008 年，先是美国前五大投资银行的贝尔斯登岌岌可危，房地美、房利美的“二房”风暴，均以财政入资来解决；紧接着是美林证券被美国银行收购，雷曼兄弟申请破产保护；之后美国的最大保险集团 AIG 也面临流动性危机，幸好美国联准会(FED)决定拿出 850 亿美元取得 80%AIG 的股权来注入资金。当时美国前五大投资银行，仅高盛暂时幸免，摩根士丹利也在寻求资金充沛的银行合作。这一连串的事件，正是次级房贷的后续发展，源头就是由于房地产市场与金融市场这两个循环的交互影响，形成了金融体系的系统性风险。也因为金融机构彼此之间通过金融商品、金融市场的串联，而达到互相牵动难以切割的局面，只要当中有一部分出问题，就可能迅速蔓延至其他机构。

金融危机根源之一：次贷危机。次贷危机是指一场发生在美国，因次级抵押贷款机构破产、投资基金被迫关闭、股市剧烈震荡引起的风暴。它使全球主要金融市场隐约出现流动性不足的危机。从 2006 年春季开始显现，2007 年 8 月席卷美国、欧盟和日本等世界主要金融市场。次级抵押贷款是指一些贷款机构向信用程度较差和收入不高的借款人提供的贷款。随着美国住房市场的降温，尤其是短期利率的提高，次级抵押贷款的还款利率也大幅上升，购房者的还贷负担大为加重。同时，住房市场的持续降温也使购房者出售住房或通过抵押住房再融资变得困难。这直接导致大批次级抵押贷款的借款人不能按期偿还贷款，进而引发“次贷危机”。由于之前的房价很高，银行认为尽管贷款给了次级信用贷款者，如果贷款者无法偿还贷款，则可以利用抵押的房屋来还，拍卖或者出售后收回银行贷款。但是，由于房价突然走低，贷款者无力偿还时，银行把房屋出售，但却发现得到的资金不能弥补当时的贷款与利息，甚至都无法弥补贷款额本身，这样银行就会在这个贷款上出现亏损。

金融危机根源之二：杠杆风险。2008 年金融危机爆发的一个根源就是过高的杠杆率所造成的风险。美国投资银行的经营模式在过去十年间发生了巨变，过度投机和过高的杠杆率使得投资银行走上了一条不归路。传统上以赚取佣金收入为主、对资本金要求很低的投资银行，在高利润的诱惑和激烈竞争的压力下，大量从事次贷市场和复杂产品的投资，悄然变成了追逐高风险的对冲基金。例如，高盛公司在近年内，直接股权投资和其他投资所获占到其总收入的 80%左右。出于竞争压力，其他投资银行也在进行类似的转型。在对大量金融衍生品的交易中，投资银行赚取了大量利润。例如，高盛和摩根士丹利两家投行在过去十几年中年平均净资产回报率高达 20%左右，远高出商业银行 12%～13%的回报率。同时，这些投资银行也拆借了大量资金，“钱不够就借”，杠杆比率一再提高，从而积累了巨大的风险。雷曼兄弟宣布进入破产保护时，其负债已高达 6 130 亿美元，负债权益比是 6 130∶260；美林被收购前负债权益比率也超过 20 倍。

过高的杠杆比率，使投资银行的经营风险不断上升，而投资银行在激进参与的同时，却没有对风险进行足够的控制。一方面，由于杠杆率较高，一旦投资出现问题会使其亏损程度远远超出资本金；另一方面，高杠杆使得这些投资银行对流动性要求较高，在市场较为宽松时，尚可通过货币市场融资来填补交易资金缺口，而一旦自身财务状况恶化，评级公司降低其评级使融资成本上升时，便可能造成投资银行无法通过融资维持流动性，贝尔斯登便是因此遭挤兑而倒下的。同样，评级公司降低雷曼兄弟的评级，也是其彻底崩盘的重要因素。

金融危机根源之三：金融衍生品的“滥用”。金融衍生品的“滥用”拉长了金融交易链条，助长了投机行为。以证券化为代表的金融衍生品是导致、放大和扩散此次金融危机的主要通道。以“两房”危机为例，简要回顾一下金融衍生品在这次危机中的角色。

“两房”凭借其背后隐含的国家信用担保，低息借债买下次贷，然后通过资产证券化的方法将其转换成债券，以次债的形式在市场上发售，吸引华尔街的投资银行，各国的中央银行、商业银行等金融机构来购买；而华尔街的金融机构又再次衍生，利用“精湛”的金融工程技术，将次债进行分割、打包、组合，构造出一系列令人眼花缭乱的次债信用衍生品并出售。在这个过程中，最初一元钱的贷款可以被放大为几元，甚至十几元的金融衍生产品，从而加长了金融交易的链条，最终以至于没有人再去关心这些金融产品真正的基础价值，这就进一步助长了短期投机行为的发生。

（资料来源：根据 2008 年金融危机相关资料修改整理。）

要求： 以“如何控制企业的财务风险”为主题，写一篇 1 000 字左右的小文章。

项目四

项目投资分析

【技能目标】

- 能够编制投资项目的现金流量表。
- 能够运用折现评价指标与非折现评价指标。对投资项目进行财务可行性分析。

【知识目标】

- 明确项目投资的相关术语，掌握净现金流量的计算方法。
- 掌握项目投资决策评价指标的计算方法及决策运用。

引入案例

富隆商业集团是以经营超市业务为主的大型连锁商业企业，以零售为主、兼营小额批发业务。自2005年成立以来，营业总面积已达195 000平方米，员工4 300多人，经营品种近60 000个，2015年实现商品销售总额22.89亿元，净利润1.63亿元。2016年年初，集团领导经研究讨论，准备在南山集团公司的居民区建一座营业面积达6 000平方米的超市，以解决当地3万多居民日用消费品的供应问题，并弥补这一地区无大型连锁超市的空白。

项目经理李子民和素有小诸葛之称的财务经理梁亚飞负责南山富隆超市项目的规划与筹建工作。二人经过两个多月的调查分析后，提出了南山富隆超市项目的建设基础数据供董事会研究。

项目施工期两年(包括第一年年初要求资金到位6 500万元，项目批准后进行工程招标，随即进入地基开挖阶段；第二年主体建筑及其内部设施安装完毕)，第三年投入使用。

南山富隆超市投入使用后，预计每年零售额可达9 700万元，经营成本6 700万元；固定资产投资估算额10 960万元，建设期借款利息1 040万元；流动资金投资估算为3 000万元。

整个项目投入自有资金6 000万元；其余9 000万元为长期借款，长期借款年利率为8%，建设期内计入固定资产价值，生产经营期内计入财务费用；预计生产经营期为10年；长期借款本利和在开工后10年内逐步还清。还本付息测算如表4-1所示。

表4-1　南山富隆超市项目长期借款还本付息测算　　单位：万元

项　目	建设期		生产经营期									
	1	2	3	4	5	6	7	8	9	10	11	12
长期借款余额	4 000	9 000	9 000	8 100	7 200	6 300	5 400	4 500	3 600	2 700	1 800	900
借款利率/%	8	8	8	8	8	8	8	8	8	8	8	8
本年应付利息	320	720	720	648	576	504	432	360	288	216	144	72
本年偿付借款本息	320	720	1 620	1 548	1 476	1 404	1 332	1 260	1 188	1 116	1 044	972
本年尚未偿还借款本息	4 000	9 000	8 100	7 200	6 300	5 400	4 500	3 600	2 700	1 800	900	—

建设期内资金使用及其筹措规划如表4-2所示。

表4-2　南山富隆超市项目建设期内资金使用及其筹措规划　　单位：万元

项　目	建设期		合　计
	1	2	
资金使用总额	6 820	8 180	15 000
其中：固定资产投资	6 500	4 460	10 960
建设期内借款利息支付	320	720	1 040
流动资金投资	—	3 000	3 000
资金筹措总额	6 820	8 180	15 000
其中：自有资金	2 820	3 180	6 000
长期借款	4 000	5 000	9 000

该企业资金成本率为 10%；固定资产按直线法计提折旧，净残值为固定资产原值的 5%。企业适用的增值税税率为 17%，预计每年增值税进项税额为 1 309 万元；城建税税率为 7%；教育费附加为 3%；所得税税率为 25%。假设该企业不缴纳消费税。

(资料来源：财政部会计资格评价中心. 财务管理[M]. 北京：中国财政经济出版社，2010.)

思考问题：

该企业财务经理梁亚飞请你协助对此投资项目的财务进行可行性分析。

学习导航

任务一　认知项目投资基本理论

任务要求

本任务要解决两个问题：一是确定项目计算期、建设期、生产经营期；二是确定项目投资的原始投资、项目投资和资金投入方式，为进一步编制现金流量表打下基础。

任务描述

海天精工机械有限公司(以下简称海天公司)专业生产数控车床、加工中心，依托海天股份有限公司的先进管理理念，通过精准先进的加工、装配、检测等手段，生产出技术成熟的三大数控精品系列：卧式加工中心、HTM-H 系列、数控车床 HTM-TC 系列，共几十个品种机器，可满足汽车、模具、航空航天、军工、五金等各种机械加工领域的需求。公司拥有五面体加工中心、数控导轨磨床、坐标镗、激光切割机、导轨感应淬火机、高精度内外圆磨床、三坐标测量机、激光干涉仪等设备。2016 年 9 月，引进日本新潟、大日金属等产品技术，拟新建一条生产线，建设期为 1 年，需要在建设期初一次投资 1 500 万元，用以购置固定资产，且购建固定资产发生了 100 万元的资本化利息；项目建设完工需支付商标使用费 15 万元，为维持新生产线运营需投资 30 万元的流动资金，生产线预计使用寿命 10 年。

阅读上述资料，分析讨论以下问题：

1. 海天公司的这个项目的计算期、建设期和生产经营期如何确定？
2. 海天公司的这个项目的固定资产原值、建设投资、原始投资和项目投资各是多少？

理论认知

一、项目投资的相关术语

(一)项目投资的内容或类别

企业的投资按照内容的不同，可分为项目投资、证券投资和其他投资等类型。工业企业投资项目主要分为以新增生产能力为目的的新建项目和以恢复或改善生产能力为目的的更新改造项目两大类。新建项目按其涉及内容的不同，还可以进一步细分为单纯固定资产投资项目和完整工业投资项目。单纯固定资产投资项目简称固定资产投资，在投资中只包括取得固定资产而发生的垫支资本投入而不涉及周转资本投入。完整工业企业投资项目不仅是对固定资产的投资，而且还包括流动资产、其他长期资产项目(如无形资产等)的投资。因此，不能将项目投资简单地等同于固定资产投资。

(二)项目计算期的构成

项目计算期(记作 n)是指投资项目从投资建设(建设起点)开始到最终清理(终结点)结束整个过程的全部时间，包括建设期(记作 s，$s\geqslant 0$)和生产经营期(记作 p)。其中，建设起点是指建设期的第一年初，建设期的最后一年末称为投产日，从建设起点至投产日之间的时间间隔称为建设期。终结点是指项目计算期的最后一年末，从投产日到终结点之间的时间间隔称为生产经营期，生产经营期包括试产期和达产期(完全达到设计生产能力)。

项目计算期、建设期和生产经营期之间的关系如下。

$$项目计算期(n)=建设期(s)+生产经营期(p)$$

(三)原始投资、项目总投资和资金投入方式

原始投资是指企业为使项目完全达到设计生产能力、开展正常生产经营而垫支的全部现实资金，包括建设投资和流动资产投资两项内容。

建设投资是指在建设期内根据项目投资内容进行的投资，包括固定资产投资、无形资产投资和其他资产投资。

流动资产投资是指项目投产前后分次或一次投放于流动资产项目的投资增加额，又称垫支流动资产。

项目总投资是指原始投资额与建设期资本化利息之和，是反映项目总体投资规模的价值指标。其中，建设期资本化利息是指在建设期发生的与购建项目所需的固定资产、无形资产等长期资产有关的借款利息。

从时间特征上看，原始投资的投入方式包括一次投入和分次投入两种。一次投入方式是指投资行为集中一次发生在项目计算期第一年的年初或年末。如果投资行为涉及两个或两个以上年度，或者虽只涉及一个年度，但在该年度的年初和年末发生，也属于分次投入方式。

【例 4-1】宝山企业拟购建一条生产流水线，需要在建设起点一次投入固定资产 220 万元，在建设期末投入专利权资金 15 万元。建设期为 1 年，建设期资本化利息为 10 万元，全部计入固定资产原值。预计使用寿命 10 年，固定资产净残值为 10 万元，流动资产投资为 20 万元。

根据上述资料可计算该项目的有关指标如下。

项目计算期=1+10=11(年)

固定资产投资=220(万元)

固定资产原值=220+10=230(万元)

建设投资=220+15=235(万元)

原始投资=235+20=255(万元)

项目总投资=255+10=265(万元)

二、项目投资的特点

项目投资的特点主要包括以下几点。

(1) 投资金额大。项目投资的企业为了获取投资收益，在新建或改建有关项目时，必须一次性垫支相当数额的资金，以满足企业生产经营活动的需要。

(2) 投资回收期长。项目投资的资产在未来的使用期限内，随着生产的进行，逐渐地、分次地转移到其所生产(经营)的产品或劳务中去，构成产品或劳务成本的一部分；然后，随着产品或劳务价值的实现，从收入中逐渐地、分次地得到补偿，直至全部收回最初垫支的资金。

(3) 变现能力差。项目投资的资产在变现过程中占用的时间较长，如遇意外情况，不能迅速变卖，获取现金，以满足企业对资金的需要。

(4) 投资报酬率高。由于项目投资要冒一定的风险，因此在投资的过程中，投资企业不仅要求获得正常的投资收益，还要求得到一个额外的报酬，也就是“风险报酬额”。它是投资者所冒风险进行投资而获得的额外收益。

任务解析

1. 确定海天公司生产线项目的计算期、建设期和生产经营期

建设期(s)=1(年)

生产经营期(p)=10(年)

项目计算期(n)=s+p=1+10=11(年)

2. 确定海天公司生产线项目的固定资产原值、建设投资、原始投资和项目投资

固定资产原值=1 500+100=1 600(万元)

建设投资=1 500+15=1 515(万元)

原始投资=1 515+30=1 545(万元)

项目总投资=1 545+100=1 645(万元)

任务基础训练

一、单项选择题

1. 某项目的建设期为 2 年，生产经营期为 1 年，已知该项目试产期为 4 个月，则项目的达产期为(　　)。

A. 3 年零 4 个月　　B. 1 年零 4 个月　　C. 1 年零 8 个月　D. 8 个月

2. 下列指标中，反映项目投资总体规模的价值指标的是(　　)。

A. 原始投资总额　　B. 项目总投资　　C. 投资成本　　D. 建设投资

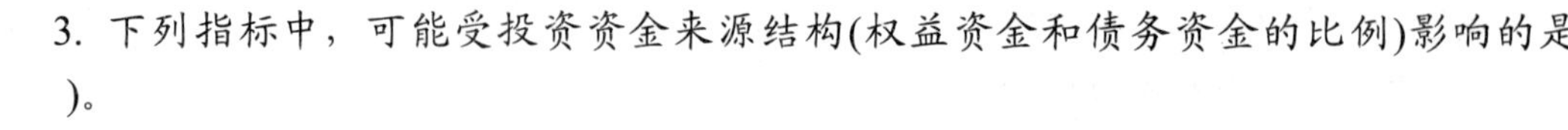

3. 下列指标中，可能受投资资金来源结构(权益资金和债务资金的比例)影响的是(　　)。

A. 原始投资　　B. 固定资产投资　　C. 流动资金投资　D. 项目总投资

二、多项选择题

1. 下列项目中，既属于原始投资，又构成项目总投资内容的有(　　)。

A. 固定资产投资　　B. 无形资产投资　　C. 资本化利息　　D. 垫支流动资金

2. 下列项目中，可以构成建设投资内容的有(　　)。

A. 固定资产投资　　B. 无形资产投资　　C. 流动资金投资　D. 开办费投资

3. 原始投资(　　)。

A. 反映项目所需现实资金的价值指标

B. 等于项目总投资扣除资本化利息

C. 包括固定资产投资、无形资产投资、其他资产投资和流动资金投资

D. 等于为使项目完全达到设计生产能力、开展正常生产经营而投入的全部现实资金

三、判断题

1. 某项投资虽然只涉及一个年度，但同时在该年的年初和年末发生，则该项投资行为从时间特征上看属于分次投入方式。　(　　)

2. 在资金管理中，将以特定项目为对象，直接与新建项目或更新改造项目有关的长期投资行为称为固定资产投资。　(　　)

任务二　计算项目净现金流量

任务要求

本任务要求能够编制投资项目的现金流量表，或者运用简化方式确定投资项目在项目计算期内各年的净现金流量。

任务描述

海天公司 2016 年 9 月引进日本新潟、大日金属等产品技术，拟新建生产线，建设期为 1 年，需要在建设期初一次投资 1 600 万元，用以购置固定资产；项目建设完工需支付商标使用费 15 万元，为维持新生产线运营需投资流动资金 30 万元。生产线预计使用寿命 10 年，按照年限平均法计提折旧，期满预计净残值 100 万元。该流水线投入使用后可使经营期每年增加销售收入 780 万元，每年付现成本增加 400 万元，税金及附加增加 7 万元，该企业适用所得税税率为 25%。

阅读上述资料，分析讨论以下问题：

1. 海天公司的投资项目属于什么投资类别？

2. 如何编制海天公司的这个项目的现金流量表？

3. 如何按照简化计算方法计算该项目各年的净现金流量？

理论认知

一、确定现金流量内容

现金流量是指投资项目在其计算期内因资本循环而发生的各项现金流入和现金流出的数量。现金流量的计算是以收付实现制为基础。这里所使用的现金，是广义的现金，它不仅包括各种货币资金，而且还包括项目需要投入企业拥有的各种非货币资产的变现价值(或重置成本)。例如，一个项目需要使用原有厂房、设备和材料等，则相关的现金流量是指它们的变现价值，而不是其账面价值。

由于项目投资的投入、回收及收益的形成均以现金流量的形式表现，因此在整个项目计算期的各个阶段上都有可能发生现金流量。

1. 现金流入量的内容

现金流入量是指能够使投资方案的现实货币资金增加的项目，简称现金流入。它主要包括以下几种。

(1) 营业收入。营业收入是指项目投产后的生产经营期内实现的销售收入或业务收入，它是生产经营期主要的现金流入量项目。应按项目在生产经营期内有关产品的各年预计单价和预测销售量进行估算。

(2) 补贴收入。补贴收入是指与生产经营期收益有关的政府补贴。例如，按政策退还的增值税、按销量或工作量分期计算的定额补贴和财政补贴等。

(3) 回收的固定资产残值。回收的固定资产残值是指投资项目的固定资产在报废清理时所收回的价值。此项现金流入一般发生在项目计算期最后一年的年末，即发生在项目计算期的终结点。

(4) 回收的流动资金。回收的流动资金是指生产经营期结束时回收的原垫付的全部流动资金，此项现金流入只能发生在项目计算期的终结点。

回收的固定资产残值与回收的流动资金统称为回收额。

(5) 其他现金流入量。其他现金流入量是指除了以上四项指标以外的现金流入量项目。

2. 现金流出量的内容

现金流出量是指能够使投资方案的现实货币资金减少或需要动用现金的项目，简称现金流出。它主要包括以下几种。

(1) 建设投资。建设投资是指在项目建设内所发生的固定资产、无形资产等投资。固定资产投资是所有类型的项目投资在建设期必然会发生的现金流出量，应按项目规模和投资计划所确定的各项建筑工程费用、设备购置费用、安装工程费用和其他费用来估算。

无形资产投资和其他资产投资，应根据需要和可能，逐项按有关资产的评估方法和计价标准进行估算。

(2) 流动资金。流动资金是指在项目投资中发生的用于生产经营期周转使用的营运资金投资。

由于流动资金属于垫付周转资金，因此在理论上，投产第一年所需的流动资金应在项目投产前安排，即第一次应发生在建设期末，以后分次投资则陆续发生在生产经营期内前若干年的年末。为简化计算，我国有关项目建设评估制度假定流动资金投资可从投产第一年开始安排。

(3) 经营成本。经营成本又称付现的经营成本(或简称付现成本)，是指在生产经营期内每年发生的用现金支付的成本，是生产经营阶段主要的现金流出项目。它是当年的总成本费用(含期间费用)扣除该年折旧额、无形资产摊销额、开办费摊销额后的余额。每年的生产经营总成本费用中包含有一部分非现金流出的内容，这些内容虽然也是成本，但不需要动用现实货币资金支付，因此不属于经营成本。

$$\text{某年经营成本}=\text{该年外购原材料燃料和动力费}+\text{该年工资及福利费}+\text{该年修理费}+\text{该年其他费用}$$

或

$$\text{某年经营成本}=\text{该年的总成本费用}-\text{该年折旧额}-\text{该年无形资产和开办费的摊销额}$$

式中，其他费用是指从制造费用、管理费用和营业费用中扣除了折旧费、摊销费、材料费、修理费、工资及福利费以后的剩余部分。

(4) 税金及附加。在项目投资决策中，应按在生产经营期内应交的消费税、土地增值税、资源税、城市维护建设税和教育费附加进行估算。

(5) 所得税。所得税等于税前利润与适用的企业所得税税率的乘积。

(6) 其他现金流出。其他现金流出是指不包括在以上内容中的现金流出项目。

3. 增值税

增值税属于价外税，实践中在估算项目投资现金流量时，可分别采用两种方法进行处理。

第一种方法：销项税额不作为现金流入项目，进项税额和应交增值税也不作为现金流出项目处理。这种方法的优点是比较简单，也不会影响净现金流量的计算，但不利于城市维护建设税和教育费附加的估算。

第二种方法：将销项税额单独列为现金流入量，同时分别把进项税额和应交增值税列为现金流出量。这种方法的优点是有助于城市维护建设税和教育费附加的估算。

二、计算项目净现金流量

净现金流量又称现金净流量，是指在项目计算期内每年现金流入量与现金流出量的差额。它是计算项目投资决策评价指标的重要依据。

在项目计算期的不同阶段都存在净现金流量，由于建设期内发生的主要是投资支出，因此净现金流量一般为负值；而在生产经营期内，净现金流量一般为正值。

(一)净现金流量的理论计算

根据净现金流量的含义，可将其理论计算公式归纳如下。

$$\text{净现金流量}=\text{现金流入量}-\text{现金流出量}$$

或　　　　　　　　$NCF_t=CI_t-CO_t$　$(t=0, 1, 2, \cdots, n)$

式中，NCF_t为第t年净现金流量，CI_t为第t年现金流入量，CO_t为第t年现金流出量。

(二)新建投资项目净现金流量的简化计算

根据项目计算期不同阶段的现金流入量和现金流出量的具体内容，净现金流量的简化计算分建设期和生产经营期。

1. 建设期的净现金流量简化计算

在建设期内，由于没有现金流入，只有现金流出，故其简化公式如下。

建设期某年净现金流量=–该年发生的原始投资额

或　　　　　　　　$NCF_t=-I_t$　$(t=0, 1, 2, \cdots, S, S\geqslant 0)$

式中，I_t为第t年原始投资额，S为建设期年数。

2. 生产经营期的净现金流量简化计算

$$\begin{matrix}\text{生产经营期}\\\text{某年净现金流量}\end{matrix}=\begin{matrix}\text{该年}\\\text{税后利润}\end{matrix}+\begin{matrix}\text{该年}\\\text{折旧额}\end{matrix}+\begin{matrix}\text{该年}\\\text{摊销额}\end{matrix}+\begin{matrix}\text{该年}\\\text{回收额}\end{matrix}$$

【例 4-2】山河企业拟购建一项固定资产，需投资 210 万元，当年投入使用，在建设起点一次投入。该项目寿命期 5 年，按直线法折旧，预计报废净残值为 10 万元。生产经营期每年可获得税前利润 30 万元，所得税税率为 25%。计算该投资项目计算期内各年的净现金流量。

$$\text{固定资产年折旧额}=\frac{\text{固定资产原值}-\text{净残值}}{\text{固定资产使用年限}}=\frac{210-10}{5}=40(\text{万元})$$

编制该项目的净现金流量计算如表 4-3 所示。

表 4-3　净现金流量计算　　　　单位：万元

项目 年份	投　资	税前利润	折　旧	回收残值	所得税	净现金流量
0	−210				0	−210
1		30	40		7.5	62.5
2		30	40		7.5	62.5
3		30	40		7.5	62.5
4		30	40		7.5	62.5
5		30	40	10	7.5	72.5

则项目计算期内各年的净现金流量如下。

$NCF_0=-210$(万元)

$NCF_{1\text{-}4}=30\times(1-25\%)+40=(30-7.5)+40=62.5$(万元)

$NCF_5=30\times(1-25\%)+40+10=(30-7.5)+40+10=72.5$(万元)

【例 4-3】鲁丰公司投资建设一分厂，建设期为 1 年，需要投资额为 405 万元，其中固定资产投资 315 万元，开办费投资 10 万元，流动资金投资 80 万元；固定资产投资、开办

费投资于建设起点投入，流动资金投资于建设完工时投入。该项目的生产经营期为 6 年，按直线法计提折旧，期满有 15 万元的净残值；开办费于投产当年一次摊销完毕。预计投产后第 1、2 年每年税前利润 25 万元，第 3、4 年每年税前利润 50 万元，第 4 至第 6 年每年税前利润 20 万元，所得税税率为 25%。计算该投资项目计算期内各年的净现金流量。

固定资产年折旧额=$\frac{315-15}{6}$=50(万元)

项目计算期内各年的净现金流量计算如表 4-4 所示。

表 4-4　净现金流量计算　　单位：万元

年数＼项目	投　资	税前利润	折　旧	摊　销	回收残值	回收流动资金	所得税	净现金流量
0	−325						0	−325
1	−80						0	−80
2		25	50	10			6.25	78.75
3		25	50				6.25	68.75
4		50	50				12.5	87.5
5		50	50				12.5	87.5
6		20	50				5	65
7		20	50		15	80	5	160

则项目计算期内各年的净现金流量如下。

NCF_0=−325(万元)

NCF_1=−80(万元)

NCF_2=25×(1−25%)+50+10= 78.75(万元)

NCF_3=25×(1−25%)+50= 68.75(万元)

$NCF_{4\text{-}5}$=50×(1−25%)+50= 87.5(万元)

NCF_6=20×(1−25%)+50= 65(万元)

NCF_7=20×(1−25%)+50+15+80= 160(万元)

【例 4-4】昌南公司新建一条生产线，第一年年初投资 90 万元，第二年年初投资 65 万元，建设期 2 年。该生产线使用期 8 年，采用直线法计提折旧，期满有净残值 7 万元。在生产经营期，该生产线每年可为企业增加营业收入 73.5 万元，每年增加付现成本 25 万元。该企业的所得税税率为 25%。计算该投资项目计算期内各年的净现金流量。

固定资产原值=90+65=155(万元)

固定资产年折旧额$=\frac{155-7}{8}=$18.5(万元)

年税前利润=营业收入−总成本费用=73.5−(25+18.5)=30(万元)

项目计算期内各年的净现金流量计算如表 4-5 所示。

表 4-5　净现金流量计算　　单位：万元

年数＼项目	投　资	税前利润	折　旧	回收残值	所得税	净现金流量
0	−90				0	−90
1	−65				0	−65
2	0				0	0
3		30	18.5		7.5	41
4		30	18.5		7.5	41
5		30	18.5		7.5	41
6		30	18.5		7.5	41
7		30	18.5		7.5	41
8		30	18.5		7.5	41
9		30	18.5		7.5	41
10		30	18.5	7	7.5	48

则项目计算期内各年的净现金流量如下。

NCF_0=−90(万元)，NCF_1=−65(万元)，NCF_2=0

$NCF_{3\text{-}9}$=30×(1−25%)+18.5=41(万元)

NCF_{10}=30×(1−25%)+18.5+7=48(万元)

任务解析

1．海天公司投资项目类别

海天公司的项目投资属于新建项目中的完整工业项目，因为该项投资涉及固定资产投资、无形资产投资和流动资金投入。

2．编制海天公司固定资产投资项目现金流量表

海天公司固定资产投资项目现金流量如表 4-6 所示。

表 4-6　海天公司固定资产投资项目现金流量　　单位：万元

项　目	建设期		生产经营期					
	0	1	2	3	…	9	10	11
1. 现金流入：			780	780		780	780	910
营业收入			780	780	…	780	780	780
固定资产残值					…			100
回收流动资金								30
2. 现金流出：	1 600	45	407	407		407	407	407
建设投资	1 600	15			…			
流动资产投资		30						

续表

项 目	建设期		生产经营期					
	0	1	2	3	…	9	10	11
付现成本			400	400	…	400	400	400
税金及附加			7	7	…	7	7	7
3. 所得税			5.38	55.38	…	55.38	55.38	55.38
4. 净现金流量(NCF_t)	−1 600	−45	317.62	317.62	…	317.62	317.62	447.62

3. 按照简化计算方法计算该项目各年的净现金流量

(1) 项目计算期=1+10=11(年)
(2) 固定资产原值=1 600(万元)
(3) 固定资产年折旧额=(1 600−100)÷10=150(万元)
(4) 年摊销额=15÷10=1.5(万元)
(5) 经营期每年总成本费用增加额=400+150+1.5=551.5(万元)
(6) 经营期税前利润=780−551.5−7=221.5(万元)
(7) 经营期所得税=221.5×25%=55.38(万元)
(8) 经营期税后利润=221.5−55.38=166.12(万元)

净现金流量简化计算如下。

NCF_0=−1 600 万元

NCF_1=−15−30=−45(万元)

$NCF_{2\text{-}10}$=166.12+150+1.5=317.62(万元)

NCF_{11}=317.62+100+30=447.62(万元)

由此可见，两种计算方法的结果完全一致。

理论延伸

更新改造项目净现金流量的估算原理与新建项目相同，但需要注意以下几点：①项目计算期由旧设备可继续使用的年限决定，不取决于新设备的使用年限；②更新改造项目所估算出来的净现金流量是增量，即差量净现金流量(ΔNCF_t)；③建设起点的原始投资额应考虑旧资产可能发生的变价净收入，并以此作为确定折旧的依据，即更新改造项目某年增加的原始投资额是该年发生的新固定资产投资与旧固定资产变价净收入之差额；④需要考虑处置旧资产损失对所得税税额的影响，因旧固定资产提前报废发生净损失而抵减的所得税税额的计算公式如下。

$$\text{因旧固定资产提前报废发生净损失而抵减的所得税税额}=\text{旧固定资产清理净损失}\times\text{适用企业所得税税率}$$

那么，旧固定资产提前报废发生净损失而抵减的所得税税额如何影响更新改造项目的净现金流量呢？

如果更新改造项目的建设期为0，在计算净现金流量时，因旧固定资产提前报废发生净损失而抵减的所得税税额增加经营期第一年年末的现金流量；如果更新改造项目的建设期不为 0，在计算净现金流量时，因旧固定资产提前报废发生净损失而抵减的所得税税额则增加建设期期末的现金流量。

【例 4-5】某企业计划变卖一套尚可使用 5 年的旧设备，另购置一套新设备来替换它。取得新设备的投资额为 18 万元，旧设备的折余价值为 9 万元，其变价净收入为 8 万元，到第 5 年年末新设备与继续使用旧设备的预计净残值相等。新旧设备的替换将在当年内完成(更新设备的建设期为零)。使用新设备可使企业在第一年增加营业收入 5 万元，增加经营成本 2.5 万元；从第 2 至第 5 年每年增加营业收入 6 万元，增加营业成本 3 万元。设备采用直线法计提折旧。企业所得税税率为 25%。计算该更新改造项目的项目计算期内各年的差量净现金流量。

$$\text{更新设备比继续使用旧设备增加的投资额}=\text{新设备的投资}-\text{旧设备的变价净收入}=18-8=10(\text{万元})$$

$$\text{经营期第 1 至第 5 年每年因增加更新改造而增加的折旧}=\frac{10}{5}=2\,(\text{万元})$$

$$\text{经营期第1年不包括财务费用的总成本费用的变动额}=\text{该年增加的经营成本}+\text{该年增加的折旧}=2.5+2=4.5\,(\text{万元})$$

$$\text{经营期第2至第5年每年不包括财务费用的总成本费用的变动额}=3+2=5\,(\text{万元})$$

$$\text{因旧设备提前报废发生净损失而抵减的所得税税额}=(9-8)\times25\%=0.25(\text{万元})$$

经营期第 1 年息税前利润的变动额=5−4.5=0.5(万元)

经营期第 2 至第 5 年息税前利润的变动额=6−5=1(万元)

该更新改造项目的项目计算期内各年的差量净现金流量如下。

$\Delta NCF_0=-(18-8)=-10$(万元)

$\Delta NCF_1=0.5\times(1-25\%)+2+0.25=2.625$(万元)

$\Delta NCF_{2\text{-}5}=1\times(1-25\%)+2=2.75$(万元)

任务基础训练

一、单项选择题

1. 下列项目中，属于非付现成本的是(　　)。

   A. 支付工资　B. 垫支流动资金　C. 支付材料款　D. 计提固定资产折旧

2. 下列各项中，不属于投资项目现金流出量内容的是(　　)。

   A. 固定资产投资　B. 折旧与摊销　C. 无形资产投资　D. 经营成本

3. 项目投资中的回收额是指(　　)。

   A. 回收流动资金　B. 回收固定资产残值

   C. 回收物料残值　D. 回收流动资金与回收固定资产残值之和

4. 某企业投资方案 A 的年营业收入为 180 万元，年总成本费用为 120 万元，其中折旧为 20 万元，所得税税率为 25%，则该方案生产经营期的年净现金流量为(　　)。

   A. 42 万元　B. 65 万元　C. 60 万元　D. 48 万元

二、多项选择题

1. 以生产经营期某年的总成本费用为基础计算该年经营成本时，应予扣减的项目包括(　　)。

A. 该年的折旧　　B. 该年的开办费摊销

C. 该年的设备买价　　D. 该年的无形资产摊销

2. 下列各项中，属于投资项目现金流入内容的有(　　)。

A. 营业收入　　B. 折旧　　C. 补贴收入　　D. 回收流动资金

3. 下列各项中，属于项目投资现金流出量的有(　　)。

A. 建设投资　　B. 垫支的流动资金　　C. 经营成本　　D. 该年的无形资产摊销

4. 在生产经营期的任何一年中，该年的净现金流量等于(　　)。

A. 原始投资额的负值

B. 建设投资与流动资金投资之和

C. 该年现金流入与现金流出之差

D. 该年净利润、折旧、摊销额和回收额之和

5. 某投资项目按照简化公式计算建设期某年的净现金流量时，要考虑的因素有(　　)。

A. 该年的税后利润　　B. 该年的折旧

C. 该年固定资产投资　　D. 该年的开办费投资

6. 当新建项目的建设期不为0时，建设期内各年的净现金流量可能(　　)。

A. 小于0　　B. 等于0　　C. 大于0　　D. 无法判断

三、判断题

1. 如果原始投资是在建设期开始一次投入的，且建设期等于零，则建设期净现金流量就是原始投资额。(　　)

2. 在确定项目的经营成本时，由于设备的折旧费未实际支出，所以不考虑。(　　)

3. 若假定在生产经营期不发生提前回收流动资金，则在终结点回收的流动资金应等于各年垫支的流动资金投资额的合计数。(　　)

4. 折旧属于非付现成本，不会影响企业的净现金流量。(　　)

四、计算分析题

1. 训练资料

(1) 华大公司的一工业项目需要原始投资125万元，其中固定资产投资100万元，开办费投资5万元，流动资产投资20万元。建设期1年，固定资产投资和开办费投资于建设起点投入，流动资金于完工时投入。该项目寿命期10年，按直线法计提折旧，期满有10万元净残值；开办费于投产当年一次摊销完毕。投产后每年税前利润为25万元，所得税税率为25%。

(2) 萌生公司新建一条生产线，需要投资310万元，建设期2年，投资在建设起点一次投入。该生产线使用期6年，采用直线法计提折旧，期满有净残值10万元。在生产经营期，该生产线每年可为企业增加营业收入120万元，每年增加付现营业成本60万元。公司所得税税率为25%。

(3) 壹通公司拟在 2017 年年初购买一部设备，该设备需要投资 160 万元。该设备无建设期，设备寿命期 10 年，按直线法计提折旧，期满有 10 万元净残值。设备投产后每年可为公司增加净利润 30 万元。

(4) 申通公司拟在 2008 年年末购置一套新设备，以替换一套尚可使用 5 年、折余价值为 91 000 元、变价净收入为 80 000 元的旧设备。取得新设备的投资额为 285 000 元，需要 1 年的安装期。到 2014 年年末，新设备的预计净残值超过继续使用旧设备的预计净残值 5 000 元。使用新设备可使企业在 5 年内每年增加息税前利润 10 000 元。新旧设备均采用直线法计提折旧，所得税税率为 25%。假设折旧方法和预计净残值的估计均与税法的规定相同。

2. 训练要求

(1) 根据资料(1)、(2)、(3)计算项目计算期内各年的净现金流量。

(2) 根据资料(4)计算项目计算期内各年的差量净现金流量。

任务三　选择项目投资评价指标

任务要求

本任务要解决的问题是计算投资利润率、静态投资回收期、净现值、净现值率、获利指数、内部收益率等项目投资评价指标，并运用评价指标对投资项目进行财务可行性分析。

任务描述

承接本项目任务二任务解析中海天公司项目投资案例，以其产生的生产经营期税后利润和净现金流量为数据依据，该项目企业要求的最低收益率为 10%。生产经营期每年净利润为 166.12 万元。每年的净现金流量有关资料如表 4-7 所示。

表 4-7　该项投资净现金流量有关资料　　单位：万元

项　目	建设期		生产经营期					
	0	1	2	3	…	9	10	11
净现金流量(NCF_t)	−1 600	−45	317.62	317.62	…	317.62	317.62	447.62

阅读上述资料，分析讨论以下问题：

1. 计算海天公司该投资方案的投资利润率、投资回收期、净现值、内部收益率。
2. 综合利用上述指标对该项投资方案进行财务可行性分析。

理论认知

项目投资评价指标按是否考虑资金时间价值，可以分为非折现评价指标和折现评价指标两大类。所谓非折现评价指标，就是在计算过程中不考虑资金时间价值因素的指标，又称为静态指标，包括投资利润率和静态投资回收期。所谓折现评价指标，就是在计算过程中考虑资金时间价值因素的指标，又称动态指标，包括净现值法、净现值率法、获利指数法、内部收益率法。

非折现评价指标没有考虑资金时间价值，因此计算简单，便于理解；折现评价指标考虑了资金时间价值，虽然计算稍微复杂，但更贴近实际，更为科学合理。

一、分析非折现评价指标

(一)投资利润率

投资利润率又称投资报酬率(记作 ROI)，是指达产期正常年度年利润或年平均利润占项目总投资的百分比。这个指标越高，说明投资方案的获利能力越强。其计算公式如下。

$$\text{投资利润率}=\frac{\text{年平均利润(达产期年利润)}}{\text{项目总投资}}\times100\%$$

在采用投资利润率进行决策分析时，应先确定企业所希望达到的预期报酬率，再计算投资项目的投资利润率，若投资项目的利润率达到或超过预期报酬率，则投资项目可行；反之，则不可行。在多投资项目决策时，如果有两个或两个以上投资项目的投资利润率均超过了预期报酬率，则选择投资利润率最高的项目。

【例 4-6】西江公司准备购买一条生产线，需投资 500 000 元，预期利润如表 4-8 所示。该企业希望达到的年投资利润率为 10%。

表 4-8　预期利润　　单位：元

年　数	1	2	3	4	5
利　润	65 000	78 000	86 000	80 000	66 000

要求计算该项目年投资利润率，并分析该项目的可行性。

根据资料计算如下。

年平均利润额=(65 000+78 000+86 000+80 000+66 000)÷5=75 000(元)

$$\text{年投资利润率}=\frac{75\ 000}{500\ 000}\times100\%=15\%$$

该方案年投资利润率为 15%，大于企业期望的年投资利润率 10%，因此该项目可行。

(二)静态投资回收期

静态投资回收期简称回收期，是指收回原始投资所需要的时间，也就是用投资项目生产经营期净现金流量抵偿原始总投资所需要的全部时间。该指标以年为单位，包括两种形式：一种是包括建设期的投资回收期(记作 PP)，另一种是不包括建设期投资回收期(记作 PP′)。在建设期为 s 时，PP′ +s=PP。一般来说，投资回收期越短，投资项目的风险越小；反之，则越大。

在采用静态投资回收期进行投资分析时，应先计算投资项目的回收期；然后将投资项目的回收期与企业预期的回收期相比较，若投资项目的回收期小于期望回收期，则投资项目可行；反之，则投资项目不可行。如果有两个或两个以上的投资项目均可行的话，应选择回收期最短的项目。

1．生产经营期每年净现金流量相等时的静态投资回收期计算方法

当投资方案的生产经营期每年的净现金流量相等时，投资回收期的计算公式如下。

$$\text{不包括建设期的投资回收期}=\frac{\text{原始投资额}}{\text{年净现金流量}}$$

$$\text{包括建设期的投资回收期}=\text{不包括建设期的投资回收期}+\text{建设期}$$

即
$$PP=PP'+s$$

当生产经营期各年净现金流量除了最后一年外均相等时，可把此种情况看成各年净现金流量相等，由于补偿原始投资是从前到后依次进行的，最后一年因有残值，所以与前几年不等，但对计算投资回收期没有影响。

【例 4-7】南湖公司的一项投资项目建设期为 1 年，生产经营期为 10 年，该项目各年净现金流量如表 4-9 所示。

表 4-9　投资项目各年净现金流量　　单位：万元

年　数	0	1	2	3	4	5	6	7	8	9	10	11
NCF_t	−420	0	85	85	85	85	85	85	85	85	85	105

要求运用静态投资回收期法计算该项目的投资回收期。

根据资料计算如下。

不包括建设期的投资回收期=420÷85≈ 4.94(年)

包括建设期的投资回收期=4.94+1=5.94(年)

2．生产经营期每年净现金流量不相等时的静态投资回收期计算方法

当生产经营期各年净现金流量不相等时，就不能采用前面所介绍的公式进行计算了。这种情况下，先计算累计净现金流量，当累计净现金流量为 0 时，此年限即为投资回收期；当累计净现金流量无法直接找到 0 时，可利用相邻的正值和负值，用插值法计算静态投资回收期。

【例 4-8】晋东公司的一项投资有甲、乙两个方案可供选择，两个方案每年的净现金流量如表 4-10 所示。该企业期望的投资回收期为 4.5 年(含建设期)。

表 4-10　投资项目各年净现金流量　　单位：万元

方案＼年数	0	1	2	3	4	5	6	7
甲方案各年净现金流量	−500	0	120	180	200	200	190	180
乙方案各年净现金流量	−500	0	150	200	200	180	180	160

要求利用静态投资回收期法选择最优方案。

根据资料计算甲、乙两个方案累计的净现金流量如表 4-11 所示。

表 4-11　投资项目累计净现金流量　　单位：万元

方案 \ 年数		0	1	2	3	4	5	6	7
甲方案	NCF_t	−500	0	120	180	200	200	190	180
	$\sum NCF_t$	−500	−500	−380	−200	0	200	390	570
乙方案	NCF_t	−500	0	150	200	200	180	180	160
	$\sum NCF_t$	−500	−500	−350	−150	50	230	410	570

从表 4-11 中可知，甲方案在第 4 年的累计净现金流量为 0，即

甲方案包括建设期的投资回收期=4(年)

乙方案包括建设期的投资回收期$=3+\dfrac{150}{200}=3.75$(年)

甲、乙两个方案的投资回收期均小于企业期望的投资回收期，因此两个方案均是可行的。但是乙方案的投资回收期较短，所以乙方案是最优方案。

静态投资回收期法简便，易于采用，在一定程度上反映了投资项目的风险程度。但是没有考虑资金时间价值，没有考虑回收期满后继续发生的净现金流量的变化情况，忽视了投资项目的获利能力。

二、分析折现评价指标

(一)净现值

净现值是指在项目计算期内，投资项目各年净现金流量现值的代数和，也就是生产经营期各年净现金流量的现值与投资额的现值之间的差额，记作 NPV。净现值的基本计算公式如下。

净现值=项目计算期内各年净现金流量的现值之和

即

$$\text{NPV}=\sum_{t=0}^{n}\text{NCF}_t\times(P/F,i_c,t)$$

式中，i_c为该项目的设定折现率，$(P/F,i_c,t)$为第 t 年折现率 i_c 的复利现值系数。

净现值指标越大，说明投资项目的效益越好；该指标越小，说明投资项目的效益越差。因此，只有当投资项目的净现值≥0 时，投资项目才可以接受，否则只能拒绝投资项目。当两个或两个以上投资项目的净现值均≥0 时，应选择净现值最大的投资项目。

【例 4-9】粤北公司的一项固定资产投资，建设期 2 年，贴现率为 10%，所得税税率为 25%，其他有关数据如表 4-12 所示。

表 4-12　投资项目各年净现金流量　　单位：万元

年　数	0	1	2	3	4	5	6	7
NCF_t	−110	−50	0	60	67.5	82.5	75	77.5

要求计算该投资项目的净现值。

根据资料计算如下。

净现值(NPV)= [60×(P/F, 10%, 3)+67.5×(P/F, 10%, 4)+82.5×(P/F, 10%, 5)+75×(P/F, 10%, 6)+77.5×(P/F, 10%, 7)]−[110+50×(P/F, 10%, 1)]

=(60×0.751 3+67.5×0.683 0+82.5×0.620 9+75×0.564 5+77.5×0.513 2)−(110+50×0.909 1)

=224.515−155.455=69.06(万元)

净现值法的优点：①充分考虑了资金时间价值，增强了投资经济性的评价；②项目计算期内的全部净现金流量都被列入了计算范畴，避免了投资回收期法的缺点。

净现值法的缺点：①此法只能用于各方案投资额相等时的比较，在投资额不相等的情况下，不同方案之间的净现值不具有可比性；②由于计算净现金流量所使用的折现率是设定的，不是项目本身的实际报酬率，因而净现值指标不能反映项目实际的收益水平。

(二)净现值率

净现值率是指投资项目的净现值占原始投资现值总和的百分比，记作 NPVR。其计算公式如下。

$$净现值率=\frac{投资项目净现值}{原始投资现值}\times100\%$$

【例 4-10】承接例 4-8 中的数据，计算其净现值率。

净现值(NPV)=69.06(万元)

原始投资现值=110+50×0.909 1=155.455(万元)

$$净现值率(NPVR)=\frac{69.06}{155.455}\times100\%\approx44.42\%$$

当投资项目的净现值率≥0 时，投资项目才可以接受，否则只能拒绝投资项目。当两个或两个以上投资项目的净现值率均≥0 时，应选择净现值最大的投资项目。

净现值率法的优点是当项目投资额不相等时，可用净现值率确定投资方案的优劣。其缺点是无法直接反映投资项目的实际收益率。

(三)获利指数

获利指数又称现值指数，是指在项目计算期内现金流入量的现值之和与现金流出量的现值之和的比率，记作 PI。其计算公式如下。

$$获利指数=\frac{经营期各年净现金流量的现值之和}{原始投资现值之和}$$

当原始投资在建设期内全部投入时，获利指数与净现值率有如下关系。

$$获利指数=1+净现值率$$

即

$$PI=1+NPVR$$

采用获利指数评价投资方案时，只有当获利指数≥1 时，投资方案才可行。当几个方案的获利指数均≥1 时，那么获利指数越大，投资方案越好。当投资方案的获利指数小于 1 时，表明投资方案将出现亏损。

【例 4-11】仍承接例 4-8 中的数据，计算其获利指数。

生产经营期各年净现金流量的现值之和=224.515(万元)

原始投资现值之和=155.455(万元)

获利指数=$\dfrac{224.515}{155.455}\approx 1.44$　　或　$PI=1+44.42\%\approx 1.44$

获利指数法的优点是在投资额不同时，可以评价投资方案的优劣。其缺点是除了无法直接反映投资项目的实际收益率外，计算也较复杂。

(四)内部收益率

内部收益率又称内含报酬率，是指投资方案实际可望达到的报酬率，它是在生产经营期各年净现金流量的现值正好等于投资额的现值的假设下所求出的折现率，也就是使投资项目的净现值等于 0 时的折现率，记作 IRR。IRR 满足下列等式。

$$\text{NPV}=\sum_{t=0}^{n}\text{NCF}_t\times(P/F,\text{IRR},t)=0$$

内部收益率是一个相对数正指标，采用这一指标进行决策分析时，如果投资方案的内部收益率大于资金成本或基准收益率，则该方案为可行方案；如果投资方案的内部收益率小于资金成本或基准收益率，则该方案为不可行方案。

内含报酬率的计算方法有两种，一种是根据计算的年金现值系数求得内部收益率，另一种是采用逐次测试的方法计算内部收益率。

(1) 全部投资于建设起点一次投入，建设期为 0，投产后每年净现金流量相等，则按下列步骤计算。

① 计算年金现值系数如下。

$$年金现值系数=\frac{原始投资额}{每年净现金流量}$$

即

$$(P/A,\text{IRR},n)=\frac{I}{\text{NCF}}$$

② 根据计算出来的年金现值系数，查年金现值系数表，若能直接查到上面所计算的年金现值系数，其对应的折现率即为内部收益率。

③ 若在年金现值系数表上找不到上面计算出来的折现率，则可利用年金现值系数表上同期略大和略小的两个年金现值系数及对应的折现率(按照有关规定，两个折现率之间的差不得大于 5%)，然后用插值法求出投资项目的内部收益率。

【例 4-12】星海公司的一项投资项目在建设起点一次性投资 307 230 元，当年完工并投产，生产经营期 10 年，每年的净现金流量 50 000 元。要求计算该项目的内部收益率。

根据资料计算如下。

年金现值系数=$\dfrac{307\ 230}{50\ 000}$=6.144 6

查年金现值系数表，在 n=10 年的这一行中，找到年金现值系数为 6.1446，其对应的折现率为 10%，因此投资项目的内部收益率为 10%。

【例 4-13】德中公司欲进行一项固定资产投资，于建设期起点一次性投入 1 530 万元，无建设期，生产经营期 12 年，该投资项目资金成本率为 10%，每年的净现金流量为 300 万元。要求用内部收益率法判断该项目是否可行。

根据资料计算如下。

$$年金现值系数=\frac{1\,530}{300}=5.1$$

查年金现值系数表，无法直接查到 5.1，采用插值法计算内部收益率。

$$投资项目的内部收益率=16\%+\frac{5.197\,1-5.1}{5.197\,1-4.793\,2}\times(18\%-16\%)\approx 16.48\%$$

该项目的内部收益率 16.48%大于资金成本率 10%，因此该投资项目可行。

(2) 如果投资是分次投入或建设期不为 0 或每年的净现金流量不相等，则需要按下列步骤计算。

① 先预估一个折现率，并按此折现率计算净现值。若净现值=0，则此折现率即为内部收益率；若净现值>0，则表明预估的折现率小于该投资项目实际内部收益率，应提高折现率，再进行测算；若净现值<0，则表明预估的折现率大于该投资项目实际内部收益率，应降低折现率，再进行测算。经过如此反复测算，找出一正一负并且最接近于 0 的两个净现值，得到其对应的两个折现率。

② 根据上述得到的两个折现率，用插值法计算出投资项目的内部收益率。

【例 4-14】清溪企业的一项投资项目，资金成本率为 9%，投资分两次投入，建设期 2 年，生产经营期 5 年，各年净现金流量如表 4-13 所示。

表 4-13　投资方案每年净现金流量　　单位：万元

年　数	0	1	2	3	4	5	6	7
NCF_t	−300	−260	0	150	180	230	230	210

要求利用内部收益率法评价该项目是否可行。

根据资料计算如下。

先设折现率为 10%，计算其净现值如下。

净现值=[150×(*P*/*F*, 10%, 3)+180×(*P*/*F*, 10%, 4)+230×(*P*/*F*, 10%, 5)+230×(*P*/*F*, 10%, 6)+210×(*P*/*F*, 10%, 7)]−[300+260×(*P*/*F*, 10%, 1)]

=(150×0.751 3+180×0.683+230×0.620 9+230×0.564 5+210×0.513 2)−(300+260×0.909 1)

≈79.68(万元)

为使净现值更接近于 0，应提高折现率，再设折现率为 12%，则计算其净现值如下。

净现值=[150×(*P*/*F*, 12%, 3)+180×(*P*/*F*, 12%, 4)+ 230×(*P*/*F*, 12%, 5)+230×(*P*/*F*, 12%, 6)+210×(*P*/*F*,12%,7)]−[300+260×(*P*/*F*,12%, 1)]

=(150×0.711 8+180×0.635 5+230×0.5674+230×0.506 6+210×0.452 3)−(300+260×0.892 9)

≈31.01(万元)

再假设折现率为 14%, 则计算其净现值如下。

净现值=[150×(*P*/*F*, 14%, 3)+180×(*P*/*F*, 14%, 4)+230×(*P*/*F*, 14%, 5)+230×(*P*/*F*, 14%, 6)+210×(*P*/*F*, 14%, 7)]−[300+260×(*P*/*F*, 14%, 1)]

$=(150\times0.675+180\times0.592\ 1+230\times0.519\ 4+230\times0.455\ 6+210\times0.399\ 6)-(300+260\times0.877\ 2)$

≈ -12.08(万元)

经过测试可知，该项目的内部收益率为 12%～14%，用插值法计算其具体的内部收益率如下。

$$投资项目的内部收益率=12\%+\frac{31.01-0}{31.01-(-12.08)}\times(14\%-12\%)\approx 13.44\%$$

投资项目的内部收益率为 13.44%，高于 9%的资金成本率，因此该项目是可行的。

由于更新改造项目的净现金流量是差量的净现金流量，因此计算更新改造项目的内部收益率应该是差量的内部收益率，称为差额内部收益率，记作ΔIRR。当差额内部收益率指标大于或等于基准收益率或设定折现率时，应当进行更新改造；反之，则不应当进行更新改造。

【例 4-15】 某更新改造项目的差额净现金流量如例 4-10 所示，即$\Delta NCF_0=-10$ 万元，$\Delta NCF_1=2.63$ 万元，$\Delta NCF_{2-5}=2.75$ 万元，行业基准收益率为 8%。要求通过计算差额内部收益率，说明该设备是否应当更新。

根据资料计算如下。

先设$\Delta i=10\%$，$\Delta NPV=-10+2.63\times(P/F, 10\%, 1)+275\times(P/A, 10\%, 4)\times(P/F, 10\%, 1)$

$=-10+2.63\times0.909\ 1+2.75\times3.169\ 9\times0.909\ 1\approx 0.31$(万元)

再设$\Delta i=12\%$，$\Delta NPV=-10+2.63\times(P/F, 12\%, 1)+2.75\times(P/A, 12\%, 4)\times(P/F, 10\%, 1)$

$=-10+2.63\times0.892\ 9+2.75\times3.037\ 3\times0.892\ 9=-0.20$(万元)

$$则\Delta IRR=10\%+\frac{0.31-0}{0.31-(-0.2)}\times(12\%-10\%)\approx 11.22\%$$

因为$\Delta IRR=11.22\%>i_c=8\%$，所以应当更新设备。

(五)净现值、净现值率、获利指数与内部收益率之间的关系

四个指标均是折现的项目投资决策评价指标，它们之间的关系如下。

若净现值>0，则净现值率>0，获利指数>1，内部收益率>资金成本；

若净现值=0，则净现值率=0，获利指数=1，内部收益率=资金成本；

若净现值<0，则净现值率<0，获利指数<1，内部收益率<资金成本。

此外，净现值率的计算需要在已知净现值的基础上进行，内部收益率在计算时也需要利用净现值的计算和形式。只是净现值为绝对数指标，其余为相对数指标，计算净现值、净现值率和获利指数所使用的折现率均是事先已知的，而内部收益率的计算与折现率的高低无关。

任务解析

1．计算海天公司投资项目的利润率、投资回收期、净现值和内部收益率

(1) 海天公司该项投资方案的投资利润率=166.12÷1 645×100%≈ 10.10%

(2) 由于该方案每年的投资回收金额相等，故

投资回收期(PP′)=1 645÷317.62≈5.18(年)

包括建设期的投资回收期=1+5.18=6.28(年)

(3) 若 i=10%，则

NPV=−1 600−45×(P/F,10%,1)+317.62×(P/A,10%,9)×(P/F,10%,1)+447.62×(P/F,10%,11)

=−1 600−45×0.909 1+317.62×5.759×0.909 1+447.62×0.350 5=178.88(万元)

(4) 若 i=12%，则

NPV=−1 600−45×(P/F,12%,1)+317.62×(P/A,12%,9)×(P/F,12%,1)+447.62×(P/F,12%,11)

=−1 600−45×0.892 9+317.62×5.328 2×0.892 9+447.62×0.287 5≈ −0.4(万元)

内部收益率 IRR=10%+178.88÷(178.88+0.4)×2%≈ 11.996%

2．分析海天公司投资项目的财务可行性

根据上述计算结果对该项目进行财务分析：该项目内部收益率为 11.996%，大于企业要求的最低收益率 10%；项目净现值为 178.88 万元，大于 0；包括建设期的投资回收期为 6.18 年，大于项目计算期的一半(5 年)；投资利润率为 10.10%，大于最低收益率 10%。综合评价可知，本项目具有一定的经济效益，同时具有一定的抗风险能力和市场竞争力。因此，可断定该项目具有财务可行性。

任务基础训练

一、单项选择题

1. 如果投资方案的内部收益率(　　)其资金成本率，则该方案为不可行方案。

A. 大于　B. 等于　C. 小于　D. 不小于

2. 已知某投资项目按 14%的折现率计算的净现值大于零，按 16%的折现率计算的净现值小于零，则该项目的内部收益率肯定(　　)。

A. 大于 14%，小于 16%　B. 小于 14%　C. 等于 15%　D. 大于 16%

3. 如果一个投资方案的净现值为正数，说明该方案(　　)。

A. 投资回收期在 1 年之内　B. 获利指数大于 1

C. 投资利润率高于 100%　D. 净现值率小于 0

4. 包括建设期的投资回收期恰好是(　　)。

A. 净现值为零的年限　B. 净现金流量为零的年限

C. 累计净现金流量为零的年限　D. 累计净现值为零的年限

5. 下列指标中，没有直接利用净现金流量的是(　　)。

A. 净现值率　B. 现值指数　C. 内含报酬率　D. 投资利润率

6. 若某投资项目的建设期为 0，则直接利用年金现值系数计算该项目内部收益率指标所要求的前提条件是(　　)。

A. 投产后净现金流量为普通年金形式　B. 投产后净现金流量为递延年金形式

C. 投产后各年的净现金流量不相等　D. 在建设起点没有发生任何投资

7. 全部投资均于建设期起点一次投入，建设期为 0，投产后每年净现金流量相等的条件下，为计算内部收益率所求得年金现值系数的数值应等于该项目的(　　)。

A. 净现值的数值　　B. 净现值率的数值

C. 静态投资回收期的值　　D. 投资利润率的值

8. 下列长期投资决策评价指标中，其计算结果不受建设期的长短、资金投入方式、回收额的有无以及净现金流量的大小等条件影响的是(　　)。

A. 投资利润率　　B. 投资回收期　　C. 内部收益率　　D. 净现值率

9. 下列决策评价指标中，其数值越小越好的指标是(　　)。

A. 净现值率　　B. 投资回收期　　C. 内部收益率　　D. 投资利润率

10. 当贴现率与内含报酬率相等时(　　)。

A. 净现值大于0　　B. 净现值等于0

C. 净现值小于0　　D. 净现值无法确定

二、多项选择题

1. 下列长期决策评价指标体系中，需要以已知的行业基准折现率作为计算依据的有(　　)。

A. 净现值率　　B. 获利指数　　C. 内部收益率　　D. 投资利润率

2. 如果其他因素不变，一旦折现率提高，下列指标中将会变小的有(　　)。

A. 内含报酬率　　B. 净现值　　C. 净现值率　　D. 现值指数

3. 如果一投资项目NPV=0，则下列说法中正确的有(　　)。

A. 该投资项目的获利指数等于1

B. 该投资项目的净现值率等于0

C. 该投资项目的内含报酬率等于设定的折现率

D. 该投资项目的投资利润率为0

4. 采用净现值法评价项目可行性时，所采用的折现率通常有(　　)。

A. 投资项目的资金成本率　　B. 投资的机会成本率

C. 行业的平均资金收益率　　D. 投资项目的内部收益率

5. 在下列项目投资的评价指标中，不需要设定折现率的指标有(　　)。

A. 净现值率　　B. 投资利润率　　C. 获利指数　　D. 内部收益率

6. 在下列项目投资的评价指标中，属于动态指标的有(　　)。

A. 内含报酬率　　B. 净现值　　C. 净现值率　　D. 投资回收期

三、判断题

1. 投资利润率的计算结果不受建设期的长短、资金的投入方式以及回收额的有无等条件的影响。　(　　)

2. 在项目投资决策中，内部收益率的计算本身与项目的设定折现率的高低无关。(　　)

3. 投资回收期既考虑了整个回收期内的现金流量，又考虑了货币的时间价值。　(　　)

4. 投资利润率是反映投资项目年利润或年平均利润与投资总额的比率。　(　　)

5. 不考虑时间价值的前提下，投资回收期越短，投资获利能力越强。　(　　)

6. 进行项目投资评价时，如果某一个方案的净现值比较大，那么该方案内部收益率也一定较高。 (　　)

7. 一项投资项目的净现值小于 0，则该项目的获利指数也小于 0。 (　　)

8. 比较任何两个投资项目时，净现值较大的方案较优。 (　　)

9. 当对多个投资项目进行比较，不论投资额是否相等，均可以采用净现值率或现值指数评价方案的优劣。 (　　)

10. 采用获利指数评价投资方案时，只有当获利指数≥0，投资方案才可行。 (　　)

四、计算分析题

1. 训练资料

(1) 已知某长期投资项目建设期净现金流量 $NCF_0=-500$ 万元，$NCF_1=-500$ 万元，$NCF_2=0$，经营期第 3 至第 12 年的经营净现金流量 $NCF_{3-12}=200$ 万元，第 12 年年末的回收额为 100 万元。

(2) 某长期投资项目累计的净现金流量资料如表 4-14 所示。

表 4-14　项目计算期累计净现金流量　　单位：万元

年　数	0	1	2	3	…	6	7	…	15
累计净现金流量	−100	−200	−200	−180	…	−20	20	…	500

(3) 蓝海企业拟建一项固定资产，需投资 200 万元，按直线法计提折旧，寿命期 10 年，期末有 10 万元的净残值。该项目于当年投产，预计每年可获得税前利润 20 万元。假定该项目的折现率为 10%，所得税税率为 25%。

(4) 天木公司投资建设一项目，有三个投资方案可供选择，有关数据如表 4-15 所示。

表 4-15　投资方案每年净现金流量　　单位：元

年数＼方案	A 方案	B 方案	C 方案
0	−20 000	−20 000	−20 000
1	8 800	6 200	9 000
2	9 240	9 000	9 000
3	5 000	6 000	9 000

(5) 新华公司的一项投资项目需要原始投资 2 030 万元，其中固定资产投资 1 800 万元，开办费投资 30 万元，流动资产投资 200 万元。建设期 1 年，固定资产投资和开办费投资于建设起点投入，流动资金于完工时投入。该项目寿命期 10 年，按直线法计提折旧，期满有 50 万元净残值；开办费于投产当年一次摊销完毕。投产后每年净利润 305 万元，所得税税率为 25%。该项目的资金成本率为 10%。

(6) 天一集团拟投资一部自动化设备用于生产新产品，该设备的市场价格为 160 万元，无建设期，寿命期 10 年，预计期满有 5 万元的净残值。为了生产新产品，需要购买某专利使用权，该专利使用权的取得成本为 25 万元，使用期限 5 年，5 年后该专利权保护期到期。该项目需追加流动资产投资 40 万元。新产品投产后预计第 1 年新增净利润 40 万元，第 2 至第 5 年每年新增净利润 50 万元，第 6 至第 8 每年新增净利润 40 万元，第 9、第 10 年每年新增净利润20万元。集团的资金成本为10%。所得税税率为25%。

2. 训练要求

(1) 根据训练资料(1)，计算该项目不包括建设期的静态投资回收期和包括建设期的静态投资回收期。

(2) 根据训练资料(2)，计算该项目的静态投资回收期，并说明该项目的建设期、投资方式和经营期。

(3) 根据训练资料(3)，计算该项目的净现值、净现值率和内部收益率。

(4) 根据训练资料(4)，若设贴现率为10%，用净现值法判断哪一个方案最优。

(5) 根据训练资料(5)，计算该项目的净现值、净现值率。

(6) 根据训练资料(6)，运用净现值、内部收益率指标判断天一集团该投资项目是否可行。

项目综合实训

综合实训一

1. 实训资料

新和公司的投资项目原始投资额为650万元，其中，固定资产投资500万元，流动资产投资100万元，无形资产投资50万元。全部投资的来源均为自有资金。

该项目建设期为2年，生产经营期为10年。除流动资金投资在项目完工时(第2年年末)投入外，其余投资均于建设起点一次投入。

固定资产的寿命期为10年，按直线法计提折旧，期满有40万元的净残值；无形资产从投产年度起分10年摊销完毕，流动资金于终结点一次收回。

预计项目投产后，每年发生的相关营业收入(不含增值税)为380万元，经营付现成本为129万元，所得税税率为25%。

2. 实训要求

(1) 计算该项目的项目计算期、固定资产原值、固定资产年折旧额、无形资产年摊销额、生产经营期每年不包括财务费用的总成本、生产经营期每年息税前利润。

(2) 计算该项目每年的净现金流量。

(3) 按10%的折现率计算该项目的净现值，并评价该项目的财务可行性。

(4) 计算该项目的内部收益率。

综合实训二

1. 实训资料

宏通公司拟进行一项完整的工业投资项目，现有甲、乙、丙、丁四个可供选择的互斥投资方案。相关资料如下。

(1) 已知甲方案的净现金流量NCF_0=−800万元，NCF_1=−200万元，NCF_2=0，NCF_{3-11}=250万元，NCF_{12}=280万元。公司行业基准折现率为16%。

(2) 乙、丙、丁三个方案在不同情况下的各种投资结果以及出现的概率如表4-16所示。

(3) 假定市场上的无风险报酬率为9%，通胀因素忽略不计，风险价值系数为10%，乙方案和丙方案预期的风险收益率分别为10%、8%，丁方案预期的总投资利润率为22%。

表4-16　乙、丙、丁三个方案的相关资料　　单位：万元

项目＼方案		乙方案		丙方案		丁方案	
		概　率	净现值	概　率	净现值	概　率	净现值
投资结果	理想	0.3	100	0.4	200	0.4	200
	一般	0.4	60	0.6	100	0.2	300
	不理想	0.3	10	0	0	(D)	(E)
净现值的期望值		—	(A)	—	140	—	160
净现值的标准离差		—	(B)	—	(C)	—	96.95
净现值的标准离差率		—	61.30%	—	34.99%	—	(F)

2. 实训要求

(1) 根据资料(1)，指出甲方案的建设期、生产经营期、项目计算期、原始投资，并说明资金投入的方式。

(2) 根据资料(1)，计算甲方案的不包括建设期的投资回收期、包括建设期的投资回收期、项目的净现值。

(3) 根据资料(2)，计算表中的(A)～(F)表示的指标数值。

(4) 根据资料(3)，计算下列指标：①乙方案、丙方案的总投资利润率；②丁方案的风险收益率和投资收益率的标准离差率。

(5) 根据净现值指标评价四个方案的财务可行性。公司从规避风险的角度，应优先选择哪个投资项目？

案例分析

徐州星光电机厂是以生产小型电机为主的中型企业，由于产品质量优良，价格合理，长期以来一直是市场上供不应求的抢手货。为扩大生产能力，该厂准备再建一条生产线。

根据厂领导的工作布置，总会计师徐志达负责此次筹资与投资的具体工作。为把此次任务完成得更好，需要搜集新建生产线的有关数据资料，写出该投资项目的财务评估报告，以供领导层决策参考。

老徐经过一个月的调查分析，初步测试出有关数据资料如下：生产线的初始投资额为1 200万元，一次性投足。建设期1年。投产后可形成年10 000台的生产能力，每年可获产品销售收入3 000万元，生产线可使用5年，5年后进行更新换代，残值收入估计可达200万元左右。在生产线投入使用后还需垫支一部分流动资金，预计在200万元左右。该项目年产品成本的构成如表4-17所示。

表4-17 年产品成本构成

材料费用	2 000 万元
工资费用	300 万元
管理费用(不含折旧)	200 万元

徐州星光电机厂的资金成本率近年来一直保持在10%左右的水平，企业所得税税率为25%。

要求：如果你是该厂的总会计师徐志达，请根据上述资料对该投资项目进行财务分析。

相关链接

地处江西省南昌市的飞天制表有限公司是以生产中高档石英手表为主的大型企业，固定资产7 960万元，石英手表的年产能力达2 000万只，销售收入突破5.6亿元，其产品一直畅销不衰。

随着中高档石英手表市场日趋竞争激烈，公司决策层确立了产品结构石英化、质量高档化、款式多元化、不断推出新款产品并逐步占领欧美市场的战略目标。为了实现这一目标，公司先后派出专业技术人员多次到德国、日本、瑞士和中国香港等地进行技术与市场考察，准备引进一条具有国际先进水平的生产线，以增加公司产品的技术含量及竞争力。最终可供选择的生产线有两条：分别是德国和日本的，但这两条生产线在报价、生产能力及年度维修方面各有优势，到底引进哪条生产线更合适，公司刘总经理决定在召开领导层会议进行可行性研究论证后再作决断。

领导层会议上，先由高世军总工程师介绍了两条生产线的技术水平、生产能力及出口商的设备报价等情况，随后大家展开了激烈的讨论。在大家充分发表意见的基础上，公司财务总监王大川对两条生产线的成本效益进行了测试与对比分析，并把结果和个人倾向性看法向刘总经理做了详细汇报。

王大川提供的两条生产线数据资料如表4-18所示。

表4-18 两条生产线数据资料 单位：万元

项 目	方 案		注 释
	日本引进	德国引进	
生产线投资	5 000	4 000	生产线使用期限10年，采用直线法计提折旧，净残值率为5%，公司资金成本率为10%
流动资金垫支	800	600	
年度净利润	1 400	1 200	

(资料来源：邱丽娟. 财务管理实训[M]. 北京：中国铁道出版社，2010.)

要求：假如你是该公司的财务总监王大川，将如何进行测算与分析？

项目五 证券投资分析

【技能目标】

- 能够运用所学知识，对债券投资进行收益评价和风险分析。
- 能够运用所学知识，计算股票收益率、购买价格，对股票投资进行风险分析。

【知识目标】

- 掌握债券价格与收益率的计算。
- 掌握股票估价模型和股票收益率的计算。
- 掌握证券投资组合风险与报酬。

引入案例

利和公司是一家经济实力非常强大的大型家电生产企业。多年来，其产品一直畅销国内外市场。由于市场竞争的日益激烈，企业的生产经营面临着一些实际困难，经济效益也开始出现下滑迹象。为使企业走出困境，把有限的资金用好，2017 年年初公司领导召开会议，集中通过了"以销定产的计划，并利用手中 1 500 万元多余资金对外投资，以获得投资效益"的决定。并专门组织安排 10 名调查人员进行市场调研。

经分析，整理调研资料，拟订可供公司选择的投资对象如下。

(1) 国家发行 7 年期国债，每年付息一次，且实行浮动利率。第一年利率为 2.63%，以后每年按当年银行存款利率加利率差 0.32%计算利息。

(2) 汽车集团发行 5 年期重点企业债券，票面利率为 10%，每半年付息一次。

(3) 春兰股份，证券代码 600854，中期预测每股收益 0.08 元，2017 年 9 月 8 日股票市场价格 6.76 元/股。总股本 51 945 万股，流通股 51 945 万股。公司主营设计制造空调制冷产品，财务状况十分稳健，公司业绩良好，但成长性不佳。春兰股份的星级评定为"★"。

(4) 格力电器，代码 000651，中期预测每股收益 1.57 元，2017 年 9 月 8 日股票市场价格为 37.40 元/股。总股本 601 573 万股，流通股 597 195 万股。公司主营家用空调器、电风扇、清洁卫生器具。公司空调产销量居国内第一，有行业领先优势，尤其是出口增长迅速，比去年出口增长 70.7%，经营业绩稳定增长。格力电器的星级评定为"★★"。

(资料来源：百度文库，http://wenku.baidu.com/view/2fe21361783e0912a2162ad5.html.)

思考问题：

1. 根据案例资料，分析如果企业为了扩大经营规模实现规模效应，面对上述可供选择的投资方案应如何进行投资组合，且要求分散或避免投资风险。

2. 根据案例资料，分析如果企业仅为获得投资收益，面对上述可供选择的投资方案应如何进行投资组合，且要求分散或避免投资风险。

学习导航

任务一　认知证券投资基本分析

任务要求

本任务要解决两个主要问题：一是证券投资的类别和企业进行证券投资的目的；二是影响证券投资的因素。

任务描述

广夏(银川)实业股份有限公司，简称银广夏，在深圳证券交易所上市，股票代码 000557，是宁夏回族自治区首家上市公司。

1993 年 11 月 26 日，经中国证券监督管理委员会批准，银广夏向社会公开发行股票 74 000 000 股，1994 年 6 月 17 日公司股票在深圳证券交易所挂牌交易。截至 2007 年 2 月 28 日，公司总股本 605 007 626 元。公司的经营范围为高新技术产品的开发、生产、销售；天然物产的开发、加工、销售；动植物养殖、种植、加工、销售；食品、日用化工产品、酒的开发、生产、销售；房地产开发等。

1994年6月上市的银广夏曾因其骄人的业绩和诱人的前景而被称为“中国第一蓝筹股”。根据银广夏 1999 年年报，银广夏当年的每股盈利达到前所未有的 0.51 元。其股价则先知先觉，从 1999 年 12 月 30 日的 13.97 元启动，一路狂升，至 2000 年 4 月 19 日涨至 35.83 元，4 月 20 日实施了优厚的分红方案——10 转赠 10 后，即进入填权行情。于 2000 年 12 月 29 日完全填权并创下 37.99 元新高，折合为除权前的价格 75.98 元，较一年前启动时的价位上涨 440%，2000 年全年涨幅高居深沪两市第二。2000 年年报披露的业绩再创“奇迹”，在股本扩大一倍的基础上，每股收益攀升至 0.827 元。然而，基于所谓利润增长的股价暴涨，引起诸多媒体的质疑。《证券市场周刊》和《财经时报》先后对其高速增长及丰厚利润提出质疑，《财经》杂志发表的《银广夏陷阱》一文，使银广夏虚构财务报表事件被曝光。

随后证监会介入调查，确认了银广夏造假事宜。2002 年 5 月 14 日，中国证监会对银广夏发出行政处罚决定，认定其最近 4 年期间累计虚构销售收入 10 亿多元，虚增利润 7.7 亿多元。具体数据是：1998 年至 2001 年期间，累计虚构销售收入 104 962.6 万元，少计费用 4 945.34 万元，导致虚增利润 77 156.7 万元。其中，1998 年虚增利润 1 776.1 万元，1999 年、2000 年、2001 年上半年分别虚增利润 17 781.86 万元、56 704.74 万元、894 万元，当期实际亏损分别为 5 003.2 万元、14 940.1 万元、2 557.1 万元。

银广夏编造出了许多诱人的光环，不仅使广大投资者上当受骗，造成重大损失，也使为数不少的大户和机构投资者上当受骗。

2000 年中期，一些公司开始投资银广夏，银广夏筹码开始集中。2000 年年底，银广夏的股东人数锐减到了 17 536 人，一年间缩减了 66%；同时，银广夏迎来了几位重量级的机构投资者，有关公告显示：2001 年 6 月，流通股第一大股东北京中纪开持股 959 万股，基金景宏为第二大股东，持股 672 万股。在银广夏事发时，北京中纪开、基金景宏、上海金陵和轻纺城分别持股 959.28 万股、672 万股、485.64 万股和 250.67 万股。其中上海金陵投资银广夏净亏损 1.2 亿元，轻纺城投资银广夏净亏损 7 500 万元。

（资料来源：银广夏事件[EB/OL]. 百度百科，http://baike.baidu.com/view/1320425.html.）

阅读上述资料，分析讨论以下问题：

1. 投资者投资银广夏的主要目的是什么？
2. 投资者投资银广夏依据的主要信息是什么？投资者选择证券投资对象还应考虑哪些要素？
3. 从投资原则来看，银广夏投资者违背了什么原则？
4. 简要分析银广夏投资者投资失败的主要原因。

理论认知

证券投资又称间接投资，投资者将资金投资于股票、债券、基金及衍生证券等资产，从而取得收益的一种投资行为。

证券投资与项目投资不同。项目投资是购买固定资产等实物资产，直接投资于生产经营活动，又称直接投资；证券投资是购买金融性资产，这些资金转移到企业手中后再投入生产活动，因此又称间接投资。证券投资是企业资金管理的重要组成部分，科学地进行证券投资管理，能增加企业收益、减少风险，有利于资金管理目标的实现。

一、证券投资的种类

(一)长期证券投资和短期证券投资

按证券持有期限的长短分类，可以分为长期证券投资和短期证券投资。持有期在一年以上的为长期证券投资，持有期在一年以下的为短期证券投资。例如，购买股票、债券，若转让或收回的期限超过一年，就属于长期证券投资，否则就属于短期证券投资。由于短期证券投入的资金少，风险较小，易于变现，一般归于流动资产管理；而长期证券投资一般投入的资金金额较大，回收期长，风险大，应作为非流动资产管理。

(二)股票投资、债券投资、基金投资和证券组合投资

按投资的对象不同分类，可以分为股票投资、债券投资、基金投资和证券组合投资等。股票投资是指投资者将资金投向股票，通过股票的买卖和收取股利来获得收益的投资行为。企业将资金投向于其他企业发行的股票，要承担较大的风险，但通常情况下，也会取得较高的收益。

债券投资是指投资者购买债券以取得资金收益的一种投资活动。企业将资金投向各种各样的债券，如企业购买国库券、企业债券和短期融资券等都属于债券投资。与股票投资相比，债券投资能获得稳定收益，投资风险较低，但相应的收益也较低。当然，投资于期限长、信誉等级差的债券，也会承担较大的风险。

基金投资是指投资者通过购买投资基金股份或受益凭证来获取收益的投资方式。这种方式可使投资者享受专家服务，有利于分散风险，获得较大的投资收益。

证券组合投资是指企业将其资金投资于多种多样的证券。例如，企业既可以投资于企业债券，也可以投资于股票，还可以投资于基金。组合投资可以有效地分散证券投资风险，增加收益，是企业投资时常用的投资方式。

二、证券投资的目的及原则

(一)证券投资的目的

1. 短期证券投资的目的

短期证券投资可随时变现，其流动性仅次于现金。由于现金资产的收益低，将暂时多余的现金投资于短期有价证券，既可以增加企业的收益，同时还可以在企业需要现金时较容易变现，因此常用来作为现金的替代品。但有时企业进行短期证券投资完全基于投机，

以获取较高的收益。企业基于投机目的进行投资时，一般风险较大，因此要控制风险，不能损伤企业整体利益。总之，短期有价证券投资的目的主要是增加企业的收益。

2．长期证券投资的目的

长期证券投资的目的主要有以下几个方面。

(1) 资金保值增值的需要。企业在满足对内投资所需资金后，若在较长一段时间内仍有多余资金，而证券市场又有收益较好、风险较低的证券，就可以进行证券投资，以达到资金保值增值的目的。

(2) 控制其他企业的需要。一些企业从战略上考虑控制另一家企业，可以通过股票投资来实现。例如，一家汽车制造厂欲控制另一家钢铁公司，以取得稳定的、价格优惠的材料供应，便可通过购买钢铁公司的股票，达到控股的目的。

(3) 转移和分散风险。在市场经济条件下，无论何种投资都存在风险，企业可以通过债券、股票及组合投资来分散风险。

(二)证券投资的原则

证券投资是一种具有较大风险的企业自主的经济行为，应遵循以下原则。

(1) 收益和风险最佳组合的原则。在证券投资中，收益和风险是一对相伴而生的矛盾现象。高收益往往伴有高风险，而降低风险就会减少收益。在收益一定的条件下，尽可能选择风险较低的投资对象，使风险与收益达到最佳组合，从而达到投资价值最大化。

(2) 分散投资的原则。分散投资就是将资金按不同的比例投资于种类、收益、风险不同的证券，组成有机的证券组合，以减少、分散风险，增加收益。

(3) 剩余资金投资的原则。对于投资者来说，能够进行证券投资的资金，应该是满足内部经营需要后剩余的部分。若企业将全部资金投入证券，甚至负债投资，一旦发生亏损，后果将不堪设想。

(4) 责任自负的原则。证券投资是企业的自主行为，收益及损失的后果应该由企业自己负责。

三、影响证券投资决策的因素分析

企业在进行证券投资决策时，需要对影响投资决策的因素进行定性分析，主要包括以下几个方面。

(一)国民经济形势分析

国民经济形势分析即证券投资的宏观经济分析，从宏观角度考察一些经济因素对证券投资的影响。

1．国内生产总值

国内生产总值(Gross Domestic Product，GDP)是反映一国在一定时期内经济发展状况和趋势应用的最广泛的综合性指标。当 GDP 持续稳定增长时，只要上市公司经营正常，其产

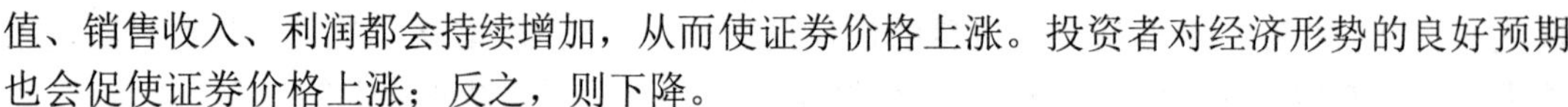
值、销售收入、利润都会持续增加，从而使证券价格上涨。投资者对经济形势的良好预期也会促使证券价格上涨；反之，则下降。

2．国民收入

当人均国民收入水平上升时，说明宏观经济运行情况良好，证券市场的前景看好；当国民收入向企业和个人倾斜时，说明企业的投资能力、居民的投资与消费能力都将提高，这将促进经济的进一步增长，有利于上市公司的发展，增加证券市场的资金供给；反之，效果相反。

3．经济周期

在萧条期，证券市场的交易量萎缩，当萧条接近尾声时，证券价格缓缓上升；当经济日渐复苏时，证券价格已升至一定水平。在繁荣期，证券交易量扩大，价格在顶端波动；当繁荣接近尾声时，有识投资者已卖出证券；当越来越多的投资者感到繁荣即将结束时，证券价格已进入下降通道。

4．通货膨胀分析

通货膨胀对证券投资有很大影响，主要表现在以下两个方面。

(1) 通货膨胀会降低投资者的实际收益水平。投资者在进行投资时，考虑的收益是实际收益率而不是名义收益率。实际收益率等于名义收益与通货膨胀率之差，只有当名义收益率高于通货膨胀率时，实际收益率才为正数，投资者才能获得真正的收益。

(2) 通货膨胀对证券的价格影响大。一般认为，通货膨胀率较低时，对股票的价格有推动作用。因为通货膨胀主要是由货币供应量增多造成的，一开始能刺激企业的生产，增加企业的利润，从而分派较多的股利。同时，股利的增加会使股票的价格更具有吸引力，股价就会上涨。当通货膨胀率快速增长时，整个经济形势就会变得很不稳定，人们出于保值的考虑，必将把资金投资于房地产或其他可以保值的物品，从而引起证券价格的下跌。

5．利率分析

为了稳定通货膨胀和金融市场秩序，中央银行有四大金融政策，即利率政策、公开市场操作、调整存款准备金率和选择性的金融调整。其中，利率政策主要是通过提高或降低法定利率而间接影响资金供求量，从而影响证券的价格。当利率上升时，证券持有者就会大量抛出证券，造成证券的供大于求，引起证券价格下跌；反之，当利率降低时，证券供不应求，其价格就会上升。

(二)行业分析

行业分析主要包括行业的市场类型分析和行业的生命周期分析。

1．行业的市场类型分析

根据行业中拥有的企业数量、产品性质、企业控制价格的能力、新企业进入该行业的难易程度等可将行业分为完全竞争、不完全竞争、寡头垄断和完全垄断四种类型。各种类型的特征如表 5-1 所示。

表 5-1　市场类型分析

分析要素 \ 市场类型	完全竞争	不完全竞争	寡头垄断	完全垄断
厂商数量	很多	较多	很少	一个
产品差异	同质	存在着实际概念上的差异	同质或略有差异	独特产品，不存在替代品
厂商对价格的控制能力	无	较小	较大	很大
新产品进入的难易程度	很容易	较容易	很不容易	不可能
典型行业	农业	服装等轻工业	钢铁等重工业	公用事业

上述四种类型，从竞争的程度来看是依次递减的。某个行业内竞争程度越大，其产品价格、利润等受供求关系的影响越大，企业破产倒闭的可能性越大，该行业证券的投资风险也越大。

2．行业的生命周期分析

行业的生命周期可以分为以下四个阶段。

第一阶段是初创期。在行业的初创期，开发新产品的研究开发费用很多，导致产品成本和价格较高，并且市场的认知程度也不高，此时企业的销售收入较低，盈利情况也不尽如人意。

第二阶段是成长期。在这一阶段，随着生产技术的提高，市场的认知程度在不断提高，产品成本不断降低，市场需求量增加，利润也在迅速增加，会吸引很多企业加入该行业，加剧了竞争的激烈程度。

第三阶段是成熟期。在成熟期，各企业之间的竞争逐渐由价格竞争转为非价格竞争，如提高产品质量、改善产品性能、加强产品的售后服务等。企业的利润增长速度大大降低，但从整体来看比成长期大得多。企业占有的市场比例较为稳定，因而企业遭受的风险较小。

第四阶段是衰退期。在这一阶段主要是因为新技术不断出现，新产品不断涌现，人们的消费观念不断发生变化，因此该行业企业的数量减少，利润下降，市场逐步萎缩，最终退出市场。

(三)企业状况分析

1．公司竞争地位分析

公司竞争实力的强弱与公司的生存能力、盈利能力有密切关系，投资者一般都乐意投资具有强大竞争实力的公司。公司的竞争能力主要来源于雄厚的资金实力、规模经营的优势、先进的技术水平、优异的产品质量和服务、高效的经营管理等因素。投资者在分析时，可注意年销售额或年营业额、销售额或营业额的年增长率、销售额的稳定性等指标。

2．公司经营管理分析

公司经营管理分析主要包括公司管理人员素质分析、公司管理风格和经营理念分析以及公司业务人员素质分析等。

3．公司科技开发分析

公司科技开发分析的目的是了解公司的经营思想和创新能力，判断公司的技术优势和竞争优势，预测公司的发展潜力，可从公司的科研机构和队伍、科技开发规划、历年科技开发情况、高科技产品利润占销售额的比例、研究开发费用占销售额的比例等方面入手。

4．公司财务分析

企业资产的结构、偿债能力、盈利能力等财务状况直接影响企业的风险和收益。如果企业的财务状况好，偿债能力较好，获利能力较强，则该企业的证券信用等级就会较高，投资风险较小，其市场价格就会上升。

任务解析

1．银广夏投资者的主要投资目的

从银广夏投资事件来看，大部分投资属于短期投资，投资的目的是为了获取较高的投资收益，但需要控制好投资风险。

2．投资者投资银广夏依据的主要信息和投资时需要考虑的要素

据调查，投资银广夏的投资者，57.87%是因为公告信息显示业绩好，24.54%是因为股评或他人推荐，9.26%是靠自己的综合分析，8.33%是因为技术形态好。总的来说，投资者介入银广夏的主要原因是公告信息业绩很好，即依据的主要资料是公司发布的财务信息。

一般来说，公司业绩和股价是正相关的，而银广夏优良的业绩及股价的连续上扬，从投资者的角度来看是个不错的选择，谁又会料到后面还有一个如此大的陷阱呢？

从银广夏事件中可以看出，投资者进行证券投资时，除了要分析财务信息外，还需要分析以下信息。

(1) 宏观经济分析。宏观经济分析包括国民经济形势、通货膨胀和利率水平，在影响整个股市的同时还会影响个股股价，进而会影响投资者的收益水平。

(2) 行业分析。行业分析除了分析行业竞争程度、行业生命周期外，还需要关注：①观察行业景气程度以及行业发展背景。通常，个别公司的盈利水平基本上是接近于行业盈利水平，而不可能大幅超越行业盈利水平的。因此，一旦出现某一上市公司的盈利水平大大超过行业水平或社会平均利润水平，广大投资者就应引起高度警惕。银广夏在2000年的利润率高达46%，而沪深两市农业类、中草药类和葡萄酿酒类上市公司的利润率鲜有超过20%的。②权威部门发布的统计数据。投资者可以将权威部门，如国家各部委发布的相关行业统计数据作为判断的依据。只有注重行业分析，投资者才能拥有一双随时识别“报表陷阱”的慧眼，才能有效避免类似银广夏这类造假案例带来的投资损失。

3．银广夏投资者投资原则分析

证券投资的投资原则包括收益和风险最佳组合的原则、分散投资的原则、剩余资金投资的原则、责任自负的原则。而银广夏投资者投资失败的关键是违背了收益和风险最佳组合的原则。在证券投资中，收益和风险是一对相伴而生的矛盾现象。高收益往往伴有高风险，降低风险就会减少受益。如果关注高收益忽视背后存在的风险，必然会导致投资失败。

4．银广夏投资者投资失败原因分析

银广夏投资者的投资属于非理性投资，热衷于炒作股票，导致其自食苦果。股市投资风险高、变化快，作为理性的投资者，应该对其投资对象进行风险与收益的权衡比较，不能一味地听信谣言。虽然我国证券监管的相关法规要求上市公司建立和健全财务报告披露制度，并要求注册会计师对这些报告进行有效审计，所以上市公司出现的一些大问题，是可以得到有效遏制的，但对于某些上市公司来说，由于其业务复杂，注册会计师不可能100%地发现所有的问题。因此，作为理性投资者，应该多方了解上市公司的情况，诸如其行业特点、市场发展前景等，从而分析与鉴别上市公司经营环节可能存在的问题，时刻关注投资风险，理性思考和谨慎投资，以减少各种风险损失。同时，理性投资者的存在，有利于对恶意造假者形成有效约束，也有利于证券市场的健康发展。

任务基础训练

一、单项选择题

1. 一般认为，企业进行长期证券投资的主要目的是(　　)。
   A. 控制被投资企业　　B. 调剂现金余额
   C. 获得稳定的收益　　D. 增强资产的流动性
2. 以满足季节性经营对现金需求为目的证券投资，要求所投资的证券(　　)。
   A. 收益要高　　B. 流动性好　　C. 必须是所有权证券　　D. 必须是债券证券
3. 下列各项中，属于企业短期证券投资目的的是(　　)。
   A. 获取财务杠杆利益　　B. 降低企业经营风险
   C. 扩大本企业的生产能力　　D. 暂时存放闲置资金
4. 在证券投资中，需要考虑的企业因素是(　　)。
   A. 行业生命周期　　B. 企业财务状况　　C. 经济周期　　D. 经济政策

二、多项选择题

1. 下列情况下，会引起证券价格下跌的有(　　)。
   A. 银行利率上升　　B. 通货膨胀持续降低
   C. 银行利率下降　　D. 通货膨胀持续增长
2. 证券投资的宏观经济分析主要包括(　　)。
   A. 国内生产总值分析　　B. 行业分析　　C. 通货膨胀分析　　D. 利率分析
3. 下列属于证券投资原则的有(　　)。
   A. 收益与风险组合　　B. 分散投资　　C. 剩余资金投资　　D. 经济分析

三、判断题

1. 通货膨胀初期，由于通货膨胀率较低，能够对股价的上涨起到推动作用。　(　　)
2. 进行证券投资时，对企业状况分析时只分析其财务状况就可以了。　(　　)
3. 企业为满足季节性经营对现金的需求，既可以进行长期投资，也可以进行短期投资。　(　　)

4. 长期证券投资仅仅是为了满足资金保值增值的需要。（ ）

四、计算分析题

1. 训练资料

我国上市公司倾力于证券投资，表面上看“精彩”无限，但是这种精彩却需要加上引号。我国通过对 1 773 家数据可比的 A 股上市公司进行统计后发现，2016 年上市公司整体证券投资金额与上一年相比有大幅增长：2016 年年末，上市公司整体证券投资金额增幅为 108.29%；与此同时，上市公司的证券投资占总资产的比重由 0.66%上升到了 1.13%。上市公司在证券投资方面，正在上演“修女”也疯狂的怪现状。

很多上市公司在股市上募集的资金使用状况不明。立项时一套方案，待真正开股东大会时，方案又临时改变的情况比比皆是。另外，资金使用的状况是否完全按计划进行也有待商榷。许多公司都将项目剩下的资金投放到资本市场中去了。

大部分公司缺乏证券投资的专业水平，更有的公司只是利用制度上对证券投资的许可，做出一些对公司无益，却造成公司利益输出的行为。我国上市公司在股票投资方面跟散户区别不大，有的公司虽然成立了投资部门，但缺乏专业的投资人才，在投资之前缺乏调研，没有相应的风险控制机制，没有设置止损点。因此，在股市大涨的时候，公司股票收益很大；而在股市大跌的时候，公司股票也几近套牢。

2. 训练要求

企业是否应进行证券投资？如何进行证券投资才能做到既取得良好的回报又不影响主业发展？

任务二　分析债券投资价值

任务要求

本任务要求解决的问题是计算债券投资价值和债券投资的收益率，并能对债券投资风险进行分析。

任务描述

根据中国人民银行关于全国银行间债券市场债券上市的有关规定，现将 2011 年福建省南平市高速公路有限责任公司公司债券交易流通日期及证券代码等要素公布如下。

证券名称：2011 年福建省南平市高速公路有限责任公司公司债券，简称 11 南平高速债券

信用评级：AAA，由大公国际资信评估有限公司评定

证券代码：1180149

发行总额：人民币 10 亿元

证券期限与利率：期限 7 年，票面利率为 7.9%

计息方式：附息式固定利率，付息频率为 12 月/次

发行日：2011 年 10 月 26 日

起息日：2011 年 10 月 26 日

交易流通终止日：2018 年 10 月 23 日

兑付日：2018 年 10 月 26 日

发行价格：债券面值 100 元，平价发行，以 1 000 元为一个认购单位，认购金额必须是 1 000 元的整数倍且不少于 1 000 元。

还本付息方式：每年付息一次，到期还本。本期债券付息日为 2012 年至 2018 年每年的 10 月 26 日(如遇法定节假日或休息日，则顺延至其后的第一个工作日)。

(资料来源：福建省南平市高速公路有限责任公司 2011 年度公司债券信用评级报告[EB/OL]. 和讯债券，http://bond.hexun.com/2011-11-101135089839.html.)

阅读上述资料，分析讨论以下问题：

1. 11 南平高速债券的付息方式是什么？有没有其他的付息方式？
2. 债券发行价格有几种？11 南平高速债券是按照什么价格发行的？
3. 根据 11 南平高速债券解答债券构成要素有哪些？
4. 如果三通公司是投资企业，其在 2012 年 5 月 27 日以 1 100 元的价格将 11 南平高速债券卖出，其投资收益率是多少？
5. 假设旺商公司在 2015 年 10 月 26 日从三通公司手上以 980 元的价格买入 11 南平高速债券，并持有到期，其投资收益率是多少？
6. 假设市场利率为 10%，光达公司打算购买面值为 1 000 000 元的债券，该债券的购买价格为多少才能被接受？
7. 11 南平高速债券有风险吗？有哪些风险？购买该债券需要考虑哪些风险？

理论认知

一、债券的分类及特点

债券投资的对象是债券，了解债券本身的性质和特点是企业投资者明智决策的前提。债券是某一社会经济主体为筹措资金而向债券投资者出具的、承诺按一定利率定期支付利息，并到期偿还本金的债权债务凭证。债券的发行人是债务人，投资债券的人是债权人。

(一)债券的分类

债券按发行主体分类，可分为政府债券、金融债券和公司(企业)债券。

政府债券是政府为筹集资金而发行的债券，主要包括国债、地方政府债券等，其中最主要的是国债。国债因其信誉好、利率优、风险小而又被称为“金边债券”。

金融债券是由银行和非银行金融机构发行的债券。在我国，目前，金融债券主要由国家开发银行、进出口银行等政策性银行发行。

公司债券是企业依照法定程序发行，约定在一定期限内还本付息的债券。公司债券的发行主体是股份公司，但也可以是非股份公司的企业，因此一般归类时，公司债券和企业发行债券会合在一起，可直接称为公司(企业)债券。

(二)债券的特点

债券作为一种重要的融资手段和金融工具，具有以下特点。

(1) 期限性。债券到期必须偿还，因此具有一定的期限性。

(2) 流动性。债券具有可转换为货币资金的能力。这种流动性往往受债券期限长短、发行单位的信誉、利率的形式以及债券市场发行程度等因素的影响。一般期限短、发行单位信誉高、利率形式好的债券，流动性也较强。

(3) 安全性。债券的安全性是指债券避免市场价格波动引起价值损失的能力。债券发行单位的履约程度、市场利率的变动是影响债券的安全因素。

(4) 收益性。债券的收益性主要表现在两个方面：一是投资债券可以给投资者带来的利息收入；二是投资者可以利用债券价格的变动，买卖债券赚取差额。

在企业投资的过程中，其投资追求的是高收益，低风险。企业决定是否购买某种债券，必须先进行收益评价，即评价其收益和风险。债券收益水平的评价指标主要有两个，即债券的价值和债券的到期收益率。

二、债券的风险

因为债券的面值、票面利率、计算方式和期限是固定的，好像就可以认为债券投资的风险比较小，但估价所使用的折现率却受市场各种因素(包括宏观经济形势、行业状况和企业自身状况等)的影响且不断变化。由于这些影响因素的存在，企业在进行债券投资时，会存在如下风险。

(一)违约风险

违约风险是指债券的发行者不能履行合约约定的义务，无法按期支付利息和偿还本金的风险。造成违约的主要原因有：①政治、经济形势发生重大变化；②发生自然灾害；③企业经营不善，成本高，浪费大；④企业在市场竞争中失败，如主要客户消失；⑤企业资金管理失误，不能及时清偿到期债务。不同种类的债券其违约风险也不相同，一般来说，政府债券可以看作是无违约风险的债券，企业债券违约风险较政府债券风险要大。在经济生活中，通常通过信用等级来评估违约风险的大小。

(二)利率风险

利率是债券计价的主要因素。由于市场利率的上升引起价格下跌，使投资人遭受利率风险。一般来说，期限越长，利率风险越大。由债券价值的计算公式可知，债券的价格由它的面值、票面利率、到期期限和市场利率四个因素决定。这四个因素中的前三个因素在债券发行时就已经确定，债券发行后无法更改，只有市场利率一项是不断变化的。因此，债券一旦发行，价格只受市场利率水平的影响。这种由市场利率变化导致的债券价格的不稳定，即为债券的利率风险。债券的利率风险主要表现在两个方面：一是价格风险，即债券价格会因市场利率的变化而变化；二是再投资风险，即因市场利率的变化使债券的利息收益在进行再投资时的收益具有的不确定性。即使国库券也存在利率风险。

(三)流动性风险

债券的流动性对债券的价格和资金回笼的影响很大。流动性风险是指债券能否顺利地按目前合理的市场价格出售的风险。如果一种债券能在较短的时间内按市价大量出售，说明这种债券的流动性较强，投资于这种债券所承担的流动性风险较小；反之，如果一种债券按市价卖出很困难，说明其流动性较差，投资者会因此而遭受损失。例如，我国的国库券在市场上交易活跃，立即可以销售，因此价格公平；某些公司债券虽已上市交易，但购买者寥寥，因此投资者应加以识别，以避免流动性风险。

(四)通货膨胀风险

通货膨胀风险又称购买力风险，是指由于通货膨胀而使债券到期或出售时所获得的现金购买力减少的风险。通货膨胀对经济发展的影响是复杂的。在通货膨胀比较严重的时期，通货膨胀风险对债券投资者的影响也比较大，因为投资于债券只能得到一笔固定的利息收益，由于货币贬值，这笔现金收入的购买力会下降。

(五)期限性风险

债券期限越长，到期日越远，影响证券的不确定因素就越多，投资人所承担的风险也就越大。例如，投资一家企业所发行的十年期债券要比一年期债券的风险大得多。

三、债券价值的估算

债券的价值是发行人按照合同规定从现在至债券到期日所支付款项的现值。计算现值时使用的折现率，取决于当前的利率和现金流量风险水平。下面举几个典型例子说明其价值的计算方法。

(一)债券估价的基本模型

典型的债券是有票面固定利率、每年计算并支付利息、到期归还本金。这种情况下债券价值计算的基本模型如下。

$$P=\sum_{t=1}^{n}\frac{F\times i}{(1+k)^t}+\frac{F}{(1+k)^n}=F\times i\times(P/A,k,n)+F\times(P/F,k,n)$$

式中，F 为债券面值，i 为债券票面利率，k 为市场利率或投资者要求的收益率，n 为债券期限，P 为债券价值。

【例 5-1】昌平公司发行的债券面值 1 000 元，票面利率 10%，每年付息一次，到期一次还本，尚有 5 年期限，盛泉公司考虑是否对该债券进行投资。假设当前的市场利率为 12%，问债券的价值是多少才能进行投资？

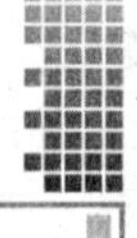

P=1 000×10%×(P/A,12%,5)+1 000×(P/F,12%,5)=100×3.6048+1 000×0.567 4=927.88(元)

若昌平公司债券的价格等于或低于927.88元，则盛泉公司就可以购买。

(二)到期一次还本付息且单利计息的债券估价模型

到期一次还本付息且单利计息的债券估价模型如下。

$$P=\frac{F\times i\times n+F}{(1+k)^n}$$

【例5-2】某企业拟购买另一家企业发行的利随本清的企业债券，该债券面值1000元，期限5年，票面利率10%，单利计息，假设市场利率为8%。判断该企业债券的发行价格为多少时才能购买？

$$P=\frac{1\,000\times 10\%\times 5+1\,000}{(1+8\%)^5}=1\,020.90(\text{元})$$

债券的价格不高于1 020.90元时，企业才可以购买。

四、计算债券投资收益率

债券的收益主要包括两个方面：一是债券的利息收入，这是在企业债券发行时就决定的；二是资本损益，是指债券卖出价与买入价(偿还额)之间的差额。由于债券的买卖价格受市场利率和供求关系等因素的影响，因此资本损益很难在投资前作出准确预测。

债券的收益水平通常用收益率来衡量。决定债券收益率的因素主要有：债券的票面利率、期限、面值、持有时间、购买价格和出售价格。这些因素只要有一个发生变化，债券收益率就会随之发生变化。另外，债券的可赎回条款、税收待遇、流动性及违约风险等也会不同程度地影响债券的收益率。

(一)票面收益率

票面收益率又称名义收益率，是印制在票面上的固定利率，通常是指债券的年利息收入与债券面值的比率。

(二)本期收益率

本期收益率又称直接收益率或当前收益率，是指债券的年利息收入与买入债券的实际价格之间的比率。其计算公式如下。

$$\text{本期收益率}=\frac{\text{债券年利息}}{\text{债券买入价格}}\times 100\%$$

【例5-3】有三位投资者购买了面值为1 000元，票面利率为10%，每年付息一次，期限10年的债券，假设购买价格分别为980元、1 000元、1 200元。计算其各自的本期收益率为多少？

三种价格的债券本期收益率分别计算如下。

$$\text{价格 980 元债券本期收益率}=\frac{1\,000\times 10\%}{980}\times 100\%\approx 10.20\%$$

价格 1 000 元债券本期收益率=$\dfrac{1\,000\times10\%}{1\,000}\times100\%=10\%$

价格 1 200 元债券本期收益率=$\dfrac{1\,000\times10\%}{1\,200}\times100\%\approx 8.33\%$

本期收益率反映了购买债券的实际成本所带来的收益情况，但不能反映债券的资本损益情况。

(三)持有期的收益率

债券持有期的收益率是指债券持有人在持有期间得到的收益率，它能综合反映债券持有期间的利息收入情况和资本损益水平。债券持有期是指从购入债券至售出债券或债券到期清偿之间的期间。通常以“年”为单位表示。根据债券持有期限的长短和计息方式的不同，债券收益率的计算公式也不相同。

(1) 持有期不超过一年，直接按债券持有期间的收益除以买入价计算持有期收益率。其计算公式如下。

$$持有期的收益率=\frac{债券持有期间利息收入+(卖出价-买入价)}{债券买入价格}\times100\%$$

$$持有期年均收益率=\frac{持有期收益率}{持有年限}$$

【例 5-4】某企业于 2013 年 1 月 1 日以 960 元的价格购买面值为 1 000 元的债券，票面利率为 10%，每半年付息一次，期限 5 年，当年 7 月 1 日收到半年利息 50 元，9 月 30 日以 990 元的价格卖出。要求计算持有期的收益率和持有期年均收益率。

持有期收益率=$\dfrac{50+(990-960)}{960}\times100\%\approx 8.33\%$

持有期年均收益率=8.33%×12÷9≈ 11.11%

(2) 持有期超过一年、每年付息一次、到期一次还本的债券收益率的计算公式如下。

$$P=I\times(P/A,k,n)+F\times(P/F,k,n)$$

式中，P 为债券的购买价格，I 为每年获取的固定利息，F 为债券到期收回的本金或中途出售收回的现金，k 为债券投资的收益率，n 为投资期限。

【例 5-5】某公司于 2012 年 4 月 1 日以 924.16 元购买一张面值 1 000 元、票面利率 8%、每年 4 月 1 日支付一次利息、2017 年 4 月 1 日到期的债券。计算该公司的债券投资收益率是多少？

$924.16=1\,000\times8\%\times(P/A,i,5)+1\,000\times(P/F,i,5)$

对于这种情形，只能采用逐步测试法求得，具体如下。

先按 9%折现：$1\,000\times8\%\times(P/A,9\%,5)+1\,000\times(P/F,9\%,5)=80\times3.889\,7+1\,000\times0.649\,9$
≈ 961.08(元)

由于 961.076>924.16，所以收益率应大于 9%。

再按 10%折现：$1\,000\times8\%\times(P/A,10\%,5)+1\,000\times(P/F,10\%,5)=80\times3.790\,8+1\,000\times0.620\,9$
≈ 924.16(元)

由于正好等于购买价格，因此该公司债券的收益率为 10%。

五、债券投资的优缺点

(一)债券投资的优点

(1) 本金安全性高。与股票相比，债券投资的风险较小，因为债券具有期限性，债券投资者在债券到期日可以收回本金；如果企业破产清算，债券投资者有优先求偿权。

(2) 收入稳定性强。债券的利息是固定的，不像股利的支付那样，是不固定的。

(3) 市场流动性好。当债券持有人急需资金时，可以在交易市场随时卖出，而且随着金融市场的进一步开放，债券的流动性将会不断加强。

(二)债券投资的缺点

(1) 购买力风险较大。因为债券面值及票面利率在发行时已经确定，若持有期间内通货膨胀率比较高，则本金及利息的购买力将不同程度地受到损失，在通货膨胀率非常高时，投资者虽然名义上有收益，但实际上可能遭受损失。

(2) 没有经营管理权。债券投资只是获得收益的一种手段，无权参与债券发行企业的经营管理。

任务解析

1．11 南平高速债券的付息方式

11 南平高速债券的付息方式是每年支付一次利息、到期偿还本金和支付最后一次利息。利息的支付方式除了这种方式以外，还有半年支付一次利息、每季度支付一次利息、到期一次支付利息和偿还本金(利息按单利计息)的方式。

2．债券发行价格分析

债券的发行价格主要有面值发行、溢价发行和折价发行三种方式。11 南平高速债券是面值发行。

3．债券构成要素

根据此任务我们可以了解债券的构成要素主要有：债券的面值、票面利率、付息日、到期日、市场利率等。

4．三通公司的投资收益率

$$K=\frac{1\,000\times 7.9\%+(1100-1\,000)}{1\,000}\times 100\%=17.9\%$$

5．旺商公司的投资收益率

$980=1\,000\times 7.9\%\times(P/A,i,3)+1\,000\times(P/F,i,3)$

用测试法计算求得，具体如下。

设 i=8%，则 P=1 000×7.9%×(P/A,8%,3)+1 000×(P/F,8%,3)=997.49(元)

设 i=9%，则 P=1 000×7.9%×(P/A,9%,3)+1 000×(P/F,9%,3)=972.17(元)

则投资收益率 $K = 8\% + \dfrac{997.49-980}{997.49-972.17} \times (9\%-8\%) = 8\% + 0.69\% = 8.69\%$

6．判断光达公司购买 11 南平高速债券的价格

当市场利率为 10%时，该债券的购买价格 P=100 000×7.9%×(P/A,10%,7)+100 000×(P/F,10%,7)=7 900×4.868 4+100 000×0.513 2=89 780.36(元)

若债券的价格等于或低于 89 780.36 元，则企业就可以购买。

7．11 南平高速债券风险分析

债券按发行主体可以分为政府债券、金融债券和公司(企业)债券三种，它们的风险是：政府债券风险最小，金融债券次之，公司(企业)债券风险最大。11 南平高速债券是公司(企业)债券，肯定存在风险，主要有违约风险、利率风险、流动性风险、通货膨胀风险和期限性风险。购买该债券时必须考虑上述风险。

任务基础训练

一、单项选择题

1．某企业 2016 年 7 月 1 日投资 100 万元购入某债券，2016 年 12 月 31 日取得利息 5 万元，2017 年 3 月 1 日出售，获得收入 103 万元，则该企业的债券持有期投资收益率为(　　)。

A. 3%　　B. 5%　　C. 8%　　D. 12%

2．债券投资者由于市场利率变动而遭受损失的风险是(　　)。

A．违约风险　　B．利率风险　　C．购买力风险　　D．流动性风险

3．某投资者按面值购买某债券，面值 100 元，票面利率 3%，期限 2 年，到期一次还本付息，则该投资者的到期收益率为(　　)。

A. 3%　　B. 2.5%　　C. 2.96%　　D. 8.53%

4．在证券投资中，因通货膨胀带来的风险是(　　)。

A．违约风险　　B．利息率风险　　C．购买力风险　　D．流动性风险

5.下列说法中，正确的是(　　)。

A．国库券没有利率风险　　B．公司债券只有违约风险

C．国库券和公司债券均有违约风险　　D．国库券没有违约风险，但有利率风险

二、多项选择题

1．债券投资的主要缺点有(　　)。

A．购买力风险大　　B．价格不稳定　　C．没有经营管理权　　D．投资收益不稳定

2．导致债券到期收益率不同于票面利率的原因主要有(　　)。

A．平价发行每年支付一次利息　　B．溢价发行

C．折价发行　　D．平价发行到期一次还本付息

3．从资金管理角度看，政府债券不同于企业债券的特点包括(　　)。

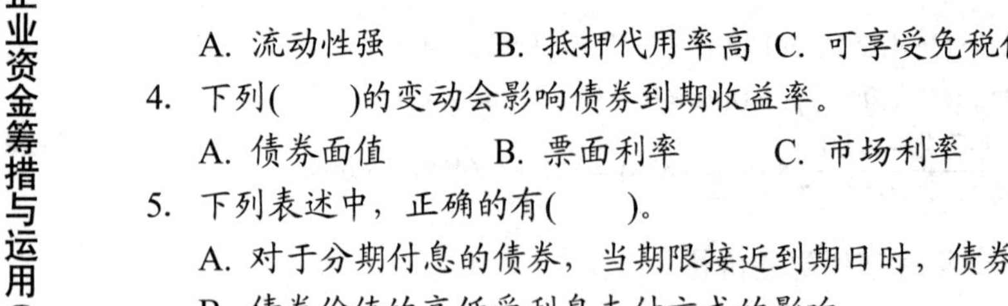

A. 流动性强　　B. 抵押代用率高　C. 可享受免税优惠　　D. 违约风险大

4. 下列(　　)的变动会影响债券到期收益率。

A. 债券面值　　B. 票面利率　　C. 市场利率　　D. 债券购买价格

5. 下列表述中，正确的有(　　)。

A. 对于分期付息的债券，当期限接近到期日时，债券价值向面值回归

B. 债券价值的高低受利息支付方式的影响

C. 一般而言，债券期限越长，其利率风险越小

D. 当市场利率上升时，债券价值会下降

三、判断题

1. 债券到期收益率是能够使未来现金流入现值等于债券买入价格的贴现率。　(　　)

2. 若证券的价格等于价值，则投资于该证券的投资报酬率等于必要报酬率，投资的净现值等于零。　(　　)

3. 在证券市场上，一般不存在报酬率很高、风险很低的投资机会。　(　　)

4. 债券的价格会随着市场利率的变化而变化，当市场利率上升时，债券价格下降；当市场利率下降时，债券价格会上升。　(　　)

5. 对债券投资收益评价时，应以债券价值和到期收益率作为评价债券收益的标准，票面利率不影响债券收益。　(　　)

6. 如果债券不是分期付息，而是到期时一次还本付息，那么平价发行债券，其到期收益率与票面利率相同。　(　　)

四、计算分析题

1. 训练资料

(1) 甲公司购买宏大公司发行的债券，该债券面值为 1 000 元，票面利率 10%，期限 5 年，甲公司要求的报酬率为 12%。

(2) 深达公司于 2012 年 9 月 1 日以 900 元的价格购入面值为 1 000 元的债券，其票面利率为 8%，每年 9 月 1 日计算并支付一次利息，该债券于 2017 年 8 月 31 日到期，按面值收回本金。

(3) 2016 年 1 月 1 日李三平以 1 100 元的价格购入期限 5 年、面值为 1 000 元的债券，票面利率为 10%，半年付息一次，到期还本。2016 年 7 月 1 日收到半年利息 50 元，当年 10 月 31 日以 1 200 的价格卖出。

2. 训练要求

(1) 要求根据资料(1)分别计算下列情况下宏大债券的投资价格：①债券每年年末付息一次，到期还本；②债券到期一次还本付息，利息按单利计算。

(2) 要求根据资料(2)计算债券的到期收益率。

(3) 计算李三平购买债券的持有期收益率和年收益率。

任务三　分析股票投资价值

任务要求

本任务要求解决的问题，会计算股票的价值和股票的投资收益率，并能对股票投资进行合理的评价。

任务描述

张涛是天成咨询公司的一名财务分析师，应邀评估东方集团建设新商场对该集团股票价值的影响。张涛根据集团情况作了以下估计。

(1) 该集团本年度净收益为200万元，每股支付现金股利2元(股票数量为10 000股)，新商场开业后，公司净收益第一年和第二年均增长15%，第三年增长4%，第四年以后将保持这一净收益水平。

(2) 该集团一直采用固定支付率的股利政策，并打算今后继续实行该政策。

(3) 该集团的β系数为1，如果将新项目考虑进去，β系数将提高到1.5；无风险收益率为4%，市场要求的收益率为8%。

(4) 该集团股票目前的市价为23.6元。

张涛打算利用股利贴现模型，同时考虑风险因素对股票价值进行评估。东方集团的一位董事提出，如果采用股利贴现模型，则股利越高，股价越高，因此集团应改变原有的股利政策，提高股利支付率。

阅读上述资料，分析讨论以下问题：

1. 参考股利固定增长模型，分析这位董事的观点是否正确。
2. 如果你是张涛，应如何评估东方集团的股票价值？
3. 如果股利固定增长5%，东方集团的股票价值又如何？
4. 恒通公司欲按照38元的价格购入该股票，在固定增长5%的条件下其收益率是多少？

理论认知

一、股票的特征、价值与价格

(一)股票的特征

股票是股份公司发行的、用以证明投资者的股东身份和权益，并据以获得股利的一种可以转让的凭证，代表着对一定经济利益的分配与支配权，也是可以在市场上转让、买卖、流通的一种有价证券。

企业进行股票投资的目的主要有两个：①获利，即作为一般的证券投资，获得股利及股票买卖价差收入；②控股，即通过购买某一企业的大量股票达到控制该企业的目的。

股票基本特点：①永久性，即股票投资者的长期性，一旦买入某公司的股票，投资者就不能中途向公司退股，抽回投资，但由于存在股票交易所，投资者可以通过股票交易所卖出或转让股票，以收回投资；②参与性，即股票投资者具有参与股份公司经营、盈利分配和承担有限责任的权利和义务；③流通性，即股票可以随时在股票市场上买卖或转让；④风险性，即股票投资收益存在的不确定性。

(二)股票的价值

投资于股票预期获得未来现金流量的现值，即为股票价值或内在价值、理论价值。股份公司的净利润是决定股票价值的基础。股票给股东带来的未来收益一般是以股利的形式出现的，因此也可以说股利决定了股票价值。

(三)股票的价格

股票本身没有价值，仅是一种凭证。它之所以有价格，可以买卖，是因为它能给持有者带来预期收益。股票价格有广义和狭义之分，狭义的股票价格就是股票交易价格；广义的股票价格包括股票的发行价格和交易价格两种形式。股票交易价格具有事先的不确定性和市场性等特点。

二、股票价值的评估

投资者购买股票，有的打算长期持有，有的在持有一段时间后就将其出售，下面就几种情况介绍其价值的确定。

(一)投资者持有股票一段时间之后卖出

对投资者而言，在持有期间其现金流入包括每年分派的股利和出售股票的价格。这个现金流入的现值就是股票价值。即

$$V=\frac{D_1}{(1+K_s)^1}+\frac{D_2}{(1+K_s)^2}+\cdots+\frac{D_n}{(1+K_s)^n}+\frac{F}{(1+K_s)^n}$$

式中，D_n为第n年的股利，K_s为收益率，n为年份，F为预计股票到期出售的价格。

【例 5-6】海达公司打算购入某种股票，预定持有 3 年，预期的收益率为 12%，持有期终了时每股市价预计为 36 元，预计该股票 3 年分得的股利分别为 3 元、4 元和 4.5 元。要求对该股票进行估价，并根据股票的现实价格作出投资决策。

V=3×(P/F,12%,1)+4×(P/F,12%,2)+4.5×(P/F,12%,3)+36×(P/F,12%,3)

=3×0.893+4×0.797+4.5×0.712+36×0.712≈ 33.99(元)

当股票的市价等于或低于 33.99 元时，其收益率等于或超过 12%，可以投资；而当股票的市价高于 33.99 元时，不应购买此股票。

(二)投资者长期持有股票

1．零增长股票的价值

如果投资者长期持有股票，未来每年的股利不变，其支付过程是一个永续年金，股票价值计算如下。

$$V=\frac{D}{K}$$

【例 5-7】某上市公司每年固定向投资者分配股利 3 元/股，预计最低报酬率为 15%，则股票的价值是多少？

V=3÷15%=20(元)

这就是说，该股票每年给投资者带来 3 元的收益，在最低报酬率为 15%的条件下，相当于 20 元的资本收益，其价值为 20 元。

2．固定增长股票的价值

如果投资者长期持有股票，持有期间每年的股利是不断增长的，则股票的价值计算如下。

$$V=\sum_{t=1}^{\infty}\frac{D_0(1+g)^t}{(1+K)^t}$$

当 g 为常数，并且 $K>g$ 时，上式可简化如下。

$$V=\frac{D_0(1+g)}{K-g}=\frac{D_1}{K-g}$$

【例 5-8】假设佛山照明(股票代码 000541)的预计报酬率为 15%，股利年增长率为 12%，今年的股利为 2 元/股，则股票价值是多少？

$$V=\frac{2\times(1+12\%)}{15\%-12\%}\approx 74.67(元)$$

当股价等于或低于 74.67 元时，投资者才可以购买此股票。

3．非固定增长股票的价值

在实际生活中，公司的股利并不是固定不变的。一段时间里高速增长，另一段时间正常固定增长或固定不变。在这种情况下，要确定股票价值需分段计算。

【例 5-9】张舒准备购买东方电子的股票，要求达到 12%的收益率，该公司今年的股利为 0.6 元/股，预计东方电子未来 3 年以 15%的速度高速增长，而后以 9%的速度转入正常增长。计算东方电子的股票价值是多少？

东方电子股票价值的计算过程如下。

首先，计算非正常增长期的股利现值，计算结果如表 5-2 所示。

表 5-2　前 3 年股利现值

年　数	股　利	现值系数	现　值
1	0.6×(1+15%)=0.69	0.892 9	0.616 1
2	0.69×(1+15%)=0.793 5	0.797 2	0.632 6
3	0.793 5×(1+15%)=0.912 5	0.711 8	0.649 5
合计			1.898 2

其次，计算正常增长期股利在第三年年末的现值如下。

$$V_3=\frac{0.912\,5\times(1+9\%)}{12\%-9\%}\approx 33.15(\text{元})$$

最后，计算该股票价值如下。

$$33.15\times(P/F,\ 12\%,\ 3)+1.898\,2=33.15\times0.711\,8+1.898\,2\approx 25.49(\text{元})$$

三、股票投资收益率的计算

股票的投资收益率是指在股票投资未来现金流入量总现值等于目前购买价格时的贴现率。这里所说的未来现金流入量包括股利收入和出售股票时的价格。当股票的内部收益率高于投资者要求的最低报酬率，投资者才愿意购买股票。

1. 股利零增长的股票投资收益率

根据零增长股票股价模型，已经知道：

$V=\dfrac{D}{K}$，进行整理得：$K=\dfrac{D}{V}$

【例 5-10】王宏购买昌胜公司的股票，买价为 21 元，每年能固定收到股利 2.1 元/股，则王宏的投资收益率是多少？

$$K=\frac{2.1}{21}\times100\%=10\%$$

2. 股利以固定比率 g 增长的股票投资收益率

根据固定股利增长模型，已经知道：

$V=\dfrac{D_0(1+g)}{K-g}=\dfrac{D_1}{K-g}$，进行整理可得：$K=\dfrac{D_1}{V}+g$

【例 5-11】万科 A(股票代码 000002)的股票价格为 20 元，预计下一年的股利为 1 元，该企业股票的股利将以 10%的速度持续增长。计算该股票的投资收益率是多少？

$$K=\frac{1}{20}+10\%=15\%$$

四、股票投资的优缺点

(一)股票投资的优点

(1) 投资收益高。虽然普通股票的价格变动频繁，但优质股票的价格总是呈上涨趋势的。随着股份公司的发展，股东获得的股利也会不断增加。只要投资决策正确，股票投资收益还是比较高的。

(2) 降低购买力风险损失。普通股的股利不固定，在通货膨胀率较高时，由于物价普遍上涨，股份有限公司盈利增加，股利的支付也随之增加。因此，与固定收益的证券相比，普通股能有效地降低购买力风险，抵消通货膨胀带来的购买力损失。

(3) 能达到控制股份公司的目的。投资者是股份公司的股东，有权参与或监督公司的生产经营活动。当投资者的投资额达到公司股本一定比例时，就能实现控制公司的目的。

(二)股票投资的缺点

(1) 求偿权居后。普通股对企业剩余资产和盈利的求偿权居于最后。企业破产时，股东原来的投资可能一无所有。

(2) 价格不稳定。普通股的价格受多种因素的影响，很不稳定，如政治因素、经济因素、投资人的心理因素、企业的盈利状况、风险情况等都会影响股票的价格，这样会使股票具有较高的风险。

(3) 收入不稳定。普通股股利的多少，视企业的经营状况而定。其有无、多寡均无法律上的保证，收益的风险远远大于固定收益的证券。

任务解析

1. 参考股利固定增长模型，分析董事的观点

该董事的观点是错误的。根据股利固定增长模型 $V=\dfrac{D_1}{K-g}$，当股利较高时，在其他条件不变的情况下，价格的确也会较高。但是，其他条件不是不变的，如果集团提高了股利支付率，同时增长率 g 下降，股票价格就不一定会上升。事实上，如果股东要求的收益率提高，股价也会下降。

2. 评估东方集团的股票价值

股票投资收益率 K=4%+1.5×(8%−4%)=10%。

该公司一直采用固定支付率的股利政策，所以股利支付率为2÷200×100%=1%。

根据资料能够得到第一年的净收益为230万元、第二年的净收益为264.5万元、第三年的净收益为285.66万元、第四年及往后的年净收益为285.66万元，按照1%的股利支付率可知，每年的每股股利分别为2.3元、2.65元、2.86元、2.86元……则股票价值=2.3×(P/F,10%,1)+2.65×(P/F,10%,2)+2.86÷10%×(P/F,10%,2)=27.92(元)。

公司股票的内在价值将高于其市价，这一分析表明：采用新项目，公司股价将会上升，它的β系数和风险溢价也会上升。

3. 股利固定增长5%时东方集团的股票价值

$V=\dfrac{2\times(1+5\%)}{10\%-5\%}$=42(元)，股票的价值远远高于目前的市价，所以应该投资。

4. 恒通公司股票的投资收益率

$38=\dfrac{2\times(1+5\%)}{K-5\%}$，解得投资收益率 $K\approx 10.53\%$。

理论延伸

一、市盈率分析

前面讲述的股票价值的计算方法，在理论上比较健全，计算的结果使用也很方便，但是预计未来的股利复杂多变，投资者很难办到。还有一种粗略衡量股票价值的方法就是市盈率分析。它容易掌握，已被很多投资者所采用。

市盈率就是股票市价和每股盈利的比率。

(一)用市盈率估计股票价格与价值

市盈率可以粗略反映股价的高低，表示投资人愿意用盈利的多少倍来购买这种股票，是市场对该股票的评价。其计算公式如下。

$$\text{市盈率(倍)}=\frac{\text{每股市价}}{\text{每股盈利}}$$

$$\text{股票价格}=\text{该股票市盈率}\times\text{该股票每股盈利}$$

$$\text{股票价值}=\text{行业平均市盈率}\times\text{该股票每股盈利}$$

根据证券机构或刊物提供的同类过去若干年的平均市盈率，乘以当前的每股盈利，可以得出股票的平均价值。用它和当前市价比较，可以看出价格是否合理。

【例 5-12】张裕 A(股票代码 000869)2017 年中期每股盈利 0.98 元，市盈率 36 倍，经调查酒类行业平均市盈率 23 倍。则

张裕 A 股票价格=0.98×36=35.28(元)

张裕 A 股票价值=0.98×23=22.54(元)

说明市场对该股票的评价偏高，投资风险较大。

(二)用市盈率分析股票投资风险

市盈率是衡量股价高低和企业盈利能力的一个重要指标。由于市盈率把股价和企业盈利能力结合起来，其水平高低真实地反映了股票价格的高低。例如，股价同为 50 元的两只股票，其每股收益分别为 5 元和 1 元，则其市盈率分别是 10 倍和 50 倍。也就是说，其当前的实际价格水平相差 5 倍。若企业盈利能力不变，说明投资者以同样 50 元的价格购买的两种股票，要分别在 10 年和 50 年以后才能从企业盈利中收回投资。但由于企业的盈利能力是不断改变的，投资者购买股票时更看重企业的未来，因此一些发展前景很好的公司即使当前的市盈率较高，投资者也愿意购买。预期利润增长率高的公司，其股票市盈率也比较高。

一般认为，股票的市盈率比较高，表明投资者对该公司的未来充满信心。但是，当股市受到不正常因素的干扰时，某些股票的价格会被哄抬到不应有的高度，市盈率会很高。股票的市盈率比较低，表明投资者对公司的未来缺乏信心，不愿意购买此类公司的股票，因为此类股票的风险较大，但也有可能是该公司的股票价值被低估了。

影响一个市场整体市盈率水平的因素很多，一是该市场所处地区的经济发展潜力。一

般而言，新兴证券市场中的上市公司普遍有较好的发展潜力，利润增长率比较高，因此新兴证券市场的整体市盈率水平会比成熟证券市场的市盈率水平高。欧美等发达国家股市的市盈率一般保持在 15～20 倍左右；而亚洲一些发展中国家的股市正常情况下的市盈率在 30 倍左右。二是经济增长率。不同经济增长率下会有不同的市盈率，如果用经济增长率进行修正，美国的经济增长率为 3%，而我国长期保持在 8%左右，美国股市合理的市盈率为 20 倍，则中国股市合理的市盈率为 20÷3%×8%≈ 53 倍。三是市场利率水平。市盈率的倒数相当于股市投资的预期利润率。因此，由于社会资金追求平均利润率的作用，一国证券市场的合理市盈率水平还与其市场利率水平有倒数关系，预期将发生通货膨胀或提高利率时市盈率普遍下降。

二、证券投资组合

证券投资组合又称证券组合，是指企业将资金同时投资于多种证券，如既投资于企业债券，也投资于企业股票，还投资于基金。组合投资可以有效地分散证券投资风险，是企业等法人单位进行证券投资时常用的投资方式。

(一)证券投资组合的风险

证券投资风险按风险性质分类，可分为非系统性风险和系统性风险。

(1) 非系统性风险是指某些因素对单个证券造成经济损失的可能性，可通过证券持有的多样化来抵消。即多买几家公司的股票，其中某些公司的股票收益上升，另一些股票的收益下降，从而将风险抵消。

(2) 系统性风险是由于某些因素给市场上所有证券都带来经济损失的可能性，如宏观经济状况变化等。这些风险因素影响所有的证券，不能通过证券组合分散掉。对投资者来说，这种风险无法消除，但这种风险对不同的企业有不同的影响。

系统性风险通常用β系数来衡量，β系数由投资服务机构定期计算并公布。β系数是反映个别股票相对于股票市场平均风险的变动程度指标。它可以衡量个别股票的市场风险，而不是公司的特有风险。

作为整体证券市场的β系数为 1。如果某种股票的风险情况与整个证券市场的风险情况一致，则这种股票的β系数等于 1；如果某种股票的β系数大于 1，说明其风险大于整个市场的风险；如果某种股票的β系数小于 1，说明其风险小于整个市场的风险。

投资组合的β系数是单个β系数的加权平均数，权数为各种证券在投资组合中所占的比重，其计算公式如下。

$$\beta_p = \sum_{i=1}^{n} X_i \beta_i$$

式中，β_p为证券组合的β系数，X_i为证券组合中第 i 种股票所占的比重；β_i为第 i 种股票的β系数，n 为证券组合中股票的数量。

(二)证券投资组合的风险收益

投资者进行证券组合投资与进行单项投资一样，都要求对承担的风险进行补偿，股票的风险越大，要求的收益就越高。但是，与单项投资不同，证券组合投资要求的补偿风险只是不可分散风险，因为通过合理的投资组合能够分散掉非系统性风险。证券组合的风险收益是投资者因承担不可分散风险而要求的、超过时间价值的那部分额外收益。根据资本资产定价模型，证券投资组合的风险收益率的计算公式如下。

$$K_p=\beta_p(K_m-R_f)$$

【例 5-13】乘风公司持有由甲、乙、丙三种股票构成的证券组合，它们的β系数分别是1.5、1.0 和 1.2，它们在证券组合中所占的比例分别是 50%、20%和 30%，股票的市场收益率为 14%，无风险收益率为 9%，试确定这种证券组合的风险收益率和投资收益率。

证券组合的β系数β_p=1.5×50%+1.0×20%+1.2×30%=1.31

证券组合的风险收益率 K_p=1.31×(14%−9%)=6.55%

证券组合的投资收益率 K=9%+6.55%=15.55%

从上式可以看出，单项资产或特定投资组合的必要收益率受到无风险收益率、市场组合的平均收益率和β系数三个因素的影响。

(三)证券投资组合的策略与方法

1. 证券投资组合的策略

(1) 冒险型策略。这种策略认为，只要投资组合科学而有效，就能取得远远高于平均收益水平的收益。这种组合主要选择高风险、高收益的成长性股票。

(2) 保守型策略。这种策略是指购买尽可能多的证券，以便分散掉全部可分散风险，得到市场的平均收益。这种投资组合的优点是：①能分散掉全部可分散风险；②不需要高深的证券投资专业知识；③证券投资管理费较低。因为这种策略收益不高，风险也不大，故称为保守型策略。

(3) 适中型策略。这种策略介于保守型策略与冒险型策略之间，采用这种策略的投资者一般都善于对证券进行分析。通过分析，选择高质量的股票或债券组成投资组合。他们认为，股票价格是由企业的经营业绩决定的，市场上价格一时的沉浮并不重要。这种投资策略风险不太大，收益却比较高。但进行这种组合的人必须具备丰富的投资经验及证券投资的各种专业知识。

2. 证券投资组合的方法

(1) 选择足够数量的证券进行组合。当证券数量增加时，可分散风险会逐步减少；当证券数量足够时，大部分可分散的风险都能被分散掉。

(2) 把不同风险程度的证券组合在一起，即 1/3 资金投资于风险大的证券，1/3 资金投资于风险中等的证券，1/3 资金投资于风险小的证券。这种组合方法虽不会获得太高的收益，但也不会承担太大的风险。

(3) 将投资收益呈负相关的证券组合。负相关证券是指一种证券的收益上升而另一种证券的收益下降的两种证券。把收益呈负相关的证券组合在一起，能有效分散风险。

任务基础训练

一、单项选择题

1. 预计某公司股票投资报酬率为12%，股利年增长率为10%，今年的股利为1.5元，如果长期持有，则股票的内在价值为(　　)。

A. 82.5元　　B. 25.5元　　C. 47.5元　　D. 56.5元

2. 某种股票为固定增长股票，年增长率为5%，预期一年后的股利为6元，现行国库券的收益率为11%，平均风险股票的必要收益率等于16%，而该股票的β系数为1.2，那么该股票的价值为(　　)元。

A. 50　　B. 33　　C. 45　　D. 30

3. 某人以40元的价格购入一种股票，该股票目前的股利为每股1元，股利增长率为2%，一年后以50元的价格出售，则该股票的预期报酬率应为(　　)。

A. 2%　　B. 20%　　C. 21%　　D. 27.55%

4. 某股票的未来股利不变，当股票市价低于股票价值时，则预期报酬率(　　)投资人要求的最低报酬率。

A. 高于　　B. 低于　　C. 等于　　D. 可能高于也可能低于

5. 某公司股票每股盈利2元，市盈率为12，行业类似股票的平均市盈率为10，则该股票的价值为(　　)元。

A. 24　　B. 20　　C. 12　　D. 10

二、多项选择题

1. 股票投资的缺点有(　　)。

A. 购买力风险高　　B. 求偿权居后　　C. 价格不稳定　　D. 收入稳定性强

2. 与股票内在价值呈同方向变化的因素有(　　)。

A. 年增长率　　B. 年股利　　C. 预期的报酬率　　D. 　系数

3. 股票投资的收益来源于(　　)。

A. 股利　　B. 资本利得　　C. 违约风险报酬　　D. 利息

4. 股票价格的影响因素有(　　)。

A. 预期股利报酬　　B. 金融市场利率　　C. 宏观经济环境　　D. 投资者心理

三、判断题

1. 证券价格与利率的变化方向相同。(　　)

2. 股票的价值是预期的未来现金流入量的现值，它是股票的真实价值，是股票本身的价值，但它与股票的价格不一定相同。(　　)

3. 在任何情况下进行股票投资，都必须考虑获利的大小。(　　)

4. 股票价格主要由预期股利和当时的市场利率决定，此外股票价格还受整个经济环境变化和投资者心理等复杂因素的影响。(　　)

5. 如果不考虑影响股价的其他因素，零增长股票的价值与市场利率成反比，与预期股利成正比。 ( )

四、计算分析题

1. 训练资料

(1) 东方电子的普通股今年的股利6元，估计年股利增长率6%，期望的收益率为16%，打算三年以后转让出去，估计转让价格为30元。

(2) 海利公司利用长期资金购买股票。现有M公司股票和W公司股票可供选择，该企业只准备购买其中一家公司的股票且长期持有。已知M公司股票现在的市价为9元/股，上年每股股利为0.15元，预计以后每年以6%的增长率递增。W公司股票现在的市价为7元/股，上年每股股利为0.6元，其一贯坚持固定股利分配政策。该企业要求的投资报酬率为8%。

(3) 利源公司股票目前支付的每股股利为1.92元，股票的投资收益率为9%。有关资料如下：①股利的增长率为4%；②股利零增长；③在未来两年内股利非正常增长率20%，然后恢复到固定增长率4%。

2. 训练要求

(1) 根据资料(1)计算普通股的投资价值。

(2) 根据资料(2)选择企业所应购买的股票。

(3) 根据资料(3)完成下列任务：①就以上互不相关情况计算股票的价值；②假设该股票为固定增长股票，当前股票的市价为42元，作为投资者是否购买？③假设该股票为零增长股票，按目前每股1.92元的股利，已知股票的价值为26.5元，计算股票的投资收益率。

项目综合实训

综合实训一

1. 实训资料

(1) 华泰公司购买面值10万元、票面利率5%、期限为10年的债券。每年1月1日付息，当时市场利率为7%。

(2) 如果华泰公司股票的 系数为2.5，无风险收益率为6%，市场上所有股票的平均收益率为10%。

2. 实训要求

(1) 计算华泰公司所购买债券的价值。若该债券市价是92 000元，是否值得购买该债券？如果按债券价值购入该债券，并一直持有至到期日，则此时购买债券的到期收益率是多少？

(2) 计算华泰公司股票的必要收益率。若华泰公司股票为固定增长股票，增长率为6%，预计一年后的股利为1.5元，则该股票的价值为多少？若华泰公司股票未来三年股利零增长，每年股利为1.5元，预计从第四年起转为正常增长，增长率为6%，则该股票的价值为多少？

综合实训二

1. 实训资料

(1) 新华公司长期持有K公司股票100股，每股面值100元，投资最低报酬率为20%。预期该公司未来三年股利呈零增长，每期股利20元。预计从第四年起转为正常增长，增长率为10%。

(2) 若K公司下年度的预期股利为2.50元，且股利增长率固定为每年4%。假定无风险报酬率为10%，市场投资组合的必要报酬率为15%，K公司股票的β系数为1.6。

2. 实训要求

(1) 计算资料(1)条件下K公司股票的价值。

(2) 计算资料(2)条件下K公司股票的每股价格。

(3) 若无风险报酬率由10%降为8%，计算资料(2)条件下K公司股票的股价。

(4) 若市场投资组合的必要报酬率由15%下降到12%，计算资料(2)条件下K公司股票的股价。

(5) 若K公司改变经营策略，使该公司的固定股利增长率由4%上升为6%，而β系数也由1.6下降到1.4。那么，在发生了上述变化后，K公司的股票价格应为多少？

综合实训三

1. 实训资料

东方电子现在打算投资1 000万元购买公司债券。现有甲、乙两个方案可供选择。

甲方案：购买2017年1月1日A公司发行的每张面值1 000元、票面利率10%、期限5年的公司债券10 000份；该债券每年的6月30日和12月31日支付利息，到期偿还本金，发行价格为每份1 050元。

乙方案：购买2012年1月1日B公司发行的每份面值1 000元、票面利率10%、期限5年的公司债券10 000份，该债券采用单利计息，到期一次还本付息，发行价格为1 300元。

东方电子对上述两个方案进行了综合分析，在分析中考虑了货币的时间价值，并通过计算债券的到期收益率进行决策，最终的决策是选择购买A公司的债券。

2. 实训要求

思考一下东方电子是如何进行决策的，并完成东方电子的债券投资决策过程。

案例分析

赵薇收购万家文化内幕

一、龙薇传媒收购过程

2016年12月，万家文化大股东万家集团与龙薇传媒签订股份转让协议，将其持有的1.85亿股股份转让给龙薇传媒，占公司股份总数的29.135%，交易作价30.6亿元，由此实

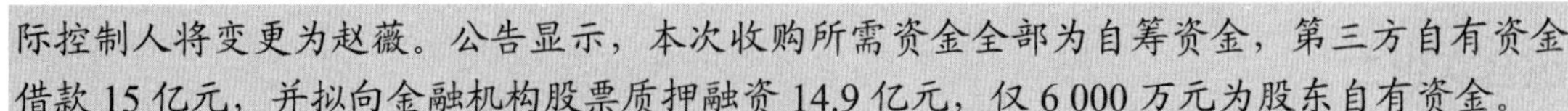

际控制人将变更为赵薇。公告显示，本次收购所需资金全部为自筹资金，第三方自有资金借款15亿元，并拟向金融机构股票质押融资14.9亿元，仅6 000万元为股东自有资金。

2017年2月13日，万家集团将拟转让给赵薇旗下龙薇传媒的股份总数由原先的1.85亿股调整为3 200万股，转让总价款调整为人民币5.29亿元，约5%股权。赵薇由控股方变成小股东。

2017年4月1日，万家文化发布公告称，公司第一大股东万家集团与龙薇文化传媒有限公司决定终止本次股份转让事项，并签署“解除协议”，万家集团原收取龙薇传媒的2.5亿元股份转让款定金原路返回，且双方互不追究违约责任。如果违约将付1.5亿元的违约金。

二、证券会立案调查

2017年2月27日，因万家文化涉嫌违反证券法律法规，证监会决定对公司进行立案调查。

这起收购发生在中国证券市场最为敏感时期。2016年，包括万达院线、乐视网、北京文化在内的文化传媒领域重组遭遇失败。同年走马上任的证监会主席刘士余关于“严控炒壳”“力降杠杆”的言论都表明对资本运作的监管力度趋向严格。“顶风作案”的赵薇引来了监管层的注意。

2017年1月11日，应证监会要求，万家文化披露了赵薇30.6亿元的资金来源。其中赵薇夫妻仅持有资金借款6 000万元，第三方自有资金借款15亿元；拟向金融机构股票质押融资14.999亿元。30亿都是借的，高杠杆筹资被质疑为空手套白狼。2017年3月31日，收购案尘埃落定，收购协议终止。

三、收购过程股价的变动

自万家集团与龙薇传媒签署转让协议后，万家文化复牌后股价一路上扬，从停牌前的18.35元/股最高冲上25元/股。3月31日当天，万家文化最新收盘报价13.80元，对比之前的25元最高点，下跌44.80%，几近腰斩。收购案终止后，万家文化的股价一度跌到9元多。

收购方赵薇毫发无损，全身而退；标的方万家文化似乎依旧平稳发展；但中小投资者却颇为无奈，只能独自承担损失。

四、万家文化收购案的续集

在停牌几日后，浙江万好万家文化股份有限公司(万家文化，600576.SH)的大动作揭开盖头：孔德永和刘玉湘将万家集团100%的股权以16.74亿元的价格转让给祥源控股。

此前，万家集团持有万家文化29.72%的股权，为上市公司控股股东，孔德永和刘玉湘合计持有万家集团100%的股权，其中孔德永持有万家集团88%的股权，为万家文化实际控制人。

在本次转让后，万家集团持有万家文化29.72%的股权不变，祥源控股持有万家集团100%股权。俞发祥持有祥源控股82.66%的股权，为祥源控股的实际控制人，因此俞发祥成为万家文化实际控制人。

祥源控股和俞发祥大有来头。

披露显示，祥源控股为一家以文化旅游产业投资运营为主导的大型企业集团，业务跨涉文化旅游、城市地产、基础设施建设、现代茶业等领域。2016年，祥源控股营业收入突破71.4亿元，净利润达到11.5亿元。祥源控股总资产为255.3亿元，净资产约为79.8亿元。

2016年胡润富豪榜显示，俞发祥财富达67亿元。截至目前，俞发祥直接、间接持有67家公司，在文化旅游、房产开发方面具有深厚优势。

祥源控股方面表示，本次权益变动的目的是获得万家文化的控制权，其看好万家文化主营动漫行业的未来发展前景，希望通过间接收购万家文化实现在动漫产业的战略布局。

(资料来源：搜狐新闻网，http://news.sohu.com/20170216/n480836207.shtml.)

要求：通过阅读案例，完成以下问题。

1. 政策层面对资本运作的影响。
2. 资本运作对股价的影响。
3. 赵薇收购万家文化失败对中小投资者利益的影响。

相关链接

巴菲特的投资理念

我们知道，一个善于从公司基本面进行分析的投资者，大多都会遵从一个基本的原则和思路。也就是说，投资者要投资一个公司，他一般都会从上面提到的对公司股票的内在价值作出正确评估的因素入手来进行分析，当然也有的投资者会考虑一些他自认为重要的其他因素。经过他们的分析后，得出结论，是否要对该公司的股票进行投资，可为什么在偌大的美国证券市场却只出了那么一位出名的巴菲特？美国那么多的金融精英就搞不懂看不清出了问题的那些有潜力公司的基本分析吗？很显然不是这种情况，那么为什么就只有巴菲特能够脱颖而出呢？他又是怎么看出公司有发展潜力的？他的决策是凭借什么？他的依据又是什么？

有这样一件事，“美国捷运”绝对是一个符合时代潮流的公司。当美国已经进入太空时代，而且它的人民也都处在一种未来派的思维格局之中时，没有任何产品能像美国捷运那样恰当地代表着现代生活的成就。由于乘飞机旅行已在人们的经济承受范围之内，因此中产阶级开始乘飞机到处旅行，旅行支票已经成了“通行证”。该公司成千上万美元的票据在流通，像货币一样被人毫不迟疑地接受着。到了1963年，有1 000万公众持有美国捷运卡，当时的美国《时代周刊》宣告“无现金的社会”已经到来。一场革命即将开始，而美国捷运正是这场革命的导航灯。就在这时，灾难降临，麻烦来了——由于捷运的一个仓库管理不善而被欺骗，给捷运造成了1.5亿美元的损失，这个损失对于美国捷运来说倒不是一个什么大的问题，但对于一个大名登记在旅行支票上的公司而言，公众的信任是高于一切的，其影响是深远的。消息传到华尔街，股价应声而落，从60美元跌到49.5美元，而后逐渐走低，事态日趋严重。事件发展到这一步时，我们再看看巴菲特在干什么。这天晚上，巴菲特专门到了一家大的牛排屋，但他所感兴趣的并不是可口的牛排，而是跑到收款机后面，一边和店主闲聊，一边观察着。巴菲特所观察到的事实是这样的：不论有多么恶劣的谣言四起，店内的顾客们还是继续使用美国捷运卡来付餐费。从这一点他推断出，同样的情形也会发生在美国其他城市的牛排屋中。然后，他又到了银行和旅行社，在那里，他发现人们仍旧用旅行支票来做日常的生意。同样，他还拜访了出售美国捷运汇票的超级市场和药店。他的这一番调查最后得出了两个结论：①美国捷运并没有走下坡路；②美国捷运的商标是世界上畅行的标志之一。

美国捷运在全国范围内拥有旅行支票市场 80%的份额，还在付费卡上拥有主要的股份。通过调查，巴菲特认为，没有任何东西能动摇它的地位，也不可能有什么能动摇它的地位。到 1964 年年初，股票跌至 35 美元，这时华尔街的证券商们如同大合唱一样，一齐高唱着“卖!”而巴菲特却将他管理的 1/4 资产投入了“美国捷运”的这只股票上。巴菲特对美国捷运的投资为他大打下一个战役——为入主伯克希尔·哈撒韦奠定了坚实的基础。

从这个事例来看，巴菲特对该公司的投资并不是依据那些来自于统计数据的简单而明确的数字作出决定的。也就是说，他没有以营运资金、厂房和设备，以及其他有形资产等一堆可以被测算的数据为基础作出决定，主要还是以亲身的调查结果为依据。

(资料来源：巴菲特投资理念精髓[EB/OL]. 新浪博客，http://blog.sina.com.cn/fengqiderizi.)

要求：以“如何正确分析并选择证券投资方式”为主题，写一篇 1 000 字左右的小文章。

项目六 营运资金决策分析

【技能目标】

- 能够确定企业现金最佳持有量，制定适合企业的现金管理制度。
- 能够制定信用政策，对企业的应收账款予以管理。
- 能够确定企业存货最佳持有量并选择合适的方法进行存货日常管理。

【知识目标】

- 掌握现金最佳持有量的确定方法。
- 掌握应收账款的功能与成本、信用政策的决策方法。
- 掌握存货最佳经济进货批量的确定方法和存货日常管理方法。

引入案例

常青机械业绩向左，应收账款向右

合肥常青机械股份有限公司(以下简称“常青机械”)于2016年12月1日发布了新版招股说明书，该公司主营业务为汽车冲压及焊接零部件的开发、生产与销售。常青机械预计发行5 100万股，募集资金约9.61亿元，主要用于公司主营业务相关的固定资产投资项目建设以及补充流动资金、归还贷款等一般用途。

红刊财经记者在阅读其招股说明书时发现，近年来，该公司营业收入与净利润连年下滑，应收账款却与日俱增，另外应付职工薪酬也显得异常，企业发展前景并不乐观。

从招股说明书披露的数据来看，常青机械的净利润在2013年到2015年连年下滑，可是2016年上半年的净利润却突然猛增，仅半年时间，其创造的净利润就接近2015年全年水平，这令人费解。

2013年、2014年和2015年，常青机械的净利润分别为12 248.62万元、8 830.89万元、7 717.32万元，呈现连年下降的趋势，然而2016年1—6月实现的净利润竟然高达7 594.24万元，利润增长明显异常。

2013年至2015年，该公司净利润的下滑，与其增长乏力的营业收入有直接关系。2013年至2016年6月，其营业收入金额分别为13.21亿元、13.87亿元、11.37亿元、6.56亿元。其中2014年同比仅小幅增长5%，2015年则同比大幅下滑18%，而2016年1—6月，年化后营业收入同比增幅则为15%。

如果是在正常经营之下，营业收入实现大幅增长，那自然是好事，但是如果这种增长，是建立在大幅赊销产品的基础之上，就另当别论了。那么常青机械是否存在大幅赊销的情况呢？我们可以从其应收账款的变化情况来进行验证。

从2013年到2016年6月，常青机械应收账款分别为0.86亿元、1.50亿元、1.13亿元、1.51亿元。其中2014年、2015年的增长率分别为74.8%、-25%，2016年6月30日相比期初金额则增长了34%，对比前面提到的相应的营业收入同比增长情况，可以明显看出，该公司应收账款增速远远超过了营业收入的增速，2016年虽然只反映了上半年的应收账款增长情况，但相比年化后营业收入的增长，仍然超出很多。这样看来，该公司可能存在靠赊销拉业绩的情况。

如果情况果真如此，那就很不靠谱了，因为通过赊销拉动营业收入增长，虽然短期内能让营业收入十分“养眼”，但很容易导致应收账款回收风险的发生，而这种风险所产生的恶果恐怕需要应收账款坏账损失的大幅增加来弥补，这对于企业来说，得不偿失。在这种情况下，企业一旦成功上市，极有可能出现业绩“变脸”的情况，而遭受损失的恐怕就是普通投资者了。此外，伴随着常青机械应收账款增长的是其快速下滑的应收账款周转率，从2013年到2016年6月，常青机械应收账款周转率从13.45次下降到了4.95次，下滑非常严重，而这正是应收账款激增所致。应收账款占用的流动资金越来越多，对现金流影响也越来越大，最终可能会使得企业资金短缺，降低资产的营运能力和经济效益，并增加经营风险。

由于公司应收账款方面存在的问题，因此其股价在业绩大增的背景下出现“见光死”也就不足为怪了。

(资料来源：常青机械业绩向左，应收账款向右[EB/OL].
中国网，http://finance.ifeng.com/a/20161212/15072306_0.shtml.)

思考问题：

1. 根据案例说明市场是如何评价企业的经营业绩的。
2. 企业在经营过程中能否消除应收账款？
3. 应收账款存在的消极作用和积极作用分别是什么？
4. 如何有效加强企业营运资金管理？

学习导航

任务一　确定现金持有量

任务要求

本任务要解决两个问题：一是如何加强现金日常管理；二是如何确定最佳现金持有量，以制定现金管理制度。

任务描述

众信公司2017年年初投入5 500万元新建生产线，10月份投入生产，达产后年新增销售收入1亿元，利润2 500万元。于是，公司财务部门为增加资金收益，在保证生产经营所需现金的同时，又不使企业有过多的闲置现金，进行了最佳现金持有余额的确定。为确定最佳现金持有量，财务经理搜集了如下资料。

(1) 首先调出公司最近几期的会计报表，找出的公司相关财务信息如表6-1所示。

表6-1　公司相关财务信息　　单位：万元

平均存货	平均应收账款	销售收入	销售成本
0.9	1.2	20	10

公司一般从收到尚未付款的材料开始到现金支出之间所用的时间是18天，据以往经验，公司全年需要现金总额估计为400 000元。

(2) 分派资金科对四种不同现金持有量的成本作了测算，具体数据如表6-2所示。

表6-2　现金持有方案　　单位：元

项　目	甲	乙	丙	丁
现金持有量	20 000	30 000	40 000	50 000
机会成本率	12%	12%	12%	12%
管理成本	5 000	5 000	5 000	5 000
短缺成本	4 200	2 600	800	0

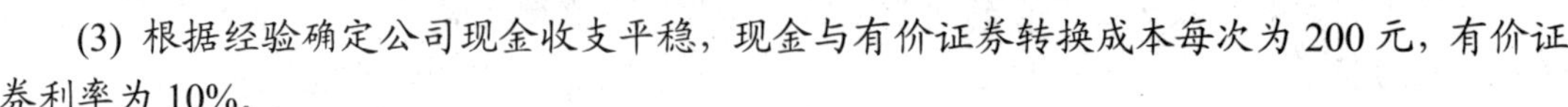

(3) 根据经验确定公司现金收支平稳，现金与有价证券转换成本每次为 200 元，有价证券利率为 10%。

阅读上述资料，分析讨论以下问题：

1. 众信公司为什么要持有现金？确定最佳现金持有量应从什么入手？

2. 如果你是财务经理的助手，请根据以上资料分别选择适当的方法，帮助财务经理确定众信公司的最佳现金持有量。

理论认知

一、现金管理的目的和持有现金的动机

(一)现金管理的目的

一方面，若企业缺乏必要的现金，就不能应付日常业务开支，进而蒙受现金短缺造成的损失。另一方面，若企业置存过量的现金，又会因这些资金不能投入经营周转无法取得盈利而遭受损失。在市场状况正常时，一般来说，流动性越强的资产，其收益率越低，这就意味着企业应尽可能减少现金的持有量，即使不投入企业的生产经营周转，也要尽可能多地投入高收益的其他资产，避免现金闲置造成的损失。现金不足和现金过量都会影响企业的收益水平，企业对现金进行管理的目的就是，要在资产的流动性和盈利性之间作出选择，以获取最大的长期利益。

(二)持有现金的动机

持有现金是出于三种需求：交易性需求、预防性需求和投机性需求。

1. 交易性需求

企业的交易性需求是指在正常生产经营秩序下应当保持一定的现金支付能力。企业在生产经营活动中，购买原材料、支付运杂费、发放工资、缴纳税款、派发现金股利等都必须用现金支付。由于企业每天的现金收入与支出在时间和数量上，通常存在一定程度的差异，因此企业必须维持适当的现金余额才能应付日常各项支出，保证生产经营活动不间断地进行。

一般情况下，企业为满足交易性需求所持有的现金余额主要取决于企业的销售水平。企业销售扩大，销售额增加，所需现金余额也随之增加。

2. 预防性需求

预防性需求是指企业为应付紧急情况而需要保持的现金支付能力。由于市场变化难以预测，因此企业的现金收支在一定程度上也难以准确把握，如价格变化、销售不畅、应收账款不能按时回收以及地震、水灾等意外事件的发生，都会影响企业的现金收支计划，使现金收支出现不平衡。

企业因预防性需求所持有的现金余额主要取决于三个方面：①企业愿意承担风险的程度；②企业临时举债能力的强弱；③企业对现金流量预测的可靠程度。

3．投机性需求

投机性需求是指企业为了抓住突然出现的获利机会而持有的现金，且这种机会大都是转瞬即逝的，如证券价格的突然下跌，企业若没有用于投机的现金，就会错过机会。还有市场上可能出现的良好的投资机会，如在某些商品、原材料或其他资产价格回落的季节，便可用手头持有的现金大量购入。投机性需求只是企业确定现金余额时所需考虑的次要因素之一，其持有量的大小往往与企业在金融市场的投资机会及企业对待风险的态度有关。

除了上述三种基本的现金需求以外，还有许多企业将现金作为补偿性余额来持有。补偿性余额是企业同意保持的账户余额，是企业对银行所提供借款或其他服务的一种补偿。

二、现金持有成本

企业持有现金的成本通常由以下四个部分组成。

(一)机会成本

机会成本是指企业因保留一定现金余额而丧失的再投资收益。再投资收益是企业不能同时用该现金进行有价证券投资所产生的成本，这种成本一般用有价证券的利率表示。它属于变动成本，与现金持有量成正比，属于决策相关成本。

(二)管理成本

管理成本是指企业因保留一定现金余额而发生的管理费用。企业保留现金就会发生一些管理费用，如管理人员工资及必要的安全措施费等。这部分费用具有固定成本性质，在一定范围内与现金持有量没有明显的比例关系，属于决策无关成本。

(三)短缺成本

短缺成本是指在现金持有量不足而又无法及时通过有价证券变现加以补充给企业造成的损失，包括直接损失与间接损失，如停工待料或临时采购的额外支出以及不能按期交货的信誉损失等。短缺成本随现金持有量的增加而下降，随现金持有量的减少而上升。

(四)转换成本

转换成本是指企业用现金购入有价证券以及转让有价证券换取现金时付出的交易费用，即现金与有价证券之间相互转换的成本，如买卖佣金、手续费、证券过户费、印花税、实物交割费等。转换成本可以分为两类：①与委托金额有关的费用，即变动性转换成本；②与委托金额无关，只与转换次数有关的费用，即固定性转换成本。证券转换成本与现金持有量(有价证券变现额的多少)，必然对有价证券的变现次数产生影响。在证券总额既定的条件下，无论变现次数怎样变动，所需支付的委托成交金额是相同的。因此，那些依据委托成交金额计算的转换成本与证券变现次数关系不大，属于决策无关成本。这样，与证券变现次数密切相关的转换成本只包括其中的固定性交易费用，属于决策相关成本。固定性转换成本与转换次数呈正比，与现金持有量成反比例关系。

三、最佳资金持有量预测方法

(一)现金周转期模型

营运资金周转是指企业的营运资金从现金投入生产经营开始，到最终转化为现金为止的过程。营运资金周转通常与现金周转密切相关，现金的周转过程主要包括三个方面：①存货周转期，是指将原材料转化成产成品并出售所需要的时间；②应收账款周转期，是指将应收账款转换为现金所需要的时间；③应付账款周转期，是指从收到尚未付款的材料开始到现金支出之间所用的时间。现金周转期的计算公式如下。

现金周转期=营业周期-应付账款周转期

=应收账款周转期+存货周转期-应付账款周转期

其中　　存货周转期=平均存货÷每天的销货成本

应收账款周转期=平均应收账款÷每天的销货收入

应付账款周转期=平均应付账款÷每天的购货成本

现金周转期模式如图6-1所示。

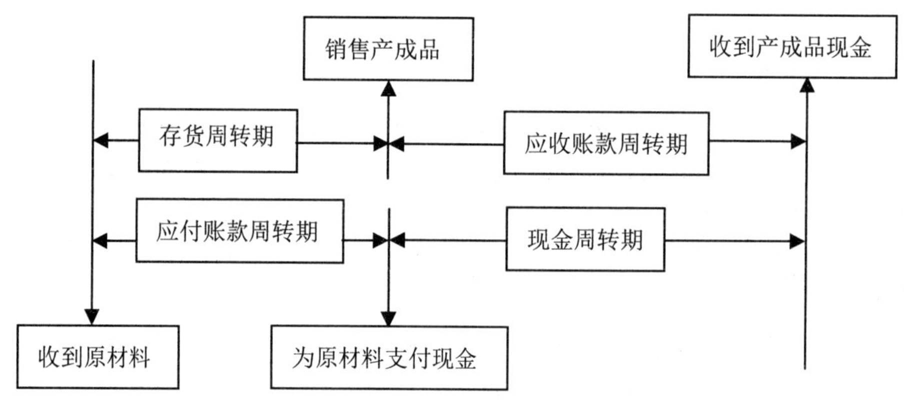

图6-1　现金周转期模式

最佳现金持有量的计算公式如下。

最佳现金持有量=现金周转期×平均每天需要的现金额

由此可见，现金周转期的变化会直接影响所需营运资金的数额。一般而言，存货周转期和应收账款周转期越长，应付账款周转期越短，营运资金数额就越大；存货周转期和应收账款周转期越短，应付账款周转期越长，营运资金数额就越小。另外，营运资金周转的数额还受到偿债风险、收益要求和成本约束等因素的制约。

【例6-1】某公司的原料购买和产品销售采用赊购赊销方式，应付账款的平均付款天数为30天，应收账款的收款天数为60天，平均每天的现金需求量为50万元。假设平均存货周转期为70天，则

公司的现金周转期=60+70−30=100(天)

公司的现金持有量=100×50=5 000(万元)

(二)成本分析模型

成本分析模型是根据现金有关成本，分析预测其相关总成本最低时现金持有量的一种方法。该模型主要考虑持有一定量的现金而产生的机会成本及短缺成本，即机会成本和短缺成本总和最低的现金持有量为最佳现金持有量。相关成本与现金持有量的关系如图 6-2 所示。

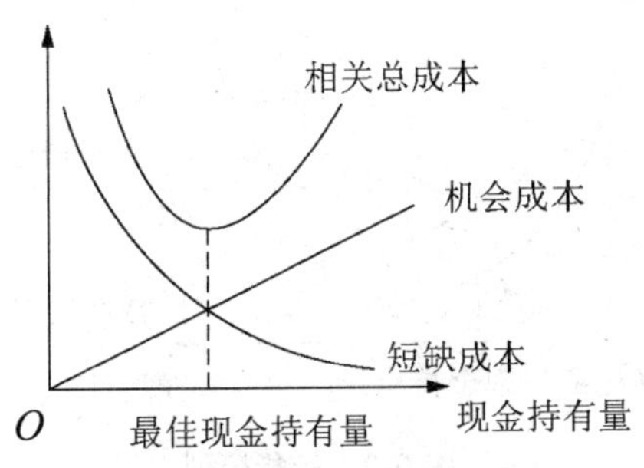

图 6-2　成本分析模型

从图 6-2 中可以看出，由于各项成本与现金持有量的关系不同，使得总成本曲线呈抛物线形，抛物线的最低点，即为成本最低点，该点所对应的现金持有量便是最佳现金持有量，此时总成本最低。

【例 6-2】某公司现有 A、B、C、D 四种现金持有方案，有关成本资料如表 6-3 所示。

表 6-3　现金持有方案　　单位：元

项　目	A	B	C	D
现金持有量	30 000	40 000	50 000	60 000
机会成本率	8%	8%	8%	8%
管理成本	4 000	4 000	4 000	4 000
短缺成本	3 000	1 000	500	0

根据表 6-3 编制该公司的最佳现金持有量测算表，如表 6-4 所示。

表 6-4　最佳现金持有量测算表　　单位：元

项　目	A	B	C	D
现金持有量	30 000	40 000	50 000	60 000
机会成本	2 400	3 200	4 000	4 800
短缺成本	3 000	1 000	500	0
总成本	5 400	4 200	4 500	4 800

通过比较可知，B 方案的总成本最低，因此 40 000 元为最佳现金持有量。

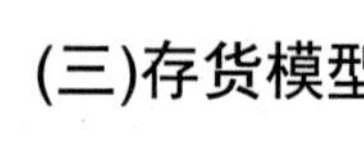

(三)存货模型

存货模型的着眼点是现金相关成本之和最低。该模型不考虑短缺成本，只对现金的机会成本和固定性转换成本予以考虑。现金的机会成本与现金持有量成正比，持有现金越多，机会成本越高；而固定性转换成本随着现金持有量的变动呈现出相反的变动趋向。能使现金的机会成本与固定性转换成本之和保持最低的现金持有量，就是最佳现金持有量。

假设，T 为某一时期现金总需求量，Q 为现金最佳持有量，K 为有价证券的利率(机会成本率)，F 为每次转换有价证券的固定成本，TC 为现金管理相关总成本。

现金管理相关总成本与持有机会成本、固定性转换成本的关系如图 6-3 所示。

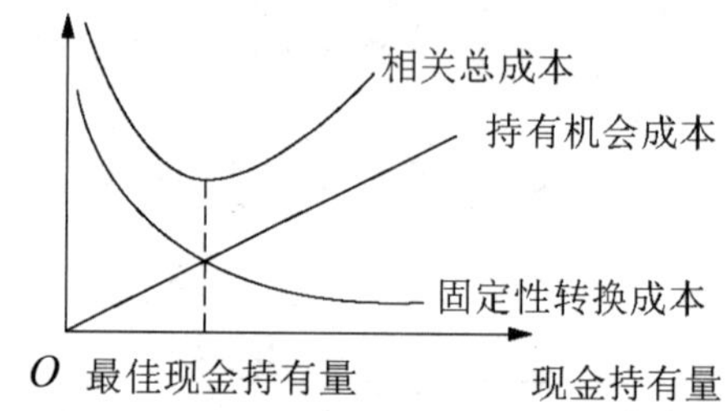

图 6-3　存货模型

一段时期内的现金持有状况如图 6-4 所示。

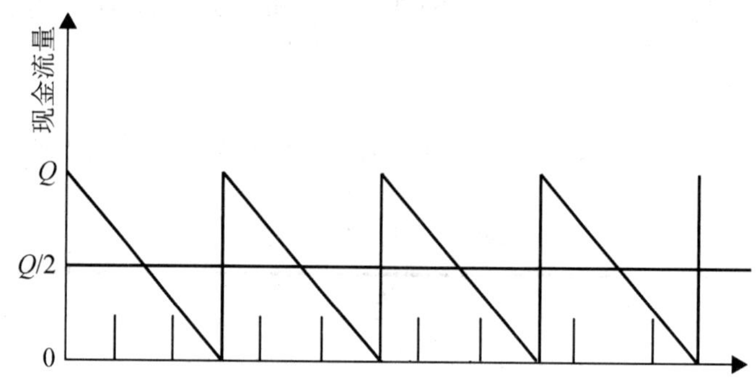

图 6-4　一段时期内的现金持有状况

那么，这一时期的现金持有机会成本为 $K\times\frac{Q}{2}$(有价证券利率×现金平均持有量)。这一时期的固定性转换成本为 $F\times\frac{T}{Q}$(每次出售有价证券的固定转换成本×转换次数)。则总成本 TC 的计算公式如下。

$$\mathrm{TC}=K\times\frac{Q}{2}+F\times\frac{T}{Q} \tag{1}$$

即　　现金管理相关总成本=现金持有机会成本+固定性转换成本

从图 6-3 中可以看出，现金管理的相关总成本与现金持有量呈凹形曲线关系。持有现金的机会成本与证券变现的交易成本相等时，现金管理的相关总成本最低，此时的现金持有量为最佳现金持有量。即

$$Q=\sqrt{\frac{2TF}{K}} \tag{2}$$

将公式(2)代入公式(1)，得出最低现金管理相关总成本如下。

$$\mathrm{TC}=\sqrt{2TFK} \tag{3}$$

【例 6-3】盟飞公司现金收支状况平稳，预计全年(按 360 天算)现金总需求量为 400 万元，现金与有价证券转换成本每次为 400 元，有价证券利率为 8%，则

最佳现金持有量(*Q*)=$\sqrt{2\times 4\,000\,000\times\frac{400}{8\%}}=200\,000$(元)

现金最低相关总成本(TC)=$\sqrt{2\times 4\,000\,000\times 400\times 8\%}=16\,000$(元)

其中

转换成本=$\frac{4\,000\,000}{200\,000}\times 400=8\,000$(元)

机会成本$=\frac{200\,000}{2}\times 8\%=8\,000$(元)

有价证券最佳转换次数$=\frac{4\,000\,000}{200\,000}=20$(次)

有价证券最佳交易间隔期$=\frac{360}{20}=18$(天)

任务解析

1．众信公司持有现金动机

企业对现金进行管理的目的就是在资产的流动性和盈利性之间作出选择，以获取最大的长期利益。持有现金是出于三种需求：交易性需求、预防性需求和投机性需求。

确定最佳现金持有量需要从成本分析入手。

2．确定众信公司的最佳现金持有量

1) 根据任务描述中的资料(1)确定众信公司的最佳现金持有量

根据现金周转期等于存货周转期，加上应收账款周转期，再减去应付账款周转期，进行最佳现金持有量的确定。即

存货周转期=360×平均存货÷销售成本=360×0. 9÷10=32.4(天)

应收账款周转期=360×平均应收账款÷销售收入=360×1. 2÷20=21. 6(天)

现金周转期=存货周转期+应收账款周转期−应付账款周转期

=32.4+21.6−18=36(天)

最佳现金持有量=年现金需求总额÷360×现金周转期

=400 000÷360×36=40 000(元)

现金周期的变化会直接影响所需营运资金的数额。一般而言，存货周转期和应收账款周转期越长，应付账款周转期越短，营运资金数额就越大；存货周转期和应收账款周转期越短，应付账款周转期越长，营运资金数额就越小。另外，营运资金周转的数额还受偿债风险、收益要求和成本约束等因素的制约。

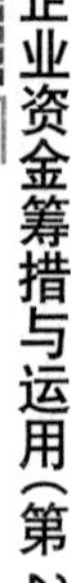

2) 根据任务描述中的资料(2)确定众信公司的最佳现金持有量

根据表6-2编制公司最佳现金持有量测算表如表6-5所示。

表6-5 最佳现金持有量测算表 单位：元

项 目	甲	乙	丙	丁
现金持有量	20 000	30 000	40 000	50 000
机会成本	2 400	3 600	4 800	6 000
短缺成本	4 200	2 600	800	0
总成本	6 600	6 200	5 600	6 000

通过比较可知，丙方案的总成本最低，因此40 000元即为最佳现金持有量。

3) 根据任务描述中的资料(3)确定众信公司的最佳现金持有量

$$最佳现金持有量(Q)=\sqrt{2\times 400\,000\times\frac{200}{10\%}}=40\,000(元)$$

$$持有现金相关总成本(TC)=\sqrt{2\times 40\,000\times 200\times 10\%}=4\,000(元)$$

其中

$$转换成本=\frac{400\,000}{40\,000}\times 200=2\,000(元)$$

$$机会成本=\frac{40\,000}{2}\times 10\%=2\,000(元)$$

$$有价证券最佳转换次数=\frac{400\,000}{40\,000}=10(次)$$

$$有价证券最佳交易间隔期=\frac{360}{10}=36(天)$$

存货模式是假定现金支出比较稳定的情况下计算最佳现金持有量。实际工作中很难预测企业的现金支出，因此该模式测算的结果只能作为企业判断现金持有量的一个参考标准。

理论延伸

一、现金收支的内部控制制度

按照现行制度，国家有关部门对企业使用现金作了如下规定。

(1) 规定了现金的使用范围。这里的现金，是指人民币现钞，即企业用现钞从事交易，只能在一定范围内进行。该范围包括：支付职工工资、津贴；支付个人劳务报酬；根据国家规定颁发给个人的科学技术、文化艺术、体育等各种奖金；支付各种劳保、福利费用以及国家规定的对个人的其他支出；向个人收购农副产品和其他物资的价款；出差人员必须随身携带的差旅费；结算起点(1 000 元)以下的零星支出；中国人民银行确定需要支付现金的其他支出。

(2) 规定了库存现金限额。企业库存现金由其开户银行根据企业的实际需要核定限额，一般以3～5天的零星开支额为限。

(3) 不得坐支现金。即企业不得从本单位的人民币现钞收入中直接支付交易款。现钞收入应于当日终了时送存开户银行。

(4) 不得出租、出借银行账户。

(5) 不得签发空头支票和远期支票。

(6) 不得套用银行信用。

(7) 不得保存账外公款，包括不得将公款以个人名义存入银行和保存账外现钞等各种形式的账外公款。

二、现金收支管理方法

现金收支管理的目的在于提高现金使用效率，为达到这一目的，可运用以下方法。

(1) 力争现金流量同步。如果企业能尽量使现金流入与现金流出发生的时间趋于一致，就可以使其所持有的现金余额降到最低水平。

(2) 使用现金浮游量。从企业开出支票，收票人收到支票并存入银行，银行将款项划出企业账户，中间需要经历一段时间，现金在这段时间的占用称为现金浮游量。在这段时间内，尽管企业已经开出支票，但仍可以使用活期账户内的这笔资金。需要注意的是，企业在使用这笔资金时，要控制好使用时间，避免发生银行存款的透支。

(3) 加速收款。加速收款主要是指缩短应收账款的时间。应收账款会增加企业资金的占用，但它可以扩大企业的销售规模，在企业的生产经营中又是必要的。关键在于如何既利用应收账款吸引顾客，又缩短收款时间，找到两者的平衡点，实施妥善的收账政策。

(4) 推迟应付款的支付。推迟应付款的支付是指企业在不影响自己信誉的前提下，尽可能推迟应付款的支付期，充分运用销货方所提供的信用条件。如果企业急需现金，甚至可以放弃销货方的折扣优惠，在信用期的最后一天付款。

任务基础训练

一、单项选择题

1. 企业为满足交易动机而持有现金，所需考虑的主要因素是(　　)。

   A. 企业销售水平的高低　　B. 企业临时举债能力的大小

   C. 企业对待风险的态度　　D. 金融市场投机机会的多少

2. 企业在进行现金管理时，可利用的现金浮游量是指(　　)。

   A. 企业账户所记存款余额

   B. 银行账户所记企业存款余额

   C. 企业账户上现金余额与银行账户上所示的存款余额之差

   D. 企业实际现金余额超过最佳现金持有量之差

3. 在一定时期现金需求总量一定的情况下，同现金持有余额成反比的是(　　)。

   A. 变动性转换成本　　B. 固定性转换成本

   C. 现金管理费用　　D. 现金机会成本

4. 在营运资金管理中，企业将“从收到尚未付款的材料开始，到以现金支付该货款之间所用的时间”称为(　　)。

A. 现金周转期　　B. 应付账款周转期　　C. 存货周转期　　D. 应收账款周转期

5. 企业持有一定数量的短期有价证券，主要是为了维护企业资产的流动性和(　　)。

A. 企业资产的收益性　　B. 企业良好的信誉

C. 非正常情况下的现金需要　　D. 正常情况下的现金需要

6. 利用存货模型确定最佳现金持有量时，不予考虑的因素是(　　)。

A. 持有现金的机会成本　　B. 现金的管理成本

C. 现金的转换成本　　D. 现金的平均持有量

二、多项选择题

1. 现金的短缺成本包括(　　)。

A. 停工待料损失　　B. 临时采购的额外支出

C. 因不能及时支付而蒙受的信誉损失　　D. 放弃现金折扣的损失

2. 用成本分析模型确定最佳现金持有量时，应予考虑的成本费用项目有(　　)。

A. 现金管理成本　　B. 现金短缺成本

C. 现金机会成本　　D. 现金与有价证券的转换成本

3. 在现金需求总量既定的前提下(　　)。

A. 现金持有量越多，现金管理总成本越高

B. 现金持有量越多，现金机会成本越大

C. 现金持有量与机会成本成正比，与转换成本成反比

D. 现金持有量越少，现金转换成本越高

4. 下列项目中，为了满足现金的交易性需要而产生的活动有(　　)。

A. 支付工资　　B. 购买原材料　　C. 购买股票　　D. 缴纳所得税

5. 营运资金周转是指企业的营运资金从现金投入生产经营开始到最终转化为现金为止的过程。下列会使营业周转期缩短的方式有(　　)。

A. 缩短存货周转期　　B. 缩短应收账款周转期

C. 缩短应付账款周转期　　D. 缩短预收账款周转期

三、判断题

1. 在利用存货模型计算最佳现金持有量时，对短缺成本一般不予考虑。(　　)

2. 现金的机会成本随现金持有量的增加而下降，随现金持有量的减少而上升，即与现金持有量成反比。(　　)

3. 企业持有的现金总额可以小于各种动机所需现金余额之和。(　　)

4. 一般说来，资产的流动性越高，其获利能力就越强。(　　)

5. 企业的营运资金越大，风险越小，但收益率也越低；相反，企业的营运资金越小，风险越大，但收益率也越高。(　　)

6. 在正常业务活动现金需求量的基础上，追加一定数量的现金余额以应付未来现金流入和流出的随机波动，这是出于投机性需求。(　　)

四、计算分析题

1. 训练资料

(1) 海达公司的原料购买和产品销售采用赊购赊销方式，应付账款平均周转期为 35 天，应收账款平均周转期为 50 天，预计全年需要现金总额为 720 万元。假设平均存货周转期为 60 天。

(2) 剑通公司预计全年现金总需求量为 200 000 元，每次出售有价证券的转换成本为 100 元，有价证券的年利率为 10%。

(3) 华达公司现有甲、乙、丙、丁四种现金持有方案，它们各自的机会成本、短缺成本和管理成本如表 6-6 所示(资本收益率为 12%)。

表 6-6　现金持有量备选方案　　单位：元

项　目	甲	乙	丙	丁
现金持有量	20 000	30 000	40 000	50 000
机会成本率	12%	12%	12%	12%
管理成本	5 000	5 000	5 000	5 000
短缺成本	4 200	2 600	800	0

2. 训练要求

(1) 海达公司的营业周期和现金周转期分别是多少天？其最佳现金持有量是多少？

(2) 计算剑通公司现金的转换成本、机会成本、相关总成本和最佳现金持有量。

(3) 确定华达公司的最佳现金持有方案。

任务二　制定应收账款政策

任务要求

本任务要解决三个问题：一是明确应收账款的功能和成本；二是掌握信用政策的决策方法；三是掌握应收账款的监督和日常管理。

任务描述

阳光电器公司生产的电冰箱供不应求，经研究决定扩大生产规模，新建一条生产线，增强公司竞争力。但由于市场供求情况发生突变，致使公司生产的电冰箱出现了产品积压。面对严峻的现实，公司为了使产品尽快推销出去，决定采用新的信用政策。预测阳光电器公司 2017 年度赊销额为 3 600 万元，信用条件是 30 天内付款，无现金折扣，预计的变动成本率为 70%，资金成本率为 10%。

(1) 如果阳光电器公司采取的收账政策不变，固定成本总额不变，可供选择的方案有以下两个。

方案 A：维持 30 天内付款，无现金折扣。

方案 B：将信用条件放宽到 60 天内付款，无现金折扣。

两种备选方案估计的赊销水平、坏账百分比和收账费用等数据如表 6-7 所示。

表 6-7　信用条件备选方案

方案 信用条件	A(*n*/30)	B(*n*/60)
年赊销额/万元	3 600	3 960
应收账款平均收账天数/天	30	60
坏账损失占年赊销额的百分比/%	2	3
年收账费用/万元	32	46

(2) 如果阳光电器公司对公司原有的应收账款收账政策进行调整，以降低公司的坏账损失和应收账款的机会成本，则相关资料如表 6-8 所示。

表 6-8　收账政策备选方案资料

项　目	现行收账政策	拟改变的收账政策
年收账费用/万元	46	70
应收账款平均收账天数/天	60	30
坏账损失占年赊销额的百分比/%	3	2
年赊销额/万元	3 960	3 960
变动成本率/%	60	60

阅读上述资料，分析讨论以下问题：

1. 简述应收账款对企业的作用。
2. 阳光电器公司应该采用哪个信用条件方案？
3. 阳光电器公司是否能接受改变收账政策的方案？

理论认知

应收账款是企业因对外赊销产品、材料、供应劳务等而应向购货单位或接受劳务单位收取的款项，包括应收销售款、其他应收款、应收票据等。

商品与劳务的赊销与赊供，在强化企业竞争能力、扩大销售、增加收益、节约存货资金占用，以及降低存货管理成本等方面，均有积极意义。相对于现销方式，赊销商品意味着企业应收账款的增加，预计现金流入量与实际现金流入量时间上产生差别，购货方拖欠甚至坏账损失的可能性增加。不仅如此，应收账款的增加也会造成企业资金成本和管理费用的增加。因此，企业应在发挥应收账款强化竞争、扩大销售功能的同时，尽可能降低应收账款的机会成本、减少坏账损失与管理成本，提高应收账款的收益。

一、应收账款的功能

应收账款在企业生产经营活动中所具有的作用叫作应收账款的功能，主要有如下两大功能。

(一)增加销售

在市场激烈竞争的情况下，完全依赖现销方式是不现实的。在赊销方式下，企业在销售商品的同时，向购买方提供了可以在一定时期内无偿使用的资金，即商业信用资金，其数额等同于商品的售价，这对于购买方而言具有极大的吸引力。因此，赊销是促进销售的一种重要方式，对于企业销售产品、开拓并占有市场具有重要意义。在企业产品销售不畅、市场萎缩、竞争不力的情况下，或者企业在销售新产品、开拓新市场时，为适应竞争的需要，适时地采取各种有效的赊销方式就尤为必要了。

(二)减少存货

赊销可以加速产品销售的实现，加快产成品向销售收入的转化速度，从而对降低存货中的产成品数额有着积极的影响。这有利于缩短产成品的库存时间，降低产成品存货的管理费用、仓储费用和保险费用等各方面的支出。因此，当产成品存货较多时，企业可以采用较为优惠的信用条件进行赊销，尽快地实现产成品存货向销售收入的转化，变持有产成品存货为持有应收账款，以节约各项存货支出。

二、应收账款的成本

企业在采取赊销方式促进销售的同时，还会因持有应收账款而付出一定的代价，这种代价就是应收账款的成本，包括机会成本、管理成本和坏账成本。

(一)机会成本

应收账款的机会成本是指企业因资金投放在应收账款上而丧失的再投资收益，如投资于有价证券便会有利息收入。这一成本的大小通常与企业维持赊销业务所需的资金数量(应收账款投资额)、资金成本率有关。其计算公式如下。

$$\text{应收账款的机会成本}=\text{维持赊销业务所需要的资金}\times\text{资金成本率}$$

资金成本率的取值一般按照有价证券的利率计算；维持赊销业务所需要的资金数量可按下列步骤计算。

1．计算应收账款平均余额

$$\text{应收账款平均余额}=\frac{\text{年赊销额}}{360}\times\text{平均收账天数}=\text{平均每日赊销额}\times\text{平均收账天数}$$

2．计算维持赊销业务所需要的资金

维持赊销业务所需要的资金=应收账款平均余额×变动成本率

【例 6-4】假设某企业预测 2017 年度赊销额为 300 万元，应收账款平均收账天数为 60 天，变动成本率为 40%，资金成本率为 8%，则应收账款的机会成本可计算如下。

应收账款平均余额=3 000 000÷360×60=500 000(元)

维持赊销需要的资金=500 000×40%=200 000(元)

应收账款的机会成本=200 000×8%=16 000(元)

上述计算表明，企业投放 20 万元的资金可维持 300 万元的赊销业务，相当于垫支资金的 15 倍之多。这一较高的倍数在很大程度上取决于应收账款的收账速度。一般情况下，应收账款收账天数越少，一定数量资金所维持的赊销额就越大；应收账款收账天数越多，维持相同赊销额所需要的资金数量就越大。

(二)管理成本

应收账款管理成本是指企业对应收账款进行日常管理的各项开支，主要包括：①对客户的资信调查费用；②应收账款账簿记录费用；③收账费用；④其他有关费用。

(三)坏账成本

应收账款基于商业信用而产生，存在无法收回的可能性，由此而给应收账款持有企业带来的损失就是坏账成本。一般情况下，坏账损失与应收账款发生额成正比，而且不同行业其坏账平均损失率也有差别。为规避坏账成本给企业生产经营活动的稳定性带来的不利影响，企业应合理提取坏账准备。

三、信用政策

赊销是企业促销的重要手段，但大量应收账款的存在，就会引起资金短缺，影响资金的周转。企业应收账款的多少，一方面受市场经济环境的影响，另一方面受企业信用政策的影响。为了管理好应收账款，企业需制定出一系列符合企业自身经营管理特点的信用政策。

信用政策是指企业对应收账款进行规划和控制而确立的基本原则与行为规范，主要包括信用标准、信用条件和收账政策三个部分。

(一)信用标准

信用标准是指企业用来衡量顾客是否有资格享受商业信用所具备的基本条件。如果顾客达不到信用标准，便不能享受企业的信用或只能享受较低的信用优惠。信用标准是企业同意向顾客提供商业信用所要求的最低标准，通常以预计坏账损失率来表示。这是一个反指标，对信誉好的客户，给予较宽松的标准；对信誉差的客户，给予较严格的标准。如果企业制定的信用标准过于严格，只对信誉很好、预计发生坏账损失可能性较低的顾客提供赊销，就能够减少企业的坏账损失，减少应收账款的机会成本，但可能不利于扩大销售量甚至会减少销售量；与此相反，如果放宽企业的信用标准，销售量就能增加，但同时又会促使坏账损失和应收账款机会成本的增加。因此，企业应根据具体情况权衡利弊，制定合理的信用标准和信用条件，既使企业应收账款额度保持在适当水平，又满足企业获得较大经济效益的目的。

企业在制定信用标准时，应考虑三个基本因素：①同行业竞争对手的情况。若竞争对手实力很强，企业欲取得优势地位，就需要采取较低的信用标准；反之，可适当提高信用标准。②企业承担违约风险的能力。当企业具有较强的承担能力时，可以以较低的信用标准吸引顾客，扩大销售；否则，就只能选择严格的信用标准以降低违约风险的程度。③客户的信誉程度。企业在设定某一顾客的信用标准时，往往先要评估其赖账的可能性。这就必须对客户的资信程度进行调查，判断客户的信用等级并决定是否给予其信用优惠。客户资信程度的高低通常取决于五个方面，即客户的品质、能力、资本、抵押和条件，简称5C系统。

(1) 品质(Character)。品质是指客户的信誉，即履行偿债义务的可能性。这是评价客户信用品质的首要因素。企业应了解客户过去的付款记录，看客户是否有按期如数付款的一贯做法，以及与其他供货企业的关系是否良好。客户是否愿意尽自己最大的努力来归还货款，直接决定着账款的回收速度和数量。

(2) 能力(Capacity)。能力是指客户偿还货款的能力，即其流动资产的数量和质量以及与流动负债的比例。客户的流动资产越多，其转换为现金支付款项的能力越强。还应注意客户流动资产的质量，看是否有存货过多、过时或质量下降，影响其变现能力和支付能力的情况。

(3) 资本(Capital)。资本是指客户的财务实力和财务状况，表明客户可能偿还债务的背景。

(4) 抵押(Collateral)。抵押是指客户拒付款项或无力支付款项时能被用作抵押的资产。这对于不明底细及信誉较差的客户来讲尤为重要，如果客户有资产作抵押，则收回货款就有保障。

(5) 条件(Conditions)。条件是指可能影响客户付款能力的经济环境。例如，一旦出现经济不景气，会对客户的付款产生什么影响，客户会如何做，等等，这需要了解客户在过去困难时期的付款历史。

通过对客户以上五个方面的分析，基本上就可以判断客户的信用状况。

(二)信用条件

信用标准是企业评价客户等级，决定给予或拒绝客户信用的依据。一旦企业决定给予客户信用优惠时，就需要考虑具体的信用条件。

信用条件是指要求客户支付赊销货款的条件，包括信用期限、折扣期限和现金折扣率。

1. 信用期限

信用期限是指企业允许客户从购货到支付货款的时间间隔。企业销售量与信用期限之间存在着一定的依存关系。通常，延长信用期限，可以在一定程度上扩大销售，增加销售收入，但不恰当地延长信用期限，会给企业带来不良后果：①延长货款收账期，占用在应收账款上的资金相应增加，引起机会成本增加；②引起坏账损失和收账费用的增加。因此，企业是否给客户延长信用期限，应视延长信用期限增加的收益是否大于增加的成本而定。

2. 现金折扣和折扣期限

延长信用期限会增加应收账款占用的时间和金额，企业为加速资金周转，尽快收回货款，减少坏账损失，一般在延长信用期限的同时，还会采取一定的优惠措施，即在规定的时间内提前偿付货款的客户可按销售收入的一定比率享受折扣，即现金折扣。现金折扣实际是对现金收入的扣减，企业决定是否提供以及提供多大程度的现金折扣，应重点考虑提供折扣后所得的收益是否大于现金折扣的成本。

同样，如果加速收款带来的收益能够补偿现金折扣成本，方案就可取；否则，就不可取。

【例 6-5】预测长阳公司 2017 年度赊销额为 7 200 万元，信用条件是 30 天内付款，无现金折扣，预计的变动成本率为 70%，资金成本率为 10%，预计坏账损失率降为 3%，收账费用为 45 万元。如果长阳公司为加速应收账款的回收，决定将赊销条件改为“2/10，1/20，*n*/60”。估计约有 60%的客户(按赊销额计算)会利用 2%的折扣；15%的客户会利用 1%的折扣，坏账损失率降为 1.5%，收账费用降为 38 万元。请判断长阳公司是否应改变信用条件。

原信用条件方案相关指标的计算如下。

信用成本前的收益=7 200−7 200×70%=7 200−5 040=2 160(万元)

机会成本=7 200÷360×30×70%×10%=42(万元)

坏账成本=7 200×3%=216(万元)

信用成本后的收益=2 160−(42+216+45)=1 857(万元)

改变信用条件方案相关指标的计算如下。

应收账款平均收账天数=60%×10+15%×20+(1−60%−15%)×60=24(天)

应收账款机会成本=7200÷360×24×70%×10%=33.6(万元)

坏账损失=7200×1.5%=108(万元)

现金折扣=7200×(2%×60%+1%×15%)=97.2(万元)

信用成本后的收益=2160−(33.6+108+38+97.2)=1 883.2(万元)

改变信用条件后的收益 1 883.2 万元大于原信用条件方案的收益 1 857 万元，因此应该增加现金折扣。

(三)收账政策

收账政策是指当客户违反信用条件，拖欠甚至拒付账款时企业所采取的收账政策与措施。

企业向客户提供商业信用时，必须考虑三个问题：①客户是否会拖欠或拒付货款，程度如何？②怎样最大限度地防止客户拖欠货款；③一旦货款遭到拖欠甚至拒付，企业应采取怎样的对策？前两个问题主要依靠信用调查和严格审批制度，第三个问题必须通过制定完善的收账政策，采取有效的措施予以解决。

企业对拖欠的应收账款，无论采取何种方式进行催收，都要付出一定的代价，即收账费用，如邮电通信费、人员差旅费和不得已时的诉讼费等。通常，企业为扩大销售，增强竞争力，都会规定一个拖欠的宽限期。如果收账政策过宽，会导致逾期未付款项的客户增多，拖欠时间更长，对企业不利；如果收账政策过严，催收过急，又会伤害无意拖欠的客户，影响企业的销售和利润。因此，企业在制定收账政策时，要权衡利弊，掌握好宽严界限。制定合理的收账政策就是要在增加的收账费用与减少坏账损失、减少应收账款机会成本之间进行权衡，若前者小于后者，则说明制定的收账政策是可取的。

【例 6-6】已知某公司应收账款原有的收账政策和拟改变的收账政策如表 6-9 所示。假设资金利润率为 10%。请判断该公司是否应改变收账政策。

表 6-9　收账政策备选方案资料

项　　目	现行收账政策	拟改变的收账政策
年收账费用/万元	90	150
应收账款平均收账天数/天	60	30
坏账损失占年赊销额的百分比/%	3	2
年赊销额/万元	7 200	7 200
变动成本率/%	60	60

根据资料计算结果如下。

现行政策的信用成本=机会成本+坏账成本+收账费用

=7 200÷360×60×60%×10%+7 200×3%+90=72+216+90=378(万元)

改变政策后的信用成本=机会成本+坏账成本+收账费用

=7 200÷360×30×60%×10%+7 200×2%+90=36+144+150=330(万元)

计算结果表明，拟改变的收账政策较现行收账政策减少的坏账损失和减少的应收账款机会成本之和 108［(216−144)+(72−36)］万元，大于增加的收账费用 60(150−90)万元，因此该公司拟改变收账政策的方案是可以接受的。

任务解析

1．应收账款的功能

应收账款的功能见理论认知，此处不再赘述。

2．分析阳光电器公司的信用条件方案

A 方案相关指标的计算如下。

信用成本前的收益=3 600−3 600×70%=3 600−2520=1 080(万元)

机会成本=3 600÷360×30×70%×10%=21(万元)

坏账成本=3 600×2%=72(万元)

信用成本后的收益=1 080−(21+72+32)=955(万元)

B 方案相关指标的计算如下。

信用成本前的收益=3 960−3 960×70%=3 960−2 772=1 188(万元)

机会成本=3 960÷360×60×70%×10%=46.2(万元)

坏账成本=3 960×3%=118.8(万元)

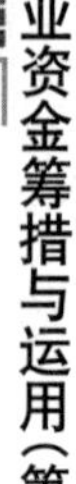

信用成本后的收益=1188−(46.2+118.8+46)=977(万元)

根据计算结果可知，B 方案的获利较大，比 A 方案增加收益 22 万元，因此在其他条件不变的情况下，阳光电器公司应选择 B 方案。

3．分析阳光电器公司的收账政策方案

阳光电器公司收账政策的相关指标计算如表 6-10 所示。

表 6-10　收账政策分析评价　　单位：万元

项　目	现行收账政策	拟改变的收账政策
年赊销额	3 960	3 960
应收账款平均收账天数/天	60	30
应收账款平均余额	3 960÷360×60=660	3 960÷360×30=330
应收账款占用的资金	660×60%=396	330×60%=198
信用成本		
应收账款机会成本	396×10%=39.6	198×10%=19.8
坏账损失	3 960×3%=118.8	3 960×2%=79.2
年收账费用	46	70
信用总成本	204.4	169

表 6-10 中的计算结果表明，拟改变的收账政策较现行收账政策减少的坏账损失和减少的应收账款机会成本之和为 59. 4［(118. 8−79. 2)+(39. 6−19. 8)］万元，大于增加的收账费用 24(70−46)万元，因此阳光电器公司改变收账政策的方案是可以接受的。

理论延伸

一、应收账款的监督

对已经发生的应收账款，企业应进一步强化日常管理和监督，采取有力的措施进行分析、控制，及时发现问题，提前采取措施。这些措施主要包括以下几个方面。

(一)应收账款的追踪分析

应收账款是存货变现过程中的中间环节，对应收账款追踪分析的重点应放在赊销商品的销售与变现方面。客户以赊购方式购入商品后，迫于获利的动力和付款的信誉压力，必然期望迅速实现销售并收回货款。如果这一期望能顺利实现，客户实现了销售，赊销企业如期收回客户的欠款一般比较容易。然而市场瞬息万变，使得客户存在商品积压和赊销，导致客户与应付账款对应的现金支付能力匮乏。在这种情况下，客户能否严格履行赊销企业的信用条件，需要企业跟踪客户的现金持有量和调剂程度，考察其现金用途的约束性，以及其他短期债务偿还对现金的要求等。

(二)应收账款账龄分析

企业已发生的应收账款时间长短不一，有的尚未超过信用期，有的则已逾期拖欠。一般而言，逾期拖欠时间越长，账款催收的难度越大，成为坏账的可能性也越高。因此，进行账龄分析，密切关注应收账款的回收情况，是提高应收账款收现率的重要手段。

应收账款账龄分析就是研究应收账款的账龄结构，分析各账龄应收账款的余额占应收账款总余额的比重。对不同拖欠时间的账款及不同信用品质的客户，采取不同的收账方法，制定出经济可行的不同收账政策。对可能发生的坏账损失，提前做出准备，估计对企业经营的影响。对尚未逾期的应收账款，也不能放松管理与监督，以防发生新的拖欠。

通过应收账款账龄分析，不仅能提示财务人员把逾期款项作为工作重点，而且有助于企业研究与制定新的信用政策。

(三)加强对应收账款的责任管理

在应收账款的回收问题上，要坚持谁销售，谁负责收款。并按回收额计发销售人员的工资和奖金。对超过规定信用期的应收账款，一方面要督促销售人员及时催收，另一方面要制定适当的奖惩办法加以保证。例如，对逾期应收账款可依据逾期时间的长短，从销售人员工资或奖金中扣除逾期应收账款占用资金的利息；应收账款发生了坏账损失，可以考虑由销售人员按比例承担一定的损失费用；同时，对应收账款回收及时，坏账损失率低于规定标准的销售人员给予适当的奖励等。

(四)建立坏账准备制度

无论企业采取怎样严格的信用政策，只要存在着商业信用，坏账损失的发生总是不可避免的。一般而言，确定坏账损失的标准主要有以下两个。

(1) 因债务人破产或死亡，以其破产财产或遗产清偿后，仍不能收回的应收款项。

(2) 债务人逾期未履行偿债义务，且有明显特征表明无法收回。

企业的应收账款只要符合上述任何一个条件，均可作为坏账损失处理。但第二种情况下，并不意味着企业放弃了对该应收账款的索取权。实际上，企业仍然拥有继续收款的法定权利，企业与欠款人之间的债权债务关系不会因为企业已作坏账处理而解除。

既然应收账款的坏账损失不可避免，企业应遵循谨慎性原则，对坏账损失的可能性进行预先估计，建立坏账准备制度，提取坏账准备金。

二、应收账款保理

保理是保付代理的简称，是卖方(供应商或出口商)与保理商之间的一种契约关系，根据契约，卖方将其现在或将来的基于其与买方(债务人)订立的货物销售(服务)合同所产生的应收账款转让给保理商，由保理商提供下列服务中的至少两项：贸易融资、销售分户账管理、应收账款的催收、信用风险控制与坏账担保。可见，保理是一项综合性的金融服务方式，其同单纯的融资或收账管理有本质区别。

应收账款保理是企业将赊销形成的未到期应收账款在满足一定条件的情况下，转让给保理商，以获得银行的流动资金支持，加快资金的周转。保理可以分为有追索权保理(非买断型)和无追索权保理(买断型)、明保理和暗保理、折扣保理和到期保理。

有追索权保理是指供应商将债权转让给保理商，供应商向保理商融通资金后，如果购货商拒绝付款或无力付款，保理商有权向供应商要求偿还预付的现金，如购货商破产或无力支付，只要有关款项到期未能收回，保理商都有权向供应商进行追索，因而保理商具有全部“追索权”，这种保理在我国采用较多。无追索权保理是指保理商将销售合同完全买断，并承担全部的收款风险。

应收账款保理对于企业来说，其资金管理作用主要表现在：①融资功能；②减轻企业应收账款的管理负担；③减少坏账损失、降低经营风险；④改善企业的财务结构等方面。

任务基础训练

一、单项选择题

1. 下列项目中，属于应收账款机会成本的是(　　)。

   A. 坏账损失　　B. 收账费用

   C. 对客户信用进行调查的费用　　D. 应收账款占用资金的应计利息

2. 某企业规定的信用条件为：“5/15，2/20，*n*/30”，一客户从该企业购入原价为10 000元的原材料，并于第15天付款，则该客户实际支付的货款是(　　)元。

   A. 9 500　　B. 9 900　　C. 10 000　　D. 9 800

3. 企业赊销政策的内容不包括(　　)。

   A. 确定信用期限　B. 确定信用条件　C. 确定现金折扣政策　D. 确定收账方法

4. 下列对信用期限的叙述，正确的是(　　)。

   A. 信用期限越长，坏账发生的可能性越小

   B. 信用期限越长，表明客户享受的信用条件越优越

   C. 延长信用期限，将会减少销售收入

   D. 信用期限越长，收账费用越少

5. 某企业预测的年度赊销收入为1 000万元，应收账款周转期为36天，则该企业的应收账款平均余额为(　　)万元。

   A. 80　　B. 60　　C. 100　　D. 50

6. 假设某企业预测的年赊销额为2 000万元，应收账款平均收账天数为45天，变动成本率为60%，资金成本率为8%，一年按360天计算，则应收账款的机会成本为(　　)万元。

   A. 250　　B. 200　　C. 15　　D. 12

二、多项选择题

1. 企业对顾客进行资信评估应当考虑的因素主要有(　　)。

   A. 信用品质　　B. 偿付能力　　C. 资本和抵押品　　D. 经济状况

2. 企业制定的信用标准过高，可能导致的结果有(　　)。
   A. 减少收账费用　B. 扩大销售收入　C. 增加坏账成本　D. 降低违约风险
3. 构成企业信用政策的主要内容有(　　)。
   A. 信用标准　B. 信用条件　C. 信用期限　D. 收账政策
4. 下列各项中，属于应收账款管理成本的有(　　)。
   A. 坏账损失　B. 收账费用
   C. 客户信誉调查费　D. 应收账款占用资金的应计利息
5. 在应收账款信用政策中企业采用现金折扣政策的目的在于(　　)。
   A. 吸引顾客为享受优惠而提前付款　B. 减轻企业税负
   C. 缩短企业平均收账期　D. 扩大销售量
6. 应收账款保理是企业将赊销形成的未到期应收账款在满足一定条件的情况下，转让给保理商，其作用体现在(　　)。
   A. 投资功能　B. 减少坏账损失，降低经营风险
   C. 改善企业的财务结构　D. 减轻企业应收账款的管理负担

三、判断题

1. 信用标准一般以预期的坏账损失率作为判断标准。(　　)
2. 从资金管理角度来看，客户是否按期付款，会影响到应收账款的成本高低。(　　)
3. 利用 5C 系统评估客户的信誉时，其中能力是指申请人或公司申请人管理者的诚实和正直表现能力。(　　)
4. 现金折扣是企业为了鼓励客户多买商品而给予的价格优惠，每次购买的数量越多，价格也就越便宜。(　　)
5. 应收账款保理是企业将赊销形成的未到期应收账款在满足一定条件的情况下，转让给保理商，以获得流动资金支持，加快资金周转的方法。(　　)
6. 如果公司的坏账率为零，可能意味着公司的信用标准过于严格。(　　)

四、计算分析题

1. 训练资料

(1) 海天公司现在采用 30 天按发票金额付款的信用政策，拟将信用期放宽至 60 天，仍按发票金额付款，不提供现金折扣。假设风险投资的最低报酬率为 15%，相关数据如表 6-11 所示。

表 6-11　海天公司相关数据

项　目	30 天信用期	60 天信用期
销售量/件	100 000	120 000
赊销额/元(单价 5 元)	500 000	600 000
变动成本/元(每件 4 元)	400 000	480 000
可能发生的收账费用/元	3 000	4 000
可能发生的坏账损失/元	5 000	9 000

(2) 阳光公司预测2017年度销售收入净额为4 500万元，现销与赊销比例为1∶4，应收账款平均收账天数为60天，变动成本率为50%，公司资金成本率为10%。一年按360天算。

(3) 剑通公司目前年赊销额为24万元，每件产品售价为10元，该公司对比分析其目前的信用政策及另外两个新的政策，并预期这些政策将产生如表6-12的结果。

表6-12　剑通公司政策预期产生的结果

项　目	目前政策	政策A	政策B
销售增加	0	25%	35%
平均收现期	1个月	2个月	3个月
坏账损失	1%	3%	6%

2. 训练要求

(1) 根据海天公司资料完成下列任务：①请作出是否改变信用期限的决策；②假定海天公司在放宽信用期的同时，为了吸引顾客尽早付款，还提出了“0.8/30，n/60”的现金折扣条件，估计会有一半的顾客将享受现金折扣，请作出是否提供现金折扣的决策。

(2) 根据阳光公司资料完成下列任务：①计算2017年度赊销额、应收账款的平均余额、维持赊销业务所需要的资金额、应收账款的机会成本额；②若2017年应收账款需要控制在400万元，在其他因素不变的条件下，应收账款平均收账天数应调整为多少天？

(3) 假设剑通公司新增产品每件能带来3元的边际贡献，其资金报酬率为20%，则剑通公司采取哪个政策对其更有利？

任务三　确定存货经济批量

任务要求

本任务要解决三个问题：一是掌握最佳经济进货批量的确定方法；二是掌握再订货点、订货提前期和保险储备的确定；三是掌握存货管理方法。

任务描述

海丰电器有限公司(以下简称“海丰电器”)是一家以经营各类家用电器为主的全国性家电零售连锁企业，目前在北京、天津、上海、成都、重庆等25个城市以及香港等地区拥有直营店130余家，是国内外众多知名家电厂家在中国最大的经销商。2016年商务部公布的2016年中国连锁经营前30强，海丰电器以177.9亿元的销售额位列第三，同时位列家电连锁第一名，继续领跑中国家电零售业。

在长期经营实战中，海丰电器形成了独特的商品、价格、服务、环境四大核心竞争力。由于采用了大单采购、买断、包销、订制等多种适合家电经营的营销手段，保证了海丰家电的价格优势。

每年6月中旬是空调的订货销售时机，分公司主管业务工作的副经理陶新平刚走进自己的办公室，营业部主任李翔就匆忙赶来，请示海尔空调的订货事宜。李翔说："采购员张伟从青岛海尔空调有限公司打来电话，说海尔空调有现货供应，规格型号正好是本市畅销的集中规格型号。进货价格平均2 800元/台，若一次订购500台，还可以得到4%的价格优惠。请速回电告知是否按折扣价格购进。"

近来空调市场需求旺盛，海尔空调的库存量不多，正考虑此事的陶副经理听后高兴地说："这个消息很好！李主任，你算一下账，看怎样订购更合适，回头把意见告诉我。"

李翔根据陶副经理的意见，首先从计算机中调出了有关海尔空调的财务数据资料：公司近几年中每年销售海尔空调近4 000台，每次进货费用平均需要800元，平均每台空调年储存费用为160元，从订货至到货的时间为15天。然后他利用自己所掌握的方法，迅速进行了有关数据的测算。

阅读上述资料，分析讨论以下问题：

1. 分析李翔通过计算是否应该按折扣价格进货。
2. 李翔确定的再订货点是多少？

理论认知

一、存货成本

要保持一定数量的存货，就必然会发生各项支出，这就是存货成本。存货成本一般由以下几项构成。

(一)取得成本

取得成本主要由存货的进价成本和进货费用两个方面构成。其中，进价成本又称采购成本，是指存货本身的价值，等于数量与单价的乘积。在一定时期进货总量既定的条件下，无论企业采购次数如何变化，存货的进价成本通常保持相对稳定(假设物价不变且无数量折扣)，因而属于决策的无关成本。进货费用又称订货成本，是指企业为组织进货而开支的费用，如与材料采购有关的办公费、差旅费、电话费、运输费、检验费等。其中一部分与订货次数有关，如差旅费、电话费等与进货次数呈正相关变动，这类变动性进货费用属于决策的相关成本；另一部分与订货次数无关，如专设采购机构的基本开支等，这类固定性进货费用属于决策的无关成本。

(二)储存成本

储存成本是企业为持有存货而发生的费用，如各种仓储费、占用利息、搬运费、保险费、租赁费等。储存成本按与储存额的关系分为变动性储存成本和固定性储存成本两类。变动性储存成本如利息、霉烂变质费用、仓储保管费用的高低，取决于存货数量。平均库存量越多，变动性储存成本也就越高，属于决策的相关成本。因此，要降低变动性储存成本，就应减少每次采购批量，降低平均库存量。固定性储存成本如仓储人员的工资、仓库的折旧等，与存货储存量没有直接的联系，属于决策的无关成本。

(三)缺货成本

缺货成本是企业因存货不足而造成的损失，包括由于材料供应中断造成的停工损失、不能按期交货的信誉损失或临时采购发生的超额支出等。缺货成本能否作为决策的相关成本，应视企业是否允许出现缺货的不同而定。如果企业不允许出现缺货情形，则缺货成本为零，不须考虑。

二、存货经济批量的确定方法

经济批量是在企业生产和供应条件一定时，使一定时期存货的相关总成本达到最低点的进货数量。通过上述对存货成本分析可知，影响存货经济批量的主要因素包括变动性进货费用和变动性储存成本以及允许缺货时的缺货成本。不同的成本项目与进货批量呈现着不同的变动关系。减少进货批量，增加进货次数，在使储存成本降低的同时，会导致进货费用与缺货成本的提高；反之，增加进货批量，减少进货次数，尽管有利于降低进货费用与缺货成本，但同时会使储存成本提高。因此，如何协调各成本间的关系，使成本总和最低，是企业进货过程中需要解决的主要问题。

(一)经济进货批量基本模型

为确定经济进货批量基本模型，一般以下列假设为前提：①企业一定时期的进货总量可以确定；②存货的耗用或销售比较均衡；③存货的价格稳定，没有数量折扣，并且当存货量降为零时，下一批存货立即到位；④不允许出现缺货情形；⑤存货市场供应充足；⑥企业仓储条件及现金不受限制。

根据上述假设，企业不允许出现缺货情形，所以不存在缺货成本，此时，与存货采购批量、采购次数相关的就只有进货费用和储存成本两项内容。即

$$\text{存货相关总成本}=\text{相关进货费用}+\text{相关储存成本}$$

$$=\frac{\text{全年计划进货总量}}{\text{每次进货批量}}\times\text{每次进货费用}+\frac{\text{每次进货批量}}{2}\times\text{单位存货年储存成本}$$

存货相关总成本与相关进货费用、相关储存成本的关系如图6-5所示。

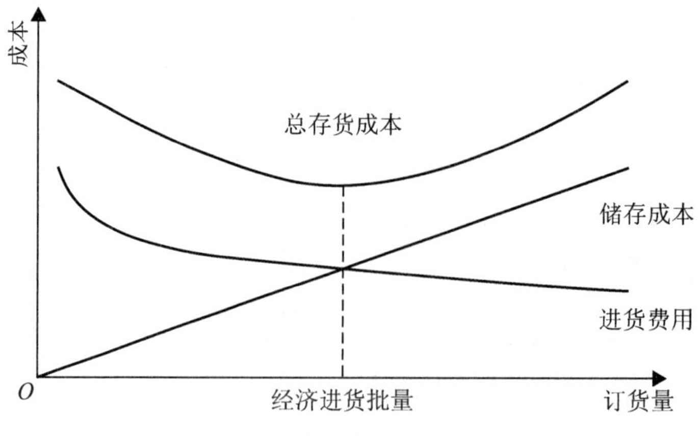

图6-5　存货成本关系

从图 6-5 中可以看出，当相关进货费用与相关储存成本相等时，存货相关总成本最低，此时的进货批量就是经济进货批量。

设 A 为某种存货全年采购总量，Q 为经济进货批量，B 为每次进货费用，C 为单位存货年储存成本，P 为进货单价，TC 为最低存货总成本。则

$\mathrm{TC}=\dfrac{AB}{Q}+\dfrac{CQ}{2}$，可得经济进货批量$(Q)=\sqrt{\dfrac{2AB}{C}}$

相关总成本$(\mathrm{TC})=\sqrt{2ABC}$

经济进货批量平均占用资金$(W)=\dfrac{Q}{2}\times P$

【例 6-7】某公司每年需耗用甲材料 8 000kg，该材料单位采购成本为 15 元，每单位材料年储存成本为 5 元，平均每次进货费用为 50 元。则经济进货批量计算如下。

经济进货批量$=\sqrt{2\times 8\,000\times\dfrac{50}{5}}=400\ (\mathrm{kg})$

全年甲材料采购及储存总成本$=\sqrt{2\times 8\,000\times 50\times 5}=2\,000$(元)

甲材料平均占用资金$=\dfrac{400\times 15}{2}=3\,000$(元)

全年采购次数$=\dfrac{8\,000}{400}=20$(次)

上述计算表明，当进货批量为 400kg 时，进货成本和储存成本总额最低。

(二)有数量折扣情况下的经济进货批量的确定

在上述经济进货批量基本模型分析中，假定价格不随批量的变动而变动。实际上，多数企业在销售时都有批量折扣，购买越多，价格优惠就越大。此时，确定经济采购批量除了要考虑进货费用和储存成本以外，还要考虑进价成本。在经济进货批量基本模型其他假设前提下，存在数量折扣时的存货相关总成本如下。

存货相关总成本=进价成本+相关进货费用+相关储存成本

实行数量折扣的经济进货批量的确定步骤如下。

第一步，按照基本模型确定没有数量折扣情况下的经济进货批量。

第二步，计算按经济进货批量进货时的存货相关总成本。

第三步，计算按给予数量折扣的进货批量进货时的存货相关总成本。

如果给予数量折扣的进货批量是一个范围，如进货数量在 1 000～1 999kg 可以享受 2%的价格优惠，应按给予数量折扣的最低进货批量，即按 1 000kg 计算存货相关总成本。因为在给予数量折扣的进货批量范围内，无论进货量是多少，存货进价成本总额都是相同的，而相关总成本的变动规律是：进货批量越小，相关总成本越低。

第四步，比较不同进货批量的存货相关总成本，最低存货相关总成本对应的进货数量，即为有数量折扣情况下的最佳经济进货批量。

【例 6-8】某公司甲材料的年需要量为 8 000kg，每千克标准进价为 15 元。销售企业规定：客户每批购买量 1 000kg 以下的，按标准价格计算；每批购买量 1 000kg 以上、2 000kg 以下的，价格优惠 2%；每批购买量 2 000kg 以上的价格优惠 3%。已知每批进价费用 50 元，单位材料的年储存成本 5 元。计算该公司的最佳经济进货批量。

第一步，在没有数量折扣时，最佳经济进货批量=$\sqrt{2\times 8\,000\times\frac{50}{5}}=400(\text{kg})$。

第二步，进货批量为 400kg 时的存货相关总成本=8 000×15+8 000÷400×50+400÷2×5=122 000(元)。

第三步，进货批量为 1 000kg 时的存货相关总成本=8 000×15×(1−2%)+8 000÷1 000×50+1 000÷2×5=120 500(元)。

进货批量为 2 000kg 时的存货相关总成本=8 000×15×(1−3%)+8 000÷2 000×50+2 000÷2×5=121 600(元)。

通过以上比较可以发现，每次进货为 1 000kg 时的存货相关总成本最低，因此该公司的最佳经济进货批量为 1 000kg。

(三)允许缺货时的经济进货批量模型

允许缺货的情况下，企业对经济进货批量的确定，不仅要考虑进货费用和储存成本，而且还必须对可能的缺货成本加以考虑，即能够使三项成本总和最低的批量便是经济进货批量。其计算公式如下。

$$Q=\sqrt{\frac{2AB}{C}\times\frac{C+R}{R}}$$

$$S=Q\times\frac{C}{C+R}$$

式中，S 为缺货量，R 为单位缺货成本，其他符号同经济进货批量基本模型。

【例 6-9】某企业甲材料年需要量为 4 000kg，每次进货费用为 60 元，单位储存成本为 3 元，单位缺货成本为 5 元。则允许缺货时的经济进货批量计算如下。

允许缺货时的经济进货批量$=\sqrt{\frac{2\times 4\,000\times 60}{3}\times\frac{3+5}{5}}\approx 506\,(\text{kg})$

平均缺货量 $=506\times\frac{3}{3+5}\approx 190\,(\text{kg})$

三、再订货点、订货提前期和保险储备

为了保证生产和销售正常进行，企业必须在材料用完之前订货，这就是再订货点的控制和订货提前期的确定问题。此外，企业在生产经营过程中经常要面对很多不确定的情况，很难做到均衡使用原料和各订货批次之间的完美衔接。为保证企业生产经营正常进行，企业需要安排一个保险储备，以应对耗用量突然增加或交货延期等意外情况。

(一)再订货点

再订货点是指发出订货指令时尚存的原材料数量。再订货点计算公式如下。

再订货点(RP)=每日原材料耗用量×订货至到货的时间

如果考虑保险储备，则再订货点计算公式如下。

再订货点(RP)=每日原材料耗用量×订货至到货的时间+保险储备

【例 6-10】某公司生产周期为一年，A 材料年需要量 600 000kg，材料从订货至到货需要的时间为 2 天，保险储备为 1 200kg，则该企业原材料再订货点计算如下。

$$再订货点=\frac{600\ 000}{360}\times 2\approx 3\ 334(\text{kg})$$

即当该企业的库存 A 材料数量降低到 3 334 千克时，就需要发出订购指令。

如果考虑保险储备，则当 A 材料数量降低到 4 534(3 334+1 200)kg 时，就需要发出订购指令。

(二)订货提前期

订货提前期是指从发出订单到货物验收完毕所用的时间。其计算公式如下。

$$订货提前期(T)=\frac{预计交货期内原材料的使用量}{每日耗用原材料量}$$

【例 6-11】某公司预计交货期内原材料的用量为 200kg，平均每天使用原材料 20kg，无延期交货情况，则该企业的订货提前期计算如下。

$$订货提前期(T)=\frac{200}{20}=10(天)$$

即当该企业的库存原材料数量还差 10 天用完时，就需要发出订购指令。

(三)保险储备

保险储备是指为防止耗用量突然增加或交货延期等意外情况的发生而进行的储备。其计算公式如下。

$$保险储备量=\frac{1}{2}\times\left(\begin{matrix}预计每天的\\最大耗用量\end{matrix}\times\begin{matrix}预计最长\\订货提前期\end{matrix}-\begin{matrix}平均每天\\正常耗用量\end{matrix}\times\begin{matrix}订货\\提前期\end{matrix}\right)$$

【例 6-12】某公司平均每天正常耗用 A 材料 20kg，订货提前期为 10 天，预计每天的最大耗用量为 24kg，预计最长订货提前期为 15 天，则保险储备量的计算如下。

$$保险储备量=\frac{1}{2}\times(24\times 15-20\times 10)=80(\text{kg})$$

企业在再订货点发出订货指令后，没有在计划订货期内收到货物，如果仓库又没有存货，企业将不得不中止生产，造成的损失属于缺货成本，而保险储备的存在则避免了这种情况。企业面临的不确定性越大，需要的保险储备量就越多。

保险储备的存在虽然可以减少缺货成本，但却增加了储存成本，最优的存货政策就是要在这些成本之间进行权衡，选择使总成本最低的再订货点和保险储备量。

任务解析

1. 李翔确定的经济进货批量

$$空调的经济进货批量=\sqrt{2\times 4\ 000\times\frac{800}{160}}=200(台)$$

每次进货200台时的空调相关总成本=(4 000×2 800+4 000÷200×800 +200÷2×160)
=11 232 000(元)

每次进货500台时的空调相关总成本=4 000×2 800×(1−4%)+4 000÷500×50+5 000÷2×160
=10 798 400(元)

通过比较可以发现，每次进货为500台时的空调存货相关总成本最低，因此可按4%的折扣价格进货，此时是最佳经济进货批量。

经济批量占用的资金=500÷2×2 800=700 000(元)

2．李翔确定的再订货点

海丰电器空调的再订货点=4 000÷360×15=167(台)

理论延伸

一、存货管理的目的与功能

(一)存货管理的目的

存货是指企业在日常活动中持有以备出售的产成品或商品、处在生产过程中的在产品、在生产过程或提供劳务过程中耗用的材料和物料等。企业拥有充足的存货，不仅有利于生产过程的顺利进行，节约采购费用，而且还能迅速满足客户的订货需要，扩大企业销售。然而，持有存货必然占用较多的资金，增加企业的进货成本和存储、管理成本，影响企业的获利能力。

存货管理的目的就是在存货成本与其功能之间进行权衡，在充分发挥存货功能的同时降低存货成本、增加收益，实现二者的最佳组合。

(二)存货的功能

存货的功能是指存货在企业生产经营过程中所具有的作用，主要有以下五个方面。

1．保证生产正常进行

适量的原材料存货和在产品、半成品存货是企业生产经营正常进行的前提。从企业外部因素来看，供货方由于某种原因，可能推迟或暂停企业所需材料的供应，从而影响企业材料的及时采购、入库和投产。从企业内部因素来看，拥有适量的存货储备，可以使各环节的生产调度更加合理，不至于因原料供应或等待半成品而影响生产，维持生产的连续性。

2．有利于销售

一定数量的存货储备能够增加企业在生产和销售方面的机动性和适应市场变化的能力。当企业市场需求增加时，若产品储备不足就可能会失去销售良机，因此保持一定量的存货是有利于市场销售的。

3．便于维持均衡生产，降低产品成本

有些企业产品属于季节性产品或者需求波动较大的产品，此时若根据需求状况组织生产，可能有时生产能力得不到充分利用，有时又超负荷生产，这会造成产品成本的上升。

4．降低存货取得成本

一般情况下，当企业进行采购时，进货总成本与采购物资的单价和采购次数有密切关系。许多供应商为鼓励客户多购买产品，往往在客户采购量达到一定数量时，给予价格折扣，所以企业通过大批集中采购，既可以享受价格折扣，降低购置成本，也因减少订货次数，降低了订货成本，使总的进货成本降低。

5．防止意外事件的发生

企业在采购、运输、生产和销售过程中，都可能发生意外事故，保持必要的存货保险储备，可以避免和减少意外事件的损失。

二、ABC 管理法

ABC 管理法是由意大利经济学家巴雷特于 19 世纪首创的，后来经不断发展和完善，现已广泛应用于存货管理、成本管理等各种管理活动之中。

就企业存货而言，小型企业可能也有数十件，大型企业的存货则可能有成千上万种。在这些存货中，有的价值较低，有的则很昂贵；有的数量庞大，有的数量较小，企业不可能针对每一种存货都进行周密的计划和控制，因此有必要对主要存货进行重点管理。ABC 管理法则是针对这一问题而创造的重点管理方法。

所谓 ABC 管理法就是按照一定的标准，将企业的存货划分为 A、B、C 三类，分别实行分品种重点管理、分类别一般控制和按总额灵活掌握的存货管理方法。

(一)存货 ABC 分类的标准

分类的标准主要有两个：一是金额标准；二是品种数量标准。其中金额标准是最主要的，品种数量标准仅作为参考。

A 类存货的特点是金额巨大，但品种数量较少，约占整个库存的 10%，但价值约占全部库存的 70%；B 类存货金额一般，价值约占全部库存的 20%，品种数量约占全部库存的 20%；C 类存货品种数量繁多，约占整个库存的 70%，但价值金额却很小，约占全部库存的 10%。可见，A 类存货占用着企业绝大多数的资金，只要能控制好 A 类存货，基本上就不会出现较大的问题。

(二)ABC 三类存货的具体划分

一般情况下，运用 ABC 管理法进行存货管理，需分以下几个步骤进行。

第一步，计算每一种存货在一定时期内(一般为一年)的资金占用额。

第二步，计算每一种存货的资金占用额与全部存货资金总额的百分比，依大小顺序排列编成表格，并进行累加。

第三步，一般当金额百分比累加到 70%左右时，以上存货视为 A 类存货；百分比介于 70%～90%之间的存货作为 B 类存货；其余则为 C 类存货。

【例 6-13】 辉耀公司共有 15 种材料，共占用资金 200 000 元，按占用资金多少的顺序排列，根据 ABC 控制法的原则划分为三类，如表 6-13 所示。

表 6-13 辉耀公司材料情况

材料品种(编号)	占用资金数额/元	类别	存货种类		存货资金	
			数量/种	比重/%	数额/元	比重/%
1 2	100 000 40 000	A	2	12.5	140 000	70
3 4 5	22 000 13 000 5 000	B	3	18.75	40 000	20
6 7 8 9 10 11 12 13 14 15	4 000 3 500 3 000 2 500 1 800 1 600 1 200 1 000 800 600	C	11	68.75	20 000	10
合计	200 000	—	16	100	200 000	100

(三)ABC 管理法在存货管理中的运用

把存货划分成 A、B、C 三类，其目的是对存货占用的资金进行最有效的管理。A 类存货应集中主要力量，对其收入、发出进行严格控制和管理；C 类存货虽然品种繁多，但占用资金较少，不必耗费大量时间和精力去进行详细的规划和严格的控制；B 类存货介于 A 类存货和 C 类存货之间，应给予相当的重视，但不必像 A 类存货那样严格控制。

任务基础训练

一、单项选择题

1. 一定时期内，在原材料采购总量和费用水平不变的条件下，经济进货批量应该是既要保证生产经营需要，又要使(　　)。

A. 进货费用和存货资金占用机会成本之和最低

B. 进货费用和储存成本相等

C. 进货费用和储存成本之和最低

D. 进货费用和存货资金占用机会成本相等

2. 已知某种存货的全年需要量为 36 000 万元，该种存货的再订货点为 1 000 万元，假设一年为 360 天，则其存货的在途时间应为(　　)天。

A. 36　　B. 10　　C. 18　　D. 12

3. 某企业全年使用A材料2 400t，每次订货成本为400元，每吨材料年储存成本为12元，则每年最佳订货次数为(　　)次。

A. 12　　B. 6　　C. 3　　D. 4

4. 下列成本中，属于变动性订货成本的是(　　)。

A. 采购部门的管理费用　　B. 采购人员的计时工资

C. 订货差旅费　　D. 预付订金的机会成本

5. 已知某种存货的全年需要量为7 200万元，假设生产周期为一年360天，存货的交货时间为5天，企业建立的保险储备为50万元，则该种存货的再订货点为(　　)万元。

A. 20　　B. 50　　C. 100　　D. 150

二、多项选择题

1. 下列各项中，属于建立经济进货批量基本模型假设前提的有(　　)。

A. 一定时期的进货总量可以较为准确地预测　　B. 允许出现缺货

C. 仓储条件不受限制　　D. 存货的价格稳定

2. 存货成本包括(　　)。

A. 采购成本　　B. 进货费用　　C. 储存成本　　D. 缺货成本

3. 下列各项中，属于存货决策无关成本的有(　　)。

A. 采购成本　　B. 专设采购机构的基本开支

C. 变动性储存成本　　D. 固定性储存成本

4. 确定再订货点，需要考虑的因素有(　　)。

A. 保险储备量　　B. 每天消耗的原材料数量

C. 预计交货时间　　D. 每次订货成本

三、判断题

1. 研究存货保险储备量和再订货点的目的，是寻求短缺成本的最小化。(　　)

2. 存货的经济进货批量是指能够使一定时期存货的相关总成本达到最低的订货批量。(　　)

3. 订货成本的高低取决于订货的数量与质量。(　　)

4. 存货周转期是指将原材料转化成产成品所需要的时间。(　　)

5. 在ABC管理法下，应当重点管理的是虽然品种数量较少，但金额较大的存货。(　　)

四、计算分析题

1. 训练资料

(1) 齐鲁图书大厦正在确定一本畅销书的最佳订货量。该书店每年销售该书6 000本，零售价为20元，成本价比零售价低20%。书店估计每本书每年的存货储存成本为1元，每次新书订货成本为120元。

(2) 顺昌公司2017年需要某种材料5 000t，每次订货成本为200元，材料的采购单价为50元/t，单位年储存成本为2元，一次订货量在1 500t以上可获得2%的折扣，在2 000t

以上可获得4%的折扣。顺昌公司的材料保险量为45t，平均订货提前期为10天。

(3) 华为公司2017年全年需要某部件50 000件，标准单价为100元。当采购量达到100件时，单价为96元；当采购量达到1 000件时，单价为92元；当采购量达到5 000件时，单价为85元；每次的变动性订货成本为16元，部件的单位年均变动性储存成本为10元。

(4) 华达公司每年需用某种材料8 000t，每次订货成本为400元，每吨材料的年储存成本为40元，该种材料购买价为1 500元/t。

2. 训练要求

(1) 齐鲁图书大厦对该书的经济进货批量是多少？

(2) 顺昌公司材料采购量为多少吨时成本最低？经济批量占用多少资金？其订货点为多少？

(3) 华为公司的最佳经济货量为多少？

(4) 完成华达公司的下列任务：①每次购入多少吨可使全年与进货批量相关的总成本达到最低？此时相关总成本为多少？②若一次订购量在500吨以上时可获2%的折扣，在1 000t以上时可获3%的折扣，要求填写表6-14，并判断该公司的最佳经济进货批量为多少？③若该公司允许缺货，已知单位缺货成本为120元，计算允许缺货时的经济进货批量和平均缺货量。

表6-14　存货相关指标计算

每次订货量/t	平均库存/t	储存成本/元	订货次数/次	进货费用/元	进价成本/元	相关总成本/元
400						
500						
1 000						

项目综合实训

综合实训一

1. 实训资料

海州东方公司是亚洲地区的电脑分销商，电脑在澳门生产然后运至海州。管理当局预计年度需求量为20 000台。电脑购进单价为790元，预订购进和储存电脑的相关资料如下。

(1) 去年订单共22份，总处理成本13 400元，其中固定成本10 760元，预计未来成本形态不变。

(2) 虽然对于澳门原产地商品进入大陆已经免除关税，但是对于每一张订单都要经双方海关检查，其费用为280元。

(3) 电脑从澳门运抵海州后，接收部门要进行检查。为此雇用一名检验人员，每月支付工资3 000元，每个订单检验需要8小时，发生变动费用每小时2.50元。

(4) 公司租赁仓库来储存电脑，估计成本为每年2 500元，另外每台电脑加上4元。

(5) 在储存过程中会出现损伤，估计损伤成本平均28.50元/台。

(6) 占用资金利息等其他储存成本 20 元/台。

(7) 从发出订单到货物运到海州需要 6 个工作日。

(8) 为防止供货中断，海州东方公司设置了 100 台的保险储备。

(9) 海州东方公司每年 50 周，每周营业 6 天。

2. 实训要求

(1) 计算经济进货批量模型中的每次订货成本、单位储存成本、经济进货批量。

(2) 计算每年与批量相关的存货总成本。

(3) 计算再订货点。

(4) 计算每年持有存货的总成本。

综合实训二

1. 实训资料

海华公司只经销一种产品，产品单价 5 元，变动成本率为 80%，每年收账费预算为销售收入的 4%。2012 年采用 30 天按票全额付款的信用政策，年销量为 72 000 件，坏账损失率占赊销额的 5%，平均存货水平为 10 000 件。为了扩大销售，公司 2017 年拟改变现有的信用政策，采用“2/10,1/20,*n*/30”，预计销量会增加 10%，估计会有 20%的顾客(按销量计算，下同)在 10 天内付款、30%的顾客在 20 天内付款，其余的顾客在 30 天内付款，预计坏账损失率占未享受折扣的 5%，平均存货水平为 11 000 件，其他条件和上年保持一致，假设该项投资的资本成本为 10%，一年按 360 天计算。

2. 实训要求

(1) 计算改变信用政策前的收益。

(2) 计算改变信用政策后的收益，并分析是否应改变信用政策。

(3) 若海天公司从海华公司购买商品 1 000 件，假设海天公司资金不足，可向银行借入短期借款，银行短期借款年利率为 10%，按照海华公司新方案提出的付款条件，计算海天公司放弃现金折扣的信用成本，并选择对海天公司最有利的付款日期。

案例分析

苏宁电器股份有限公司(以下简称“苏宁电器”)成立于 1990 年末，自成立以来一直保持着快速稳健的发展势头。2004 年 7 月，苏宁电器在深圳证券交易所成功上市，现在苏宁电器已经成为融家电、电脑、通信为一体的全国大型 3C 电器专业销售连锁企业。

利用传统的营运资金周转期指标考察苏宁电器的营运资金管理绩效可以发现，从 2004—2009 年其营运资金周转期的变化具有典型性分析意义。苏宁电器的营运资金周转期从-1 天变到-56 天，营运资金管理水平有很大提高。从表 6-15 中可以看出，苏宁电器的营运资金周转绩效的提升并不是存货周转和应收账款周转加快的结果，主要是应付账款周转期延长的结果。

表 6-15　苏宁电器 2004—2009 年营运资金周转期　　单位：天

年　份	2004	2005	2006	2007	2008	2009
存货周转期	22	31	40	36	34	35
应收账款周转期	2	3	2	1	1	1
应付账款周转期	25	42	57	65	74	92
营运资金周转期	−1	−8	−15	−28	−39	−56

根据对财务报表的分析，2004—2009 年苏宁电器在采购渠道营运资金中，应付账款和应付票据所占的比例最大，分别是 70.6%、78.0%、82.8%、90.5%、90.8%、66.7%。2004—2009 年苏宁电器应付账款和应付票据的规模居高不下，并且呈上升趋势，2009 年应付账款较 2008 年上升 51.1%，应付票据上升 97.27%。这主要是因为近些年我国家电行业供应链的重心开始由制造商向零售商转移，强势的零售商正取得越来越多的话语权。

大量研究表明，国外零售商通行的是“吃差价”的盈利模式，而国内大型家电专业零售商则采用“吃供应商”的盈利模式，对制造商具有很强的制衡能力。苏宁电器作为家电零售行业的巨头，对其消费者购买行为的影响力或控制力远远超过制造商，这一点为其奠定了在供应链链条上的核心、强势地位。2004 年、2005 年苏宁电器占用供应商的资金主要来自于应付账款，占比分别达到 56.3%和 57.3%，而 2006—2009 年，苏宁电器占用供应商的资金则主要来自应付票据，占比分别为 56.5%、57.8%、56.9%和 67.6%。

在营销渠道的营运资金构成中，成品存货占有较大比重，各年均为 80%以上，占营业收入的比重也较高。2004—2009 年，苏宁电器成品存货占营业收入的比重分别为 8.40%、13.2%、13.0%、11.3%、9.8%和 10.8%。大量成品存货的存在导致苏宁电器 2004—2009 年营销渠道周转期居高不下，一定程度上体现出苏宁电器营销渠道管理尚有较大改进空间。

我国家电行业在 20 多年的发展中，渠道关系表现为两个发展阶段：20 世纪 80 年代至 90 年代末，家电渠道关系表现为典型的传统常规渠道和渠道内部一体化；近年来，随着大型零售终端的崛起，家电渠道关系呈现出以连锁零售商为主导的渠道结构特征。从苏宁电器的案例不难看出，我国目前以连锁零售商为主导的渠道关系说明我国家电零售业主要处于靠资源赚钱的阶段，其盈利主要来源于对上游供应商的价值攫取，而不是对整个价值链的价值创造。与家电制造业进入竞争激烈的薄利时代相比，我国家电连锁零售企业依靠其营运资金 OPM(Other People’s Money)管理战略，成为既赚规模又赚利润的供应链核心，可谓“冰火两重天”。所谓的 OPM 战略，是指企业充分利用做大规模的优势，增强与供应商讨价还价的能力，将占用在存货和应收账款的资金成本转嫁给供应商的运营资本战略。

苏宁电器在运用营运资金 OPM 战略过程中，其核心竞争力是垄断性的渠道资源。但如果以挤压供应商作为长期利润来源，就会失去改革与改造的动力，并且可能会激化与制造商的矛盾，从而走向意想不到的反面。一方面，由于不堪被低价盘剥和占有资金，各家电品牌开始自建渠道或联合设立大卖场，控制向现有零售商供货；另一方面，中国家电制造业的利润空间过小，中小型家电制造商艰难度日，如果继续恶化必然会带来制造商的重组合并，当每一类家电产品都集中于少数制造商手中的时候，其必然掌握价格的主导权，讨价还价的能力也会提升，对于苏宁电器来讲其原有优势将会遭到极大的挑战。

（资料来源：郭晓莎，吕素萍.供应链理论与营运资金管理绩效——基于苏宁供应链运作的案例研究，中国会计学会 2010 年学术年会营运资金管理论文集[C].）

要求：分析苏宁电器欲继续保持稳健的发展势头，应如何改进其营运资金管理？

相关链接

零库存管理在海信电器的应用

2000 年，海信电视年销量突破 200 万台，比前一年增长 32%，市场占有率也增至 10%，当年，海信成功进入彩电行业第一集团军。近五年，海信的营业收入也由 2008 年的 134 亿元增长至 2012 年的 252.5 亿元，增长率约为 88%。净利润由 2008 年的 2.1 亿元增长至 2012 年的 16.3 亿元，增长近 7 倍，这其中，基于渠道的营运资金管理策略功不可没。

1. 海信电器实行零库存前存货管理中的问题

(1) 部分产品库存积压严重。公司部分产品的库存量明显大于未来一个月的生产需求量，如编号为 012-0001-2964 的库存量是 123 600 个，生产需求量是 80 000 个，差额是+43 600 个；编号为 012-1001- 3632 的库存量是 80 036 个，生产需求量是 20 050 个，差额是+59 986 个。产品的库存量明显过高，将占用大量的仓库存储空间，需增加管理人员进行管理，进而增加了库存管理成本，影响公司效益的提高。

(2) 部分产品库存不足。公司部分产品的库存严重不足，如编号为 012-0001-2966 的库存数量为 76 000 个，而接下来的生产却需要 87 000 个，在未来一段时间里，该物料将短缺近 11 000 个。由于该物料属于自产自销的产品，再次组织生产的困难很大，短期内已经无法通过生产来弥补该物料的不足，这势必会对未来的产品生产造成不良影响。

(3) 仓库工作人员素质低。目前该公司从事存货管理的工作人员大多都不会使用公司的存货管理系统，也没有参加过公司内部的人员培训，对存货管理系统都很陌生，出现问题也不能及时发现，导致实际库存数量与系统上的库存数量严重不符的情况发生。

(4) 存货管理制度不完善。海信电器实行零库存管理前存货管理制度并不科学合理，存在很大的漏洞。这其中包括物料的采购数量和物料的管理，还有管理人员素质培养都不够完善，公司也没有形成一个完整的存货管理体系，存货管理制度的缺陷严重影响着公司的生产经营活动。

2. 海信电器存货管理问题的改进对策

1) 过渡期(2006—2008 年)存货管理方法选择建议

财务管理人员建议公司采用经济进货批量法和定期订货法来解决这一问题。

(1) 经济订货批量法。采用经济进货批量法来控制库存，既可以控制存货获得最低成本，同时还可以求出存货最佳批量。相关人员初步测算数据，以编号为 012-0001-3638 为例，已知该物料的订货量为 Q=1 800 个，全年需用量为 300 000 个，每次进货费用为 4 元/个，根据以上数据再结合最佳经济进货批量 $Q=\sqrt{2\times 300\,000\times 45\div 3}$，可以得到 Q=3 000(个)。

经过计算可以发现，该物料的最佳库存量为 3 000 个，而不是 1 800 个。通过采用经济进货批量法来确定出合理的库存数量，以此建立库存，既降低了存货成本，又节约了库存空间，加快了公司的资金流动。

(2) 定期订货法。由于工作人员的原因造成的数据不准的情况，建议公司采用定期订货法来解决。通过工作人员定期观察某一个物料的使用情况，总结其使用规律，定期盘点库

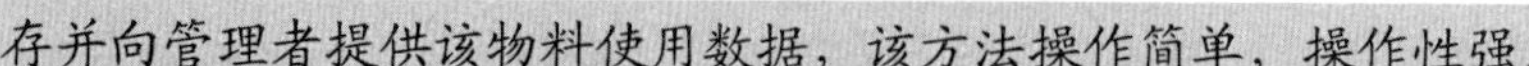

存并向管理者提供该物料使用数据，该方法操作简单，操作性强。

2) 实行零库存管理办法和成果(2008 年下半年至今)

随着市场竞争的加剧，海信对库存管理提出了零库存管理的决策。海信对库存的管理不是减少积压的商品，而是售出商品。"零库存"也并不是真的为零，而是沉积量为零。为此，海信的仓库管理规定：在生产的前一个月才能购入进口材料，国产材料只能提前 5 天购进。在海信生产车间领退料制度也很严格：未用完的材料必须在当日退回，以便公司及时掌握资金占用情况，避免多余库存。

海信零库存管理的核心为：尽可能缩短生产周期，避免无效库存。其零库存管理使原料成本不断降低。海信实现零库存管理的关键条件是必须将市场做稳。海信内部网络的实现确保了其稳定的市场网点，从而确保了其库存预测的准确性。

海信的投入资金为定额，但其销售额一路增长，这与海信的零库存管理不无关系，零库存管理使其资金周转速度大大加快。同时，其内在管理也颇有成效。在海信的业绩考核指标中，财务指标考核占了 80%，考核结果与子公司总经理的年薪、员工的奖金一一挂钩，这种业绩考核指标与激励机制显然对海信来说是有效的。海信在销售中严格控制应收账款的条件，在选择铺底资金的商家时条件也非常苛刻，只选择信誉好，资金雄厚的上市公司或在各地排名前三的商家。除此之外，为了规避财务风险，海信与商家在铺底前都要签订财产抵押合同。

采用零库存管理的企业存货的库存量很低，基本只够当日的生产经营使用，保证每日完成生产经营后，存货的库存量为零，同时被存货占用的资金也降到了最低，也减少了因存货闲置而产生的机会成本，节约了企业的流动资金。不但不影响生产经营的正常进行，还加快了企业资金的流通与周转，企业可将节约的资金用作其他投资，以取得额外的投资收益。

企业对流动资金的需要量，一般情况下取决于流动资金的周转速率，而周转速率由流动资金的周转次数以及周转天数决定。据数据分析，如果采用零库存管理方式，其流动资金的平均占用额至少可节约 90%，流动资金的周转次数得以增多。海信的存货周期低于经营活动中任一活动周转期，且远低于行业平均现金周转周期水平。

3. 实施零库存管理模式应注意的问题

(1) 综合考虑其带来的收益及为此付出的成本。要实施零库存，必须要有一个能够准确、即时反映市场需求的系统；一个能与市场信息进行高度匹配并且能够迅速调节的采购与柔性生产系统；一个协同一致的物流配送系统。而这些系统建立后能否达到预期的收益，能否超过建立这些系统所付出的成本，是首先要考虑的问题。然而，零库存并不是对所有企业都适合，何时何地怎样实现零库存，企业需要根据自身情况，自身行业、市场环境、内部管理水平等综合起来进行理性的判断与决策。

(2) 严格管理终端工作人员。终端工作人员代表着企业履行终端的具体管理，与终端直接亲密接触，企业的所有决策都必须通过终端工作人员贯彻落实，终端的信息也通过工作人员反馈给企业，他们对强化终端建设负有职责。且终端工作人员 70%以上在室外工作，为企业日常管理带来较大困难，所以企业必须运用一套严格的管理制度体系规范约束终端工作人员的行为。

(3) 防范终端信用风险。绝大多数商品的相对过剩和市场竞争的日趋激烈，迫使企业将销售工作重心下移，把终端建设作为重点，相继采用多种优惠政策争夺或扶持终端，这些举措在增加终端数量和提高市场占有率的同时也为企业增加很大的潜在风险，如信用政策过于宽松等。特别是在我国社会信用体系尚未健全的情况下，一方面，部分终端因为经营不善而亏损破产；另一方面，少部分不法分子趁机坑蒙拐骗，牟取不义之财。因而，企业必须重视终端信用管理，权衡每单交易的收益与风险，通过严格审定终端资信、制定明确的信用政策、加强终端应收账款的管理等措施，实施连续严密监控。

(4) 应随时注意物价变动情况。物价的变动会影响市场产品的销售，同时也会对企业产生影响，进而企业库存也需要随时调整，保证企业的最佳库存。价格平稳时，企业应采取“零库存”；价格上涨时，应做到“适度库存”。而不是一味地追求“零库存”，致使价格上涨时原材料采购成本增加，从而造成产品的成本增加。

[资料来源：童梦珏.零库存管理在海信电器的应用[J]. 商场现代化，2016(9).]

要求：以“如何管理企业的营运资金”为主题，写一篇 1 000 字左右的小文章。

项目七 股利分配政策分析

【技能目标】

- 能够根据公司实际情况选择相应的股利分配政策。
- 能够正确计算与分析不同股利政策对公司所产生的影响。

【知识目标】

- 掌握收益分配的内容与程序。
- 掌握股利分配的形式、政策类型及优缺点。

引入案例

108亿！格力推史上最高分红计划，董明珠能分到7 977万元

2017年4月26日晚间，格力电器(000651)预披露年报：2016年实现净利润154.21亿元，同比增长23%；同时，公司拟每10股派18元(含税)，按照公司总股本60.16亿股计算，此次格力电器的总分红额高达108.28亿元，分红金额创出历史新高，股息支付率高达70%。格力电器拿出了一份公司史上最大手笔的分红预案。

而作为格力电器的前十大股东，格力电器董事长兼总裁董明珠此次分红可获得税前收入7 977万元，同比增长20.9%。资料显示，截至2016年12月31日，董明珠持有格力电器4 431.85万股股票。

今年1月以来，格力电器利好不断，股价从1月13日24.16元上涨到今日的33.43元，涨幅高达38%，3个月市值增长近600亿元。就在上周格力电器股价盘中一度冲上34.18元，市值突破2 000亿元，创历史新高。

在分红方面，格力电器一直都表现得相当慷慨。在去年的股东大会上，董明珠甚至还以此来怼小股东。当时在收购珠海银隆的问题上中小股东与管理层意见相左，董明珠现场直接放话："格力没有亏待你们！我讲这个话一点都不过分""两年给你们分了180亿，你去看看哪个企业给你们这么多？"

历史资料显示，自董明珠2012年就任董事长以来，格力电器的分红力度逐步提升。下面来看看格力电器这几年是怎么"发红包"的。

2013年，格力电器净利润74.46亿元，现金分红30.08亿元，股利支付率40.4%；2014年，格力股利支付率提高到63.31%，当年142.53亿元净利润中90.24亿元被用于分红；2015年，格力电器虽然遭遇上市以来的营收、净利同比双下滑，但格力仍提高了分红比例，保持了90.24亿元的分红金额，股利支付率达到71.48%，同时股息率达到历史最高，超过8%。

据统计，算上这次的分红金额，"董明珠时代"，格力电器累计分红超过363亿元。而董明珠本人也在历次的分红中获得了超过2亿元的收入。

(资料来源：澎湃新闻网，http://www.thepaper.cn/newsDetail_forward_1671901.)

思考问题：

1. 格力电器采用了什么股利分配政策？
2. 怎样理解格力电器的股利分配政策？
3. 如何看待上市公司的高分红现象？
4. 影响企业股利分配政策的因素有哪些？

学习导航

任务一　认知利润分配程序

任务要求

本任务要解决两个问题：一是明确利润分配的原则；二是掌握利润分配的一般程序。

任务描述

华夏公司开始经营的前八年中实现的税前利润(发生亏损以“-”号表示)如表 7-1 所示。

表 7-1　华夏公司税前利润　　单位：万元

年　数	1	2	3	4	5	6	7	8
利　润	-100	-40	30	10	10	10	60	40

假设除弥补亏损以外无其他纳税调整事项，该公司的所得税税率一直为 25%，华夏公司按规定享受连续五年税前利润弥补亏损的政策，税后利润(弥补亏损后)按 10%计提法定盈余公积金，公司不提取任意盈余公积金。

阅读上述资料，分析讨论以下问题：

1. 华夏公司第七年是否需要缴纳企业所得税？是否有利润用于提取法定盈余公积金？
2. 华夏公司第八年是否有利润用于提取法定盈余公积金？是否有利润可以分配给股东？

理论认知

利润分配是指企业按照有关法规的规定，遵循一定的原则和程序，对企业一定时期的净利润进行分配的过程。利润分配是企业资金管理的一项重要活动，它直接关系到各方投资者的自身利益，也会影响到企业未来发展后劲的大小。

一、利润分配的原则

1. 遵守国家财经法规的原则

国家对于利润分配的内容、比例以及程序都作出了原则性的规定，企业必须遵守。

2. 资本保全原则

合理的利润分配必须建立在资本保全的基础之上。企业分配的利润应来源于当期净利润或以前的留存收益，而不是资本金的返还。

3. 同股同利原则

企业在进行利润分配时，必须按照出资者的出资比例进行分配，同股同利，同股同权，切实保障每个投资者的合法权益。

4. 合理积累、适当分配的原则

企业在进行利润分配时，应兼顾近期利益和长远利益，处理好分配与积累的关系。一方面应当考虑为了扩大再生产的需要积累足够的资金；另一方面还应考虑向投资者分配利润，从而增强投资者的信心，维持企业的良好形象。

二、利润分配的一般程序

按现行财务制度的规定，企业税后利润的分配程序主要按照以下步骤进行。

1. 弥补以前年度亏损

企业当年实现的净利润，首先应按照规定弥补以前年度发生的亏损。这里需要说明的是，弥补的亏损是指超过了正常的税前弥补亏损期限(5年)后，应当用所得税后利润弥补的亏损。企业实现的净利润在以前年度亏损未弥补完之前，不得提取法定公积金。

2. 提取10%法定盈余公积金

经计算有本年累计盈利的，按本年净利润抵减年初累计亏损后的余额，计提10%比例的法定盈余公积金，累计提取的公积金总额达到注册资本50%以后，可以不再提取。需要说明的是，提取法定盈余公积金的基数，不是累计盈利，也不一定是本年的税后利润，只有在年初没有未弥补亏损的情况下，才能按本年净利润计算提取。若公司当年出现亏损，下年度盈利，按《税法》以及会计制度相关规定，公司盈利应首先用于弥补亏损，补亏后应按规定缴纳企业所得税，再按税后剩余利润的一定比例提取盈余公积。

提取的法定盈余公积金可用于弥补以前年度亏损或转增资本金。但转增资本金后留存的法定盈余公积金不得低于注册资本的25%。

3. 提取任意盈余公积金

企业可以按由企业章程或董事会决议确定的比例自愿提取。其用途与法定盈余公积金相同。

4. 向投资者分配利润

企业应当按照“同股同利，同股同权”的原则，向投资者分配利润。企业以前年度未分配利润，可以并入本年度一并进行分配。企业当年无利润时，原则上不得分配股利，但为维护公司形象，在用盈余公积金弥补亏损后，经股东大会特别决议，可以按照股票面值6%的比率用盈余公积金分配股利。在分配股利后，企业法定盈余公积金不得低于注册资金的25%。

企业需要拿出多大比例的净利润用于向投资者分配利润，除了要有足够的累计盈余外，还要考虑企业盈余的稳定性、投资机会、债务需要和举债能力等因素，尤其是发放现金股利(利润)，需要重点考虑企业的现金流量状况。

需要特别说明的是，在弥补企业以前年度亏损和提取法定盈余公积金之前，企业不得向投资者分配利润。

【例 7-1】某股份有限公司 2016 年实现的利润总额为 2 000 万元，所得税税率为 25%，上年度亏损 700 万元，公司提取法定盈余公积、任意盈余公积的比例分别为 10%、3%。该公司流通在外普通股数 2 000 万股，无优先股，则该公司当年每股股利的计算过程如下。

(1) 弥补亏损、应缴所得税后的净利润=(2 000−700)×(1−25%)=975(万元)。

(2) 提取的法定盈余公积金=975×10%=97.5(万元)。

(3) 提取的任意盈余公积金=975×3%=29.25(万元)。

(4) 可用于支付的利润=975−97.5−29.25=848.25(万元)。

(5) 每股股利=848.25÷2000≈ 0.4241(元/股)。

【例 7-2】在下列各项中，属于企业进行收益分配应遵循的原则有(　　)。

A. 分配与积累并重原则　　B. 资本保全原则

C. 依法分配原则　　D. 投资与收益对等原则

答案：ABCD

任务解析

1. 分析华夏公司第七年是否需要缴纳企业所得税和提取法定盈余公积金

华夏公司第一年的亏损 100 万元可以由第 3 至第 6 年的税前利润弥补，但尚有 40 万元不足弥补，需用以后年度的税后利润加以弥补。公司第七年的利润 60 万元，应弥补第二年发生的亏损 40 万元，弥补亏损后的利润 20 万元应缴纳所得税 5 万元，税后利润 15 万元还要用于弥补第一年尚未弥补完的 40 万元亏损，故第七年应缴纳所得税，但不应提取法定盈余公积金。

2. 华夏分析公司第八年是否有利润用于提取法定盈余公积金和分配给股东

华夏公司第八年的利润 40 万元应首先缴纳所得税 10 万元，税后利润 30 万元弥补第一年尚未弥补的亏损 25(40−15)万元后还剩余 5 万元，故第八年应提取法定盈余公积金，剩下的利润可用于向股东分配股利。

任务基础训练

一、单项选择题

1. 大华公司 2016 年度提取了公积金后的净利润为 100 万元，该公司于 2016 年可向投资者发放股利数额为(　　)万元。

A. 20　　B. 80　　C. 100　　D. 30

2. 不能用于分派股利的是(　　)。

A. 盈余公积金　　B. 资本公积　　C. 税后利润　　D. 上年未分配利润

3. 下列各项中，在利润分配中优先分配的是(　　)。

A. 法定盈余公积金　　B. 公益金　　C. 优先股股利　　D. 任意盈余公积金

二、多项选择题

1. 收益分配的一般顺序应为(　　)。(注：按先后顺序排列下列各项)

A. 支付股利　　B. 计提法定公积金

C. 计提任意公积金　　D. 计提法定公益金

2. 资本保全约束要求企业发放的股利或投资分红只能来源于企业的(　　)。

A. 盈利　　B. 净利润　　C. 当期净利润　　D. 留存收益

3. 税后可以作为弥补亏损的资金来源的有(　　)。

A. 注册资本　　B. 资本公积金　　C. 盈余公积金　　D. 未分配利润

三、判断题

1. 企业以前年度未分配利润，可以并入本年度的利润内向投资者分配。　(　　)

2. 一般来说，企业当年无利润时不得向投资者分配利润，但若用公积金补亏后，经股东大会特别决议，可按照不超过股票面值10%的比率用公积金向股东分配股利。　(　　)

3. 根据“无利不分”的原则，当企业出现年度亏损时，一般不得分配利润。　(　　)

4. 根据资本保全约束，企业发放的股利或投资分红只能来源于企业的当期利润。　(　　)

四、计算分析题

1. 训练资料

某股份有限公司2016年的有关资料如下：①2015年度实现利润总额4 800万元，所得税税率按25%计缴；②公司前两年累计亏损800万元；③经董事会决定，法定盈余公积金提取比例为10%；④支付1 000万股普通股股利，每股1.5元。

2. 训练要求

根据上述资料，确定该公司利润分配的程序。

任务二　选择股利分配政策

任务要求

本任务要解决三个问题：一是掌握影响股利政策的因素；二是掌握不同的股利政策；三是掌握股利支付的方式及程序。

任务描述

某大型电器股份公司于1999年股票上市。1999—2003年，是该公司飞速发展的时期。2002年，全年共生产电视机493.5万台，实现主营业务收入105.87亿元，净利润16.75亿元，市场占有率上升到27%。2003年，彩电市场竞争非常激烈，总体上看普通彩电已经趋于饱和，但公司在品牌、技术、资金、营销及政策的扶持等各方面，都有十分明显的优势。2003 年，公司全年实现主营业务收入 156.73 亿元，净利润 26.12 亿元，每股收益 1.71 元，净资产收益率达 29.11%，雄居中国上市公司前列。

然而，市场竞争是无情的，彩电行业价格战的升级使得全行业盈利能力迅速削弱。2004 年起，公司进入了调整期。2004 年，公司实现主营业务收入 116.03 亿元，净利润 20.04 亿元，每股收益 1.01 元，净资产收益率 18.28%。2005 年，公司明确了“调整、充实、巩固、提高、扩大市场、人有我新”的经营方针，对外开发新产品，拓展新市场，对内狠抓管理，压缩成本。但是，2005 年我国国民经济存在较大的通货紧缩压力，消费者对未来预期不足，持币观望情绪明显，市场有效需求锐减。而彩电行业价格战更加激烈，连续三次大规模的降价使得公司产品利润空间严重压缩。2005 年，公司实现主营业务收入 100.95 亿元，净利润 5.25 亿元，每股收益仅为 0.243 元。虽然依托以前年度较高的盈利水平，公司在 2005 年实施配股，募集资金约 23.02 亿元，但是由于净资产收益率只有 4%，丧失了今后三年进行配股或增发新股的资格。2000 年至今，公司虽然作出多方努力，但公司业绩却始终不复当年盛况。

公司近几年每股收益及股利分配方案如表 7-2 所示。

表 7-2　公司历年每股收益及股利分配方案

年　度	每股收益/元	股利分配方案
1999	2.164	每 10 股送 2 股派 12 元(含税)
2000	2.973	每 10 股送 7 股派 1 元(含税)
2001	2.28	每 10 股送 6 股
2002	2.07	每 10 股送 6 股
2003	1.71	每 10 股送 3 股派 5.8 元(含税)
2004	1.01	不分配，不转增
2005	0.243	不分配，不转增
2006	0.127	不分配，不转增
2007	0.041	不分配，不转增
2008	0.081	不分配，不转增
2009	0.095	不分配，不转增
2010	−1.701	不分配，不转增
2011	0.132	不分配，不转增
2012	0.12	每 10 股派 0.7 元(含税)
2013	0.18	每 10 股派 0.8 元(含税)
2014	0.016	每 10 股派 0.5 元(含税)
2015	0.016	不分配，不转增

(资料来源：王亮．四川长虹电器股份公司股利分配政策[OB/OL]．http://www.doc88.com/p-995236042557.html．)

阅读上述资料，分析讨论以下问题：

1. 该公司历年股利分配时，采用了哪些股利支付形式？
2. 分析该公司的股利政策。
3. 说明该公司股利政策对其自身的影响。
4. 从该公司的股利政策来看，其主要考虑了哪些因素？

理论认知

股利政策是指股份有限公司对股利支付有关事项的确定。股利政策是现代资金管理的主要政策之一，股利政策的制定，对公司的筹资决策、投资决策具有重要意义。

一、影响股利政策的因素

股利政策是股份有限公司资金管理的一项重要内容。在制定股利政策时应考虑以下因素的影响。

(一)法律因素

我国对于股利政策在《公司法》《证券法》和《税法》中都有一定的限制，具体如下。

(1) 资本保全限制。该规定要求公司只能用当期净利润或以前年度的留存收益来分配股利，而不能用资本(包括股本和资本公积)来发放股利。这是为了保护投资者的利益而作出的法律限制。

(2) 企业积累限制。该规定要求股份有限公司在分配净利润前需要按规定比例提取盈余公积金。这是为了增强公司未来发展后劲以及抵御风险的能力。

(3) 净利润的限制。该规定要求公司在分配股利之前首先弥补以前年度的亏损，若补亏后还有剩余才能发放股利。用于发放股利的净利润，可以是本年度实现的，也可是以前年度的结余。

(二)股东因素

股东从自身利益出发，对公司的股利分配往往会产生下列影响。

(1) 稳定收益的要求或避税方面的考虑。依赖于股利安排生活的股东或风险敏感性强的股东为了规避风险会要求公司支付稳定的股利；而处于避税方面考虑的股东由于股利收入的所得税高于股票交易的资本利得税，往往会反对发放较多股利。按我国现行《税法》规定，股东从公司分得的股利按 20%的税率计征个人所得税，而对股票交易所得目前还没有开征个人所得税。因而，资本利得从长远看更具吸引力。

(2) 股东为保持控制权而要求限制股利支付。如果公司支付现金股利则意味着每股盈余下降，公司后期资金的需求只能依赖于外部融资。如果增发新股，原股东的控制权就有可能被稀释；如果增加负债，公司财务风险加大。为了避免这些影响，股东会趋向于增加公司留存收益比例，减少股利的发放。

(三)公司因素

出于企业经营的需要，公司自身也存在一些影响股利分配的因素，具体如下。

(1) 盈余的稳定性。它是制定股利政策的基础。对于盈余不稳定的企业来说，低股利政策可以减少因企业盈余下降而造成的股利无法支付、股价剧烈波动的风险，还可以将更多的盈余进行再投资，以提高股权资本所占比重，减少财务风险；对于盈余稳定的企业来说，则可能支付较多股利来提高公司信誉，增强投资者的信心。

(2) 资产的流动性。较多地支付现金股利会降低资产的流动性，而保持一定的资产流动性是企业经营的前提。

(3) 举债能力。举债能力较强的公司，在缺乏资金时，可以较快地筹措到所需资金，有可能采取较高的股利支付政策；相反，则应采取较低的股利支付政策。

(4) 投资机会。有着良好投资机会的企业，需要有强大的资金支持，因而往往少发股利，将大部分收益用于投资；缺乏投资机会的企业正好相反。

(5) 资金成本。与发行新股相比，留存收益由于没有筹资费用，其资金成本相对普通股较低，因此是一种比较经济的资金来源。从资金成本考虑，如果企业需追加权益资金，则应采取低股利政策。

(四)其他因素

公司的股利政策还可能受到其他因素的影响，如债务合同约束、国家经济环境、通货膨胀的变动、公司股票价格走势等。

二、股利政策的类型

由于股利政策受多种因素影响，因此不同的公司在不同时期结合自身的具体情况所制定的股利政策也是不同的。实务中经常采用的股利分配政策如下。

(一)剩余股利政策

剩余股利政策就是在企业有良好的投资机会时，依据一定的目标资金结构(最佳资金结构)，测算出投资所需的权益资本，先从盈余中留用(留存收益资金成本相对普通股较低)，然后将剩余的盈余作为股利予以分配。其根本目的是为了降低公司资金成本，优化资金结构。但该政策的股利支付率将随公司的投资机会和盈利水平的变动而变动，不利于公司良好形象的树立。其分配步骤如下。

(1) 确定企业的目标资本结构，即确定权益资金与负债资金的比率。目标资本结构下的综合资金成本应是最低水平。

(2) 确定公司下一年度有关项目的资金需求。

(3) 按照目标资金结构，最大限度地使用税后利润来满足投资项目所需要的权益资本数额，如果留存利润不足，可通过增发股票来筹资。

(4) 投资项目所需要的权益资本已经满足后还有剩余利润的，可向股东发放股利。

【例 7-3】某公司 2017 年实现税后利润 1 000 万元，2018 年计划投资 1 200 万元，公司经测算目标资金结构为权益资金占 60%，债务资金占 40%，则在剩余股利政策下，公司 2017 年可发放股利额是多少？

公司投资计划中所需权益资本=1 200×60%=720(万元)

2017 年可发放股利额=1 000−720=280(万元)

假定公司流通在外普通股 1 000 万股，则每股股利=280÷1 000=0.28(元/股)

(二)固定或稳定增长的股利政策

固定或稳定增长的股利政策是将每年发放的股利稳定在某一固定的水平或稳中有升的态势。这一政策以确定的现金股利分配额作为首要目标优先予以考虑，一般不随资金需求的波动而波动。

该股利政策每年都支付稳定的股利额，因而向市场传递着公司正常发展的信息，有利于树立公司的良好形象，增强投资者对公司的信心，稳定股价，也有利于投资者安排股利收入和支出。这种股利政策的一个重要原则是绝对不要降低年度股利的发放额。但通货膨胀促使收益增长，从而使绝大多数奉行固定股利政策的公司转而实行所谓的“稳定增长率”政策，即公司制定一个目标股利增长率(g)，如每年增长 2%，并努力按这个幅度增长。显然，只有收益稳定的情况下，这一政策才是可行的。但当公司盈余较低甚至没有盈余时，会给公司造成较重的财务负担。

(三)固定股利支付率政策

固定股利支付率政策是企业每年按固定的比例从税后利润中支付现金股利的政策。在这一股利政策下，公司每年发放的股利额将随公司经营业绩的好坏上下波动。

该政策使得股利分配与盈余紧密地配合，以体现多盈多分，少盈少分，不盈不分的原则。但是，由于各年股利变动较大，极易造成企业不稳定的感觉，不利于股价的稳定，也不利于股东合理安排股利收入和支出，特别对那些依赖于股利收入的股东来说更是如此。现实中，很少有公司采取这种股利政策。

(四)低正常股利加额外股利政策

低正常股利加额外股利政策是指在一般情况下企业每年只支付固定、数额较低的股利，在盈利多的年份，再根据实际情况向股东发放额外股利。但额外股利并不固定化，并不意味着企业永久地提高了规定的股利。

这种股利政策使企业具有较大的灵活性。当企业盈余较少或投资需用较多资金时，可维持较低的正常数额的股利，股东不会有股利失落感；而当股利有较大幅度提高时，则可适当增发股利，增强股东对公司的信心，有利于稳定并提高公司股票的价格。同时，该政策可使那些依靠股利度日的股东每年至少可以得到虽然较低但比较稳定的股利收入，从而吸引住这部分股东。但是，采用这种政策如果连续频繁地发放额外股利，也会使股东产生误解，一旦某年因为盈利下降而取消额外股利，股东就会认为公司的经营出现了问题，对股票价格就会产生影响，并因此影响企业的筹资能力。

总之，不同股利政策适用于不同的企业，其中起主要作用的还是公司的收益能力。每种股利政策都各有所长，企业应根据实际情况和市场环境制定适合本企业的股利分配政策。

三、股利支付

(一)股利支付方式

股利支付方式一般有以下几种。

1．现金股利

现金股利是以现金支付的股利。这是最常见的股利分派形式。现金股利分派的多少取决于公司的股利政策、经营业绩以及公司现金的充足量。发放现金股利必须具备三个条件：①有足够的现金；②有足够未指明用途的留存收益；③有董事会的决定。公司发放现金股利后，其资产总额和股东权益总额会同时减少。一般来说，当公司的现金资产比较充足且在资本市场上有较强的筹资能力时，往往会发放现金股利。

2．股票股利

股票股利是企业以增发股票作为股利的支付方式。它是仅次于现金股利的常用派发股利的形式。股票股利的会计处理是把公司的股票股利从留存收益账户转到普通股面值和资本公积中去。

【例 7-4】A 公司在发放股票股利前的资产负债表上的股东权益部分如表 7-3 所示。

表 7-3　A 公司部分资产负债表

(发放股票股利前)　　单位：万元

项目	金额
普通股(面值 1 元，已发行 500 万股)	500
资本公积	250
留存收益	3 000
股东权益合计	3 750

假定公司宣布发放 10%的股票股利，即对现有股东按 10∶1 的比例送股。该公司当时的市价为 8 元/股。

公司股份数量增加数=500×10%=50(万股)

需从留存收益中转出的金额=50×8=400(万元)

普通股面值增加数=50×1=50(万元)

资本公积增加数=50×(8−1)=350(万元)

发放股票股利后，资产负债表上的股东权益部分如表 7-4 所示。

表 7-4　A 公司部分资产负债表

(发放股票股利后)　　单位：万元

项目	金额
普通股(面值 1 元，已发行 550 万股)	550(500+50)
资本公积	600(250+350)
留存收益	2 600(3 000−400)
股东权益合计	3 750

从表 7-4 中可以看出，A 公司的股东权益总额保持不变，只是内部构成发生了变化。发放股票股利后，由于增加了股份数，因此每股净资产将下降，并且股票市场供应量增加，将会使股票价格有所下跌。如果发放股票股利后股票价格下跌幅度小于每股净资产下降幅度，股东将获益；相反，股票价格下跌幅度大于每股净资产下降幅度，股东将受损。

公司发放股票股利时，相当于把公司的盈利转化为股本，不影响公司的资产与负债，也不影响股东权益总额，只是股东权益的内部结构发生了变化。

3. 负债股利

负债股利是上市公司通过建立一种负债，用债券或应付票据作为股利分派给股东。这些债券或应付票据既是公司支付的股利，又确定了股东对上市公司享有的独立债权。

负债股利是企业以负债形式所界定的一种延期支付股利的方式。当然，公司账面上所反映的“应付股利”账户是不表示负债股利的。明智的股东深知货币的时间价值，如果公司以应付票据的负债形式来界定延期支付股利的责任，股东因手中持有带息的期票，补偿了股利没有即期支付的货币时间价值；公司则因此而承受了相应的利息支付压力。显然，只有在公司必须支付股利而现金又不足的特定条件下，才采用这种权宜之策。

4. 财产股利

财产股利是企业以现金以外的资产支付给股东的股利。主要以企业所持有的其他企业的股票、债券或实物作为股利支付给股东。

我国《公司法》规定，公司可以采取前两种形式发放股利。

(二)股利支付程序

股利支付一般要经过以下几个阶段。

1. 股利宣告日

股利宣告日是指企业董事会将股利支付情况予以公告的日期。公告中将宣布每股支付的股利、股权登记期限、除去股息的日期和股利支付日期。

2. 股权登记日

股权登记日是指有权领取本期股利的股东资格登记截止日期。只有在股权登记日这天在企业股东名册上有名的股东，才有权分享已经宣告的本期股利。

3. 除息除权日

除息日是指除去交易中的股票领取本次分配的股利权利的日期。除息、除权分别适用于发放现金股利和股票股利。凡在除息除权日之前购买股票的股东，才有权领取本次股利。在股权登记日确定之后，除息除权日一般取决于证券业的交易习惯。实务中，证券业实行“T+0”交易制度，除息除权日应为股权登记日的下一个工作日。

4. 股利支付日

股利支付日是指企业实际向股东支付股利的日期。

【例7-5】某公司于 2017 年 7 月 10 日举行的股东大会决议通过利润分配方案，并于当日由董事会宣布 2016 年的中期分配方案为每 10 股派发现金股利 6 元，公司将于 2017 年 7 月 31 日将股利支付给已在 2017 年 7 月 19 日登记在册的公司股东，则该公司的股利宣告日为 2017 年 7 月 10 日，股权登记日为 2017 年 7 月 19 日，股利支付日为 2017 年 7 月 31 日，除息日为 2017 年 7 月 20 日。

【例 7-6】如果上市公司以其应付票据作为股利支付给股东，则这种股利的方式称为(　　)。

A. 现金股利　　B. 股票股利　　C. 财产股利　　D. 负债股利

答案：D

【例7-7】在确定企业的收益分配政策时，应当考虑相关因素的影响，其中“资本保全约束”属于(　　)。

A. 股东因素　　B. 公司因素　　C. 法律因素　　D. 债务契约因素

答案：C

任务解析

1. 某上市公司股利支付形式

在上述时期内，该公司采用的股利支付形式主要是现金股利和股票股利。

2. 该上市公司采用的股利政策

从公司历年的股利分配情况来看，可以归纳为两种股利政策。

(1) 低正常股利加额外股利政策。表 7-2 显示，2011 年和 2015 年都未分配未转增，2012 年至 2014 年却有派发现金的情况，即可知公司选择的是低正常股利加额外股利政策。这种股利政策适用于盈利与现金流量波动不够稳定的企业，像公司近几年的经营状况都不够稳定，因此采取这种政策也是正确的。

从表 7-2 中还可以看出，公司上市以后每股收益几乎年年下降，同时公司的股利政策也由派发现金股利变为既不分配也不转增，由此可见，在公司的股利政策决策中，公司盈利高低和股利高低呈正向相关。

(2) 公司的零股利政策。公司主营业务彩电的利润率由于残酷的价格战一降再降，导致公司净利润急剧减少，同时公司为了实现战略调整，向新的领域进军，又急需大量的资金投入，在这种两难的情况下，公司不得不采取零股利政策，先满足内部筹资需要。预计除非公司近几年业绩突然飙升，否则公司还将继续实施零股利政策。

3. 该上市公司股利政策对其自身的影响

公司股利政策的不足之处主要是股票股利发放过多，并且企业股本扩张速度过快，当市场环境恶化，公司盈利大幅下降时，问题便接踵而至。从理论上来讲，公司股利分配形式采用现金还是股票，与企业的资金是否充裕有关，但从公司实际执行过程中明显可以看出，其考虑更多的是股本扩张后对其今后再融资关系的影响以及维护股份的需要，缺乏从股本增加与公司效益能否保持同步的角度考虑。由此，在股本大规模扩张后，给公司的业

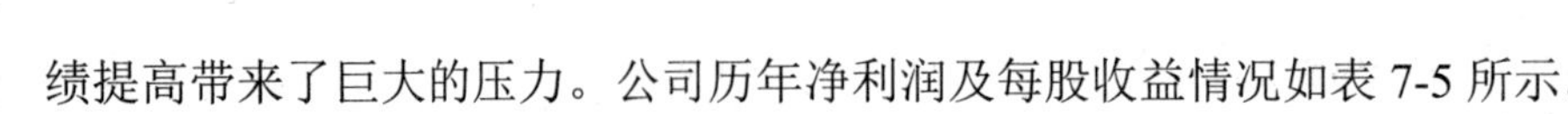

绩提高带来了巨大的压力。公司历年净利润及每股收益情况如表 7-5 所示。

表 7-5 公司历年净利润及每股收益情况

年 份	净利润/万元	每股收益/元
2011	28 503.67	0.131 7
2012	30 590.74	0.161
2013	33 697.74	0.18
2014	3 111.65	0.016
2015	11 580.6	0.06

从表 7-5 中可以看出，每股收益的状况与净利润是直接相关的。2011 年，经过一系列的改革和创新之后，营业额较之以前有所回升，且出现逐年增长的趋势，只是由于 2014 年管理者的投资决策失误，使企业营运状况面临困境，净利润直线下降，给予企业不少打击。

公司在上市之后，连续的分红、配股，已经大大超过了公司发展能够支撑的程度。一系列的改革见效缓慢，导致企业进入衰败期。

4．公司制定股利政策考虑的因素

从公司历年的股利政策来看，其在制定股利政策时除了考虑到国家法律等必须遵守的因素外，还着重考虑到以下几个方面的因素。

(1) 盈余的稳定性。公司自 1999 年至 2003 年，净利润逐年增长，并于 2003 年达到高峰，这期间公司股利支付相对较高；而从 2003 年到 2010 年，净利润开始下滑，公司没有足够的资金支付股利，因此不支付股利。2011 年到 2013 年，公司更换了管理层，公司实现转亏为盈，因而在这几年里采取了现金股利政策。

(2) 资产的流动性。2000 年至 2003 年是公司的高速发展时期，市场占有量位居全国前列，现金非常充足。1999 年至 2003 年一直未间断股利的发放，1999 年、2000 年和 2003 年还同时发放了股票股利和现金股利。

(3) 举债能力。2000 年至 2003 年是公司发展最快的时期，主营业务收入从 42.7 亿元猛增至 156.7 亿元，净利润也从 7.1 亿元猛增至 26.1 亿元，品牌市场占有率迅速攀升至全国第一。在品牌优势较强的背景下，公司的举债能力自然比较强，因此这期间公司发放了较高的股利；而 2004 年至 2007 年，公司开始由盛转衰，其品牌影响力也下降，从而举债能力变弱，因此在此期间，其股利分配较少，甚至不分配股利。

(4) 投资机会。从 2000 年到 2003 年，公司集中力量发展彩电业，主要投资都在彩电技术、设备和生产能力方面，涉及其他方面的投资非常少，因此尽管采取的股利政策不固定，但是企业每年都在发放股利；而从 2004 年开始，公司声称为积极培养公司的发展后劲，没有再分配股利。并从 2006 年开始，公司开始涉足短期投资，且数额巨大，一直保持在 10 亿元左右。自 2004 年到 2011 年，连续 8 年未进行股利分配。

任务基础训练

一、单项选择题

1. 公司以股票形式发放股利，可能带来的结果是(　　)。

A. 引起公司资产减少　　B. 引起公司负债减少

C. 引起股东权益内部结构变化　　D. 引起股东权益与负债同时变化

2. 在企业的净利润与现金流量不够稳定时，采用(　　)政策对企业和股东都是有利的。

A. 剩余政策　　B. 固定股利政策

C. 固定股利比例政策　　D. 低正常股利加额外股利政策

3. 下列各项中，将会导致企业股本变动的股利形式是(　　)。

A. 财产股利　　B. 负债股利　　C. 股票股利　　D. 现金股利

4. 采用剩余股利政策分配股利的根本目的是(　　)。

A. 降低企业筹资成本　　B. 稳定公司股票价格

C. 合理安排现金流量　　D. 体现风险投资与风险收益的对等关系

5. 下列项目中，不能用于分派股利的是(　　)。

A. 盈余公积金　　B. 资本公积　　C. 税后利润　　D. 上年未分配利润

6. 某公司原发行普通股 100 000 股，拟发行 15 000 股的股票股利，已知发放股票股利前的净收益总额为 345 000 元，每股市价 10 元，面值 1 元，则发放股票股利后的每股收益为(　　)元。

A. 1.83　　B. 3　　C. 4　　D. 4.2

二、多项选择题

1. 下列各项中，将会导致公司股本变动的有(　　)。

A. 财产股利　　B. 股票股利　　C. 负债股利　　D. 股票回购

2. 企业发放股票股利(　　)。

A. 实际上是企业盈利的资本化　　B. 能达到节约企业现金的目的

C. 可使股票价格不至于过高　　D. 会使企业财产价值增加

3. 采用低正常股利加额外股利政策的理由有(　　)。

A. 有利于保持最优资本结构

B. 使公司具有较大的灵活性

C. 保持理想的资本结构，使综合成本最低

D. 使依靠股利度日的股东有比较稳定的收入，从而吸引住这部分股东

4. 股东在决定公司收益分配政策时，通常考虑的主要因素有(　　)。

A. 筹资成本　　B. 偿债能力约束

C. 防止公司控制权旁落　　D. 避税

5. 下列表述中，正确的有(　　)。

A. 股票股利不直接增加股东财富　　B. 股票股利会增加公司的资产

C. 股票股利会降低股票面值　　　　D. 股票股利会增加发行在外的普通股股数

三、判断题

1. 企业发放股票股利将使同期每股收益下降。（　）
2. 股东为防止控制权稀释，往往希望公司提高股利支付率。（　）
3. 处于成长期的企业一般采取低股利政策，处于衰退期的企业一般采用高股利政策。（　）
4. 负债资金较多、资金结构不健全的企业在选择筹资渠道时，往往将留存收益作为首选，以降低筹资的成本。（　）
5. 采用现金股利形式的企业必须具备两个条件：一是企业要有足够的现金，二是企业要有足够未指明用途的留存收益。（　）
6. 低正常股利加额外股利政策，能使股利与公司盈余紧密配合，以体现多盈多分，少盈少分的原则。（　）

四、计算分析题

1. 训练资料

(1) 安达公司2016年全年利润总额为2 000万元，所得税税率为25%；需要用税后利润补亏50万元；2017年投资计划拟需资金1 200万元。该公司的目标资金结构为：自有资金60%，借入资金40%。另外，该公司流通在外的普通股股数为2 000万股，没有优先股。

(2) 富强公司的产品销路稳定，2017年拟投资600万元，扩大生产能力。该公司想要维持目前45%的负债比率，并想继续执行20%的固定股利政策。该公司在2016年的税后利润为260万元。

(3) 永安公司上年度税后利润为200万元，每股股利为2元。本年度实现净利润412万元，目前流通在外股数为100万股，与上年保持一致。该公司决定下年度投资300万元于一新项目，其中50%来自权益，50%来自银行借款。

(4) 达强股份公司2017年年初未分利润贷方余额为180.5万元。公司本年度的资料为：息税前利润为900万元，所得税税率为25%。公司流通在外的普通股80万股，发行时面值1元，每股市价9元；公司负债总额为250万元，均为长期负债，平均年利率为10%。公司股东大会决定2017年度按10%提取法定盈余公积，按可供向投资者分配利润的18%向普通股股东发放现金股利，预计以后每年以5%的比例增长。据投资者分析，该公司股票的β系数为1.5，无风险收益率为7%，股票市场的平均收益率为12%。

2. 训练要求

(1) 根据安达公司的资料计算下列指标：①计算该公司2017年投资所需权益资金；②计算在剩余政策下，该公司当年可发放的股利额及每股股利。

(2) 计算富强公司2017年为扩充生产能力必须从外部筹措多少资本。

(3) 根据永安公司的资料计算下列指标：①若该公司采取剩余股利政策，计算确定其本年度每股股利；②若该公司采取固定股利比例政策，计算确定其本年度每股股利。

(4) 根据达强公司的资料计算下列指标：①计算达强公司本年度可供投资者分配的利润和每股支付的现金股利；②计算投资者的投资报酬率；③选择股票估价模型，估算达强公司股票的投资价值。

《项目综合实训》

综合实训一

1．实训资料

宏腾公司成立于2015年1月1日，2015年度实现的净利润为1 000万元，分配现金股利550万元，提取盈余公积450万元(所提盈余公积均已指定用途)。2016年实现的净利润为900万元(不考虑计提法定盈余公积的因素)。2017年计划增加投资，所需资金为700万元。假定公司目标资本结构为自有资金占60%，借入资金占40%。

2．实训要求

(1) 在保持目标资本结构的前提下，计算2017年投资方案所需的自有资金额和需要从外部借入的资金额。

(2) 在保持目标资本结构的前提下，如果公司执行剩余股利政策，计算2016年度应分配的现金股利。

(3) 在不考虑目标资本结构的前提下，如果公司执行固定股利政策，计算2016年度应分配的现金股利、可用于2017年投资的留存收益和需要额外筹集的资金额。

(4) 在不考虑目标资本结构的前提下，如果公司执行固定股利支付率政策，计算该公司的股利支付率和2016年度应分配的现金股利。

(5) 假定公司2017年面临着从外部筹资困难的困境，只能从内部筹资，不考虑目标资本结构，计算在此情况下2016年度应分配的现金股利。

综合实训二

1．实训资料

睿德公司2017年实现的净利润为500万元，资产合计5 600万元，年终利润分配前的股东权益资料如表7-6所示。

表7-6　睿德公司2017年年末股东权益　　单位：万元

项目	金额
股本——普通股(每股面值2元，400万股)	800
资本公积	320
未分配利润	1 680
股东权益合计	2 800

2．实训要求

计算并回答以下互不相关的问题。

(1) 计划按每10股送1股的方案发放股票股利，计算完成这一分配方案后的股东权益各项目的数额、每股收益和每股净资产。

(2) 计划按每10股送1股的方案发放股票股利，股票股利的金额按股票面值计算，并按发放股票股利前的股数，派发每股现金股利0.2元，计算完成这一分配方案后的股东权益各项目的数额、每股收益和每股净资产。

综合实训三

1. 实训资料

腾达公司2016年年底的所有者权益总额为9 000万元，普通股6 000万股。目前的资本结构为长期负债占55%，所有者权益占45%，没有需要付息的流动负债。该公司的所得税税率为30%。预计继续增加长期债务不会改变目前10%的平均利率水平。

董事会在讨论2017年的资金安排时提出如下计划。

(1) 计划年度分配现金股利0.05元/股。

(2) 为新的投资项目筹集4 000万元的资金。

(3) 计划年度维持目前的资本结构，并且不增发新股，不举借短期借款。

2. 实训要求

董事会要求测算实现上述要求的息税前利润。

案例分析

在上市公司的利润分配中，也有推出高分红的公司。从理论上来讲，现金分红是上市公司给予投资者的真实回报，高分红当然也就是上市公司给予投资者的高回报。但事实是否如此，恐怕未必尽然。由于上市公司股权结构的不合理，特别是大小限的持股成本远远低于公众投资者的持股成本，因此即便是高分红，真正的受益者也是大股东，公众投资者的受益非常有限。

例如，信立泰拟以总股本11 350万股为基数，每10股派10元转增10股。其中仅分红一项就每股达到1元，共计分配现金红利11 350万元。但由于信立泰大股东信立泰药业有限公司一家就持有 8 121.75 万股该公司股份，因此在该公司的分红中，大股东一家就拿走了8 121.75万元的现金红利。并且，由于大股东持股成本仅为每股1元，因此大股东的回报率为100%；而公众股发行价为41.98元，回报率仅为2.38%，只是与银行存款相当，二级市场投资者的回报率甚至不如银行存款。

不仅如此，一些新上市公司之所以高分红，也是因为公司拥有大量超募资金的缘故。例如，桂林三金推出了每10股派5.5元的高派现方案，派现总额约2.5亿元，相当于其去年净利润的81.4%。该公司之所以推出如此高的现金分红，显然与该公司的超募资金有关。该公司去年新股发行时，收获超募资金2.25亿元。在超募资金没有合适投资项目的情况下，就将大把大把的资金以现金分红的方式派现给公司大股东。毕竟在桂林三金的股权结构中，大股东占据了 61.11%的股份。此外，公司高管也持有大量股份，如董事长邹节明通过分红可得现金红利2 259万元，一人所得红利基本上逼近了全部公众投资者股票总额的2 530

万元。

(资料来源：张琪. 当前上市公司分红存在五大问题[EB/OL]. http://wenku.baidu.com/view/24980a7ca26925cc5bfzc.html.)

要求：如何看待上市公司高分红现象？

相关链接

“10 送 30”中国式高送转世界罕见，证监会严厉查内幕、整违规

近日，中国证监会主席刘士余对上市公司分红作出了点评，在表示对不分红的“铁公鸡”严肃处理的同时，也指出“10 送 30”高送转全世界罕见，必须列入重点监管范围。

监管风向的转变，让已经推出高送转议案的上市公司纷纷大幅下调转送股规模，同时部分公司加大了现金分红力度。此前股东利用高送转利好借机套现被市场广为诟病，个别公司相关方利用高送转方案进行内幕交易也引起监管层注意。高送转乱象也让部分投资者对高送转公司避而远之，害怕成为接盘侠，市场对此的投资逻辑也在悄然发生改变。

除了配合股东减持外，已发布非公开发行股票购买资产或募集资金的公司，以及股东所持股份质押率较高的上市公司也发布了高送转议案，以期望借此护航定增事项和减少平仓风险。下一步证监会将结合严格“高送转”监管开展专项检查，对未按规定和公司章程分红的公司，依规采取行政监管措施。监管部门或将从信息披露规范性、事后监督以及内幕交易核查等多角度多管齐下，严防通过高送转操纵股价和内幕交易等违法行为。

高送转集体回炉

上市公司的分红方式主要是派现金、送红股与配股。长年不进行现金分红的公司被市场喻为“铁公鸡”，与之对应的是，相对于部分公司吝啬的现金分红，近年来 A 股频现“10 送转 15”“10 送转 20”“10 送转 30”的高送转方案，令市场侧目。

据统计，目前，有中国天楹、山东路桥等 21 家上市公司自从上市起至今就一直未进行现金分红。北京一位私募基金经理指出，除了客观原因外，部分上市公司大股东将上市公司定位为自己的取款机和圈钱的工具，不断进行重组和概念的炒作，达到自己赚钱的目的，并未想过回报投资者。

与“铁公鸡”相对应的是，近年来“高送转”方案的密集出台成为 A 股市场的一大“景观”。根据 Wind 数据统计显示，A 股 2016 年利润分配方案中，每 10 股送转 15 股及以上的公司有 59 家，每 10 股送转 20 股及以上的公司有 32 家。

不过，随着监管部门的监管理念和监管导向的转变，高送转从利好转瞬变成了利空，高送转概念股也随之应声大跌。截至 2017 年 4 月 13 日晚间，两市共有 15 家上市公司大幅调低送转股规模。值得注意的是，部分上市公司在降低送转股规模的同时，也增加了现金分红的力度。如北信源将此前的每 10 股派息 0.25 元(含税)上调为每 10 股派息 0.4 元(含税)，赢时胜将每 10 股派发现金红利 2 元(含税)变更为每 10 股派发现金红利 3 元(含税)。

监管出手

近年来，“高送转”已经沦为配合题材炒作、掩护大股东解禁减持以及增加总股本图谋定增融资的间接工具，部分公司还伴生内幕交易、市场操纵等违法违规行为。

这引起了监管层的高度关注。在 2017 年 3 月 24 日的证监会例行新闻发布会上，证监会新闻发言人邓舸指出，“送转股”属于公司自治范畴，但对利用“高送转”从事内幕交易、违规减持等违法违规活动的，将强化信息披露监管和二级市场交易核查联动机制，发现违法违规的，依法严肃查处。

在此之前，沪深证券交易所已发布高送转信息披露指引，开始对部分高送转实施“刨根问底”问询。问询涉及主要内容为：高送转与公司经营规模和业绩是否匹配、与相关股东减持是否有所关联、方案的合理性及可行性等。下一步证监会将结合严格“高送转”监管开展专项检查，对未按规定和公司章程分红的公司，依规采取行政监管措施。监管部门或将从信息披露规范性、事后监督以及内幕交易核查等多角度多管齐下，严防通过高送转操纵股价和内幕交易等违法行为。

高送转“玄机”

除了多数高送转议案伴随的股东减持外，部分公司在推出 2016 年度高送转议案前后公布了发行股份购买资产和非公开发行股份募集资金的预案，同时还有部分公司控股股东及实际控制人所持公司股份 90％以上处于质押状态。

高送转方案被市场广为诟病的原因之一，是与之伴随的股东减持和减持计划。根据 Wind 数据统计，截至 2017 年 4 月 13 日，有 32 家上市公司在发布 2016 年送转预案后，公司股票被减持。

非公开发行股份购买资产(含配套融资)和非公开发行股份募集资金，对股价较为敏感，高送转方案对公司股价具有一定的正向作用，有利于相关事项的推进。同时所持上市公司股份质押率较高的公司股东，对公司股价的变化较为敏感，股价的平稳或上涨对降低其所质押股份平仓风险有着重要作用。

制度完善

“送转股”实质上是股东权益的内部调整，公司生产经营状况没有发生根本性变化。按理，高送转应该是一件好事，就算不像现金分红那样是实质性利益，总比一毛不拔要好。一般而言，上市公司多在业绩上升、业务扩张时才会实施高送转，进行相应的股本扩张。

但近年来在 A 股市场，相当一部分推出高送转方案的公司业绩不佳。高送转演变成了配合大股东等高管减持的工具。一旦减持目的达到，中小投资者就成了“接盘侠”。“没有业绩支撑的高送转玩的是泡沫，送的越多，泡沫越大，风险也越大。对此类高送转行为，应该严格监管，严厉打击。”

除了交易所频频下发问询函外，董登新建议，应将对高送转的监管纳入制度化的轨道。限制不合理的高送转，不能“光靠主席喊话”，应由证监会出台相应的办法规定或指导意见。比如要求上市公司的高送转需与业绩增长速度相匹配。只有能够利润增长 3 倍的公司，才有资格 10 送 30；对于目前净资产低于 1 元的上市公司，应规定其没有送转股资格。

(资料来源：新浪财经．http://www.caijingmobile.com/yuanchuang/2017/04/28/328624.html.)

要求：以“如何规范企业的股利分配政策”为主题，写一篇 1 000 字左右的小文章。

项目八 全面预算控制

【技能目标】

- 能够根据企业实际情况选择合适的预算编制方法。
- 能够运用所学的预算编制知识，编制业务预算和财务报表。
- 能够运用所学的预算控制原理对责任中心进行考核。

【知识目标】

- 掌握全面预算的内容、全面预算体系和预算编制的方法。
- 掌握日常业务预算、现金预算和预计报表的编制。
- 掌握成本中心、利润中心以及投资中心的业绩考核。

上汽集团全面预算管理实践

预算管理作为现代企业重要的管理工具，对于企业经营效率提升、经济效益增加起到尤为重要的作用，应视为企业财务工作的重点。

上海汽车集团股份有限公司(简称“上汽集团”，股票代码为600104)是国内A股市场最大的汽车上市公司，截至2013年年底，上汽集团总股本已达到110亿股。2014年，上汽集团整车销量达到562万辆，同比增长10.6%，继续保持国内汽车市场领先优势，并以2014年度1 022.48亿美元的合并销售收入，第12次入选《财富》杂志世界500强，排名第60位，比上一年上升了25位。2016年7月20日，财富世界500强出炉，上汽集团进入财富世界500强。2016年8月，上汽集团在2016中国企业500强中，排名第11。2017年7月31日，《财富》中国500强排行榜发布，上汽集团排名第四。

上汽集团作为一家大型制造业集团，为适应不断加剧的行业竞争，不断学习外部先进经验，不断创新企业管理手段，不断提高管理精细化程度。把预算管理作为企业管理的基石，将全面预算管理作为日常管理工具。经过十余年的实践和完善，集团逐渐将全面预算管理工作制度化、系统化、常态化。上汽集团已经形成了完善的预算管理制度体系，涉及预算政策、预算审核权限、预算编制、预算审批、执行跟踪、监督评价等预算管理的各个环节。这一预算管理体系是在集团多年预算管理经验基础上逐步提炼和完善的，具有较强的可操作性。预算编制、预算执行、预算评价等环节紧密相连，形成了完整的闭环管理系统。对于系统中每一个预算管控环节都作为重点工作来落实，确保预算管控系统平衡、有效地运行。

全面预算管理是企业管理系统中的工具，要真正发挥作用，还需要与其他管理手段联合起来使用，如与绩效管理工作相结合，与风险预警工作相联系等。全面预算管理重点是“全面”，不仅要把预算管控落实到企业经营的各个方面，而且要让预算管理理念渗透到企业各项管理系统中，渗透到企业文化中，这样才能发挥全面预算管理的最大效用。

上汽集团全面预算实施有以下几个方面可供借鉴和参考。

(1) 从上汽集团预算管理实践看，集团设立预算管理委员会，在预算委员会的领导下开展预算编制、预测执行、预算控制和监督等各项工作。集团总裁牵头落实预算目标的制定工作，负责预算编制总体要求的下达。年度预算目标经过多次“由上而下、由下而上”的充分沟通和讨论，经董事会审核批准后执行。在上汽集团预算管控过程中，无论是工作汇报，还是考核评定等具体工作，管理层都以预算目标的执行情况作为主要评价依据。这些都充分体现了集团管理层视预算管理为重心，视预算目标为抓手，将全面预算管理作为集团基本管理工具的方针。

(2) 全面预算管理重点突出“全面”。“人人成为经营者”管理模式，是上汽集团独创并长期实践的管理模式。“经营者”的管理模式突破了传统的管理理念和思维方法，把市场机制引入企业内部管理，精细有效地整体优化了企业的管理结构、管理环节和管理过程，把员工当家做主真正落实到实处，极大地调动了广大员工的创造性和积极性。“经营者”管理模式突出企业管理的精细化，而且以“经营体”管理目标为导向，激发员工开源节流、降本增效的动力。这些都与全面预算管理理念相通。

上汽集团下属 A 公司是“经营者”管理模式的先行企业，实施的总体构思是按市场法则建立内部用户关系，划小核算单位，用“经营”的思路和方式进行管理。公司将每个员工或若干员工组成的基准单位，设定为独立核算的“经营体”，构成企业内部的“经营者”；在此基础上，改变企业原有粗线条的组织内部核算关系，将核算单位分解细化到企业相关管理资源和技术资源的最小利用单位。通过这种改变，给员工的思维和行为方式带来了根本转变，由被动生产转为了主动经营，员工当家做主的能力和素质得到了提高。而且该模式将企业资源货币化、定量化，使得“经营体”内的员工从经营者的角度，依据成本效益原则，合理利用和管理资源，减少资源的浪费，降低成本。“经营者”管理模式在该企业经过几年的实践后，企业管理水平得到了较大提升，企业的经营效益也得到了很大提高。

(3) 作好目标的持续跟踪与分析。上汽集团一贯将预算跟踪和分析作为预算管控的重点。通过滚动预测分析模板，强化对预算目标的跟踪分析，而且对于预算执行的偏差分析，不仅关注数据，还要深入挖掘造成偏差的经营实质。这样才能更有效地反映企业经营过程中所存在的风险和机会；然后及时把这些信息提供给管理层，为管理层作出准确的决策提供支持。对于预算目标的跟踪，也不仅限于财务数据，还要求对业务数据的关注，如在关注收入、利润预算完成情况的同时，还要关注业务的完成情况(如销售订单的获得情况)；生产运营的效率情况(如单台产品的制造费用)，并通过与先进企业的对比，寻找差距并积极改进。因此，全面预算管控不仅是对财务指标的控制，而且关系到企业经营业务的各个方面。只有通过全方位的跟踪和深入的分析，才能对企业经营情况和未来发展趋势有准确的判断和预测。

(4) 将信息系统运用于全面预算管理。随着市场竞争日趋激烈，企业生产经营规模日益扩大，所分析的数据量将呈几何级增长。对于汽车制造企业，管控的业务涵盖远期项目、工程开发、商务、采购、生产、管理等全链条。管控的载体包括分产品的利润表、资产负债表、现金流量表、结构成本、转移价以及贯穿其中的物料成本预测和税收预测等。此外，企业会越来越多地要求进行多维度、全方位的比较和分析。这些变化导致传统的 Excel 手工分析模式越来越难以满足需求，为了提升预算管控效率，必须引入信息系统解决方案。

上汽集团本部实施了 SAP 系统及其他辅助系统(如 EPR 系统、采购 E-Purchasing 系统等)，对本部费用尤其是开发费用的全面预算管理起到积极的推动作用。通过 SAP 系统的应用，可以打通并规范业务流程；实现数据在业务部门和相关业务链共享；可以通过系统积累强大的基础数据，为事前、事中和事后全过程控制提供依据。

上汽集团在合并层面实施了 HFM 系统，给全面预算管理带来了多方面的好处。首先，形成了整合的数据平台，可以及时掌握下属企业预算、预测信息；其次，通过预算预测科目系统化，确保数据准确、结构稳定、关系可靠；再次，运用统一的科目定义，便于对标、沟通和管理；最后，系统可根据需求灵活取数并生成管理分析报告，而且大大提高工作效率。

由于信息系统的使用，日常预算预测工作效率得到了提升，为财务人员完成从数据收集到更有价值的数据分析的工作角色转变创造了条件。

全面预算管理工作在集团内的推行和不断完善，保障了上汽集团经营目标的合理制定和有效执行。上汽集团近年来销量、收入和净利润等各项指标都呈较快速增长态势；集团连续 9 年入围《财富》杂志世界 500 强企业榜单，且排名不断提升，2014 年位列第 85 名。

2016 年 12 月 5 日，上汽集团晚间发布公告称，公司收到证监会批复，核准公司非公开发行不超过 10.56 亿股新股。据此前公布的定增方案，公司拟以不低于 14.2 元每股，发行股份募集约 150 亿元，用于新能源汽车、车联网等相关项目(见表 8-1)。

表 8-1　上汽集团定增募集资金投资项目　　单位：亿元

项目类别	序号	项目名称	项目总投资	拟使用募集资金金额
新能源汽车相关项目	1	上汽集团自主品牌乘用车节能与新能源汽车新产品项目	41.11	40.00
	2	上汽集团自主品牌商用车新能源汽车新产品项目	19.56	18.00
	3	上汽 EDU 三期新增 7JPH 扩能项目(总产能 10JPH)	2.33	2.00
	4	上汽混合动力 EDU Gen2	12.18	12.00
智能化大规模定制项目	5	商用车智能化大规模定制业务模式开发及应用项目	30.00	20.00
前瞻技术与车联网项目	6	上汽集团智能驾驶汽车前瞻技术研发项目	7.50	7.00
	7	上汽集团燃料电池汽车前瞻技术研发项目	7.19	5.00
	8	上汽集团自主品牌互联网汽车应用开发项目	8.43	7.00
汽车服务与汽车金融项目	9	上汽集团云计算和数据平台项目	6.52	5.00
	10	上汽电商平台车享网项目	20.00	4.00
	11	上汽集团汽车金融及互联网金融拓展项目	30.00	30.00
合　计			184.82	150.00

[资料来源：夏明涛.企业集团全面预算管理案例研究——来自上汽集团实践[J]. 新会计(月刊)，2015(2).]

思考问题：

1. 通过上汽集团公司全面预算管理案例资料，浅析全面预算管理的意义。
2. 你认为应如何构建全面预算管理体系。
3. 通过上汽集团公司全面预算管理案例资料，谈谈你对预算控制的认识。

学习导航

任务一　选择预算编制方法

任务要求

本任务要解决两个问题：一是明确全面预算的内容和体系；二是根据企业特点以及实际需要，选择合适的预算编制方法。

任务描述

(1) 旭日公司是一家生产塑料制品的企业，全年生产能力 3 000～6 000 工时。2016 年 10 月公司拟编制 2017 年预算。公司为此成立预算管理委员会，经各车间、班组汇总，财务部得到制造费用预算资料如下。

① 间接人工：基本工资为 3 000 元；另加每工时的津贴 0.10 元。

② 物料费：每工时负担 0.15 元。

③ 折旧费：5 000 元。

④ 维护费：当生产能力在 3 000～6 000 工时时，基数为 2 000 元，另加每工时应负担 0.08 元。

⑤ 水电费：基数为 1 000 元，另加每工时应负担 0.20 元。

公司结合市场反馈情况，经进一步分析，认为企业最有可能的生产能力为 4 000 工时，但为了适应可能发生的实际情况，决定以 3 000 工时为基数，每间隔 1 000 工时编制一套更加灵活的制造费用预算。

(2) 旭日公司财务部汇总得到有关管理费用预算年度开支水平，如表 8-2 所示。

表 8-2　管理费用预算年度开支水平　　单位：万元

费用项目	业务招待费	广告费	办公费	保险费	职工福利费	劳动保护费	合计
预算开支额	200	180	80	50	40	30	580

为了控制管理费用的开支，旭日公司预算管理委员会经过进一步分析认为，公司预算年度对于上述费用可动用的财力资源只有 500 万元，经过充分论证，认为上述费用中广告费、保险费和劳动保护费必须得到全额保证，业务招待费、办公费和职工福利费可以适当压缩。根据 2015 年有关资料，对于这三项费用进行了成本效益分析，如表 8-3 所示。

表 8-3　成本效益分析　　单位：万元

费用项目	成本金额	效益金额
业务招待费	1	6
办公费	1	3
职工福利费	1	1

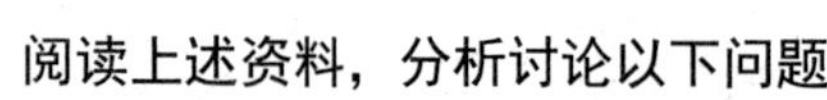
阅读上述资料，分析讨论以下问题：

1. 根据旭日公司资料(1)，选择适当的方法编制制造费用预算并说明该方法产生的原因。
2. 根据旭日公司资料(2)，选择适当的方法编制管理费用预算并说明该方法产生的原因。
3. 企业的预算管理内容除了费用预算外，还有哪些内容？

理论认知

企业管理当局通过一系列的决策确定了经营目标，如产品方向、生产规模等，以此作为长期规划，并在此基础上逐期制订短期的营业和生产计划。这些主要以货币为计量单位，反映预算期的生产经营活动的一整套相互关联的计划，就是企业生产经营的全面预算。

一、全面预算的内容和体系

(一)全面预算的内容

全面预算按其涉及的预算期分长期预算和短期预算。长期预算包括长期销售预算和资本支出预算，也包括长期资本筹措和研究与开发预算。短期预算是指年度、季度、月度预算。

全面预算按其涉及的业务活动领域分为业务预算(即经营预算)、专门决策预算和财务预算。

业务预算用于计划企业的基本经济业务，主要是指销售预算、生产预算和经营成本预算。经营成本预算又包括直接材料预算、直接人工预算、制造费用预算、销售费用预算、管理费用预算，但不包括财务费用预算(财务费用预算通常被包含在现金预算中)。

专门决策预算是指不经常发生的一次性重要决策预算。例如，对企业固定资产购建、更新，无形资产开发、引进等特殊业务活动的预算，不同于经常发生的经营活动，这些活动不仅涉及期间长，而且所需资金数额较大，故应在企业预算中单独列示。

财务预算是对未来一定期间发生的各项财务活动及其经营活动所应取得成果的预算，包括现金预算和预计报表两部分。

(二)全面预算体系

全面预算体系是由一系列预算构成的。图 8-1 简要反映了全面预算的内容和各项预算之间的关系。

从图 8-1 可以看出，企业应根据长期市场预测和自身生产能力，编制长期销售预算，以此为基础确定本年度的销售预算，并根据企业的财力确定资本支出预算。销售预算是年度预算的编制起点，根据“以销定产”的原则确定生产预算，同时确定所需要的销售及管理费用。实际工作中，销售部门根据目标利润预测目标销售量；生产部门根据销售部门确定的预计销售量，结合期初、期末结存量，计算出计划期的预计产量，根据生产预算来确定直接材料、直接人工和制造费用预算。现金预算是有关预算的汇总，预计利润表、预计资产负债表和预计现金流量表是全部预算的综合。

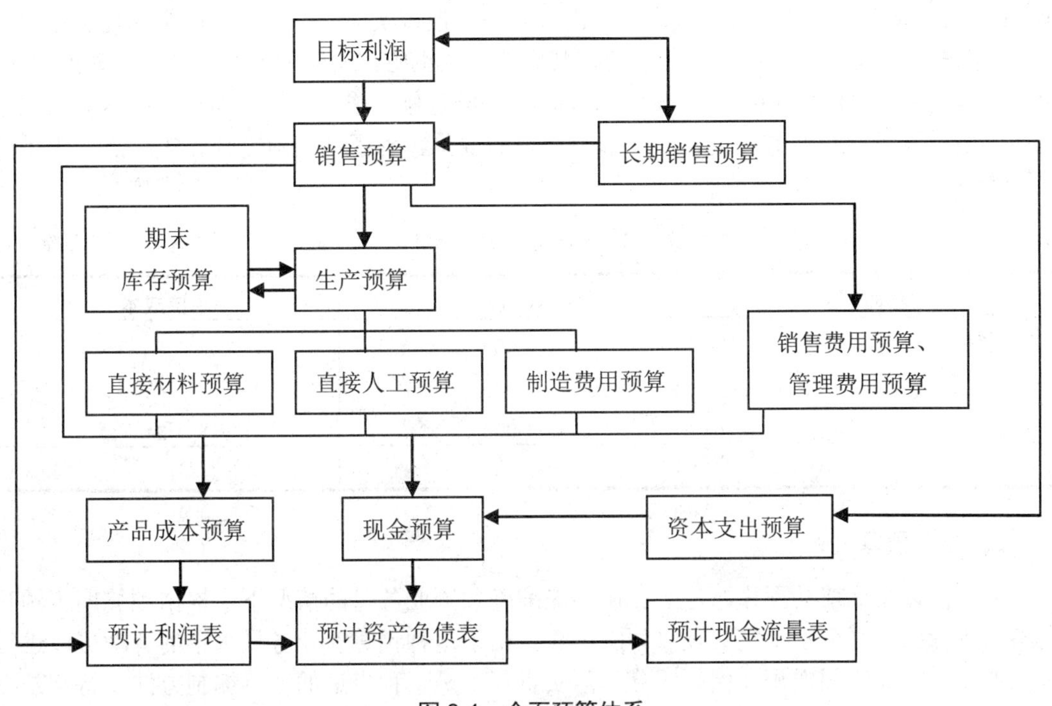

图 8-1　全面预算体系

二、预算编制的方法

(一)固定预算与弹性预算

1. 固定预算

固定预算又称静态预算，是根据企业未来可以实现的某一业务量水平而编制的预算。该种预算不考虑企业预算期内生产经营活动可能发生的变化，是一种传统的预算编制方法。这种预算适合于业务水平比较稳定的企业。

1) 固定预算的特点

(1) 不考虑预算期内业务量水平可能发生的变动，而只按照预算期内预定的某一业务量水平为基础确定其相应的预算数额。

(2) 将预算的实际执行结果与按预算期内计划规定的某一业务量水平所确定的预算数进行比较分析，并据以进行业务评价与考核。

这种预算用于考核业务量水平较为稳定的企业比较合适。如果用于衡量业务量经常变动的企业的耗费或成果，显然将失去考核的准确性和客观性。

2) 固定预算的编制

【例 8-1】某企业生产 A 产品，预计生产量为 500 台，预计单位产品消耗如下：直接材料 6 元、直接人工 4 元、制造费用 2 元，则编制该产品成本固定预算如表 8-4 所示。

如果实际完成了 600 台，则实际总成本为 6 600 元，其中直接材料 3 120 元，直接人工 2 280 元，制造费用 1 200 元，单位成本 11 元。若直接将实际成本与预算成本相比，则超支了 600 元，表面上看企业产品成本预算没有完成。但事实上，由于实际产量超过了预算产量，因而即使单位成本保持预算数不变，其成本总额也应该相应增加，而且经过分析发现，企业成本实际上是降低了(单位成本降为 11 元)，即超额完成了预算。显然，在这种情况下运用固定预算考核企业的耗费就出现了不合理的现象。为了克服固定预算的缺点，于是出现了弹性预算。

表 8-4 产品成本固定预算

单位：元

成本项目	总成本	单位成本
直接材料	3 000	6
直接人工	2 000	4
制造费用	1 000	2
合计	6 000	12

2. 弹性预算

弹性预算又称变动预算，是企业在不能准确预测业务量的情况下，根据预算期可预见的不同业务量水平分别确定其预算额的预算。由于这种预算随业务量水平的变动可以进行机动调整，因此比固定预算更能区分和落实责任，是一种先进的预算编制方法。特别是在会计电算化日益普及的今天，更能显示其优越性。

1) 弹性预算的特点

(1) 弹性预算是按照某一业务量范围而编制的，从而扩大了适用范围。

(2) 考核预算执行结果时，需要先计算“实际业务量的预算成本”，然后再将实际执行结果与其相比较，因而使得预算执行情况的考核与评价建立在更加现实和可比的基础之上。

由于这种预算随业务量水平的变动而调整，因此能适应企业在预算期内任何生产经营水平的预算考核和评价。弹性预算适用于全面预算体系中与业务量有关，特别是受业务量变动影响较大的各种预算，如弹性收入预算、弹性成本费用预算、弹性利润预算等。需要说明的是，由于直接材料、直接人工等直接费用可以通过标准成本进行预算和控制，因此弹性成本预算多用于编制间接费用预算。

2) 弹性成本预算的编制

弹性成本预算的编制方法主要有公式法和列表法两种。

(1) 公式法。用公式法编制弹性成本预算主要按以下步骤进行。

第一步，选择和确定业务量的计量单位，如产销量、直接人工工时、机器工时等。

第二步，根据预测确定业务量可能达到的各种水平。

第三步，根据成本性态分析建立成本性态模型：$y=a+bx$。式中，a 为固定成本费用预算总额，b 为单位变动成本费用率，x 为业务量水平。

【例 8-2】Y 公司 2017 年制造费用使用弹性预算法编制，有关资料如表 8-5 所示，其中较大的混合成本项目已经经过分解。该公司正常生产能力为 10 000 机器台时，生产能力利用率在 90%～105%(9 000～10 500 台时)之间。

表 8-5　Y 公司 2017 年制造费用弹性预算

项　目	固定费用/元	变动费用率/(元/台时)
管理人员工资	12 000	
保险费	3 000	
设备租金	4 000	
燃油		2
辅助材料		1
辅助工人工资	2 000	0.15
水费	1 000	0.20
维修费	1 500	0.10

从表 8-5 的资料中可以得到以下数据。

固定成本费用预算总额 a=12 000+3 000+4 000+2 000+1 000+1 500=23 500(元)

单位变动成本费用率 b=2+1+0.15+0.20+0.10=3.45(元/台时)

成本性态模型：$y=a+bx$=23 500+3.45x

利用该模型可以确定当业务量 x 为 9 000～10 500 台时之间的任意一点上的制造费用预算数，比较方便。例 8-2 中，当生产能力利用率为 100%(10 000 台时)时，制造费用如下。

制造费用=23 500+3.45×10 000=58 000(元)

(2) 列表法。为了便于费用的分项控制和考核，需要通过列表的方式，按照费用项目列出不同业务量水平下的弹性预算，简称列表法。根据例 8-2 中的资料，用列表法编制制造费用弹性预算如表 8-6 所示。

表 8-6　制造费用弹性预算　　单位：元

机器台时 费用项目	…	9 000	9 500	10 000	10 500	…
生产能力利用	…	90%	95%	100%	105%	…
1．变动费用项目	…	27 000	28 500	30 000	31 500	…
燃油	…	18 000	19 000	20 000	21 000	…
辅助材料	…	9 000	9 500	10 000	10 500	…
2．混合费用项目	…	8 550	8 775	9 000	9 225	…
辅助工人工资	…	3 350	3 425	3 500	3 575	…
水费	…	2 800	2 900	3 000	3 100	…
维修费	…	2 400	2 450	2 500	2 550	…
3．固定费用项目	…	19 000	19 000	19 000	19 000	…
管理人员工资	…	12 000	12 000	12 000	12 000	…
保险费	…	3 000	3 000	3 000	3 000	…
设备租金	…	4 000	4 000	4 000	4 000	…
制造费用预算数	…	54 550	56 275	58 000	59 725	…

表 8-6 中的业务量间距为 5%，在实际工作中可以灵活选择适当的间距。显然，间距越小，实际业务量出现在预算中的概率越大，但预算工作量也越大。

(二)增量预算与零基预算

1. 增量预算

增量预算是在上年预算实际执行情况的基础上，考虑预算期内各种因素的变动，相应调整有关项目的预算数额，以确定未来一定时期支出预算的一种方法。这种方法的基本假定是：企业现有的每项业务活动都是企业不断发展所必需的；现有的费用开支是合理而且必需的；增加费用预算是值得的。

增量预算具有以下特点。

(1) 编制方法简单易行，工作量少，因此在以往的实务中被很多企业采用。

(2) 受原有费用项目限制，可能导致保护落后。由于该种预算在编制时往往不加分析地保留或接受原有的成本项目，可能使不合理的开支在预算期继续存在，从而失去预算的先进性。

(3) 滋长预算中的“平均主义”和“简单化”。采用此法，容易鼓励预算编制人员凭主观臆断按成本项目平均削减预算或只增不减，不利于调动各部门降低费用的积极性。

2. 零基预算

零基预算是指在编制成本费用预算时，不考虑以往会计期间所发生的费用项目或费用数额，而是所有的预算支出均以零为出发点，一切从实际需要与可能出发，逐项审议预算期内各项费用的内容以及开支标准是否合理，在综合平衡基础上编制费用预算的一种方法。

此法克服了增量预算的缺点，现已被西方国家广泛作为管理间接费用的一种新的有效方法。

1) 零基预算的特点

(1) 可以促使企业合理有效地进行资源分配，将有限的资金用在刀刃上。

(2) 能够促使各部门精打细算，厉行节约，提高资金的利用效果。

(3) 由于一切从零开始，有利于企业面向未来发展考虑预算问题。

(4) 这种方法一切从零开始，势必带来巨大的人、财、物的耗费，且编制预算需要较长时间。

2) 零基预算的编制

零基预算的编制一般可以按以下步骤进行。

第一步，动员与讨论。动员企业内部所有部门，在充分讨论的基础上提出本部门在预算期内应当发生的费用项目，并确定其预算数额。

第二步，划分不可避免项目和可避免项目。在预算编制过程中，对不可避免项目必须保证资金供应；对可避免项目则需要逐项进行成本效益分析，按照各项目开支必要性的大小确定各项费用预算的优先顺序。

第三步，划分不可延缓项目和可延缓项目。将纳入预算的各项费用进一步划分为不可延缓项目和可延缓项目。在预算编制过程中，应优先保证满足不可延缓项目的开支，然后再根据需要和可能，按照项目的轻重缓急确定可延缓项目的开支标准。

【例 8-3】B 公司对销售及管理费用采取零基预算的编制方法，预算年度对销售及管理费用的可动用财力资源为 80 000 元。经过多次讨论、反复研究，认为预算期间需要发生的费用项目和费用开支水平如下：工资费 10 000 元，广告费 12 000 元，包装运输费 11 000 元，保管费 5 000 元，租赁费 20 000 元，保险费 1 000 元，办公费 35 000 元。其中，工资费、保管费、租赁费、保险费均属必不可少的开支，需全额得到保证。

根据广告费、包装运输费、办公费的以往"得失"资料，并据以展开成本效益分析，计算成本效益比率如表 8-7 所示。

表 8-7　B 公司成本效益分析

项　目	每期平均费用发生额/元	每期平均收益获得额/元	成本效率比率	分配率
	①	②	③=②÷①	④
广告费	10 000	100 000	10	10÷(10+10+20)=0.25
包装运输费	12 000	120 000	10	10÷(10+10+20)=0.25
办公费	30 000	600 000	20	20÷(10+10+20)=0.5

确定需全额得到保证的费用金额(工资费、保管费、租赁费、保险费)如下。

10 000+5 000+20 000+1000=36 000(元)

确定其他费用金额(广告费、包装运输费、办公费)如下。

广告费分配金额=(80 000−36 000)×0.25=11 000(元)

包装运输费分配金额=(80 000−36 000)×0.25=11 000(元)

办公费分配金额=(80 000−36 000)×0.5=22 000(元)

零基预算虽然冲破了传统预算方法的条条框框，以"零"为起点分析判断预算金额的合理性，但编制预算工作量大。为简化预算编制的工作量，不需要每年都按零基预算的方法编制预算，而是每隔几年才按此方法编制一次预算。

任务解析

1. 编制旭日公司制造费用预算

由于旭日公司全年生产能力为 3 000～6 000 工时，公司结合市场反馈情况，经进一步分析认为企业最有可能的生产能力为 4 000 工时，但为了适应可能发生的实际情况，决定以 3000 工时为基数，每间隔 1 000 工时编制一套更加灵活的制造费用预算，因此旭日公司对于制造费用预算的编制应当采用弹性预算方法。弹性预算法分为公式法与列表法两种形式表述。

1) 公式法

固定成本费用预算总额 a=3 000+5 000+2 000+1 000=11 000(元)

单位变动成本费用率 b=0.10+0.15+0.08+0.20=0.53(元/工时)

成本性态模型：$y=a+bx$=11 000+0.53x

(1) 当生产能力为 3 000 工时时，制造费用=11 000+0.53×3 000=12 590(元)

(2) 当生产能力为4 000工时时，制造费用=11 000+0.53×4 000=13 120(元)

(3) 当生产能力为5 000工时时，制造费用=11 000+0.53×5 000=13 650(元)

(4) 当生产能力为6 000工时时，制造费用=11 000+0.53×6 000=14 180(元)

2) 列表法

旭日公司制造费用弹性预算如表8-8所示。

表8-8　旭日公司制造费用弹性预算　　单位：元

直接人工工时 费用项目	3 000	4 000	5 000	6 000
变动性制造费用				
间接人工	300	400	500	600
物料费	450	600	750	900
维护费	240	320	400	480
水电费	600	800	1000	1 200
固定性制造费用				
间接人工	3 000	3 000	3 000	3 000
折旧费	5 000	5 000	5 000	5 000
维护费	2 000	2 000	2 000	2 000
水电费	1 000	1 000	1 000	1 000
制造费用合计	12 590	13 120	13 650	14 180

采用弹性预算编制方法必须是在制造费用已经进行了成本性态分析，即制造费用已经分解成了固定制造费用与变动制造费用两部分的情况下使用。

由于固定预算是只根据企业未来可以实现的某一业务量水平而编制的预算，不考虑企业预算期内生产经营活动可能发生的变化，缺少考核的准确性和客观性，从而产生弹性预算。弹性预算比固定预算更能区分和落实责任。

2. 编制旭日公司管理费用预算

根据资料，旭日公司为了控制管理费用的开支，对管理费用进行了分析，将管理费用划分成必须全额保证和部分保证两类。而且对于可以部分保证的管理费用进行了成本效益分析，因此管理费用预算应当采用零基预算。

(1) 根据资料，不可避免项目的预算金额=180+50+30=260(万元)

(2) 可避免项目的可供支配的资金总额=500−260=240(万元)

(3) 业务招待费分配率=6÷(6+3+1)≈ 0.6

业务招待费预算额=240×0.6=144(万元)

办公费分配率=3÷(6+3+1)≈ 0.3

办公费预算额=240×0.3=72(万元)

职工福利费分配率=1÷(6+3+1)≈ 0.1

职工福利费预算额=240×0.1=24(万元)

旭日公司管理费用预算如表 8-9 所示。

表 8-9　旭日公司管理费用预算　　单位：万元

项　目	广告费	保险费	劳动保护费	业务招待费	办公费	职工福利费	合计
金　额	180	50	30	144	72	24	500

由于增量预算在编制时不加分析地保留或接受原有的成本项目，因此可能使不合理的开支在预算期继续存在，容易鼓励预算编制人员凭主观臆断按成本项目平均削减预算或只增不减，从而产生零基预算。

3．全面预算按其涉及的业务活动分为经营业务预算、资本支出预算和财务预算

制造费用预算、管理费用预算都属于业务预算。业务预算还包括销售预算、生产预算、直接材料预算、直接人工预算、销售费用预算、管理费用预算，但不包括财务费用预算(财务费用预算通常被包含在现金预算中)。专门决策预算是对企业固定资产购建、更新，无形资产开发、引进等特殊业务活动的预算。财务预算主要包括现金预算和预计财务报表。

理论延伸

一、定期预算与滚动预算

编制预算的方法按其预算期的时间特征不同，可以分为定期预算和滚动预算。

(一)定期预算

定期预算是指在编制预算时，以不变的会计期间(一般以会计年度)作为预算期的一种预算编制方法。

定期预算的唯一优点是能够使预算期间与会计年度相配合，便于考核和评价预算的执行结果。其缺点是远期指导性差、灵活性差、连续性差。

(二)滚动预算

滚动预算又称连续预算或永续预算，是指在编制预算时，将预算期与会计年度脱离，随着预算的执行不断延伸补充预算，逐期向后滚动，使预算期永远保持为一个固定期间的一种预算编制方法。

1．滚动预算的方式及特征

滚动预算按其编制和滚动的时间单位不同，可以分为逐月滚动、逐季滚动和混合滚动三种方式。

1) 逐月滚动方式

逐月滚动方式是指在编制预算过程中，以月份为预算的编制和滚动单位，每个月调整一次的预算方法。

例如，在2012年1月至12月的预算执行过程中，需要在1月末根据当月预算的执行情况，修订2月至12月的预算，同时补充下一年2013年1月的预算；到2月末可根据当月预算的执行情况，修订3月至2013年1月的预算，同时补充2013年2月的预算；以此类推。逐月滚动预算方式示意如图8-2所示。

图8-2　逐月滚动预算方式示意

按照逐月滚动方式编制的预算比较准确，但工作量太大。

2) 逐季滚动方式

逐季滚动方式是指在预算编制过程中，以季度为预算的编制和滚动单位，每个季度调整一次的预算方法。即在第一季度末根据当季预算执行情况修订第二季度至第四季度的预算，同时增加编制次年第一季度的预算，以此类推。

按照逐季滚动方式编制的预算工作量小，但准确度较差。

3) 混合滚动方式

为做到长计划短安排、远略近详，因此在实务中，滚动预算往往对未来头三个月按月编制详细预算，而对后九个月则按季粗略预算。等到第一季度临近结束前，再将第二季度的预算按月细分，同时修订第三季度和第四季度的预算并且增加编制次年第一季度的预算，以此类推。混合滚动预算方式示意如图8-3所示。

图8-3　混合滚动预算方式示意

2．滚动预算的优缺点

与传统的预算——定期预算相比，滚动预算的优点主要有透明度高、及时性强、连续性好，以及完整性、稳定性突出。它的缺点主要是预算工作量较大。

二、财务预算的意义

财务预算作为全面预算体系中的最后环节，可以从价值方面总括反映经营期决策预算与业务预算的结果，也称为总预算，其余预算则相应称为辅助预算或分预算。因此，财务预算在全面预算体系中占有举足轻重的地位。财务预算的作用主要表现在以下几个方面。

(1) 财务预算是财务目标的具体化、数量化。编制财务预算有助于将财务目标和制定目标所依据的主要设想和意图，以及为达到目标拟采取的措施都详细地列举出来，使企业内部各部门、各层次了解各自在实现财务目标中的地位、作用和责任，从而在不同工作环节上朝同一目标去努力。

(2) 财务预算的制订过程也就是财务资源的配置过程。编制财务预算，有助于在合理决策的基础上，围绕财务目标的实现，将有限的财务资源，在各部门、各环节、各层次进行合理配置，分清轻重缓急，使有限的资金发挥最大的使用效应，提高企业的经济效益，确保财务目标的实现。

(3) 财务预算是控制财务活动的标准。财务预算一经制订，就必须付诸实施。筹资、投资、用资及资金分配，都要依据财务预算来执行，各部门、各层次都要以预算为依据来开展工作，以保证目标的实现。从某种意义上说，财务预算是控制财务活动的依据。

(4) 财务预算是财务考核的依据。以预算作为考核的依据比过去以实际成绩作为考核依据的效果更好。因为预算已经经过有关部门的充分讨论，已经把过去不合理的因素剔除了，因此具有先进性和可行性。

三、财务预算制度

财务预算是财务控制的工具，建立完善的财务预算制度是保证财务预算纳入资金管理日程的不可忽视的必要手段。财务预算制度作为企业内部资金管埋制度的一个分支，土要应包括以下内容。

1．确定预算期和编制工作期

财务预算期通常是指财务预算的执行期，一般分为年度预算、季度预算和月度预算。财务预算的编制工作期是指财务预算实际编制的操作时间。一般情况下，年度财务预算应在上年第三季度末或第四季度初开始着手编制，这种情况下，有关预算所需的实际资料就只能根据前三个季度的实际信息进行预计，这样有可能对预算的质量产生影响。

2．确定预算编制的责任者

财务预算多数由企业的财务部门负责编制，也可以由企业专设的计划部门编制。为了明确责任，防止扯皮现象，财务预算制度必须明确预算的编制单位以及具体的责任者。

3．确定预算的编制方法和遵循的原则

财务预算大多数是以表格的形式出现的，表格数据以及表格项目的填列方法要作出统

一规定，从而避免预算的随意性。对无法确定的项目要有统一的处理原则，使财务预算各项数据指标做到项项有来源，数数有依据。

4．确定财务预算的审批程序

财务预算由制订负责人编制出来后，再经过讨论研究以及审批之后才能用于实践。企业的财务预算制度必须明确对财务预算进行讨论研究的人员范围和审批程序，并具体规定讨论财务预算的时间以及审批时间，确保财务预算能够正常实施。

任务基础训练

一、单项选择题

1．在成本习性分析的基础上，分别按一系列可能达到的预计业务量水平编制的能适应多种情况的预算是指(　　)。

A．固定预算　　B．弹性预算　　C．增量预算　　D．滚动预算

2．下列各项中，其预算期不与会计年度挂钩的预算方法是(　　)。

A．弹性预算　　B．零基预算　　C．滚动预算　　D．固定预算

3．企业年度各种产品销售业务量为 100%时的销售收入为 24 500 万元，变动成本为 14 700 万元，企业年固定成本总额为 3 000 万元，则当预计业务量为 85%时的利润为(　　)。

A．5 075 万元　　B．5 330 万元　　C．6 500 万元　　D．6 800 万元

4．全面预算体系的最后环节是(　　)。

A．业务预算　　B．财务预算　　C．专门决策预算　D．弹性利润预算

5．下列各项中，不属于增量预算基本假设的是(　　)。

A．增加费用预算是值得的　　B．预算费用标准必须进行调整

C．原有的各项开支都是合理的　　D．原有的业务活动为企业所必需

二、多项选择题

1．编制弹性成本预算的方法有(　　)。

A．公式法　　B．列表法　　C．因素法　　D．百分比法

2．相对于固定预算而言，弹性预算的优点有(　　)。

A．预算成本低　　B．预算工作量少　C．预算可比性强　D．预算适用范围宽

3．全面预算具体包括(　　)。

A．业务预算　　B．财务预算　　C．生产预算　　D．专门决策预算

4．滚动预算按其预算编制和滚动的时间单位不同分为(　　)。

A．逐月滚动　　B．逐季滚动　　C．混合滚动　　D．半年滚动

5．编制弹性预算所依据的业务量有(　　)。

A．产量　　B．销售量　　C．直接人工工时　D．机器工时

三、判断题

1. 在编制零基预算时，应以企业现有的费用水平为基础。 ( )

2. 属于编制全面预算的出发点和业务预算的基础的是销售预算。 ( )

3. 弹性预算只是一种编制费用预算的方法。 ( )

4. 为了编制滚动预算，应将纳入预算的各项费用进一步划分为不可延缓项目和可延缓项目。 ( )

5. 可以保持预算的连续性和完整性，并能克服传统定期预算缺点的预算方法是零基预算。 ( )

四、计算分析题

1. 训练资料

(1) 丽华公司预算年度某种塑料制品的销售量为 30 万～70 万件，销售单价 80 元/件，单位变动成本 56 元/件，该产品应当分担的固定成本为 600 万元。

(2) 华盛公司本年度可动用的资金额度为 90 万元，拟对历年来超支严重的业务招待费、劳动保护费、办公费、广告费、保险费等间接费用项目按照零基预算方法进行编制。经过多次讨论，预算编制人员确定上述费用在预算年度的开支水平如表 8-10 所示。

表 8-10 华盛公司预计费用项目及开支金额 单位：元

费用项目	开支金额
劳动保护费	120 000
办公费	180 000
广告费	300 000
保险费	100 000
业务招待费	250 000
合计	950 000

经论证，除了业务招待费和广告费可以压缩外，其余需要全额保证。根据历史资料，公司对这两项费用进行了成本效益分析，得到如表 8-11 所示的数据。

表 8-11 华盛公司成本效益分析表 单位：元

费用项目	成本金额	收益金额
业务招待费	100	600
广告费	100	400

2. 训练要求

(1) 根据资料(1)，选择适当的预算编制方法，以 10 万件为销售量的间隔单位，编制该产品的弹性利润预算。

(2) 根据资料(2)，权衡上述各项费用开支的轻重缓急排出层次和顺序，进而得出各项费用预算金额。

任务二　编制企业预算

任务要求

本任务要解决三个问题：一是业务预算的编制；二是专门决策预算的编制，三是财务预算即现金预算、预计资产负债表及预计利润表的编制。

任务描述

奇异玩具公司是一家中型的玩具制造厂，销售的季节性很强，9月份当零售商为圣诞节储备存货时，其销售额达到高峰。

该公司的销售条件是30~60天之内付清货款，但是有些顾客有可能延迟至90天付款。根据过去经验，奇异玩具公司销售款中有20%的顾客在30天之内付款，70%的顾客在第二个月付款，另外10%的顾客会拖延至第三个月付款。该公司的销售收入预算如表8-12所示。

表8-12　奇异玩具公司销售收入预算　　单位：元

月　份	5月	6月	7月	8月	9月	10月	11月	12月	1月
销售收入	10 000	10 000	20 000	30 000	40 000	20 000	20 000	10 000	10 000

奇异玩具公司所购买的原材料和零部件(约占销售额的70%)，一般是在产品销售前一个月购进，其所购货款可延至购买后一个月付款。也就是说，如果8月份销售收入预测为30 000元，则7月份将购进原材料及零部件21 000元，购货款将在8月份付清。

奇异玩具公司逐月支付工资，7—12月份的工资支付额除8月份为2 000元、9月份为2 500元外，其余均为1 500元；有8 000元的应付税款，将在8月份到期。

租金为每月500元，7—12月份的其他费用分别为200元、300元、400元、200元、200元、100元。

资本支出预算上，计划在7月份购买的一台价格为10 000元的新机床，设备款将在9月份支付。

假设公司为了保证日常开支，还需要经常保留现金余额5 000元，而7月1日的现金余额为6 000元。

现金不足时，必须进行筹资；现金多余时，财务经理要将这些现金投资在利率优厚的证券或其他用途上，以后各月计算方法与此相同。

假设银行短期借款要求是1 000元的倍数，年利率为12%，借款在月初，还款在月末，还款时按照还款实际金额结算利息。

阅读上述资料，分析讨论以下问题：

编制奇异玩具公司7—12月份的现金预算。

理论认知

一、业务预算的编制

现金预算是对企业一定时期内的现金流量所作的预计和规划。编制现金预算，可预计每一期间的现金存量，规划未来的现金流入量与流出量。

下面分别介绍各项预算以及它们如何为编制现金预算准备数据。

(一)销售预算

销售预算是编制全面预算的关键和起点，其他预算均以销售预算为基础。通常，销售预算是在销售预测的基础上，根据企业年度目标利润确定的销售量和销售额来编制的。销售预算的主要内容是销售量、单价、销售收入。销售量是根据市场预测和销货合同并结合企业生产能力确定的。单价是根据市场供求并通过价格决策确定的。销售收入是二者的乘积，在销售预算中计算得出。销售预算通常要按品种、分月份、分销售区域、分营销员来编制。

【例 8-4】(本例按季度编制)假设 T 公司只生产并销售甲产品，其主要销售方式为赊销。在每季度销售收入中，本季度可收到现金的 60%，其余 40%的现金要到下季度才能收到。2016 年年末应收账款余额为 124 000 元，预计 2017 年年末应收账款余额为 288 000(720 000×40%)。为了简化预算，在这里忽略增值税的缴纳。根据资料编制 T 公司销售预算如表 8-13 所示。

表 8-13 T 公司销售预算 单位：元

项目 \ 季度	一	二	三	四	全 年
预计销售量/件	2 000	3 000	4 000	3 600	12 600
预计销售价格	200	200	200	200	200
预计销售收入	400 000	600 000	800 000	720 000	2 520 000
合计	400 000	600 000	800 000	720 000	2 520 000

因为产品销售中有赊销，为了便于编制现金预算，通常要预计各季度销售产品的现金收入，如表 8-14 所示。

(二)生产预算

生产预算是安排其生产规模编制的预算。它是在销售预算的基础上编制的，并为进一步预算成本和费用提供依据。生产预算一般是按品种分别编制。在实际工作中，生产和销售很难做到“同步同量”，为了保证均衡生产，企业必须设置一定的存货，以保证能在发生意外需求时按时供货，节省赶工的额外支出。因此，生产量除了应考虑满足销售需要外，还应考虑期初以及期末的存货量。存货数量通常按下期销售量的一定百分比确定。年初存货是编制预算时预计的，年末存货根据长期销售趋势来确定。

表 8-14　T 公司预计现金收入　　单位：元

项目＼季度	一	二	三	四	全　年
期初应收账款	124 000				124 000
第一季度销售收入	240 000	160 000			400 000
第二季度销售收入		360 000	240 000		600 000
第三季度销售收入			480 000	320 000	800 000
第四季度销售收入				432 000	432 000
现金收入合计	364 000	520 000	720 000	752 000	2 356 000

【例 8-5】预计 2017 年年初甲产品存货为 200 件，2017 年年末预计甲产品存货为 400 件，本例中期末存货量按下季销售量的 10%安排。该企业在有关核算中均采用“先进先出法”。根据例 8-4 中的有关销售资料编制 T 公司 2017 年分季度生产预算如表 8-15 所示。

表 8-15　T 公司生产预算　　单位：件

项目＼季度	一	二	三	四	全　年
预计销售量	2 000	3 000	4 000	3 600	12 600
加：预计期末存货	300	400	360	400	400
合计	2 300	3 400	4 360	4 000	13 000
减：期初存货	200	300	400	360	200
预计生产量	2 100	3 100	3 960	3 640	12 800

生产预算的“预计销售量”来自销售预算，其他数据在表 8-15 中计算得出。

预计期末产成品存货=下季度销售量 × 10%

预计期初产成品存货=上季度期末产成品存货

预计生产量=预计销售量+预计期末产成品存货−预计期初产成品存货

生产预算是唯一使用实物量计量单位的预算。

(三)直接材料预算

直接材料预算是指为规划一定预算期内因组织生产活动和材料采购活动预计发生的直接材料需用量、采购数量和采购成本的预算。

直接材料预算包括需用量预算和采购预算两部分。

“预计生产量”的数据来自生产预算；“单位产品材料用量”的数据来自标准成本资料或消耗定额资料；“生产需用量”是上述两项的乘积；年初、年末的材料存货量，是根据当前情况和长期销售预测估计的；各季度“期末材料存量”根据下季度生产需用量的一定百分比确定；各季度“期初材料存量”是上季度的期末存货；预计各季度“采购量”根据下式计算确定。

预计材料采购量=生产需用量+期末存料量-期初存料量

因为材料采购中有赊购，为了便于编制现金预算，通常要预计材料各季度的现金支出。每个季度的现金支出包括偿还上期应付材料款和本期应付材料款。

【例 8-6】假设生产甲产品需用 A 材料。各季度“期末材料存量”根据下季度生产需用量的 20%确定；2017 年年初材料存量为 6 000 千克，2017 年年末材料存量为 8 000 千克。根据以往经验，材料的货款有 50%在本季度内付清，另外 50%在下季度付清。2017 年年初应付账款 47 000 元。根据资料编制 T 公司直接材料预算和直接材料采购现金支出预算如表 8-16 和表 8-17 所示。

表 8-16　T 公司直接材料预算

季度 项目	一	二	三	四	全　年
预计生产量/件	2 100	3 100	3 960	3 640	12 800
单位产品材料用量/(千克/件)	10	10	10	10	10
生产需用量/千克	21 000	31 000	39 600	36 400	128 000
加：预计期末存货/千克	6 200	7 920	7 280	8 000	8 000
减：预计期初存货/千克	6 000	6200	7 920	7 280	6 000
预计材料采购量/千克	21 200	32 720	38 960	37 120	130 000
单价/(元/千克)	5	5	5	5	5
预计采购金额/元	106 000	163 600	194 800	185 600	650 000

表 8-17　T 公司直接材料采购现金支出预算　　单位：元

季度 项目	一	二	三	四	全　年
上年应付账款					47 000
第一季度采购支出	47 000	53 000			106 000
第二季度采购支出	53 000	81 800	81 800		163 600
第三季度采购支出			97 400	97 400	194 800
第四季度采购支出				92 800	92 800①
合　计	100 000	134 800	179 200	190 200	604 200

注：①2017 年年末应付账款=185 600×50%=92 800(元)。

(四)直接人工预算

直接人工预算是用来确定预算期内人工工时的消耗水平和人工成本水平的。它也是在生产预算的基础上编制的。其主要内容有：预计生产量、标准成本定额所确定的直接人工工时、人工总工时、小时工资率、人工总成本。由于人工工资都需要现金支付，因此人工总成本即为预计现金支出。承接 T 公司的已知数据，则 T 公司的直接人工预算如表 8-18 所示。

表 8-18　T 公司直接人工预算

项目＼季度	一	二	三	四	全　年
预计产量/件①	2 100	3 100	3 960	3 640	12 800
单位产品工时/小时②	10	10	10	10	10
人工总工时/小时③	21 000	31 000	39 600	36 400	128 000
每小时工资/元④	2	2	2	2	2
人工总成本/元⑤	42 000	62 000	79 200	72 800	256 000

注：③=①×②，⑤=③×④。

(五)制造费用预算

制造费用预算是指除直接材料预算和直接人工预算以外的其他一切生产费用的预算。编制这种预算时，制造费用按成本习性分为固定制造费用和变动制造费用两部分。变动制造费用是以生产预算为依据，用变动制造费用分配率乘以生产量进行预计；固定制造费用需要按实际情况逐项预计或在上年基础上适当修正后预计。

制造费用预算也应包括预算现金支出。T 公司的相关数据中，假设除固定资产折旧外都需要支付现金，则 T 公司制造费用预算如表 8-19 所示，预计制造费用现金支出预算如表 8-20 所示。

表 8-19　T 公司制造费用预算　　单位：元

<table>
<tr><th>变动制造费用</th><th>金　额</th><th>固定制造费用</th><th>金　额</th></tr>
<tr><td>间接人工</td><td>26 800</td><td>办公费</td><td>28 000</td></tr>
<tr><td>间接材料</td><td>55 600</td><td>折旧费</td><td>40 000</td></tr>
<tr><td>修理费</td><td>20 000</td><td>管理人员工资</td><td>22 000</td></tr>
<tr><td rowspan="2">水电费</td><td rowspan="2">25 600</td><td>保险费</td><td>18 400</td></tr>
<tr><td>其他</td><td>31 600</td></tr>
<tr><td>合计</td><td>128 000</td><td>合计</td><td>140 000</td></tr>
<tr><td>直接人工总工时/小时</td><td>128 000</td><td>减：折旧费</td><td>40 000</td></tr>
<tr><td colspan="2" rowspan="3">变动制造费用分配率=128 000÷128 000=1</td><td>现金支出的费用</td><td>100 000</td></tr>
<tr><td>各季现金支出</td><td>25 000</td></tr>
<tr><td colspan="2">固定制造费用分配率=140 000/128 000≈ 1.1</td></tr>
</table>

注：本例计算变动(固定)制造费用分配率均依据直接人工总工时进行分配。需要说明的是，固定制造费用理论上不应进行分配，但是为了按照完全成本法编制产品单位成本预算则必须进行分配。

表 8-20　预计制造费用现金支出预算　　单位：元

项目＼季度	一	二	三	四	全　年
直接人工工时/小时	21 000	31 000	39 600	36 400	128 000
变动制造费用	21 000	31 000	39 600	36 400	128 000
固定制造费用	25 000	25 000	25 000	25 000	100 000
现金支出合计	46 000	56 000	64 600	61 400	228 000

(六)产品成本预算

产品成本预算是根据生产预算，对直接材料预算、直接人工预算、制造费用预算的汇总。其主要内容是产品的单位成本和总成本。编制这种预算时，单位成本的有关数据来自直接材料消耗及采购预算、直接人工预算和制造费用预算；期初存货量、产品生产量、期末存货量的有关数据来自生产预算，假设期初存货单位成本为 100 元；产品销售数据来自销售预算。那么，T 公司甲产品成本预算如表 8-21 所示。

表 8-21　T 公司甲产品成本预算　　单位：元

成本项目	单　耗	单　价	单位成本	生产成本(12 800 件)	期末存货成本(400 件)	销售成本(12 600 件)
直接材料	10 千克	5	50	640 000	20 000	1 147 600①
直接人工	10 工时	2	20	256 000	8 000	
变动制造费用	10 工时	1	10	128 000	4 000	
固定制造费用	10 工时	1.1	11	140 000②	4 400	
合计	—	—	91	1 164 000	36 400	

注：① 产品销售成本=期初存货成本+本期生产成本-期末存货成本=100×200+1 164 000-36 400=1 147 600。

② 由于固定制造费用分配率=140 000÷128 000≈ 1.1，采用了四舍五入，为了保证数据的精确性，此处按照 140 000 填列。

(七)销售及管理费用预算

销售及管理费用预算是反映企业预算期内为实现销售预算和进行一般行政管理工作而预计发生的各项费用数据的一种预算。在考虑销售预算数据时，不仅应考察过去销售费用支出的必要性和效果，而且要与销售预算相配合；管理费用多属于固定费用，因此可以以过去的实际开支为基础，按预算期的可预见变化来调整。假设除了折旧外，均需支付现金。那么，T 公司销售及管理费用预算如表 8-22 所示。

表 8-22　T 公司的销售及管理费用预算　　单位：元

销售费用项目	金　额	管理费用项目	金　额
销售人员工资	40 000	管理人员工资	50 000
广告费	80 000	差旅费	30 000
包装费	20 000	保险费	40 000
运杂费	17 000	折旧	30 000
保管费用	20 000	办公费	15 000
其他	20 000		
小计	197 000	小计	165 000
合计	362 000		
减：折旧	30 000		
现金支出的费用	332 000(各季支出 332 000÷4=83 000)		

二、专门决策预算的编制

专门决策预算主要是长期投资预算，通常是指与项目投资决策有关的专门预算，它往往涉及长期建设项目的资金投放与筹集，并经常跨越多个年度。编制专门决策预算的依据是项目可行性分析资料以及企业筹资决策资料。

专门决策预算的要点是准确反映项目资金投资支出与筹资计划，它同时也是编制现金预算和预计资产负债表的依据。

【例 8-7】T 公司于 2017 年购买设备 375 000 元，分季支付设备价款。专门决策预算如表 8-23 所示。

表 8-23　专门决策预算

季度 项目	一	二	三	四	全　年
投资支出预算	30 000	45 000	150 600	150 400	375 000

三、财务预算的编制

(一)现金预算

现金预算是反映预算期内经济活动有关现金收支方面的汇总反映。如果汇总后发现多余或不足，就要考虑如何使用或筹集这些资金。因此，现金预算包括以下四部分。

(1) 现金收入。现金收入包括期初的现金结存数和预算期内发生的现金收入，如现销收入、收回的应收账款、应收票据到期兑现和票据贴现收入等。

(2) 现金支出。现金支出即预算期内可能发生的现金支出，如采购材料的货款、支付人工费、支付制造费用、支付销售及管理费用、支付财务费用、偿还应付账款、交纳税金、支付利润以及购买设备等资本性支出的有关费用。

(3) 现金收支差额。现金收支差额是上述两项的差额。差额为正，说明现金多余；否则，现金不足。

(4) 资金的筹集与运用。一般情况下，如果资金多余，除归还借款外，还可购买作为短期投资的有价证券；如果资金不足，除向银行借款外，也可持票据向银行贴现获得资金。

【例 8-8】T 公司 2017 年年初现金余额为 4 000 元；并于 2017 年购买设备 375 000 元，分季支付设备价款；每季支付投资者利润 20 000 元，所得税估计为 296 000 元，并在各季度平均支付；其他有关资料见以上各种预算。该公司每季最低现金余额应保持在 10 000 元，当现金不足时向银行借款，假设银行借款的金额要求是 1 000 元的倍数；当现金多余时归还借款。借款在季初，还款在季末，归还借款时结算利息。T 公司一年前有长期借款 200 000 元，期限为 3 年，年利率为 3%，每季度付息一次，年利息额为 6 000 元，则该公司每年需要支付现金利息 6 000 元。另外，利息费用预算还需根据现金预算中短期借款利息相关预算汇总确定。该公司在第一季度初借款 40 000 元，年利率为 6%。那么，T 公司现金预算如表 8-24 所示。

表 8-24　T 公司现金预算　　单位：元

项目 \ 季度	一	二	三	四	全　年
期初现金余额	4 000	11 500	14 000	82 500	4 000
加：销售现金收入	364 000	520 000	720 000	752 000	2 356 000
现金收入合计	368 000	531 500	734 000	834 500	2 360 000
减：现金支出					
直接材料	100 000	134 800	179 200	190 200	604 200
直接人工	42 000	62 000	79 200	72 800	256 000
制造费用	46 000	56 000	64 600	61 400	228 000
销售及管理费用	83 000	83 000	83 000	83 000	332 000
所得税	74 000	74 000	74 000	74 000	296 000
设备购置	30 000	45 000	150 000	150 000	375 000
长期贷款利息	1 500	1 500	1 500	1 500	6 000
支付投资者利润	20 000	20 000	20 000	20 000	80 000
现金支出合计	396 500	476 300	651 500	652 900	2 177 200
现金余缺	(28 500)	55 200	82 500	181 600	182 800
筹资及运用：					
银行短期借款	40 000				40 000
偿还银行借款		(40 000)			(40 000)
支付借款利息		(1 200①)			(1 200)
购买有价证券				(170 000)	(170 000)
期末现金余额	11 500	14 000	82 500	11 600	11 600

注：① 40 000×6%÷4×2=1 200

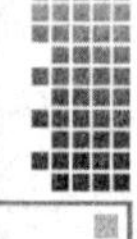

(二)预计财务报表

预计财务报表包括预计利润表、预计资产负债表等。如前所述，由于现金预算和预计现金流量表只有格式上的不同而没有内容上的差异，故在实际工作中常以现金预算代替预计现金流量表。因此，我们仅介绍预计利润表和预计资产负债表的编制方法。

1. 预计利润表

预计利润表是以货币形式综合反映预算期内企业经营活动成果的利润计划。它是在汇总销售预算、产品成本预算、销售及管理费用预算、营业外收支预算、现金预算等的基础上，根据权责发生制编制的。

【例 8-9】根据前述各种资料，假设 T 公司的所得税税率为 40%，则编制 T 公司预计利润表如表 8-25 所示。

表 8-25　2017 年度 T 公司预计利润表　　单位：元

项　目	金　额
销售收入(见表 8-13)	2 520 000
减：产品销售成本(见表 8-21)	1 147 600
销售毛利	1 372 400
减：销售费用(见表 8-22)	197 000
管理费用(见表 8-22)	165 000
利息费用	7 200(6 000+1 200)
利润总额	1 003 200
减：所得税	401 280
净利润	601 920

预计利润表的内容、格式均与实际的利润表相同，只不过数字是面向预算期的。

2. 预计资产负债表

预计资产负债表是以货币为单位反映企业预算期期末财务状况的总括性预算。这种预算是利用基期期末资产负债表，根据预计销售、生产、成本等预算的有关数据加以调整编制的。

【例 8-10】假定 T 公司 2017 年年初未分配利润为 10 000 元，本期按净利润的 10%计提法定盈余公积金，按净利润的 5%计提任意盈余公积金，预计向投资者分配利润 280 000(付现 80 000，应付 200 000)元。根据以上资料编制预计资产负债表如表 8-26 所示。

表 8-26　2017 年度 T 公司预计资产负债表　　单位：元

资　产	期初余额	期末余额	负债与所有者权益	期初余额	期末余额
货币资金(见表 8-23)	4 000	11 600	应付账款(见表 8-17)	47 000	92 800
交易性金融资产		170 000	应付利润		200 000
应收账款(见表 8-14)	124 000	288 000	应交税费		105 280
材料存货(见表 8-16)	30 000①	40 000②	长期借款	200 000	200 000
产成品(见表 8-21)	20 000③	36 400	负债合计	247 000	598 080
流动资产合计	178 000	546 000	实收资本	100 000	100 000
固定资产原价(见表 8-23)	200 000	575 000	盈余公积	1 000	91 288④
减：累计折旧 (见表 8-19、表 8-22)	20 000	90 000	未分配利润	10 000	241 632⑤
固定资产净值	180 000	485 000	所有者权益合计	111 000	432 920
资产合计	358 000	1 031 000	负债与所有者权益合计	358 000	1 031 000

注：① 6 000×5=30 000

② 8 000×5=40 000

③ 200×100=20 000

④ 1 000+601 920×(10%+5%)=1 000+90 288=91 288

⑤ 10 000+601 920−90 288−280 000=241 632

任务解析

1. 分析资料信息

(1) 现金收入。以 7 月份为例，奇异玩具公司的现金收入数额共分为三部分。第一部分是按当月销售额的 20%列入，第二部分是按上月(6 月份)销售额的 70%列入，第三部分是按再上一月(5 月份)销售额的 10%列入。

(2) 现金支出。以 7 月份为例，奇异玩具公司购进原材料和零配件数额是按下月(8 月份)销售额的 70%列入。而付款金额是按上月(6 月份)购进原材料和零配件的数额列入。

2. 根据资料编制销售商品收到现金的预算、购买原材料及配件支出现金的预算

奇异玩具公司现金收入及购料付款预算如表 8-27 所示。

3. 汇总其他现金支出预算，编制奇异玩具公司现金预算

奇异玩具公司现金预算如表 8-28 所示。

表 8-27　奇异玩具公司现金收入及购料付款预算　　单位：元

项目＼月份	5月	6月	7月	8月	9月	10月	11月	12月	1月
销售收入	10 000	10 000	20 000	30 000	40 000	20 000	20 000	10 000	10 000
收到现金									
本月收入(20%)	2 000	2 000	4 000	6 000	8 000	4 000	4 000	2 000	2 000
下月收入(70%)		7 000	7 000	14 000	21 000	28 000	14 000	14 000	7 000
再下月收入(10%)			1 000	1 000	2 000	3 000	4 000	2 000	2 000
收款合计	2 000	9 000	12 000	21 000	31 000	35 000	22 000	18 000	11 000
购进(下月销售 70%)	7 000	14 000	21 000	28 000	14 000	14 000	7 000	7 000	
付款(延后 1 个月)		7 000	14 000	21 000	28 000	14 000	14 000	7 000	7 000

表 8-28　奇异玩具公司现金预算　　单位：元

项目＼月份	7月	8月	9月	10月	11月	12月
期初现金余额	6 000	5 800	5 000	5 600	5 860	5 480
加：销售收入现金	12 000	21 000	31 000	35 000	22 000	18 000
预计现金收入合计	18 000	26 800	36 000	40 600	27 860	23 480
减：预计现金支出						
购进原材料及配件	14 000	21 000	28 000	14 000	14 000	7000
工资与薪酬	1 500	2 000	2 500	1 500	1 500	1 500
租金	500	500	500	500	500	500
其他费用	200	300	400	200	200	100
应交税费		8000				
投资设备支出			10 000			
预计现金支出合计	16 200	31 800	41 400	16 200	16 200	9100
本月现金余缺	1 800	(5 000)	(5 400)	24 400	11 660	14 380
资金筹措与运用						
银行短期借款	4 000	10 000	11 000			
偿还银行借款				18 000	6 000	1 000
支付短期借款利息				540①	180②	40③
购买有价证券						8 000
期末现金余额	5 800	5 000	5 600	5 860	5 480	5 340

注：① 4 000×12%÷12×4+10 000×12%÷12×3+4 000×12%÷12×2=540

② 6 000×12%÷12×3=180

③ 1 000×12%÷12×4=40

任务基础训练

一、单项选择题

1. 直接材料预算的主要编制基础是(　　)。
   A. 销售预算　B. 现金预算　C. 生产预算　D. 产品成本预算
2. 生产预算的主要编制基础是(　　)。
   A. 销售预算　B. 现金预算　C. 生产预算　D. 产品成本预算
3. 下列各项中，不属于经营业务预算内容的是(　　)。
   A. 生产预算　B. 产品成本预算　C. 销售费用预算　D. 资本支出预算
4. 下列各项中，不能在销售预算中找到的内容是(　　)。
   A. 销售单价　B. 生产数量　C. 销售数量　D. 回收应收账款
5. 某企业每季度销售收入中，本季度收到现金60%，另外的40%要到下季度才能收到，若预算年度的第四季度销售收入为 40 000 元，则预计资产负债表中年末应收账款项目金额为(　　)元。
   A. 16 000　B. 24 000　C. 40 000　D. 20 000
6. 某期现金预算中假定出现了正值的现金收支差额，且超过额定的期末现金余额时，单纯从财务预算调剂现金余缺的角度看，该期不宜采用的措施是(　　)。
   A. 偿还部分借款利息　B. 偿还部分借款本金
   C. 抛售短期有价证券　D. 购入短期有价证券

二、多项选择题

1. 能在现金预算中反映的内容有(　　)。
   A. 资金筹措预算　B. 损益预算　C. 现金收入预算　D. 现金支出预算
2. 下列各项中，能够在材料耗用与采购预算中反映的内容有(　　)。
   A. 材料耗用量　B. 材料采购单价
   C. 材料采购成本　D. 应付材料款的支付情况
3. 不能够同时以实物量指标和价值量指标分别反映企业日常经营收入和相关收入的预算有(　　)。
   A. 现金预算　B. 销售预算　C. 生产预算　D. 预计资产负债表
4. 在下列各项中，被纳入现金预算的有(　　)。
   A. 缴纳税金　B. 经营性现金支出
   C. 资本性现金支出　D. 股利及利息支出
5. 产品成本预算是(　　)预算的汇总。
   A. 生产预算　B. 直接材料采购与消耗预算
   C. 直接人工预算　D. 制造费用预算
6. 下列各项中，能够在销售预算中找到的内容有(　　)。
   A. 销售收入　B. 销售单价　C. 销售数量　D. 回收前期应收账款

三、判断题

1. 无须另外预计现金支出，直接参加现金预算汇总的是销售费用及管理费用预算。(　　)

2. 直接材料消耗及采购预算和直接工资支出预算均同时反映业务量消耗和成本消耗，但后一种预算的支出均属于现金支出。(　　)

3. 销售预算是唯一以实物量指标来编制的预算。(　　)

4. 在编制预计资产负债表时，对表中的年初项目和年末项目均需根据各种经营业务预算和专门决策预算的预计数据分析填列。(　　)

5. 生产预算是规定预算期内有关产品数量、产值和品种结构的一种预算。(　　)

6. 在现金预算中，必须反映在预算期内企业规划筹措用于抵补收支差额的现金，确保一定数量的现金余额，以及通过买卖有价证券来调剂现金余缺等内容。(　　)

四、计算分析题

1. 训练资料

(1) 明利公司2017年干红葡萄酒销售预算情况如表8-29所示，预计销售现金收入如表8-30所示。

表8-29　销售预算表

季度 项目	一	二	三	四	全　年
预计销售量/箱	200	300	350	375	1225
预计单价/元	400	400	400	400	400
预计销售收入/元					

表8-30　预计销售现金收入　　单位：元

季度 项目	一	二	三	四	全　年
上年结转应收账款	25 000				
一季度					
二季度					
三季度					
四季度					
现金收入合计					

(2) 明锐公司2017年现金预算(简表)如表8-31所示。假定公司发生现金余缺均由归还获取的流动资金借款解决，且流动资金借款利息忽略不计。除表中所列项目外，企业没有有价证券，也没有发生其他现金收支业务。预计2017年年末流动负债为4 000万元，需要保证年末现金占流动负债的比率为50%。

表 8-31　现金预算　　单位：万元

项目 \ 季度	一	二	三	四
期初现金余额	1 000	C	F	2 500
本期现金收入	31 000	33 500	G	36 500
本期现金支出	30 000	D	37 000	40 000
现金余缺	A	1 000	3 000	I
资金筹措与运用	(500)	1 000	H	J
取得流动资金借款		1 000		
归还流动资金借款	(500)			
期末现金余额	B	E	2 500	K

2. 训练要求

(1) 根据资料(1)关于预计销售量和预计单价，计算预计的销售收入并填入表 8-29 中。

(2) 根据表 8-29 中各季度的销售收入，按 70%计算本季度收回的现金数据，然后加上上季度结转的应收账款，计算出本季度的现金收入合计并填列在表 8-30 中(假设销售收入的 30%在下一个季度中全部收回)。

(3) 根据资料(2)，计算表 8-31 中字母表示的项目。

任务三　考核预算执行主体

任务要求

本任务要解决两个问题：一是掌握预算执行主体，即成本中心、利润中心、投资中心的特征；二是运用相关考核指标对各预算执行主体进行预算考核。

任务描述

明珠公司下设三个分公司，均有投资决策权，使用相同的预算进行控制，其 2016 年的有关资料如表 8-32 所示。

表 8-32　2016 年预算执行情况　　单位：万元

项　目	预算数	实际数		
		A 分公司	B 分公司	C 分公司
销售收入	200	180	210	200
变动成本	120	108	126	120
固定成本	62	53	64	62
总资产	100	90	100	100

在年终进行业绩评价时，董事会对三个部门的评价发生分歧：有人认为 C 分公司全面完成预算，业绩最佳；有人认为 B 分公司销售收入和息税前利润均超过预算，并且利润最大，应是最好的；还有人认为 A 分公司成本低于预算，节省了资金，是最好的。

若 C 分公司某生产车间 2016 年 4 月份的成本预算资料如下：可控成本总额为 20 万元，其中固定成本为 10 万元；不可控成本为 15 万元，全部为固定成本，预算产量为 10 000 件。4 月份的实际成本资料如下：可控成本为 20.5 万元，其中固定成本为 10.5 万元；不可控成本为 18 万元，实际产量为 11 000 件。

明珠公司董事会对下一预算年度投资的备选项目进行了论证，最后选择了某生产线项目，该生产线需投资 20 万元，可以为企业带来息税前利润 3.4 万元，确定公司最低息税前资产利润率仍为 16%。考虑到各方面因素后，公司决定让 C 分公司投资该项目。

阅读上述资料，分析讨论以下问题：

1. 预算执行主体分为哪几类责任中心？三个分公司作为预算执行主体属于什么责任中心？其考核指标是什么？

2. 根据以往经验并考虑当前市场形势，经过论证确定该公司最低总资产利润率为 16%，请用投资利润率指标对以上三个分公司的业绩进行分析评价并排出优先次序。

3. 若 C 分公司要想使其总资产利润率上升到 20%，则其剩余收益为多少？

4. 若 C 分公司生产车间为成本中心，确定其预算单位变动成本、责任成本变动额及变动率；登记如表 8-33 所示的责任报告，并评价该车间成本控制业绩。

表 8-33　责任报告　　单位：万元

成本项目	实际指标	预算指标	成本降低额
变动成本			
固定成本			
合计			

若该生产车间为利润中心，内部转移价格为每件 50 元，计算利润中心负责人的可控利润和利润中心的可控利润。

5. 分析 C 分公司投资某生产线项目后的业绩。①如果用投资利润率评价，C 分公司是否愿意接受投资？②如果用剩余收益评价，C 分公司是否愿意接受投资？③通过上述分析，你认为投资利润率有什么缺点？剩余收益指标有什么优点？

理论认知

财务预算完成以后就进入执行阶段，资金管理工作的重心也就转向了预算控制，并在控制中进行考核。预算控制是企业资金管理的重要环节，对于贯彻财务决策、财务预算以及最终实现企业的资金管理目标有十分重要的作用。按企业组织结构和经营管理特点划分责任中心，并制定不同的控制手段和形式是预算控制的前提条件。

一、责任中心的确定

企业为了实行有效的内部协调和财务控制，通常按照统一领导、分级管理的原则，在企业内部合理地划分责任单位并明确其应承担的经济责任，赋予相应的权利，给予相应的利益，从而促使各责任单位尽其责任并协同配合。责任中心就是承担一定的经济责任，并享有一定权利和利益的内部管理单位。

为了保证财务预算的落实和实现，企业必须把总预算中确定的目标和任务进行分解，逐层落实到责任中心，形成责任预算，使责任中心能够明确自己的目标和任务。企业为了保证各责任中心任务的完成，必须对其进行控制，即对责任中心责任预算的执行情况进行揭示和考评，这一工作需要通过责任会计来进行。建立责任中心是实行责任预算和责任会计的基础。

合理确定责任中心，一般要遵循以下标准。

(1) 责任中心应具有独立承担经济责任的条件。责任中心应具有独立的经营业务和财务收支活动，能够承担明确的经济责任，独立地承受奖惩。

(2) 责任中心应拥有并能行使一定的权利，即一定范围、一定程度的决策权、指挥权和控制权，能够控制其可控范围内的责任指标。每个责任中心只对其责权范围可以控制的成本、收入、利润和投资负责，在责任预算和业绩考核中也只包括它们能控制的项目。可控是相对于不可控而言的，不同的责任层次可控的范围也不同。一般来说，责任层次越高，可以控制的范围越大。

(3) 责任中心应能够进行责任会计核算或单独核算，以真实、正确地反映责任中心预算责任履行情况，并为财务控制提供信息。责任中心不仅要划清责任而且要单独核算，划清责任是责任中心完成目标和任务的基础，单独核算则是保证。只有既划清责任又能单独核算的企业内部单位才能作为一个责任中心。

根据责任中心的权责范围及业务的特点，它一般可以分为成本中心、利润中心和投资中心三大类。

二、成本中心

成本中心是对成本或费用承担责任的责任中心。成本中心不对收入、利润或投资负责。因为成本中心往往没有收入，如生产车间没有销售的职能，它的产品或半成品不由自己出售，没有货币收入。即使有的车间可能有少量的收入，也不是其考核的主要内容。成本中心一般包括负责产品生产的生产部门、提供劳务的部门和给予一定费用指标的管理部门。

成本中心的应用范围最广泛。一般来说，凡是有成本发生，需要对成本负责，并能实施成本控制的内部单位都可以成为成本中心。例如，企业的分厂、车间、部门、工段、班组、个人都有可能成为成本中心。大的成本中心可能是一个分厂，小的成本中心可能是个人。可见，成本中心有规模大小和层次高低之分。一个大的成本中心由各个较小的成本中心组成，层次较高的成本中心可以统御层次较低的成本中心，较低层次的成本中心对较高

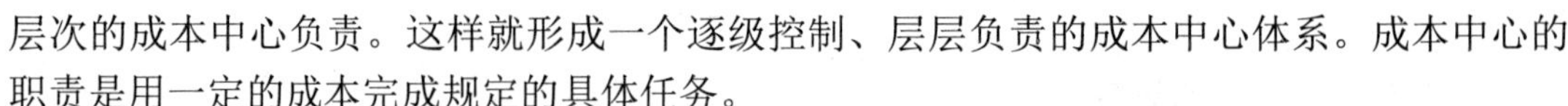

层次的成本中心负责。这样就形成一个逐级控制、层层负责的成本中心体系。成本中心的职责是用一定的成本完成规定的具体任务。

(一)成本中心的类型

成本中心有标准成本中心和费用成本中心两种类型。

标准成本中心所生产的产品稳定而明确，并且已经知道单位产品所需要的投入量，可以相对可靠地估算出成本。标准成本中心的典型代表是制造业工厂、车间、工段和班组等。在产品的生产活动中，发生的直接材料、直接人工、间接制造费用都有明确的数量标准和价格标准，可以通过弹性预算予以控制。实际上，任何一种重复性的活动都可以建立标准成本中心，只要这种活动能够计量产出的实际数量，并且能够说明投入与产出之间的函数关系。因此，各种行业都可以建立标准成本中心。

费用成本中心适用于投入和产出之间没有密切关系的内部单位。这些单位包括行政管理部门、研究开发部门以及某些销售部门，这些部门发生的费用(如广告、宣传、仓储等)主要是为企业提供一定的专业服务，发生额的多少由管理人员决定，不能产生可以用货币计量的成果。其控制应着重于预算总额的审批上。

(二)成本中心的可控成本和责任成本

为了计算和考核责任成本，首先把成本费用按其责任主体是否能控制分为可控成本和不可控成本。凡是成本中心能够控制其发生及发生数量的成本为可控成本；凡是成本中心不能够控制其发生及发生数量的成本为不可控成本。可控成本通常应符合以下四个条件。

(1) 成本中心能够通过一定的方式事先知道将要发生哪些成本以及在何时发生。

(2) 成本中心能够对发生的成本进行计量。

(3) 成本中心能够通过自己的行为对成本进行调节和控制。

(4) 成本中心能够把有关成本的控制责任分解落实，并进行考核评价。

所谓责任成本就是某成本中心的各项可控成本之和。从考评的角度来看，成本中心的业绩好坏，应以可控成本作为主要依据。在确定成本中心责任成本时，应尽可能使责任中心发生的成本成为可控成本。

需要强调的是，可控成本与不可控成本是针对特定的成本中心、特定时期来说的，具体表现如下。

(1) 从成本中心的管理层次来看，某些成本对于较高层次的成本中心来说是可控的，但对于较低层次的成本中心来说就是不可控的。虽然各成本中心既有各自的可控成本，又有各自的不可控成本，但对于企业来说几乎所有的成本都是可控的。

(2) 从成本中心的管辖范围与业务范围来看，某些成本就某一成本中心来看是可控的，而对于另外的成本中心来说则可能是不可控的。例如，产品试制费对于生产部门来说是不可控的，而对于产品试制部门来说就是可控的。

(3) 从成本发生的时间来看，在消耗或支付的当期成本是可控的，一旦消耗或支付就不再可控。有些成本是以前决策的结果，如折旧费、租赁费等，在添置设备和签订租约时曾是可控的，而使用设备或执行契约时已无法控制。

(三)成本中心的业绩考核指标

成本中心没有收入来源，只对成本负责，因而也只考核其权责范围内的责任成本(各项可控成本)。由于不同层次的成本中心成本费用控制的范围不同，因此计算和考评成本费用的指标也不尽相同，层次越高考核的指标和内容也越多。成本中心业绩考核是以责任报告为依据，将实际成本与预算责任成本相比较，确定两者之间的差异以及形成的原因，并根据差异分析的结果，对各成本中心进行奖惩，以促进其努力降低成本。

考核指标主要有成本降低额和成本降低率。其计算公式如下。

$$成本降低额=预算责任成本-实际责任成本$$

$$成本降低率=\frac{成本降低额}{预算责任成本}\times 100\%$$

在对成本中心进行考核时，当预算产量和实际产量不一致时，应注意先按弹性预算的方法对预算成本进行调整，再按上述指标进行计算。

【例 8-11】某企业内部一车间为成本中心，生产甲产品，预算产量为 20 000 件，单位成本为 80 元；实际产量 21 000 件，单位成本 75 元。要求对该成本中心预算执行业绩进行考核。

(1) 按照实际产量调整成本预算=21 000×80=1 680 000(元)

(2) 该中心的成本降低额和成本降低率计算如下。

成本降低额=1 680 000−21 000×75=105 000(元)

$$成本降低率=\frac{105\,000}{1\,680\,000}\times 100\%=6.25\%$$

经过分析，该成本中心超额完成了成本预算。

三、利润中心

利润中心是指对利润负责的责任中心。由于利润是收入扣除成本费用之差，所以利润中心还要对成本和收入负责，既要控制成本的发生，也要对收入与成本的差额(利润)进行控制。

利润中心通常适用于企业中具有独立收入来源的较高责任层次，如分公司、分厂、分店、事业部等。目前，许多企业将比较成熟的车间或部门也建成了利润中心，这类中心被视为有独立收入的部门。利润中心具有独立的经营权，与成本中心相比，其权利和责任都相对较大，不仅要降低成本，还要寻求收入的增长，并使收入的增长超过成本的增长。

(一)利润中心的类型

利润中心按照收入特征的不同分为自然利润中心和人为利润中心两种基本类型。

(1) 自然利润中心。自然利润中心既能向企业内部其他责任单位提供产品或劳务获得结算收入，又能直接对外销售产品或提供劳务而获得实际收入、赚取利润。虽然是企业内部的一个责任单位，却类似于独立企业。这种利润中心直接面向市场，具有产品销售权，能够根据市场决定销售什么产品、销售多少以及销售区域和具体的销售方式。为保证自然利润中心责任利润的可控性，还具有相应的价格制定权、材料采购权和生产决策权。这类公司能独立地控制成本、取得收入，最典型的形式就是公司事业部。

(2) 人为利润中心。人为利润中心一般不对外直接销售产品，是只对企业内部责任单位提供产品或劳务，根据内部转移价格，取得“内部销售收入”的利润中心。例如，大型钢铁公司的采矿、炼铁、炼钢、轧钢等部门，其产品主要在公司内部转移，只有少量对外销售，或者全部对外销售由专门的销售机构完成，这些部门就是人为利润中心。人为利润中心一般应具有相对独立的经营权，能自主决定本中心的产品品种、产品产量、作业方法、人员调配、资金使用等。

成为人为利润中心应具备的条件为：①可以向其他单位提供产品或劳务；②该中心的产品能够确定出合理的内部转移价格；③企业应赋予相应的权力。工业企业的车间一般可以成为人为利润中心，大部分的成本中心也可以转为人为利润中心。

(二)利润中心的业绩考核指标

利润中心既对成本负责，又对收入和利润负责，在进行考核时，应以销售收入、边际贡献和息税前利润为重点进行分析、评价。通过一定期间实际利润与预算利润的比较，分析差异及其形成的原因，明确责任，借以对责任中心的经营得失和有关人员的功过作出正确评价和奖罚。考核时也只计算和考评其权责范围内的收入和成本。凡不属于本利润中心权责范围内的收入和成本，尽管已由本利润中心实际收进或支付，仍应予以剔除，不能作为本利润中心的考核依据。

由于不同利润中心的成本计算方式不同，因此利润指标的表现形式也不同。

1. 人为利润中心的考核指标

人为利润中心在计算利润时只计算可控成本，不分担不可控成本，也就是不分摊共同成本。按这种方式计算出的盈利不是通常意义上的利润，而是边际贡献总额。企业各利润中心的边际贡献总额之和，减去未分配的共同成本，经调整后才是企业的利润总额。

人为利润中心的考核指标如下。

$$\text{利润中心边际贡献总额}=\begin{matrix}\text{该利润中心}\\\text{销售收入总额}\end{matrix}-\begin{matrix}\text{该利润中心可控成本}\\\text{总额(或变动成本总额)}\end{matrix}$$

上式中，可控成本中如果包含可控的固定成本，就不完全等于变动成本总额。但一般来说，人为利润中心的可控成本是变动成本。

2. 自然利润中心的考核指标

自然利润中心在计算利润时不仅要计算可控成本，还要计算其分摊而来的不可控的共同成本。自然利润中心的考核指标如下。

$$\begin{matrix}\text{利润中心负责人}\\\text{可控利润总额}\end{matrix}=\begin{matrix}\text{该利润中心}\\\text{销售收入总额}\end{matrix}-\begin{matrix}\text{该利润中心}\\\text{变动成本总额}\end{matrix}-\begin{matrix}\text{该利润中心}\\\text{负责人可控固定成本}\end{matrix}$$

该指标是考核中心负责人的经营业绩，应针对负责人的可控成本费用进行评价和考核。要将各利润中心的固定成本进一步区分为可控成本和不可控成本，在考核中心负责人业绩时，将其不可控的固定成本从中剔除。

$$\text{利润中心可控利润总额}=\text{该利润中心负责人可控利润总额}-\text{该利润中心负责人不可控固定成本}$$

$$\text{企业利润总额}=\text{各利润中心可控利润总额之和}-\text{企业不可分摊的各种管理费用、财务费用等}$$

【例 8-12】某事业部为自然利润中心，其利润的预算指标为 370 万元。本期实现销售收入 600 万元，利润中心的变动成本为 180 万元，利润中心负责人实际可控固定成本为 30 万元，利润中心分摊的不可控固定成本为 15 万元，则该利润中心实际考核指标如下。

利润中心负责人可控利润总额=600−180−30=390(万元)

利润中心可控利润总额=390−15=375(万元)

该利润中心预算利润总额为 370 万元，因此该利润中心超额完成预算。

四、投资中心

(一)投资中心的特点

投资中心是指既对成本、收入和利润负责，又对投资效果负责的责任中心。投资中心的负责人不仅能控制除企业分摊的管理费用外的全部成本和收入，而且能控制占用的资产。可见，投资中心同时也是利润中心。但是，投资中心和利润中心也有区别，具体如下。

(1) 权力不同。利润中心是对已经形成的投资进行具体的经营，没有投资的决策权；而投资中心不仅在产品的生产和销售上享有自主权，而且在投资决策方面也享有充分的自主权，能独立地运用所掌管的资产，有权购建或处理固定资产，扩大或缩减现有的生产能力。

(2) 考核办法不同。在考核利润中心的业绩时，只考核其取得利润的多少，不联系其投入或占用资产的多少，即不进行投入产出的比较；在考核投资中心业绩时，必须将所获得的利润与所占用的资产联系起来，进行投入产出的比较。

投资中心是最高层次的责任中心，具有最大的决策权，也承担最大的责任，一般适用于实行分权管理的大型企业的子公司、分公司和事业部，由于其独立性比较高，其负责人一般应向企业的总经理或董事会直接负责，企业高层领导对投资中心不应干预过多。从组织形式上看，成本中心一般不是独立法人；利润中心可以是独立的法人，也可以不是独立的法人；而投资中心通常是独立的法人。

(二)投资中心的业绩考核指标

投资中心不仅要对成本、收入和利润负责，还要对投资效果负责。因此，投资中心的业绩考核，除了要考核其权责范围内的成本、收入和利润外，考核的重点还应放在投资利润率和剩余收益两项指标上。考核是通过将实际数与预算数的比较，找出差异并予以分析，查明差异的成因和性质，并据以进行奖惩。由于投资中心是最高层次的责任中心，业绩考核的内容或指标涉及各个方面，是一种较为全面的考核，因此考核时应力求原因深入分析、依据确凿、责任落实具体，以保证达到考核的效果。

1. 投资利润率

投资利润率又称投资报酬率、投资收益率，是投资中心所获得的利润与投资额或资产占用额之间的比率。其计算公式如下。

$$投资利润率=\frac{利润}{投资额}\times 100\%$$

如果要考核投资中心运用企业的每一元净资产对企业整体利润的贡献，或投资中心对企业所有者权益的贡献程度，公式中的投资额就是投资中心的总资产扣除负债后的余额，即投资中心的净资产，利润指标就是税后利润，因此该指标也称为净资产利润率。

为了考核投资中心总资产的运用状况，需要计算投资中心的总资产利润率，它是投资中心的息税前利润除以总资产的占用额，用于考核和评价由投资中心掌管、使用的全部资产的盈利能力。

需要说明的是，由于利润指标或息税前利润是时期指标，投资额或总资产占用额是时点指标，因此上述投资额或总资产占用额应按平均投资额或平均占用额来计算。

【例 8-13】甲分公司是某企业下设的分公司之一，本期甲公司经营资产为 200 万元，获得利润 40 万元。甲投资中心的投资利润率如下。

$$甲分公司的投资利润率=\frac{40}{200}\times 100\%=20\%$$

为进一步揭示提高投资利润率的途径，还可以将上式进一步展开如下。

$$\begin{aligned}投资利润率&=\frac{销售收入}{投资额}\times\frac{成本费用}{销售收入}\times\frac{利润}{成本费用}\\&=资本周转率\times销售成本率\times成本费用利润率\end{aligned}$$

从上式中可以看出，为提高投资利润率，不仅应该降低成本，扩大销售，提高销售利润率，还要节约、有效地使用资产或资本，努力提高投资周转率。

投资利润率是被广泛用来评价投资中心业绩的指标，其优越性如下。

(1) 投资利润率能够反映投资中心的综合盈利能力。从投资利润率的分解公式可以看出，投资利润率的高低与收入、成本、投资额和周转能力有关，提高投资利润率应该通过增收节支、加速周转及减少投入来实现。

(2) 投资利润率指标具有横向可比性。该指标把投资中心的投入与产出进行比较，是一个相对数指标，剔除了因投资额的不同而导致的利润差异的不可比因素的影响，有利于各投资中心经营业绩的比较，也可用于与外界单位的比较。

(3) 投资利润率可以作为选择投资机会的依据。投资利润率可使投资中心把注意力集中于报酬率高的投资，有利于调整资产的存量，优化资源配置。

投资利润率指标的不足也十分明显，投资中心在面对可以使整个企业的投资报酬率提高，但会使本投资中心的投资利润率降低的投资机会时，投资中心往往会考虑自己的利益而放弃该投资机会，从而使整个企业的利益受到影响。

【例 8-14】在例 8-13 中，如果企业要求甲分公司在预算期投资建设一新项目，预计投资额为 30 万元，预计年利润将增加 5 万元。企业要求的平均投资利润率为 15%，则有关指标计算如下。

该项目的投资利润率 $=\dfrac{5}{30}\times100\%\approx16.67\%>15\%$

该项目具备可行性，如果企业投资了这个项目，能够使企业利润净增加。

但是，由于这个项目的投资利润率(16.67%)低于甲分公司的投资利润率(20%)，因此如果甲分公司投资了这个项目，那么就会影响该分公司的业绩考核。其投资利润率如下。

甲分公司的投资利润率 $=\dfrac{40+5}{200+30}\times100\%\approx19.57\%$

从计算结果可以看出，如果甲分公司接受该投资项目，其投资的利润率由接受投资前的 20%下降到 19.57%，如果企业以投资利润率来评价投资中心的经营业绩，甲分公司就不会愿意接受该投资项目。但是，如果甲分公司接受这个投资项目，对企业来说却是有利的，因为该项目的投资利润率 16.67%高于企业的平均投资利润率 15%。这就造成企业利益和甲分公司利益之间的矛盾。因而，从公司整体利益出发，投资利润率并不是一个很好的考核指标。

2. 剩余收益

剩余收益是指投资中心获得的利润扣减其最低投资收益后的余额。最低投资收益是投资中心的投资额或资产占用额，按规定预期的企业最低投资报酬率计算的收益。其计算公式如下。

剩余收益=利润−投资额×规定或预期的企业最低投资报酬率

这里所说的最低投资报酬率通常是企业为该投资中心规定的预期投资报酬率，是企业为保证其生产经营的正常、持续进行所必须达到的最低报酬水平。一般按整个企业各投资中心的加权平均投资报酬率计算。

【例 8-15】以例 8-13、例 8-14 中的资料为例，如果企业以剩余收益评价甲分公司的业绩，则分别计算接受项目前后的剩余收益如下。

甲分公司接受投资项目前的剩余收益=40−200×15%=10(万元)

甲分公司接受投资项目后的剩余收益=(40+5)−(200+30)×15%=10.5(万元)

从计算结果可以看出，甲分公司接受项目后的剩余收益比接受项目前的剩余收益增加了 0.5 万元，说明甲分公司接受投资后的业绩提高，因此甲公司应该接受该项目。如前所述，由于该项目的投资利润率 16.67%高于企业的平均投资利润率 15%，因此该项目对企业整体利益的提高是有利的，利用剩余收益指标评价投资中心的业绩显然与企业整体利益目标保持了一致性。

如果考核总资产获得的收益，则剩余收益的计算公式如下。

剩余收益=息税前利润−总资产占用额× 规定或预期的最低总资产报酬率

以剩余收益作为投资中心经营业绩评价指标时，所采用的规定或预期最低投资报酬率的高低对剩余收益的影响很大，各投资中心只要投资利润率大于规定或预期的最低投资报酬率，或者总资产息税前利润率大于规定或预期的最低总资产息税前利润率时，剩余收益就会增加，该投资或资产占用便是可行的。

剩余收益指标具有以下两个优点。

(1) 体现投入与产出的关系。由于减少投资或降低资产占用同样可以达到增加剩余收益

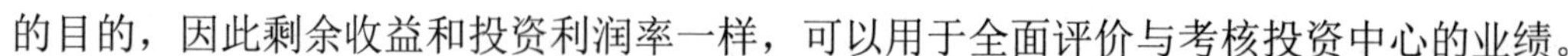

的目的，因此剩余收益和投资利润率一样，可以用于全面评价与考核投资中心的业绩。

(2) 避免本位主义，可以保持各投资中心的获利目标与企业的获利目标达成一致。

任务解析

1．明珠公司三个分公司责任中心类别分析

预算执行主体按照承担责任和拥有权利的大小，可以分为成本中心、利润中心和投资中心。由于明珠公司下设的三个分公司均有投资决策权，因此这三个分公司都是投资中心。投资中心的考核指标包括投资利润率和剩余收益。

2．明珠公司三个分公司业绩评价

由于资料中给定的投资水平是资产总规模，因此投资中心业绩评价可以使用总资产利润率。

各分公司预算总资产利润率$=\dfrac{200-120-62}{100}=18\%$

A 分公司总资产利润率$=\dfrac{180-108-53}{90}\approx 21.11\%$

B 分公司总资产利润率$=\dfrac{210-126-64}{100}=20\%$

C 分公司总资产利润率$=\dfrac{200-120-62}{100}=18\%$

因此，A、B 分公司均超额完成了总资产利润率预算，C 分公司正好完成了总资产利润率预算。根据总资产利润率指标可以认为，A 分公司业绩最好，B 分公司业绩次之，C 分公司业绩一般。

3．计算 C 分公司的剩余收益

若 C 分公司想使其总资产利润率上升到 20%，则其息税前利润应为 20(100×20%)万元，其剩余收益=20−100×16%=4(万元)。

4．计算 C 分公司生产车间业绩指标

(1) 若 C 分公司该生产车间为成本中心，有关成本预算执行情况解析如下。

预算单位变动成本=(200 000−100 000)÷10 000=10(元/件)

按照实际产量确定的责任成本预算=100 000+10×11 000=210 000(元)

责任成本降低额=210 000−205 000=5 000(元)

责任成本降低率$=\dfrac{5\,000}{21\,000}\times 100\%\approx 2.38\%$

该生产车间成本中心责任报告如表 8-34 所示。

根据责任报告可以判断：该生产车间固定成本比预算超支了，但变动成本节约较多，总体成本控制业绩较好。

表 8-34 责任报告 单位：万元

成本项目	实际指标	预算指标	成本降低额
变动成本	10	11	1
固定成本	10.5	10	−0.5
合计	20.5	21	0.5

(2) 若该生产车间为利润中心，则利润中心负责人可控利润计算如下。

利润中心负责人可控利润=11 000×50−205 000=345 000(元)

利润中心可控利润=345 000−180 000=165 000(元)

5. C 分公司增加投资后的业绩评价

(1) 投资利润率指标计算如下。

C 分公司接受生产线投资项目前总资产利润率=$\frac{200-120-62}{100}$=18%

C 分公司接受生产线投资项目后总资产利润率=$\frac{200-120-62+3.4}{100+20}\approx 17.83\%$

由于 C 分公司接受生产线投资项目后总资产利润率 17.83%低于接受生产线投资项目前总资产利润率 18%，因此 C 分公司不愿意接受该生产线投资项目。

(2) 剩余收益指标计算如下。

C 分公司接受生产线投资项目前剩余收益=(200−120−62)−100×16%=2(万元)

C 分公司接受生产线投资项目后剩余收益=(200−120−62+3.4)−(100+20)×16%=2.2(万元)

由于C分公司接受生产线投资项目后剩余收益2.2万元高于接受生产线投资项目前剩余收益 2 万元，因此 C 分公司愿意接受该生产线投资项目。

(3) 从给定资料中可以看出，该生产线之所以具有可行性，是因为其投资利润率为 3.4÷20×100%=17%，超过了该公司最低总资产利润率 16%，即该项目可以使明珠公司预算年度的利润提高。但是，通过对 C 分公司接受投资项目前后总资产利润率的分析来看，当公司整体利益与 C 分公司投资中心个人利益相冲突时，C 分公司投资中心会选择保护自己的利益，也就是本位主义。相反，通过对 C 分公司接受投资项目前后剩余收益的分析来看，公司整体利益与 C 分公司投资中心个人利益不会出现冲突，也就避免了本位主义。

任务基础训练

一、单项选择题

1. 投资利润率指标的优点不包括(　　)。

A. 能反映投资中心的综合盈利能力　B. 可以作为选择投资机会的依据

C. 可以避免本位主义　D. 具有横向可比性

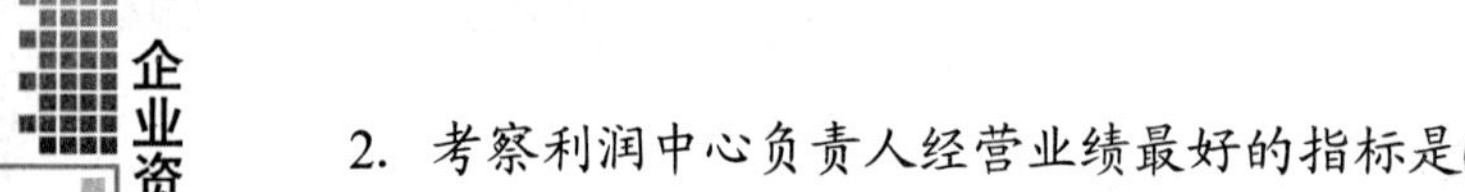

2. 考察利润中心负责人经营业绩最好的指标是(　　)。

A. 利润中心边际贡献总额　　B. 利润中心负责人可控利润总额

C. 利润中心可控利润总额　　D. 企业利润总额

3. 下列说法中，错误的是(　　)。

A. 对企业来说，几乎所有的成本都是可控的

B. 变动成本是可控的，固定成本都是不可控的

C. 某项成本就某一责任中心看是不可控的，而对另外的责任中心可能是可控的

D. 某些成本从短期看是不可控的，从较长期看可能是可控的

4. 下列说法中，错误的是(　　)。

A. 成本中心对可控的成本或费用承担责任

B. 利润中心既对可控的成本负责又对可控的收入和利润负责

C. 投资中心只对投资效果负责

D. 投资中心既对成本、收入和利润负责，又对投资效果负责

5. 对成本中心而言，下列各项中，不属于该类中心特点的是(　　)。

A. 只考核成本中心的责任成本　　B. 只对成本中心的可控制成本负责

C. 只对责任成本进行控制　　D. 只对直接成本进行控制

6. 在投资中心的主要考核指标中，能使个别投资中心的利益与整个企业的利益统一起来的指标是(　　)。

A. 投资利润率　　B. 可控成本　　C. 利润总额　　D. 剩余收益

二、多项选择题

1. 以下关于剩余收益的计算公式中，正确的有(　　)。

A. 剩余收益=利润−投资额×规定或预期的最低投资报酬率

B. 剩余收益=利润−总资产占用额×规定或预期的总资产息税前报酬率

C. 剩余收益=息税前利润−总资产占用额×规定或预期的最低投资报酬率

D. 剩余收益=息税前利润−净资产占用额×规定或预期的最低投资报酬率

2. 成本中心的特点包括(　　)。

A. 成本中心只考评成本费用不考评收益

B. 成本中心只对可控成本承担责任

C. 成本中心只对责任成本进行考核和控制

D. 成本中心的考核需要兼顾一些不可控成本

3.下列说法中，正确的有(　　)。

A. 考核利润中心业绩时不进行投入产出比较

B. 利润中心一定是独立法人

C. 投资中心具有最大的决策权，也承担最大的责任

D. 利润中心没有投资决策权

4. 投资利润率等于(　　)的乘积。

A. 资本周转率　　B. 销售成本率　　C. 销售利润率　　D. 成本费用利润率

5. 投资中心的考核指标主要有(　　)。

A. 投资利润率　　B. 销售利润率　　C. 剩余收益　　D. 成本费用利润率

6. 下列(　　)是成本中心。

A. 分厂　　B. 事业部　　C. 某个工人　　D. 某个车间

三、判断题

1. 引起个别投资中心的投资利润率提高的投资，不一定会使整个企业的剩余收益增加。(　　)

2. 投资利润率=资本周转率×销售成本率×成本费用利润率。(　　)

3. 投资中心必然是利润中心。(　　)

4. 费用成本中心的典型代表是制造业工厂、车间、工段和班组等。(　　)

5. 成本中心的应用范围最广，一般来说，企业内部凡是有成本发生，需要对成本负责，并能实施成本控制的单位，都能成为成本中心。(　　)

6. 人为利润中心通常不仅要计算可控成本，而且还要计算不可控成本。(　　)

四、计算分析题

1. 训练资料

(1) 甲企业一加工车间为成本中心，生产 A 产品，预算产量为 10 万件，单位成本 200 元；实际产量 11 万件，单位成本 210 元。

(2) 甲企业的 A 部门为利润中心，有关数据如下：利润中心销售收入 90 万元；利润中心销售产品变动成本和变动销售费用 50 万元；利润中心负责人可控固定成本 15 万元。利润中心负责人不可控而应由该中心负担的固定成本 20 万元。

(3) 某企业下设甲投资中心和乙投资中心，预算年度有一项投资额为 100 万元的投资项目经过了可行性分析，该项目既可以投资到甲投资中心也可以投资到乙投资中心，预计产生的影响如表 8-35 所示。

表 8-35　各投资中心主要指标　　　　单位：万元

项　目	甲投资中心		乙投资中心	
	追加投资前	追加投资后	追加投资前	追加投资后
总资产	50	150	100	200
息税前利润	4	10.8	15	28.8
总资产利润率	8%	A	15%	C
剩余收益	−2	B	+3	D

2. 训练要求

(1) 根据资料(1)，计算该成本中心的成本降低额和成本降低率，并对该成本中心预算完成情况进行评价。

(2) 根据资料(2)，计算该利润中心的边际贡献总额、该利润中心负责人可控利润总额、该利润中心可控利润总额。

(3) 根据资料(3)，计算并填列表 8-35 中用字母表示的位置的数额，并运用剩余收益指

标就预算年度两个投资中心是否应追加投资进行决策。

项目综合实训

综合实训一

1. 实训资料

阳光公司经营和销售A种产品，假设该企业不考虑应交税金和附加，2016年年末编制的计划期2017年四个季度的部分预算如表8-36～表8-38所示。

表8-36 销售预算(每季销售收入中，本季度收到现金60%，下季度收到40%)

项目 \ 季度	一	二	三	四	全 年
预计销售量/件	1 000	1 500	2 000	1 800	6 300
预计单价/(元/件)	100	100	100	100	100
销售收入/元					
上年年末应收账款款	62 000				62 000
第一季度					
第二季度					
第三季度					
第四季度					
全年					

表8-37 采购预算

项目 \ 季度	一	二	三	四	全 年
预计销售量/件					
加：预计期末存货(按下季度销售量的10%安排)					200
合计					
减：预计期初存货/件	100				
预计采购量/件					
采购单价(元/件)	50	50	50	50	50
采购金额(全部当季付现)					

表 8-38　销售及管理费用预算

项目＼季度	一	二	三	四	全　年
固定部分	60 000	60 000	60 000	60 000	240 000
单位变动成本/(元/件)	10	10	10	10	10
预计销售量/件					
变动部分					

2. 实训要求

(1) 根据表 8-36、表 8-37 中的资料，完成阳光公司 2017 年销售预算、采购预算。

(2) 根据表 8-38 中的资料完成如下任务：①2017 年销售及管理费用预算；②确定阳光公司 2018 年的经营杠杆系数(销售收入参照表 8-36)。

综合实训二

1. 实训资料

明月公司 2017 年 7 月 31 日的资产负债表反映的部分数据如下：现金 35 000 元，应收账款 79 200 元，存货 160 000 元，固定资产 250 000 元，资产总计 524 200 元。补充资料如下。

(1) 销售收入预算：8 月份 100 000 元，9 月份 120 000 元。

(2) 预计销售当月可收回货款的 60%，其余款项可在次月收回。

(3) 每月购货为下月销售额计划的 70%，均与当月付款。

(4) 8 月预交所得税 5 000 元。

(5) 每月用现金支付的其他费用为 5000 元，每月发生的各种非付现费用为 15 000 元。

2. 实训要求

(1) 计算 2017 年 8 月份预算的现金期末余额。

(2) 若销售毛利率为 30%，则 2017 年 8 月份的预计税后利润总额是多少？

(3) 计算 2017 年 8 月 31 日的应收账款额。

综合实训三

1. 实训资料

华阳公司的一投资中心拥有资产 20 000 元，投资风险是公司平均风险的 1.5 倍，销售收入 30 000 元，变动销售成本和费用 15 000 元，固定间接费用 1 000 元，不可控固定间接费用(为折旧)3 000 元；公司无风险报酬率为 8%，公司平均投资收益率为 12%。

2. 实训要求

(1) 根据资料计算该投资中心的投资报酬率和剩余收益。

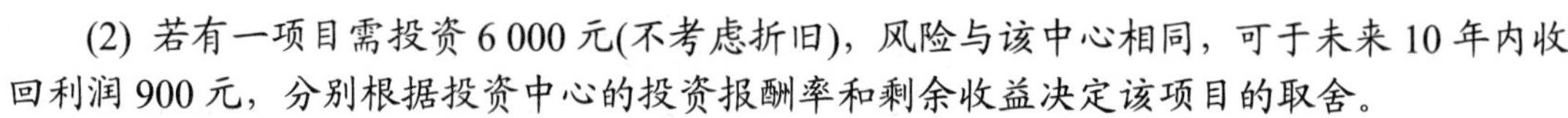

(2) 若有一项目需投资 6 000 元(不考虑折旧)，风险与该中心相同，可于未来 10 年内收回利润 900 元，分别根据投资中心的投资报酬率和剩余收益决定该项目的取舍。

案例分析

通达公司预算及预算执行情况

通达公司是2012年年末国家组建成立的一家国有控股企业，主要从事仓储和运输服务。企业于 2013 年开始实行全面预算管理。2015 年第四季度，公司经营层在 2015 年实际经营情况基础上，结合企业发展规划并考虑资产重组等变动因素的影响编制了《2016 年财务预算》，该预算经董事会审议并通过，确定公司 2016 年预算指标为主营业务收入 2 300 万元，营业利润为 0，实现盈亏平衡经营。

通达公司主要预算指标完成情况如表 8-39 和表 8-40 所示。

表 8-39　主营业务收入完成情况分析

业务代码		实际数/万元	预算数/万元	差异率/%	综合差异率/%
盈利	1	121	480	-75	-29
	2	49	80	-39	
	3	146	100	46	
	4	364	300	21	
持平	5	530	60	783	39
	6	220	480	-54	
亏损	7	880	800	10	10
合计	—	2 310	2 300	0	0

表 8-40　通达公司简易预算利润表以及实际执行情况　　单位：万元

报表项目	实际数	预算数
一、主营业务收入	2 310	2 300
减：营业成本、费用及税金	2 064	1 310
二、主营业务利润	246	990
减：管理费用、财务费用	1 310	990
三、营业利润	-1 004	0
加：投资收益	0	0
补贴收入	0	0
营业外收入	0	0
减：营业外支出	82	0
加：以前年度损益调整	166	0
四、利润总额	-920	0

经过进一步调查分析，得到以下相关信息。

(1) 通达公司原有营销人员 14 名，分为一、二两部，主要负责运输代理业务(业务代码 1、2 两项业务)。2016 年 1—3 月份，公司 6 名业务员相继调离，其中包括主管 2 名、熟练业务员和辅助业务员各 2 名。公司重新进行人员调配，营销部前期工作较混乱，部分市场业务流失，个别业务至 2016 年 6 月才恢复运营。

(2) 保税仓库 1—7 月闲置。由于公司仓储与运输业务有一定的相关度，运输代理业务流失导致一部分仓储业务(业务代码 5)也随之搁浅。此外，主要客户延期租赁仓储设备，公司对此应对不及时。受两方面因素影响，仓储业务直到 2016 年 8 月才开始全面运转。

(3) 管理费用超支 254 万元，主要原因：①非经营性固定资产折旧较预算增加 139 万元。由于公司 2015 年资产重组整合工作涉及很多历史遗留问题，情况较复杂，预算人员编制预算时对非经营性固定资产统计工作尚未结束，关于该部分折旧额，企业预算人员是根据当时所掌握的资料匡算的。②管理人员薪酬增加 80 万元。公司原计划 2016 年在资产重组基础上，进行人员机构重组，将在职人数由 140 人降至 70 人，预算成本也是按照这一基础确定的。但是，由于牵扯面广，阻力大，最终在职员工人数为 130 人。

(4) 营业外支出。由于历史原因，通达公司应收、应付账款数额较大。2015 年年初，公司成立专门业务组，负责企业应收账款的催收、应付账款的延期以及三角债管理工作。2015 年 5 月，通达公司与 B 公司发生债务纠纷，协调不下，B 公司于当年年底向法院提请诉讼。由于有关诉讼事宜由专门人员负责，财务部对诉讼情况不了解，因此在 2016 年度预算中也就未对此可能带来的资金支出进行估计。2016 年 5 月，法院作出判决通达公司败诉，需赔偿 B 公司 82 万元，并支付诉讼等相关费用 30 万元，仅此一项通达公司预算外共计支出 112 万元。

(资料来源：张凤英. 财务管理[M]. 2 版. 北京：对外经济贸易大学出版社，2009.)

要求：分析通达公司预算编制以及预算执行控制过程中存在的问题。

相关链接

华润公司的全面预算管理的系统化方案——6S 管理体系

华润公司是隶属于国务院的一家有 50 多年发展历史的国有重要骨干企业，中国华润总公司控股的华润(集团)有限公司设在香港，作为管理总部，由于其长期在成熟的市场经济环境下运作，特别是资产上市后受到资本市场的约束，预算责任意识较强，因而较早地实行了全面预算管理，总结了一套旨在贯彻全面预算管理的运行体系，即 6S 管理体系。

1. 全面预算管理的系统化方案——6S 管理体系

6S 管理体系是华润公司从自身实际出发探索出的管理多元化集团企业的一种系统化管理模式。6S 管理体系是指利润中心编码体系、利润中心管理报告体系、利润中心预算体系、利润中心评价体系、利润中心审计体系、利润中心经理人考核体系。

6S 管理体系是将集团内部多元化的业务及资产划分为责任单位并作为利润中心进行专业化管理的一种体系，其组织领导及监督实施机构是集团董事会下设的 6S 委员会。6S 既是一个全面预算管理体系，也是一个多元化的资讯管理系统。它以管理会计理论为基础，以全面预算为切入点，其目的不仅是要解决财务管理方面的问题，还要解决集团的系统管理问题，如以往经营中存在的管理重点不突出、约束机制不健全、管理资讯反馈不及时、财务及经营风险控制不到位、企业发展方向不明确、人才激励机制不科学等问题。

2. 6S 管理体系的基本思路

(1) 利润中心编码体系。在专业化分工的基础上，将集团及下属公司按管理会计的原则划分为多个业务相对统一的利润中心(称为一级利润中心)，每个利润中心再划分为更小的分支利润中心(称为二级利润中心等)，并逐一编制号码，使管理排列清晰。这个体系较清晰地包括集团绝大部分资产，同时使每个利润中心对自身的管理也有清楚的界定，便于对每项业务实行监控。

(2) 利润中心管理报告体系。在利润中心编码体系的基础上，每个利润中心按规定的格式和内容编制管理会计报表，具体由集团财务部统一制订并不断完善。管理报告每月一次，包括每个利润中心的营业额、损益、资产负债、现金流量、成本费用、盈利能力、应收账款、不良资产等情况，并附有公司简评。每个利润中心报表最终汇总为集团的管理报告，由此解决了集团以往财务综合报表过于概括并难以适应管理需要的问题。

(3) 利润中心预算体系。在利润中心分类的基础上，全面推行预算管理，将经营目标落实到每个利润中心，并层层分解，最终落实到每个责任人每个月的经营上，不仅使管理者对自身业务有较长远和透彻的认识，还能从背离预算的程度上去发现问题，并及时加以解决。预算的方法由下而上，由上而下，不断反复和修正，最后汇总形成整个集团的全面预算报告。一个多元化集团企业，如果没有预算，将难以预计下一个年度乃至今后几年能够达到怎样的目标，也不可能在资金安排、投资决策、人力资源等方面进行总体规划。

(4) 利润中心评价体系。预算执行情况需要进行评价，而评价体系要能促进经营目标的实现。根据每个利润中心业务的不同，度身打造一个评价体系，但总体上主要是通过获利能力、过程及综合能力指标进行评价。每一个指标项下再根据各业务点的不同情况细分为能反映该利润点经营业绩及整体表现的许多明细指标，目的是要做到公平合理，既可以兼顾到不同业务点的经营情况，又可以促进业务改进提高，加强管理。其中有些是定量指标，有些是定性指标，而对不确定部分集团有最终决定权。集团根据各利润中心业务好坏及其前景，决定资金的支援重点，同时对下属企业的资金使用和派息政策，将根据业务发展方向统一决定，不实行包干式资金管理。对利润中心非经营性的资产转让或会计调整的盈亏，则不能与经营性业绩混在一起评价，但可视具体情况给予奖惩。

(5) 利润中心审计体系。管理报告的真实性、预算的完成度以及集团统一管理规章的执行情况，都需要通过审计进行再认定。集团内部审计是管理控制系统的再控制环节，集团通过审计来强化全面预算管理的推行，提高管理资讯系统的质量。

(6) 利润中心经理人考核体系。预算的责任具体落实到各级责任人，从而考核也要落实到利润中心经理人。利润中心经理人考核体系主要从业绩评价、管理素质、职业操守三方面对经理人进行评价，得出利润中心经理人目前的工作表现、今后的发展潜力、能够胜任的职务和工作建议。根据以上三方面的考核结果，进一步决定对经理人的奖惩和使用。

围绕 6S 管理体系的建设，集团还建立了服务中心考核体系和改革用人制度。

3. 6S 管理体系的实施效果

6S 管理体系保证了集团全面预算管理的运行，实际上是一个系统化的全面预算管理实施方案，它对公司管理的变革性推动作用从多个角度得到了反映。

(1) 基础作用：为管理层的重大决策提供依据。通过 6S 体系，集团决策层能够及时、准确地获取管理资讯，加深了对每个一级利润中心实际经营状况和管理水平的了解。一级利润中心主业清晰了，就便于决策层抓重点，同时把一些非主营业务去掉，从而使公司的业务运作架构、分类、整体资产组合等方面清晰化，促进了资产结构的调整和资源的合理配置。正是在 6S 体系运行基础上，华润公司才能够逐步将原先较为庞杂的业务及资产重组为分销、地产、科技及策略性投资四大类、23 个一级利润中心，从而走上了从多元化经营转向有限度相关联多元化战略下的专业化发展道路。

(2) 指导作用：促进企业对自身业务的理解。6S 体系的实施，提供了一种科学性和前瞻性的思维指导原则，利润中心要根据自身实力和市场判断实实在在地测算自己的目标，杜绝预算“编数”，这个测算过程，促进了利润中心对自身业务的理解。

(3) 渗透作用：企业管理更深入细致。6S 体系的深入实施，使经理人的注意力盯住了每个利润点的具体经营情况。决策层能够直接了解到每个利润中心的经营状况，及时发现和解决问题。另外，6S 管理体系中的资讯系统，使利润中心经营状况透明化，成为一个有效的监督制约机制，有效地防止了内部的贪污腐败。

(4) 互动作用：推动企业的良性互动。6S 体系要求能不断发现和提出问题，不断研究和解决问题。集团审计部通过监督检查，明确提出问题；一级利润中心妥善利用所提供的资讯，积极作出有效回应和改进。这些都源于 6S 管理体系实施过程中自然培养出来的企业良性互动意识。

(5) 规范作用：考核评价机制公开公平。利润中心评价体系、利润中心经理人考核体系通俗易懂，同时严格执行，促使集团的管理重点和激励机制发生转变，减少了管理政策、人事政策的随意性，集团的业务得以沿着健康的轨道良性发展。

6S 管理体系在华润公司运行至今，经过不断地调整、补充，目前框架已基本上稳定下来，也是华润公司目前运用得最成功的管理系统，为其管理强势的逐步形成发挥着日益重要的作用。

(资料来源：华润公司的全面预算管理的系统化方案——6S 管理系统[EB/OL]. 豆丁网. http://www.docin.com/p-300862609.html.)

要求：根据华润公司案例，以“预算管理职能”为主题，写一篇 1 000 字左右的小文章。

附录　货币时间价值系数表

附表 A　复利现值系数表

期数	1%	2%	3%	4%	5%	6%	7%	8%	9%	10%
1	0.9901	0.9804	0.9709	0.9615	0.9524	0.9434	0.9346	0.9259	0.9174	0.9091
2	0.9803	0.9612	0.9426	0.9246	0.9070	0.8900	0.8734	0.8573	0.8417	0.8264
3	0.9706	0.9423	0.9151	0.8890	0.8638	0.8396	0.8163	0.7938	0.7722	0.7513
4	0.9610	0.9238	0.8885	0.8548	0.8227	0.7921	0.7629	0.7350	0.7084	0.6830
5	0.9515	0.9057	0.8626	0.8219	0.7835	0.7473	0.7130	0.6806	0.6499	0.6209
6	0.9420	0.8880	0.8375	0.7903	0.7462	0.7050	0.6663	0.6302	0.5963	0.5645
7	0.9327	0.8706	0.8131	0.7599	0.7107	0.6651	0.6227	0.5835	0.5470	0.5132
8	0.9235	0.8535	0.7894	0.7307	0.6768	0.6274	0.5820	0.5403	0.5019	0.4665
9	0.9143	0.8368	0.7664	0.7026	0.6446	0.5919	0.5439	0.5002	0.4604	0.4241
10	0.9053	0.8203	0.7441	0.6756	0.6139	0.5584	0.5083	0.4632	0.4224	0.3855
11	0.8963	0.8043	0.7224	0.6496	0.5847	0.5268	0.4751	0.4289	0.3875	0.3505
12	0.8874	0.7885	0.7014	0.6246	0.5568	0.4970	0.4440	0.3971	0.3555	0.3186
13	0.8787	0.7730	0.6810	0.6006	0.5303	0.4688	0.4150	0.3677	0.3262	0.2897
14	0.8700	0.7579	0.6611	0.5775	0.5051	0.4423	0.3878	0.3405	0.2992	0.2633
15	0.8613	0.7430	0.6419	0.5553	0.4810	0.4173	0.3624	0.3152	0.2745	0.2394
16	0.8528	0.7284	0.6232	0.5339	0.4581	0.3936	0.3387	0.2919	0.2519	0.2176
17	0.8444	0.7142	0.6050	0.5134	0.4363	0.3714	0.3166	0.2703	0.2311	0.1978
18	0.8360	0.7002	0.5874	0.4936	0.4155	0.3503	0.2959	0.2502	0.2120	0.1799
19	0.8277	0.6864	0.5703	0.4746	0.3957	0.3305	0.2765	0.2317	0.1945	0.1635
20	0.8195	0.6730	0.5537	0.4564	0.3769	0.3118	0.2584	0.2145	0.1784	0.1486
21	0.8114	0.6598	0.5375	0.4388	0.3589	0.2942	0.2415	0.1987	0.1637	0.1351
22	0.8034	0.6468	0.5219	0.4220	0.3418	0.2775	0.2257	0.1839	0.1502	0.1228
23	0.7954	0.6342	0.5067	0.4057	0.3256	0.2618	0.2109	0.1703	0.1378	0.1117
24	0.7876	0.6217	0.4919	0.3901	0.3101	0.2470	0.1971	0.1577	0.1264	0.1015
25	0.7798	0.6095	0.4776	0.3751	0.2953	0.2330	0.1842	0.1460	0.1160	0.0923
26	0.7720	0.5976	0.4637	0.3607	0.2812	0.2198	0.1722	0.1352	0.1064	0.0839
27	0.7644	0.5859	0.4502	0.3468	0.2678	0.2074	0.1609	0.1252	0.0976	0.0763
28	0.7568	0.5744	0.4371	0.3335	0.2551	0.1956	0.1504	0.1159	0.0895	0.0693
29	0.7493	0.5631	0.4243	0.3207	0.2429	0.1846	0.1406	0.1073	0.0822	0.0630
30	0.7419	0.5521	0.4120	0.3083	0.2314	0.1741	0.1314	0.0994	0.0754	0.0573

续表

期数	11%	12%	13%	14%	15%	16%	17%	18%	19%	20%
1	0.9009	0.8929	0.8850	0.8772	0.8696	0.8621	0.8547	0.8475	0.8403	0.8333
2	0.8116	0.7972	0.7831	0.7695	0.7561	0.7432	0.7305	0.7182	0.7062	0.6944
3	0.7312	0.7118	0.6931	0.6750	0.6575	0.6407	0.6244	0.6086	0.5934	0.5787
4	0.6587	0.6355	0.6133	0.5921	0.5718	0.5523	0.5337	0.5158	0.4987	0.4823
5	0.5935	0.5674	0.5428	0.5194	0.4972	0.4761	0.4561	0.4371	0.4190	0.4019
6	0.5346	0.5066	0.4803	0.4556	0.4323	0.4104	0.3898	0.3704	0.3521	0.3349
7	0.4817	0.4523	0.4251	0.3996	0.3759	0.3538	0.3332	0.3139	0.2959	0.2791
8	0.4339	0.4039	0.3762	0.3506	0.3269	0.3050	0.2848	0.2660	0.2487	0.2326
9	0.3909	0.3606	0.3329	0.3075	0.2843	0.2630	0.2434	0.2255	0.2090	0.1938
10	0.3522	0.3220	0.2946	0.2697	0.2472	0.2267	0.2080	0.1911	0.1756	0.1615
11	0.3173	0.2875	0.2607	0.2366	0.2149	0.1954	0.1778	0.1619	0.1476	0.1346
12	0.2858	0.2567	0.2307	0.2076	0.1869	0.1685	0.1520	0.1372	0.1240	0.1122
13	0.2575	0.2292	0.2042	0.1821	0.1625	0.1452	0.1299	0.1163	0.1042	0.0935
14	0.2320	0.2046	0.1807	0.1597	0.1413	0.1252	0.1110	0.0985	0.0876	0.0779
15	0.2090	0.1827	0.1599	0.1401	0.1229	0.1079	0.0949	0.0835	0.0736	0.0649
16	0.1883	0.1631	0.1415	0.1229	0.1069	0.0930	0.0811	0.0708	0.0618	0.0541
17	0.1696	0.1456	0.1252	0.1078	0.0929	0.0802	0.0693	0.0600	0.0520	0.0451
18	0.1528	0.1300	0.1108	0.0946	0.0808	0.0691	0.0592	0.0508	0.0437	0.0376
19	0.1377	0.1161	0.0981	0.0829	0.0703	0.0596	0.0506	0.0431	0.0367	0.0313
20	0.1240	0.1037	0.0868	0.0728	0.0611	0.0514	0.0433	0.0365	0.0308	0.0261
21	0.1117	0.0926	0.0768	0.0638	0.0531	0.0443	0.0370	0.0309	0.0259	0.0217
22	0.1007	0.0826	0.0680	0.0560	0.0462	0.0382	0.0316	0.0262	0.0218	0.0181
23	0.0907	0.0738	0.0601	0.0491	0.0402	0.0329	0.0270	0.0222	0.0183	0.0151
24	0.0817	0.0659	0.0532	0.0431	0.0349	0.0284	0.0231	0.0188	0.0154	0.0126
25	0.0736	0.0588	0.0471	0.0378	0.0304	0.0245	0.0197	0.0160	0.0129	0.0105
26	0.0663	0.0525	0.0417	0.0331	0.0264	0.0211	0.0169	0.0135	0.0109	0.0087
27	0.0597	0.0469	0.0369	0.0291	0.0230	0.0182	0.0144	0.0115	0.0091	0.0073
28	0.0538	0.0419	0.0326	0.0255	0.0200	0.0157	0.0123	0.0097	0.0077	0.0061
29	0.0485	0.0374	0.0289	0.0224	0.0174	0.0135	0.0105	0.0082	0.0064	0.0051
30	0.0437	0.0334	0.0256	0.0196	0.0151	0.0116	0.0090	0.0070	0.0054	0.0042

续表

期数	21%	22%	23%	24%	25%	26%	27%	28%	29%	30%
1	0.8264	0.8197	0.8130	0.8065	0.8000	0.7937	0.7874	0.7813	0.7752	0.7692
2	0.6830	0.6719	0.6610	0.6504	0.6400	0.6299	0.6200	0.6104	0.6009	0.5917
3	0.5645	0.5507	0.5374	0.5245	0.5120	0.4999	0.4882	0.4768	0.4658	0.4552
4	0.4665	0.4514	0.4369	0.4230	0.4096	0.3968	0.3844	0.3725	0.3611	0.3501
5	0.3855	0.3700	0.3552	0.3411	0.3277	0.3149	0.3027	0.2910	0.2799	0.2693
6	0.3186	0.3033	0.2888	0.2751	0.2621	0.2499	0.2383	0.2274	0.2170	0.2072
7	0.2633	0.2486	0.2348	0.2218	0.2097	0.1983	0.1877	0.1776	0.1682	0.1594
8	0.2176	0.2038	0.1909	0.1789	0.1678	0.1574	0.1478	0.1388	0.1304	0.1226
9	0.1799	0.1670	0.1552	0.1443	0.1342	0.1249	0.1164	0.1084	0.1011	0.0943
10	0.1486	0.1369	0.1262	0.1164	0.1074	0.0992	0.0916	0.0847	0.0784	0.0725
11	0.1228	0.1122	0.1026	0.0938	0.0859	0.0787	0.0721	0.0662	0.0607	0.0558
12	0.1015	0.0920	0.0834	0.0757	0.0687	0.0625	0.0568	0.0517	0.0471	0.0429
13	0.0839	0.0754	0.0678	0.0610	0.0550	0.0496	0.0447	0.0404	0.0365	0.0330
14	0.0693	0.0618	0.0551	0.0492	0.0440	0.0393	0.0352	0.0316	0.0283	0.0254
15	0.0573	0.0507	0.0448	0.0397	0.0352	0.0312	0.0277	0.0247	0.0219	0.0195
16	0.0474	0.0415	0.0364	0.0320	0.0281	0.0248	0.0218	0.0193	0.0170	0.0150
17	0.0391	0.0340	0.0296	0.0258	0.0225	0.0197	0.0172	0.0150	0.0132	0.0116
18	0.0323	0.0279	0.0241	0.0208	0.0180	0.0156	0.0135	0.0118	0.0102	0.0089
19	0.0267	0.0229	0.0196	0.0168	0.0144	0.0124	0.0107	0.0092	0.0079	0.0068
20	0.0221	0.0187	0.0159	0.0135	0.0115	0.0098	0.0084	0.0072	0.0061	0.0053
21	0.0183	0.0154	0.0129	0.0109	0.0092	0.0078	0.0066	0.0056	0.0048	0.0040
22	0.0151	0.0126	0.0105	0.0088	0.0074	0.0062	0.0052	0.0044	0.0037	0.0031
23	0.0125	0.0103	0.0086	0.0071	0.0059	0.0049	0.0041	0.0034	0.0029	0.0024
24	0.0103	0.0085	0.0070	0.0057	0.0047	0.0039	0.0032	0.0027	0.0022	0.0018
25	0.0085	0.0069	0.0057	0.0046	0.0038	0.0031	0.0025	0.0021	0.0017	0.0014
26	0.0070	0.0057	0.0046	0.0037	0.0030	0.0025	0.0020	0.0016	0.0013	0.0011
27	0.0058	0.0047	0.0037	0.0030	0.0024	0.0019	0.0016	0.0013	0.0010	0.0008
28	0.0048	0.0038	0.0030	0.0024	0.0019	0.0015	0.0012	0.0010	0.0008	0.0006
29	0.0040	0.0031	0.0025	0.0020	0.0015	0.0012	0.0010	0.0008	0.0006	0.0005
30	0.0033	0.0026	0.0020	0.0016	0.0012	0.0010	0.0008	0.0006	0.0005	0.0004

附表 B　复利终值系数表

期数	1%	2%	3%	4%	5%	6%	7%	8%	9%	10%	11%
1	1.0100	1.0200	1.0300	1.0400	1.0500	1.0600	1.0700	1.0800	1.0900	1.1000	1.1100
2	1.0201	1.0404	1.0609	1.0816	1.1025	1.1236	1.1449	1.1664	1.1881	1.2100	1.2321
3	1.0303	1.0612	1.0927	1.1249	1.1576	1.1910	1.2250	1.2597	1.2950	1.3310	1.3676
4	1.0406	1.0824	1.1255	1.1699	1.2155	1.2625	1.3108	1.3605	1.4116	1.4641	1.5181
5	1.0510	1.1041	1.1593	1.2167	1.2763	1.3382	1.4026	1.4693	1.5386	1.6105	1.6851
6	1.0615	1.1262	1.1941	1.2653	1.3401	1.4185	1.5007	1.5869	1.6771	1.7716	1.8704
7	1.0721	1.1487	1.2299	1.3159	1.4071	1.5036	1.6058	1.7138	1.8280	1.9487	2.0762
8	1.0829	1.1717	1.2668	1.3686	1.4775	1.5938	1.7182	1.8509	1.9926	2.1436	2.3045
9	1.0937	1.1951	1.3048	1.4233	1.5513	1.6895	1.8385	1.9990	2.1719	2.3579	2.5580
10	1.1046	1.2190	1.3439	1.4802	1.6289	1.7908	1.9672	2.1589	2.3674	2.5937	2.8394
11	1.1157	1.2434	1.3842	1.5395	1.7103	1.8983	2.1049	2.3316	2.5804	2.8531	3.1518
12	1.1268	1.2682	1.4258	1.6010	1.7959	2.0122	2.2522	2.5182	2.8127	3.1384	3.4985
13	1.1381	1.2936	1.4685	1.6651	1.8856	2.1329	2.4098	2.7196	3.0658	3.4523	3.8833
14	1.1495	1.3195	1.5126	1.7317	1.9799	2.2609	2.5785	2.9372	3.3417	3.7975	4.3104
15	1.1610	1.3459	1.5580	1.8009	2.0789	2.3966	2.7590	3.1722	3.6425	4.1772	4.7846
16	1.1726	1.3728	1.6047	1.8730	2.1829	2.5404	2.9522	3.4259	3.9703	4.5950	5.3109
17	1.1843	1.4002	1.6528	1.9479	2.2920	2.6928	3.1588	3.7000	4.3276	5.0545	5.8951
18	1.1961	1.4282	1.7024	2.0258	2.4066	2.8543	3.3799	3.9960	4.7171	5.5599	6.5436
19	1.2081	1.4568	1.7535	2.1068	2.5270	3.0256	3.6165	4.3157	5.1417	6.1159	7.2633
20	1.2202	1.4859	1.8061	2.1911	2.6533	3.2071	3.8697	4.6610	5.6044	6.7275	8.0623
21	1.2324	1.5157	1.8603	2.2788	2.7860	3.3996	4.1406	5.0338	6.1088	7.4002	8.9492
22	1.2447	1.5460	1.9161	2.3699	2.9253	3.6035	4.4304	5.4365	6.6586	8.1403	9.9336
23	1.2572	1.5769	1.9736	2.4647	3.0715	3.8197	4.7405	5.8715	7.2579	8.9543	11.0263
24	1.2697	1.6084	2.0328	2.5633	3.2251	4.0489	5.0724	6.3412	7.9111	9.8497	12.2392
25	1.2824	1.6406	2.0938	2.6658	3.3864	4.2919	5.4274	6.8485	8.6231	10.8347	13.5855
26	1.2953	1.6734	2.1566	2.7725	3.5557	4.5494	5.8074	7.3964	9.3992	11.9182	15.0799
27	1.3082	1.7069	2.2213	2.8834	3.7335	4.8223	6.2139	7.9881	10.2451	13.1100	16.7387
28	1.3213	1.7410	2.2879	2.9987	3.9201	5.1117	6.6488	8.6271	11.1671	14.4210	18.5799
29	1.3345	1.7758	2.3566	3.1187	4.1161	5.4184	7.1143	9.3173	12.1722	15.8631	20.6237
30	1.3478	1.8114	2.4273	3.2434	4.3219	5.7435	7.6123	10.0627	13.2677	17.4494	22.8923

续表

期数	12%	13%	14%	15%	16%	17%	18%	19%	20%	21%
1	1.1200	1.1300	1.1400	1.1500	1.1600	1.1700	1.1800	1.1900	1.2000	1.2100
2	1.2544	1.2769	1.2996	1.3225	1.3456	1.3689	1.3924	1.4161	1.4400	1.4641
3	1.4049	1.4429	1.4815	1.5209	1.5609	1.6016	1.6430	1.6852	1.7280	1.7716
4	1.5735	1.6305	1.6890	1.7490	1.8106	1.8739	1.9388	2.0053	2.0736	2.1436
5	1.7623	1.8424	1.9254	2.0114	2.1003	2.1924	2.2878	2.3864	2.4883	2.5937
6	1.9738	2.0820	2.1950	2.3131	2.4364	2.5652	2.6996	2.8398	2.9860	3.1384
7	2.2107	2.3526	2.5023	2.6600	2.8262	3.0012	3.1855	3.3793	3.5832	3.7975
8	2.4760	2.6584	2.8526	3.0590	3.2784	3.5115	3.7589	4.0214	4.2998	4.5950
9	2.7731	3.0040	3.2519	3.5179	3.8030	4.1084	4.4355	4.7854	5.1598	5.5599
10	3.1058	3.3946	3.7072	4.0456	4.4114	4.8068	5.2338	5.6947	6.1917	6.7275
11	3.4786	3.8359	4.2262	4.6524	5.1173	5.6240	6.1759	6.7767	7.4301	8.1403
12	3.8960	4.3345	4.8179	5.3503	5.9360	6.5801	7.2876	8.0642	8.9161	9.8497
13	4.3635	4.8980	5.4924	6.1528	6.8858	7.6987	8.5994	9.5964	10.6993	11.9182
14	4.8871	5.5348	6.2613	7.0757	7.9875	9.0075	10.1472	11.4198	12.8392	14.4210
15	5.4736	6.2543	7.1379	8.1371	9.2655	10.5387	11.9737	13.5895	15.4070	17.4494
16	6.1304	7.0673	8.1372	9.3576	10.7480	12.3303	14.1290	16.1715	18.4884	21.1138
17	6.8660	7.9861	9.2765	10.7613	12.4677	14.4265	16.6722	19.2441	22.1861	25.5477
18	7.6900	9.0243	10.5752	12.3755	14.4625	16.8790	19.6733	22.9005	26.6233	30.9127
19	8.6128	10.1974	12.0557	14.2318	16.7765	19.7484	23.2144	27.2516	31.9480	37.4043
20	9.6463	11.5231	13.7435	16.3665	19.4608	23.1056	27.3930	32.4294	38.3376	45.2593
21	10.8038	13.0211	15.6676	18.8215	22.5745	27.0336	32.3238	38.5910	46.0051	54.7637
22	12.1003	14.7138	17.8610	21.6447	26.1864	31.6293	38.1421	45.9233	55.2061	66.2641
23	13.5523	16.6266	20.3616	24.8915	30.3762	37.0062	45.0076	54.6487	66.2474	80.1795
24	15.1786	18.7881	23.2122	28.6252	35.2364	43.2973	53.1090	65.0320	79.4968	97.0172
25	17.0001	21.2305	26.4619	32.9190	40.8742	50.6578	62.6686	77.3881	95.3962	117.3909
26	19.0401	23.9905	30.1666	37.8568	47.4141	59.2697	73.9490	92.0918	114.4755	142.0429
27	21.3249	27.1093	34.3899	43.5353	55.0004	69.3455	87.2598	109.5893	137.3706	171.8719
28	23.8839	30.6335	39.2045	50.0656	63.8004	81.1342	102.9666	130.4112	164.8447	207.9651
29	26.7499	34.6158	44.6931	57.5755	74.0085	94.9271	121.5005	155.1893	197.8136	251.6377
30	29.9599	39.1159	50.9502	66.2118	85.8499	111.0647	143.3706	184.6753	237.3763	304.4816

续表

期数	22%	23%	24%	25%	26%	27%	28%	29%	30%
1	1.2200	1.2300	1.2400	1.2500	1.2600	1.2700	1.2800	1.2900	1.3000
2	1.4884	1.5129	1.5376	1.5625	1.5876	1.6129	1.6384	1.6641	1.6900
3	1.8158	1.8609	1.9066	1.9531	2.0004	2.0484	2.0972	2.1467	2.1970
4	2.2153	2.2889	2.3642	2.4414	2.5205	2.6014	2.6844	2.7692	2.8561
5	2.7027	2.8153	2.9316	3.0518	3.1758	3.3038	3.4360	3.5723	3.7129
6	3.2973	3.4628	3.6352	3.8147	4.0015	4.1959	4.3980	4.6083	4.8268
7	4.0227	4.2593	4.5077	4.7684	5.0419	5.3288	5.6295	5.9447	6.2749
8	4.9077	5.2389	5.5895	5.9605	6.3528	6.7675	7.2058	7.6686	8.1573
9	5.9874	6.4439	6.9310	7.4506	8.0045	8.5948	9.2234	9.8925	10.6045
10	7.3046	7.9259	8.5944	9.3132	10.0857	10.9153	11.8059	12.7614	13.7858
11	8.9117	9.7489	10.6571	11.6415	12.7080	13.8625	15.1116	16.4622	17.9216
12	10.8722	11.9912	13.2148	14.5519	16.0120	17.6053	19.3428	21.2362	23.2981
13	13.2641	14.7491	16.3863	18.1899	20.1752	22.3588	24.7588	27.3947	30.2875
14	16.1822	18.1414	20.3191	22.7374	25.4207	28.3957	31.6913	35.3391	39.3738
15	19.7423	22.3140	25.1956	28.4217	32.0301	36.0625	40.5648	45.5875	51.1859
16	24.0856	27.4462	31.2426	35.5271	40.3579	45.7994	51.9230	58.8079	66.5417
17	29.3844	33.7588	38.7408	44.4089	50.8510	58.1652	66.4614	75.8621	86.5042
18	35.8490	41.5233	48.0386	55.5112	64.0722	73.8698	85.0706	97.8622	112.4554
19	43.7358	51.0737	59.5679	69.3889	80.7310	93.8147	108.8904	126.2422	146.1920
20	53.3576	62.8206	73.8641	86.7362	101.7211	119.1446	139.3797	162.8524	190.0496
21	65.0963	77.2694	91.5915	108.4202	128.1685	151.3137	178.4060	210.0796	247.0645
22	79.4175	95.0413	113.5735	135.5253	161.4924	192.1683	228.3596	271.0027	321.1839
23	96.8894	116.9008	140.8312	169.4066	203.4804	244.0538	292.3003	349.5935	417.5391
24	118.2050	143.7880	174.6306	211.7582	256.3853	309.9483	374.1444	450.9756	542.8008
25	144.2101	176.8593	216.5420	264.6978	323.0454	393.6344	478.9049	581.7585	705.6410
26	175.9364	217.5369	268.5121	330.8722	407.0373	499.9157	612.9982	750.4685	917.3333
27	214.6424	267.5704	332.9550	413.5903	512.8670	634.8929	784.6377	968.1044	1192.5333
28	261.8637	329.1115	412.8642	516.9879	646.2124	806.3140	1004.3363	1248.8546	1550.2933
29	319.4737	404.8072	511.9516	646.2349	814.2276	1024.0187	1285.5504	1611.0225	2015.3813
30	389.7579	497.9129	634.8199	807.7936	1025.9267	1300.5038	1645.5046	2078.2190	2619.9956

附表C　年金现值系数表

期数	1%	2%	3%	4%	5%	6%	7%	8%	9%	10%
1	0.9901	0.9804	0.9709	0.9615	0.9524	0.9434	0.9346	0.9259	0.9174	0.9091
2	1.9704	1.9416	1.9135	1.8861	1.8594	1.8334	1.8080	1.7833	1.7591	1.7355
3	2.9410	2.8839	2.8286	2.7751	2.7232	2.6730	2.6243	2.5771	2.5313	2.4869
4	3.9020	3.8077	3.7171	3.6299	3.5460	3.4651	3.3872	3.3121	3.2397	3.1699
5	4.8534	4.7135	4.5797	4.4518	4.3295	4.2124	4.1002	3.9927	3.8897	3.7908
6	5.7955	5.6014	5.4172	5.2421	5.0757	4.9173	4.7665	4.6229	4.4859	4.3553
7	6.7282	6.4720	6.2303	6.0021	5.7864	5.5824	5.3893	5.2064	5.0330	4.8684
8	7.6517	7.3255	7.0197	6.7327	6.4632	6.2098	5.9713	5.7466	5.5348	5.3349
9	8.5660	8.1622	7.7861	7.4353	7.1078	6.8017	6.5152	6.2469	5.9952	5.7590
10	9.4713	8.9826	8.5302	8.1109	7.7217	7.3601	7.0236	6.7101	6.4177	6.1446
11	10.3676	9.7868	9.2526	8.7605	8.3064	7.8869	7.4987	7.1390	6.8052	6.4951
12	11.2551	10.5753	9.9540	9.3851	8.8633	8.3838	7.9427	7.5361	7.1607	6.8137
13	12.1337	11.3484	10.6350	9.9856	9.3936	8.8527	8.3577	7.9038	7.4869	7.1034
14	13.0037	12.1062	11.2961	10.5631	9.8986	9.2950	8.7455	8.2442	7.7862	7.3667
15	13.8651	12.8493	11.9379	11.1184	10.3797	9.7122	9.1079	8.5595	8.0607	7.6061
16	14.7179	13.5777	12.5611	11.6523	10.8378	10.1059	9.4466	8.8514	8.3126	7.8237
17	15.5623	14.2919	13.1661	12.1657	11.2741	10.4773	9.7632	9.1216	8.5436	8.0216
18	16.3983	14.992	13.7535	12.6593	11.6896	10.8276	10.0591	9.3719	8.7556	8.2014
19	17.226	15.6785	14.3238	13.1339	12.0853	11.1581	10.3356	9.6036	8.9501	8.3649
20	18.0456	16.3514	14.8775	13.5903	12.4622	11.4699	10.594	9.8181	9.1285	8.5136
21	18.857	17.0112	15.415	14.0292	12.8212	11.7641	10.8355	10.0168	9.2922	8.6487
22	19.6604	17.658	15.9369	14.4511	13.163	12.0416	11.0612	10.2007	9.4424	8.7715
23	20.4558	18.2922	16.4436	14.8568	13.4886	12.3034	11.2722	10.3711	9.5802	8.8832
24	21.2434	18.9139	16.9355	15.2470	13.7986	12.5504	11.4693	10.5288	9.7066	8.9847
25	22.0232	19.5235	17.4131	15.6221	14.0939	12.7834	11.6536	10.6748	9.8226	9.0770
26	22.7952	20.1210	17.8768	15.9828	14.3752	13.0032	11.8258	10.8100	9.9290	9.1609
27	23.5596	20.7069	18.3270	16.3296	14.6430	13.2105	11.9867	10.9352	10.0266	9.2372
28	24.3164	21.2813	18.7641	16.6631	14.8981	13.4062	12.1371	11.0511	10.1161	9.3066
29	25.0658	21.8444	19.1885	16.9837	15.1411	13.5907	12.2777	11.1584	10.1983	9.3696
30	25.8077	22.3965	19.6004	17.2920	15.3725	13.7648	12.4090	11.2578	10.2737	9.4269

续表

期数	11%	12%	13%	14%	15%	16%	17%	18%	19%	20%
1	0.9009	0.8929	0.8850	0.8772	0.8696	0.8621	0.8547	0.8475	0.8403	0.8333
2	1.7125	1.6901	1.6681	1.6467	1.6257	1.6052	1.5852	1.5656	1.5465	1.5278
3	2.4437	2.4018	2.3612	2.3216	2.2832	2.2459	2.2096	2.1743	2.1399	2.1065
4	3.1024	3.0373	2.9745	2.9137	2.8550	2.7982	2.7432	2.6901	2.6386	2.5887
5	3.6959	3.6048	3.5172	3.4331	3.3522	3.2743	3.1993	3.1272	3.0576	2.9906
6	4.2305	4.1114	3.9975	3.8887	3.7845	3.6847	3.5892	3.4976	3.4098	3.3255
7	4.7122	4.5638	4.4226	4.2883	4.1604	4.0386	3.9224	3.8115	3.7057	3.6046
8	5.1461	4.9676	4.7988	4.6389	4.4873	4.3436	4.2072	4.0776	3.9544	3.8372
9	5.5370	5.3282	5.1317	4.9464	4.7716	4.6065	4.4506	4.3030	4.1633	4.0310
10	5.8892	5.6502	5.4262	5.2161	5.0188	4.8332	4.6586	4.4941	4.3389	4.1925
11	6.2065	5.9377	5.6869	5.4527	5.2337	5.0286	4.8364	4.6560	4.4865	4.3271
12	6.4924	6.1944	5.9176	5.6603	5.4206	5.1971	4.9884	4.7932	4.6105	4.4392
13	6.7499	6.4235	6.1218	5.8424	5.5831	5.3423	5.1183	4.9095	4.7147	4.5327
14	6.9819	6.6282	6.3025	6.0021	5.7245	5.4675	5.2293	5.0081	4.8023	4.6106
15	7.1909	6.8109	6.4624	6.1422	5.8474	5.5755	5.3242	5.0916	4.8759	4.6755
16	7.3792	6.9740	6.6039	6.2651	5.9542	5.6685	5.4053	5.1624	4.9377	4.7296
17	7.5488	7.1196	6.7291	6.3729	6.0472	5.7487	5.4746	5.2223	4.9897	4.7746
18	7.7016	7.2497	6.8399	6.4674	6.1280	5.8178	5.5339	5.2732	5.0333	4.8122
19	7.8393	7.3658	6.9380	6.5504	6.1982	5.8775	5.5845	5.3162	5.0700	4.8435
20	7.9633	7.4694	7.0248	6.6231	6.2593	5.9288	5.6278	5.3527	5.1009	4.8696
21	8.0751	7.5620	7.1016	6.6870	6.3125	5.9731	5.6648	5.3837	5.1268	4.8913
22	8.1757	7.6446	7.1695	6.7429	6.3587	6.0113	5.6964	5.4099	5.1486	4.9094
23	8.2664	7.7184	7.2297	6.7921	6.3988	6.0442	5.7234	5.4321	5.1668	4.9245
24	8.3481	7.7843	7.2829	6.8351	6.4338	6.0726	5.7465	5.4509	5.1822	4.9371
25	8.4217	7.8431	7.3300	6.8729	6.4641	6.0971	5.7662	5.4669	5.1951	4.9476
26	8.4881	7.8957	7.3717	6.9061	6.4906	6.1182	5.7831	5.4804	5.2060	4.9563
27	8.5478	7.9426	7.4086	6.9352	6.5135	6.1364	5.7975	5.4919	5.2151	4.9636
28	8.6016	7.9844	7.4412	6.9607	6.5335	6.1520	5.8099	5.5016	5.2228	4.9697
29	8.6501	8.0218	7.4701	6.9830	6.5509	6.1656	5.8204	5.5098	5.2292	4.9747
30	8.6938	8.0552	7.4957	7.0027	6.5660	6.1772	5.8294	5.5168	5.2347	4.9789

续表

期数	21%	22%	23%	24%	25%	26%	27%	28%	29%	30%
1	0.8264	0.8197	0.8130	0.8065	0.8000	0.7937	0.7874	0.7813	0.7752	0.7692
2	1.5095	1.4915	1.4740	1.4568	1.4400	1.4235	1.4074	1.3916	1.3761	1.3609
3	2.0739	2.0422	2.0114	1.9813	1.9520	1.9234	1.8956	1.8684	1.8420	1.8161
4	2.5404	2.4936	2.4483	2.4043	2.3616	2.3202	2.2800	2.2410	2.2031	2.1662
5	2.9260	2.8636	2.8035	2.7454	2.6893	2.6351	2.5827	2.5320	2.4830	2.4356
6	3.2446	3.1669	3.0923	3.0205	2.9514	2.8850	2.8210	2.7594	2.7000	2.6427
7	3.5079	3.4155	3.3270	3.2423	3.1611	3.0833	3.0087	2.9370	2.8682	2.8021
8	3.7256	3.6193	3.5179	3.4212	3.3289	3.2407	3.1564	3.0758	2.9986	2.9247
9	3.9054	3.7863	3.6731	3.5655	3.4631	3.3657	3.2728	3.1842	3.0997	3.0190
10	4.0541	3.9232	3.7993	3.6819	3.5705	3.4648	3.3644	3.2689	3.1781	3.0915
11	4.1769	4.0354	3.9018	3.7757	3.6564	3.5435	3.4365	3.3351	3.2388	3.1473
12	4.2784	4.1274	3.9852	3.8514	3.7251	3.6059	3.4933	3.3868	3.2859	3.1903
13	4.3624	4.2028	4.0530	3.9124	3.7801	3.6555	3.5381	3.4272	3.3224	3.2233
14	4.4317	4.2646	4.1082	3.9616	3.8241	3.6949	3.5733	3.4587	3.3507	3.2487
15	4.4890	4.3152	4.1530	4.0013	3.8593	3.7261	3.6010	3.4834	3.3726	3.2682
16	4.5364	4.3567	4.1894	4.0333	3.8874	3.7509	3.6228	3.5026	3.3896	3.2832
17	4.5755	4.3908	4.2190	4.0591	3.9099	3.7705	3.6400	3.5177	3.4028	3.2948
18	4.6079	4.4187	4.2431	4.0799	3.9279	3.7861	3.6536	3.5294	3.4130	3.3037
19	4.6346	4.4415	4.2627	4.0967	3.9424	3.7985	3.6642	3.5386	3.4210	3.3105
20	4.6567	4.4603	4.2786	4.1103	3.9539	3.8083	3.6726	3.5458	3.4271	3.3158
21	4.6750	4.4756	4.2916	4.1212	3.9631	3.8161	3.6792	3.5514	3.4319	3.3198
22	4.6900	4.4882	4.3021	4.1300	3.9705	3.8223	3.6844	3.5558	3.4356	3.3230
23	4.7025	4.4985	4.3106	4.1371	3.9764	3.8273	3.6885	3.5592	3.4384	3.3254
24	4.7128	4.5070	4.3176	4.1428	3.9811	3.8312	3.6918	3.5619	3.4406	3.3272
25	4.7213	4.5139	4.3232	4.1474	3.9849	3.8342	3.6943	3.5640	3.4423	3.3286
26	4.7284	4.5196	4.3278	4.1511	3.9879	3.8367	3.6963	3.5656	3.4437	3.3297
27	4.7342	4.5243	4.3316	4.1542	3.9903	3.8387	3.6979	3.5669	3.4447	3.3305
28	4.7390	4.5281	4.3346	4.1566	3.9923	3.8402	3.6991	3.5679	3.4455	3.3312
29	4.7430	4.5312	4.3371	4.1585	3.9938	3.8414	3.7001	3.5687	3.4461	3.3317
30	4.7463	4.5338	4.3391	4.1601	3.995	3.8424	3.7009	3.5693	3.4466	3.3321

附表 D　年金终值系数表

期数	1%	2%	3%	4%	5%	6%	7%	8%	9%	10%	11%
1	1.0000	1.0000	1.0000	1.0000	1.0000	1.0000	1.0000	1.0000	1.0000	1.0000	1.0000
2	2.0100	2.0200	2.0300	2.0400	2.0500	2.0600	2.0700	2.0800	2.0900	2.1000	2.1100
3	3.0301	3.0604	3.0909	3.1216	3.1525	3.1836	3.2149	3.2464	3.2781	3.3100	3.3421
4	4.0604	4.1216	4.1836	4.2465	4.3101	4.3746	4.4399	4.5061	4.5731	4.6410	4.7097
5	5.1010	5.2040	5.3091	5.4163	5.5256	5.6371	5.7507	5.8666	5.9847	6.1051	6.2278
6	6.1520	6.3081	6.4684	6.6330	6.8019	6.9753	7.1533	7.3359	7.5233	7.7156	7.9129
7	7.2135	7.4343	7.6625	7.8983	8.1420	8.3938	8.6540	8.9228	9.2004	9.4872	9.7833
8	8.2857	8.5830	8.8923	9.2142	9.5491	9.8975	10.2598	10.6366	11.0285	11.4359	11.8594
9	9.3685	9.7546	10.1591	10.5828	11.0266	11.4913	11.9780	12.4876	13.0210	13.5795	14.1640
10	10.4622	10.9497	11.4639	12.0061	12.5779	13.1808	13.8164	14.4866	15.1929	15.9374	16.7220
11	11.5668	12.1687	12.8078	13.4864	14.2068	14.9716	15.7836	16.6455	17.5603	18.5312	19.5614
12	12.6825	13.4121	14.1920	15.0258	15.9171	16.8699	17.8885	18.9771	20.1407	21.3843	22.7132
13	13.8093	14.6803	15.6178	16.6268	17.7130	18.8821	20.1406	21.4953	22.9534	24.5227	26.2116
14	14.9474	15.9739	17.0863	18.2919	19.5986	21.0151	22.5505	24.2149	26.0192	27.9750	30.0949
15	16.0969	17.2934	18.5989	20.0236	21.5786	23.2760	25.1290	27.1521	29.3609	31.7725	34.4054
16	17.2579	18.6393	20.1569	21.8245	23.6575	25.6725	27.8881	30.3243	33.0034	35.9497	39.1899
17	18.4304	20.0121	21.7616	23.6975	25.8404	28.2129	30.8402	33.7502	36.9737	40.5447	44.5008
18	19.6147	21.4123	23.4144	25.6454	28.1324	30.9057	33.9990	37.4502	41.3013	45.5992	50.3959
19	20.8109	22.8406	25.1169	27.6712	30.5390	33.7600	37.3790	41.4463	46.0185	51.1591	56.9395
20	22.0190	24.2974	26.8704	29.7781	33.0660	36.7856	40.9955	45.7620	51.1601	57.2750	64.2028
21	23.2392	25.7833	28.6765	31.9692	35.7193	39.9927	44.8652	50.4229	56.7645	64.0025	72.2651
22	24.4716	27.2990	30.5368	34.2480	38.5052	43.3923	49.0057	55.4568	62.8733	71.4027	81.2143
23	25.7163	28.8450	32.4529	36.6179	41.4305	46.9958	53.4361	60.8933	69.5319	79.5430	91.1479
24	26.9735	30.4219	34.4265	39.0826	44.5020	50.8156	58.1767	66.7648	76.7898	88.4973	102.1742
25	28.2432	32.0303	36.4593	41.6459	47.7271	54.8645	63.2490	73.1059	84.7009	98.3471	114.4133
26	29.5256	33.6709	38.5530	44.3117	51.1135	59.1564	68.6765	79.9544	93.3240	109.1818	127.9988
27	30.8209	35.3443	40.7096	47.0842	54.6691	63.7058	74.4838	87.3508	102.7231	121.0999	143.0786
28	32.1291	37.0512	42.9309	49.9676	58.4026	68.5281	80.6977	95.3388	112.9682	134.2099	159.8173
29	33.4504	38.7922	45.2189	52.9663	62.3227	73.6398	87.3465	103.9659	124.1354	148.6309	178.3972
30	34.7849	40.5681	47.5754	56.0849	66.4388	79.0582	94.4608	113.2832	136.3075	164.4940	199.0209

续表

期数	12%	13%	14%	15%	16%	17%	18%	19%	20%	21%
1	1.0000	1.0000	1.0000	1.0000	1.0000	1.0000	1.0000	1.0000	1.0000	1.0000
2	2.1200	2.1300	2.1400	2.1500	2.1600	2.1700	2.1800	2.1900	2.2000	2.2100
3	3.3744	3.4069	3.4396	3.4725	3.5056	3.5389	3.5724	3.6061	3.6400	3.6741
4	4.7793	4.8498	4.9211	4.9934	5.0665	5.1405	5.2154	5.2913	5.3680	5.4457
5	6.3528	6.4803	6.6101	6.7424	6.8771	7.0144	7.1542	7.2966	7.4416	7.5892
6	8.1152	8.3227	8.5355	8.7537	8.9775	9.2068	9.4420	9.6830	9.9299	10.1830
7	10.0890	10.4047	10.7305	11.0668	11.4139	11.7720	12.1415	12.5227	12.9159	13.3214
8	12.2997	12.7573	13.2328	13.7268	14.2401	14.7733	15.3270	15.9020	16.4991	17.1189
9	14.7757	15.4157	16.0853	16.7858	17.5185	18.2847	19.0859	19.9234	20.7989	21.7139
10	17.5487	18.4197	19.3373	20.3037	21.3215	22.3931	23.5213	24.7089	25.9587	27.2738
11	20.6546	21.8143	23.0445	24.3493	25.7329	27.1999	28.7551	30.4035	32.1504	34.0013
12	24.1331	25.6502	27.2707	29.0017	30.8502	32.8239	34.9311	37.1802	39.5805	42.1416
13	28.0291	29.9847	32.0887	34.3519	36.7862	39.4040	42.2187	45.2445	48.4966	51.9913
14	32.3926	34.8827	37.5811	40.5047	43.6720	47.1027	50.8180	54.8409	59.1959	63.9095
15	37.2797	40.4175	43.8424	47.5804	51.6595	56.1101	60.9653	66.2607	72.0351	78.3305
16	42.7533	46.6717	50.9804	55.7175	60.9250	66.6488	72.9390	79.8502	87.4421	95.7799
17	48.8837	53.7391	59.1176	65.0751	71.6730	78.9792	87.0680	96.0218	105.9306	116.8937
18	55.7497	61.7251	68.3941	75.8364	84.1407	93.4056	103.7403	115.2659	128.1167	142.4413
19	63.4397	70.7494	78.9692	88.2118	98.6032	110.2846	123.4135	138.1664	154.7400	173.3540
20	72.0524	80.9468	91.0249	102.4436	115.3797	130.0329	146.6280	165.4180	186.6880	210.7584
21	81.6987	92.4699	104.7684	118.8101	134.8405	153.1385	174.0210	197.8474	225.0256	256.0176
22	92.5026	105.4910	120.4360	137.6316	157.4150	180.1721	206.3448	236.4385	271.0307	310.7813
23	104.6029	120.2048	138.2970	159.2764	183.6014	211.8013	244.4868	282.3618	326.2369	377.0454
24	118.1552	136.8315	158.6586	184.1678	213.9776	248.8076	289.4945	337.0105	392.4842	457.2249
25	133.3339	155.6196	181.8708	212.7930	249.2140	292.1049	342.6035	402.0425	471.9811	554.2422
26	150.3339	176.8501	208.3327	245.7120	290.0883	342.7627	405.2721	479.4306	567.3773	671.6330
27	169.3740	200.8406	238.4993	283.5688	337.5024	402.0323	479.2211	571.5224	681.8528	813.6759
28	190.6989	227.9499	272.8892	327.1041	392.5028	471.3778	566.4809	681.1116	819.2233	985.5479
29	214.5828	258.5834	312.0937	377.1697	456.3032	552.5121	669.4475	811.5228	984.0680	1193.5129
30	241.3327	293.1992	356.7868	434.7451	530.3117	647.4391	790.9480	966.7122	1181.8816	1445.1507

续表

期数	22%	23%	24%	25%	26%	27%	28%	29%	30%
1	1.0000	1.0000	1.0000	1.0000	1.0000	1.0000	1.0000	1.0000	1.0000
2	2.2200	2.2300	2.2400	2.2500	2.2600	2.2700	2.2800	2.2900	2.3000
3	3.7084	3.7429	3.7776	3.8125	3.8476	3.8829	3.9184	3.9541	3.9900
4	5.5242	5.6038	5.6842	5.7656	5.8480	5.9313	6.0156	6.1008	6.1870
5	7.7396	7.8926	8.0484	8.2070	8.3684	8.5327	8.6999	8.8700	9.0431
6	10.4423	10.7079	10.9801	11.2588	11.5442	11.8366	12.1359	12.4423	12.7560
7	13.7396	14.1708	14.6153	15.0735	15.5458	16.0324	16.5339	17.0506	17.5828
8	17.7623	18.4300	19.1229	19.8419	20.5876	21.3612	22.1634	22.9953	23.8577
9	22.6700	23.6690	24.7125	25.8023	26.9404	28.1287	29.3692	30.6639	32.0150
10	28.6574	30.1128	31.6434	33.2529	34.9449	36.7235	38.5926	40.5564	42.6195
11	35.9620	38.0388	40.2379	42.5661	45.0306	47.6388	50.3985	53.3178	56.4053
12	44.8737	47.7877	50.8950	54.2077	57.7386	61.5013	65.5100	69.7800	74.3270
13	55.7459	59.7788	64.1097	68.7596	73.7506	79.1066	84.8529	91.0161	97.6250
14	69.0100	74.5280	80.4961	86.9495	93.9258	101.4654	109.6117	118.4108	127.9125
15	85.1922	92.6694	100.8151	109.6868	119.3465	129.8611	141.3029	153.7500	167.2863
16	104.9345	114.9834	126.0108	138.1085	151.3766	165.9236	181.8677	199.3374	218.4722
17	129.0201	142.4295	157.2534	173.6357	191.7345	211.7230	233.7907	258.1453	285.0139
18	158.4045	176.1883	195.9942	218.0446	242.5855	269.8882	300.2521	334.0074	371.5180
19	194.2535	217.7116	244.0328	273.5558	306.6577	343.7580	385.3227	431.8696	483.9734
20	237.9893	268.7853	303.6006	342.9447	387.3887	437.5726	494.2131	558.1118	630.1655
21	291.3469	331.6059	377.4648	429.6809	489.1098	556.7173	633.5927	720.9642	820.2151
22	356.4432	408.8753	469.0563	538.1011	617.2783	708.0309	811.9987	931.0438	1067.2796
23	435.8607	503.9166	582.6298	673.6264	778.7707	900.1993	1040.3583	1202.0465	1388.4635
24	532.7501	620.8174	723.4610	843.0329	982.2511	1144.2531	1332.6586	1551.6400	1806.0026
25	650.9551	764.6054	898.0916	1054.7912	1238.6363	1454.2014	1706.8031	2002.6156	2348.8033
26	795.1653	941.4647	1114.6336	1319.4890	1561.6818	1847.8358	2185.7079	2584.3741	3054.4443
27	971.1016	1159.0016	1383.1457	1650.3612	1968.7191	2347.7515	2798.7061	3334.8426	3971.7776
28	1185.7440	1426.5719	1716.1007	2063.9515	2481.5860	2982.6444	3583.3438	4302.9470	5164.3109
29	1447.6077	1755.6835	2128.9648	2580.9394	3127.7984	3788.9583	4587.6801	5551.8016	6714.6042
30	1767.0813	2160.4907	2640.9164	3227.1743	3942.0260	4812.9771	5873.2306	7162.8241	8729.9855

参 考 文 献

[1] 马元兴．企业财务管理 [M]．北京：高等教育出版社，2012．

[2] 闫红华．2016 年会计专业技术资格考试应试指导及全真模拟试：中级财务管理[M]．北京：北京大学出版社，2016．

[3] 马燕．苹果公司深陷形象危机　消费者请愿要“良心牌苹果”[N]．证券日报，2012-02-06．

[4] 黄佑军．财务管理项目实训[M]．北京：经济科学出版社，2010．

[5] 布里格姆．中级财务管理[M]．8 版．北京：中国人民大学出版社，2009．

[6] 夏明涛．企业集团全面预算管理案例研究——来自上汽集团实践[J]．新会计，2015(2).

[7] 财政部会计资格评价中心．财务管理[M]．北京：中国财政经济出版社，2017．

[8] 澎湃新闻网．格力推史上最高分红计划[EB/OL]．http://www.thepaper.cn/newsDetail_forward_1671901.

[9] 新浪财经．“10 送 30”中国式高送转世界罕见，证监会严厉查内幕、整违规[EB/OL]．http://www.caijingmobile.com/yuanchuang/2017/04/28/328624.html．

[10] 搜狐财经.纸厂涨价“气焰熏天”谁在背后引风吹火？[EB/OL]. http://www.sohu.com/a/164001472_199708.

[11] 搜狐财经．中小造纸及纸制品企业是风暴也是机遇[EB/OL]．http://www.sohu.com/a/165376903_199708.

[12] 中国网.常青机械业绩向左，应收账款向右[EB/OL]. http://finance.ifeng.com/a/20161212/15072306_0.shtml.

[13] 百度文库．24 美元能再次买下纽约曼哈顿吗？[EB/OL]．http://wenku.baidu.com/view/ c7dd56d676eeaeaad1f33020.html．

[14] 百度文库．西格公司案例[EB/OL]．http://wenku.baidu.com/view/461d386148d7c1c708a14585.html．

[15] 搜狐网．华为不上市的真正原因[EB/OL]．http://www.sohu.com/a/152239521_117844.

[16] 中财网．华懋科技非公开发行股票发行结果暨股本变动公告[EB/OL]．http://www.cfi.net.cn/p20170822001390.html．

[17] 新浪博客．巴菲特投资理念精髓[EB/OL]．http://blog.sina.com.cn/fengqiderizi．

[18] 百度百科．银广夏事件[EB/OL]．http://baike.baidu.com/view/1320425.htm．

[19] 和讯债券．福建省南平市高速公路有限责任公司 2011 年度公司债券信用评级报告[EB/OL]. http://bond.hexun.com/ 2011-11-10/135089839.html．